LEÇONS
DE CHOSES

COURS MÉTHODIQUE

COMPRENANT LES MATIÈRES DES PROGRAMMES OFFICIELS

PAR

LE D' SAFFRAY

—

Livre du Maître

—

SIXIÈME ÉDITION

PARIS
LIBRAIRIE HACHETTE ET Cie
79, BOULEVARD SAINT-GERMAIN, 79

LEÇONS

DE CHOSES

LEÇONS DE CHOSES

COURS MÉTHODIQUE

COMPRENANT LES MATIÈRES DES PROGRAMMES OFFICIELS

PAR

LE Dr SAFFRAY

Livre du Maître

SIXIÈME ÉDITION

PARIS

LIBRAIRIE HACHETTE ET Cie

79, BOULEVARD SAINT GERMAIN, 79

1888

PRÉFACE

Les *Leçons de choses* sont aussi vieilles que l'éducation.
De tout temps, dans tous les pays, des pédagogues éminents ont pratiqué l'*Enseignement par l'aspect* et mis à
profit l'*Intuition* sous ses trois formes, sensible, mentale
et morale. Mais les éducateurs modernes ont créé des
méthodes pour ces enseignements, préparé par leurs leçons et par leurs écrits la vulgarisation de ces systèmes
d'éducation.

La France n'a rien à envier, sous ce rapport, aux pays
les plus favorisés. Rabelais et Montaigne se sont élevés
contre la « science livresque » avant Comenius et Victo-
rino de Feltre ; ce fut la lecture de l'*Émile* qui inspira
Pestalozzi.

Nicole écrivait, en 1671, dans son *Avis particulier
touchant les études :* « On peut dire généralement que,
la lumière des enfants étant toujours très dépendante des
sens, il faut, autant que possible, attacher aux sens les
instructions qu'on leur donne, et les faire entrer non seu-

lement par l'ouïe, mais aussi par la vue, n'y étant de sens qui fasse une impression plus vive sur l'esprit et qui forme des idées plus nettes et plus distinctes ».

Comenius, que l'Allemagne proclame le père de la méthode intuitive, n'a exprimé que plus tard les mêmes idées dans son *Orbis pictus* : « Le fondement de toute érudition consiste à bien représenter à nos sens les objets sensibles, de sorte qu'ils puissent être compris avec facilité..... Le but à atteindre par l'emploi de cet ouvrage, c'est que les enfants ne voient rien qu'ils ne sachent nommer, et qu'ils ne nomment rien qu'ils ne sachent montrer ».

Les systèmes que les éducateurs appliquent de nos jours existent depuis plusieurs siècles dans la pédagogie française. On les trouve dans Fénelon comme dans Montaigne, dans Rousseau comme dans Rollin. Voici, par exemple, ce que dit Rollin, dans son chapitre sur la *Physique des enfants :* « Rien n'est plus commun parmi nous que l'usage du pain et du linge : rien n'est plus rare que de trouver des enfants qui sachent comment l'un et l'autre se préparent : par combien de façons et de mains le blé et le chanvre doivent passer avant de devenir du pain et du linge...... pourquoi ne pas instruire les enfants de ces ouvrages merveilleux de la nature et de l'art dont ils font usage tous les jours sans y faire réflexion ? »

Nous trouvons encore, dans un *Nouveau plan d'education*, publié en 1775 par Carpentier, professeur de l'université, ce programme abrégé de Leçons de choses : « Je veux que mon fils sache comment se font les bas, les souliers, les draps pour les habits, les toiles...... Autant que nous pourrons, nous présenterons les objets dont nous voudrions dire les noms et expliquer les propriétés. Nous commenceıons cet exercice aussitôt que le cours d'éducation, et il sera une partie de nos récréations tant que le cours durera. A la promenade ou à la maison, aux champs ou à la ville, on treuve partout des choses. Toutes ces choses ont des noms, des usages, des propriétés, aussi cet exercice peut se faire partout. »

Par ce procédé pédagogique, Carpentier se proposait de « faire des hommes, de faire des citoyens, de faire des heureux ».

Il est donc constant que des penseurs, des philosophes, des éducateurs éminents ont eu depuis longtemps, chez nous, la préoccupation de mettre l'enseignement par les choses à la place de l'enseignement de mots adopté par la routine et la paresse.

Les Allemands ont su profiter les premiers de ces idées de réforme. Ils ont institué l'enseignement des *Realien*, c'est-à dire des réalités, des choses réelles. Cette application leur réussit dans une certaine mesure, mais en l'imitant nous ferions fausse route : nous ne comprenons pas comme eux la *Leçon de choses*.

Chez eux, elle est sèche comme un catalogue, aride comme un inventaire. Les questions s'adressent plus à la mémoire qu'à la réflexion et au jugement. L'élève s'habitue à répondre par un seul mot au lieu de s'exercer à parler. Sous prétexte de se mettre à sa portée, on lui dit et on lui fait répéter des naïvetés par trop puériles.

Ainsi commença Pestalozzi. Ce fut sans doute après une de ces leçons sans vie et sans chaleur qu'un ami le trouva découragé, au fond de son jardin, la tête dans ses mains, pleurant comme un enfant, et répétant avec amertume : « Ce n'est pas cela ! je n'ai pas trouvé ! »

Le but de la Leçon de choses, c'est d'apprendre à *observer* les objets, à les *nommer*, à les *comparer*, à connaître autrement que par ouï-dire les choses usuelles, leur origine, leur histoire, leurs transformations, leurs usages.

Mettant à profit la curiosité naturelle de l'enfant, le maître peut facilement l'intéresser pour peu qu'il la tienne en éveil. Le meilleur moyen est de lui faire prendre une part directe à la leçon. Il suffit pour cela d'obliger l'enfant à se servir de ses sens d'abord, puis du raisonnement, pour passer de chaque point connu au point suivant. Il faut lui faire découvrir ce qu'on lui veut apprendre, de manière à n'avoir plus qu'à rectifier, à compléter ses idées.

La Leçon de choses doit être un exercice attrayant d'observation par les sens et par l'esprit. Pour cela, il est indispensable de présenter aux enfants des échantillons, des modèles, des dessins. Sans collections à l'appui, les Leçons de choses perdent leur caractère et leur utilité : elles dégénèrent fatalement en leçons de mots. Voilà pourquoi les programmes officiels exigent l'emploi de dessins, de modèles et d'échantillons que l'enfant puisse soumettre à l'examen des sens tel que le comprenait Rousseau quand il disait : « Exercer ses sens, ce n'est pas seulement en faire usage, c'est apprendre à bien juger par eux et en quelque sorte à bien sentir : car nous ne savons ni toucher ni voir ni entendre, que comme on nous l'a appris ».

Pour remplir cette partie du programme, nous avons composé des collections spécialement destinées à l'enseignement pratique des Leçons de choses. La série comprend ce qu'il importe le plus de connaître sur les pierres,

les métaux, les bois, la céramique, le verre, l'éclairage et
le chauffage, les matières textiles et les tissus, le cuir,
les substances alimentaires, les boissons, les objets d'un
usage familier, etc.

Pour chaque industrie importante, on y trouve les matières premières à l'état brut, on suit leurs préparations
successives avant la mise en œuvre, on assiste, pour
ainsi dire, à la série de transformations qu'elles subissent
jusqu'à l'achèvement de l'objet manufacturé

Les échantillons sont de format assez grand pour don
ner des idées justes ; ils sont disposés de manière à être
facilement *manis, étudiés, essayés* par les élèves.

Une leçon basée sur de tels documents ne peut manquer de laisser des souvenirs durables

Pour rendre encore plus attrayantes les Leçons de
choses, il serait bon de faire en classe quelques simples
expériences sans appareils, sans instruments, avec les
seules ressources des objets que l'on a toujours sous la
main : nous en avons indiqué un certain nombre

Notre cours de Leçons de choses comprend deux parties : le livre du maître et celui de l'élève.

Le livre du maître consiste en une série méthodique
de leçons animées par un dialogue fictif Nous y avons
compris ce que nous croyons utile à l'enseignement supérieur des Leçons de choses. Si le maître s'adresse à de
très jeunes enfants, il lui faudra supprimer ou simplifier
certains détails. Les questionnaires qui accompagnent
chaque leçon sont rédigés de telle sorte que l'enfant soit
presque toujours obligé de répondre par des phrases
complètes, tirées de son propre fonds.

Nous n'avons pas cru devoir traiter seulement les sujets indiqués dans les programmes officiels, car ces pro-

grammes recevront des développements successifs. La série de leçons, telle que nous l'offrons, comprend l'ensemble des connaissances élémentaires qui forment le domaine des Leçons de choses. Ce domaine est borné de tous côtés par les sciences physiques et naturelles et par la technologie : nous avons évité, autant que possible, de dépasser nos limites.

Le livre de l'élève est un résumé de celui du maître. Cependant nous y avons supprimé quelques développements. Ces suppressions sont indiquées *en italiques* dans les questionnaires. Nous espérons avoir réalisé, dans le livre de l'élève, l'enseignement par l'aspect dans sa forme la plus attrayante . l'enfant aimera son livre, comme le maître lui fera aimer sa leçon. Le texte, simple et court, est expliqué à chaque page par des gravures exactes et pittoresques.

Avant de publier ces Leçons, nous en avons soumis une partie à l'épreuve de la pratique Des instituteurs ont bien voulu nous rendre compte des résultats obtenus et nous encourager à poursuivre notre tâche. Si nous réussissons à guider le maître et à intéresser l'élève, nous serons heureux d'avoir contribué à la vulgarisation des méthodes d'enseignement destinées à élever le niveau de l'éducation nationale.

C. S.

Paris, octobre 1880.

LEÇONS DE CHOSES

LEÇON I

LA TERRE ET LES ASTRES.

Mes amis, la terre n'est pas une surface plane, elle est ronde. C'est une boule, une boule énorme. Les savants l'ont mesurée, elle a 10,000 lieues de tour. C'est-à-dire 40 millions de mètres !

Quand vous marchez dans une plaine vers un village, vous apercevez d'abord dans le lointain, le clocher, puis le toit de l'église et des plus hautes maisons ; et à mesure que vous approchez vous voyez les objets peu élevés. Cette remarque peut suffire pour vous prouver que la terre est ronde. Les objets éloignés se trouvent plus bas que vous à la surface de la boule. Je prends cette pomme, je pique dessus quelques épingles qui figurent un clocher et des maisons. Je place la pomme à la hauteur de mes yeux de façon à cacher les épingles. Je la tourne peu à peu. les épingles apparaissent, grandissent, puis diminuent et disparaissent de nouveau. Vous comprenez que les épingles étaient cachées d'abord et le sont encore maintenant par la *courbe* que forme la surface de la pomme. Au lieu de faire venir les épingles à vous, si vous allez vers les épingles, l'effet sera le même. Le clocher du village ne vient pas vous trouver en remontant la courbe qui vous sépare, c'est vous qui descendez cette courbe pour vous rapprocher de lui.

Mais, puisque le clocher que voici figuré par cette épingle était plus bas que vous, que je figure par celle-ci, comment ne tombait-il pas? Et vous, qui avez passé de ce point a celui-ci, comment n'êtes-vous pas tombé aussi? Comment l'eau de la mer et des rivières, les animaux et les hommes, tout ce qui se trouve simplement posé à la surface de cette boule ne s'en detache-t-il pas?

Vous connaissez l'aimant. Quand on l'approche de fer en fragments, il les attire. Un barreau d'acier aimanté plongé dans de la limaille de fer en sort tout couvert de parcelles attirées et retenues à sa surface. Elles ne se détachent pas, quelque position qu'on lui donne.

La terre agit de la même manière. Elle attire tout ce qui se trouve à sa surface, ou à une petite distance de la surface. Une pomme qui se détache de la branche *tombe* sur la terre parce que celle-ci l'*attire*. Je reprends ma pomme et mes épingles.

Voyez ces quatre épingles qui figurent, si vous voulez, des hommes, debout en divers points de la terre. Chacun est attiré, attiré vers le centre de la pomme. Celui qui nous paraît ici la tête en bas, par rapport a celui là, est tout aussi à l'aise et ne court aucun risque de se détacher, car la force qui l'attire est au centre. Il se trouve donc sur ses pieds très naturellement, avec le ciel au dessus de sa tête, et marche comme nous a la surface de la boule.

La terre est donc une grosse boule. L'espace, le ciel, est rempli de boules semblables, mais la plupart sont beaucoup plus grosses. Le soleil, la lune, les étoiles, sont aussi des boules, des sphères comme la terre.

Vous trouvez la terre bien grosse, avec ses 10,000 lieues de tour! Et le soleil vous semble tout petit. Mais remarquez que les objets éloignés paraissent petits, en proportion de la distance. Un homme, aperçu au loin sur la route fait l'effet d'un rat ou d'une souris. Le soleil peut être très gros et nous sembler petit parce qu'il est très éloigné.

De la terre au soleil il y a 37 millions de lieues, c'est à dire mille fois mille lieues, recommencées trente-sept fois! Il est donc loin, bien loin. Un train express de chemin de fer s'avançant vers le soleil sans jamais s'arrêter n'y arriverait qu'au bout de 300 ans. Il a plus d'un million de lieues de tour. Il faudrait 1,280,000 terres comme la nôtre pour faire un globe gros comme le soleil. Supposez que nous versions sur cette table treize décalitres de blé. De ce tas nous retirons un seul grain que nous posons à l'autre extrémité de la table. Ce grain de blé comparé au tas de treize decalitres vous représentera la terre comparée au soleil Chaque étoile que vous voyez au ciel est plus grosse que notre soleil.

La lune, au contraire, est 50 fois plus petite que la terre, mais elle nous paraît presque aussi grosse que le soleil parce qu'elle est tout près, c'est à-dire a 96,000 lieues. Ce sont beaucoup de lieues, il est vrai, cela vous semble une distance enorme. Vous ne pouvez certainement pas vous en faire une idée bien nette. Mais en proportion des globes du ciel et des espaces qui les séparent, on peut dire que la lune est tout près de nous.

Voici une toupie d'Allemagne qui va nous être très utile pour expliquer ce que j'ai maintenant a vous dire. Un simple *toton* la remplacerait au besoin

Je tire vivement la corde enroulée sur l'*axe* de la toupie et je la laisse tomber doucement sur cette assiette.

Vous voyez, la toupie tourne sur elle même En même temps, elle chemine sur l'assiette, ou elle décrit des cercles plus ou moins reguliers Remarquez en outre ceci. En deposant la toupie sur l'assiette, je l'ai inclinee, et dans ses deux mouvements, elle conserve cette inclinaison, son axe n'est pas droit, perpendiculaire a l'assiette.

Voilà donc trois points a noter : la toupie tourne sur elle-même, elle tourne autour de l'assiette, son axe est incline.

Supposez qu'un tout petit insecte, bien plus petit qu'une fourmi, se trouve en ce moment à la surface de cette toupie qui tourne Il continuera de marcher tranquillement sans s'apercevoir qu'il accomplit dans l'air un voyage fort complique.

Eh bien, mes amis, la terre, cette grosse boule, tourne dans le ciel, exactement comme notre toupie. Elle tourne sur elle-même, a raison d'un tour en vingt quatre heures. De plus, elle parcourt en 365 jours environ un cercle allongé, une *ellipse*, c'est à dire une sorte d'ovale. Elle fait donc 365 pirouettes tout en parcourant son grand ovale qui mesure 230,000,000 de lieues.

Pour faire ce chemin en un an, il faut que la terre, toujours pirouettant, avance plus vite que le train de chemin de fer le plus rapide.

Reprenons notre pomme. J'embroche cette pomme d'une aiguille à tricoter qui représente son axe, l'axe de la terre. Les points ou l'aiguille perce la pomme sont les pôles. Avec de l'encre je trace à distance égale des pôles un cercle qui figure l'équateur. Je colle sur un côté un pain à cacheter blanc, sur l'autre un rouge. J'incline un peu l'aiguille, je la fais rouler entre mes doigts et je represente ainsi la *rotation* de la terre dans une position inclinée par rapport a son axe supposé.

Elle tourne, avons-nous dit, en décrivant un grand ovale. A peu près au centre de cet ovale se trouve le soleil. Nous le representons par cette bougie allumée ou par une lampe

Suivez bien le mouvement de la terre autour du soleil. Je suppose d'abord qu'elle parcourt son grand ovale, son *orbite*, comme disent les astronomes, sans tourner sur elle même. Je tourne du côté du soleil le pain à cacheter blanc, et pendant la moitié du chemin la lumiere du soleil l'eclaire. nous dirons, si vous voulez, qu'il *voit* le soleil. Au lieu de cela, faisons tourner la terre sur elle même tout en parcourant son grand ovale. Les pains à cacheter blanc et rouge se presentant alternativement a la lumiere du soleil, ils le voient tour à tour. Quand le blanc voit le soleil, il *fait jour* pour lui, l'autre reste dans l'ombre, il *fait nuit* pour le rouge. Mais peu a peu le rouge sort de l'ombre, et le blanc y rentre, alors il fait jour pour le rouge et nuit pour le blanc. Voila, mes amis, sous une forme grossiere, comment vous pouvez vous expliquer l'alternance du jour et de la nuit. Le soleil ne peut eclairer a la fois qu'une moitié de la terre. Mais comme la terre fait un tour sur elle même en 24 heures, elle présente successivement au soleil tous les points de sa surface. Ainsi l'alternance du jour et de la nuit vient de ce que la terre tourne sur elle même en même temps qu'elle tourne autour du soleil.

Enlevons les pains à cacheter, et piquons sur l'equateur de votre pomme un certain nombre d'epingles, representant des villes. Quand un point de la terre se trouve juste en face du soleil, il est midi pour ce point : il est donc midi pour l'épingle que je touche ici. Pour celle qui vient après il est onze heures, pour la suivante il est dix heures, et ainsi de suite, car au bout d'une heure la seconde arrive juste ou était la première, la troisième se trouve juste ou était la seconde. Pour la même raison, quand l'épingle de onze heures arrive à midi, celle qui était à midi ne se trouve plus juste en face du soleil, mais un peu du côté de l'ombre, pour elle, il est une heure. Vous voyez donc qu'au même moment, à midi par exemple pour un certain endroit, représenté par cette épingle, il y a des endroits ou il est une heure, deux heures, cinq, dix, onze heures du soir et que pour l'épingle juste opposée il est minuit ; que pour les points situés de l'autre côté, en avançant vers l'épingle ou il est midi, nous trouvons qu'il est une heure du matin, trois, cinq, dix heures, onze heures.

Nous disons que la terre tourne autour du soleil, et cependant il nous semble que ce soit au contraire le soleil qui tourne autour de la terre. Expliquons ce qui produit cette *apparence*

Pour cela, je reprends notre pomme embrochée et la bougie allumée. Je place la pomme devant la bougie qui représente le soleil. Une moitié est éclairée, il y fait jour. Un peu en arrière de la ligne qui sépare le jour de la nuit, c'est à dire la lumière de l'ombre, je pique une epingle. En cet endroit-là l'ombre n'est pas complète, c'est le *crépuscule*. La terre tourne, c'est-à dire notre pomme tourne. L'épingle entre dans la lumière, elle *aperçoit* le soleil, pour elle, le soleil se lève. La pomme tourne toujours, l'épingle arrive en face du soleil, il est midi pour elle ; puis le soleil semble s'éloigner, elle avance vers l'ombre du côté opposé, elle cesse de voir le soleil, pour elle le soleil se couche, elle entre dans le crépuscule du soir, puis il fait nuit. Vous comprenez bien, n'est-ce pas, que le soleil n'a pas bougé ; que la terre s'est déplacée et que l'effet produit sur ses habitants a été le même que si le contraire avait eu lieu. De même, quand vous suivez en voiture ou en chemin de fer une route courbe, il vous semble que les arbres situés à quelque distance tournent dans la campagne, tandis que c'est vous qui changez de place.

Vous savez, mes amis, qu'il y a des pays froids, des pays

chauds et d'autres tempérés comme le nôtre; que les pays froids se trouvent près du pôle, les pays chauds a l'équateur; les pays tempérés à peu près à mi-chemin des pôles et de l'e-quateur. Mais d'ou vient cette différence dans les *climats?*

Notre pomme va nous servir encore Une orange vaudrait mieux, une citrouille bien ronde ferait encore mieux notre affaire Mais il faut savoir se servir de ce que l'on a sous la main.

Je présente la pomme à la lumière du soleil, c'est à-dire de la bougie. Une moitié est éclairée, échauffée. Mais remarquez que le soleil, que notre lumière ne frappe en plein que sur l'*équateur* de la terre. Là les rayons de lumière et de chaleur tombent d'aplomb. Partout ailleurs ils tombent *obliquement* rasant la surface, glissant dessus sans s'arrêter. Aux pôles surtout, c'est à peine si les rayons touchent la surface, ils fuient aussitôt

Vous savez bien que le matin et le soir le soleil est moins chaud ou du moins nous procure moins de chaleur u'à midi. C'est qu'à midi il est au dessus de nos têtes et nous envoie d'aplomb ses rayons, tandis que le matin et le soir nous les recevons *obliquement* Plus les rayons sont d'aplomb, plus ils chauffent. Les rayons très obliques, comme ceux qui arrivent aux pôles de notre pomme ne chauffent presque pas.

Aussi l'équateur de la terre se trouve toujours fortement chauffé par le soleil qui darde sur lui des rayons directs, tandis que les pôles dégelent à peine parce que les rayons leur arrivent tres obliques. Cela vous explique comment les climats se trouvent répartis sur le globe : on a chaud à l'équateur, froid aux pôles, la température est moderee a mi-chemin des pôles à l équateur.

Je vous dis que la température est moderée à mi-chemin des pôles à l'équateur, par exemple dans notre pays qui jouit d'un climat *tempéré.* Mais vous savez qu'en hiver nous avons froid, et qu'en été nous avons chaud. Par climat tempére il faut donc entendre un climat qui n'est jamais ni *très* chaud comme celui de l'equateur, ni *très* froid comme celui des pô-les. Mais cela n'empêche pas qu'il soit variable, selon les *sai-sons.*

Si la terre tournait droite sur son axe, cela n'arriverait pas
Il y aurait des climats différents de l'equateur au pôle, mais
pour chaque pays, la température serait la même pendant
toute l'année. Si la temperature change, si nous avons des
saisons, un hiver froid, un été chaud, c'est parce que l'axe de
la terre est incliné.

Rappelez-vous que tout à l'heure, en faisant tourner la toupie d'Allemagne, je vous ai fait remarquer que son axe n'etait
pas droit sur l'assiette, qu'il n'était pas perpendiculaire La
terre est dans le même cas, son axe est *oblique* Voyons comment cette obliquité de l'axe produit les saisons.

Sur notre pomme embrochee, je trace un cercle entre l'e
quateur et le pôle, mais plus près du pôle que de l'equateur.
Sur ce cercle, je pique une épingle qui represente la France.

Je presente d'abord la pomme devant la 'umiere (le soleil)
avec son axe droit, vertical Vous voyez que la moitie du cercle
ou se trouve la France est éclairee, et que l'autre moitié est
dans l'ombre Maintenant, je presente la pomme avec son axe
incliné vers la lumiere . voyez, les trois quarts au moins du
cercle de la France sont eclaires, un quart a peine est dans
l'ombre. Telle est la position de la terre par rapport au soleil,
pendant l'ete Alors les jours seront longs et les nuits courtes,
il fera chaud, car la terre n'aura pas le temps de se refroidir
pendant les quelques heures de nuit.

Si nous considerons un pays situe dans l'autre *hemisphère* à
la même distance du pôle que la France, la ou je pique une
epingle, qui represente le sud de l'Afrique, vous voyez que ce
pays-là aura des jours courts et des nuits longues, car l'ombre
envahit presque tout le cercle sur lequel il se trouve Pendant
que nous avons l'été, il a l'hiver.

Mais la terre continue son grand tour, elle décrit son grand
ovale autour du soleil. Au bout de six mois elle a franchi la
moitie du chemin, son axe est toujours dirige dans le même
sens Regardez bien. Ce n'est plus le pôle nord, le nôtre, qui
s'incline vers le soleil, c'est le pôle sud Le cercle de la France
est presque tout dans l'ombre ; celui de l'extremite de l'Afrique est presque tout dans la lumiere Pour l'extrémité de l'A-
frique, c'est l'été, pour nous, c'est l'hiver.

Ainsi chacun a son tour Et vous comprenez que cette répartition des saisons tient simplement à ce que la terre tourne comme la toupie inclinée.

Amusez-vous, mes amis, à répéter ces simples expériences, et au bout de quelque temps ces idées nouvelles et un peu étranges pour vos jeunes esprits vous paraîtront toutes simples Je vous représente ici les faits sous une forme bien grossière, mais plus tard, si vous aimez à étudier ces questions, vous compléterez, par des lectures, les premières notions que vous aurez acquises à l'école.

Vous avez compris comment le soleil, immobile, nous paraît se lever et se coucher Le matin, il nous semble sorti de terre à l'horizon. Nous appelons *levant, orient* ou *est* le point où il apparaît On voit alors l'ombre des objets s'allonger dans le sens opposé. Peu à peu le soleil semble monter en décrivant une courbe au dessus de nos têtes A midi l'ombre est courte, à peine un mur en donne-t-il assez pour s'abriter Tournez-vous alors vers le soleil et regardez l'horizon en face de vous, cette partie s'appelle le *midi* ou le *sud* Derrière vous, dans la direction opposée, celle que prend votre ombre, se trouve le *septentrion* ou *nord*. A partir de midi, le soleil se rapproche de l'horizon, les ombres prennent une direction opposée a celle du matin, enfin l'astre disparaît. Le point où il se cache à nos yeux est le *couchant*, nommé aussi *occident* ou *ouest*.

Voilà donc quatre points de l'horizon que vous pouvez reconnaître : on les nomme points *cardinaux*, c'est-à-dire principaux : nord, sud, est, ouest. Les reconnaître, c'est s'*orienter.* Pour s'orienter, il faut donc voir le soleil ou au moins se rappeler l'endroit ou il s'est levé ou couché ou bien la direction de l'ombre des objets à midi. N'importe ou l'on se trouve, on doit se rendre compte de la position de l'endroit, savoir s'orienter Quand on est dans la campagne, on évite de s'égarer en s'orientant. C'est aussi en s'orientant que les navigateurs se dirigent sur la mer, ou il n'y a pas de routes tracées .

Le temps ne nous permet pas de causer plus au long de la terre et des astres. Retenez le peu que je vous ai expliqué, et à la première occasion ne manquez pas d'apprendre aussi quelque chose sur la lune et les étoiles

QUESTIONNAIRE.

Quelle est la forme de la terre ? — Combien a t elle de tour ? —
Expliquez de quelle manière on s aperçoit que la terre est ronde. —
Pourquoi les objets placés sur la terre ne se détachent-ils pas ? — Combien de fois le soleil est-il plus gros que la terre ? — Donnez en une
idée par une comparaison — Donnez une idée de la distance de la
terre au soleil — Combien de fois la lune est elle plus petite que la
terre ? — Pourquoi la lune paraît-elle presque aussi grande que le
soleil ? — Qu appelle t on l axe d une toupie ? — Expliquez les mouvements d'une toupie — En combien de temps la terre fait-elle un
tour sur elle-même ? — En combien de temps fait elle son grand tour
autour du soleil ? — Donnez une idée de la vitesse de la terre dans ce
grand tour. — Comparez la terre à une pomme embrochée d une
aiguille — Donnez une idée du jour et de la nuit au moyen d une
pomme et d une bougie allumée — Expliquez comment l heure varie
sur les divers points de la terre — De quelle façon comprenez vous
que le mouvement du soleil est apparent et que c est la terre qui se
déplace ? — Expliquez, au moyen d une pomme et d une bougie, qu'il
y a divers climats — Quel est l effet de rayons qui tombent d aplomb
et obliquement ? — Comment devrait tourner la terre pour qu il n'y
eut pas de saisons ? — Quel est le pôle qui est le plus éclairé et le
plus échauffé par le soleil en été ? Quelle est lors la saison pour
le pôle opposé ? — Quel est le pôle le plus éclairé et le plus chauffé
en hiver ? — Qu'appelle-t on points cardinaux ? — Dites leurs différents
noms — Comment reconnaissez-vous l est et l ouest ? — Comment
reconnaissez vous le nord et le sud ? — Qu est ce que s orienter ? —
Pourquoi est il utile de savoir s'orienter ?

LEÇON II

L'AIR.

Mes enfants, supposons que l'on enlève de cette salle les meubles et tout ce qui garnit les murs, puis que nous sortions tous Qu'est-ce qui restera dedans ?

— Rien....

Je m'attendais à cette réponse. Voyons si vous avez raison Supposons que j'entr'ouvre une des fenêtres et que je lâche dans la salle un oiseau Que fera t-il ?

— Il s'envolera ..

Oui, il prendra son vol et cherchera à recouvrer sa liberté Il viendra heurter du bec les carreaux et, pour l'empêcher de se faire ainsi du mal, nous lui ouvrirons la fenêtre toute grande

Que fera alors l'oiseau ?

— Il partira dans l'air.

Maintenant réfléchissez un peu. Vous savez que les oiseaux volent dans l'air. Dans quoi volait tout à l'heure le petit prisonnier ?

— Dans l'air de la salle

Ainsi dans cette salle où vous disiez qu'il ne restait rien, il restait quelque chose, c'était l'air.

Nous vivons dans l'air : nous le respirons, il nous fait vivre. Il est partout autour de nous, il forme au-dessus de la terre une couche épaisse de plus de 30 lieues. Vous comprenez qu'il vaut bien la peine que nous nous occupions un peu de lui

Lorsque vous voulez faire connaissance avec un objet nouveau, vous le regardez d'abord, n'est-ce pas, puis vous voulez le toucher, le sentir, le goûter même. Lorsqu'on vous permet de regirder seulement, vous n'êtes pas satisfaits. Vous savez, en effet, que cela ne suffit pas pour vous donner des idées bien nettes sur les choses qui ne vous sont pas familières.

A propos de l'air je ne vous défends rien. Cherchez à vous renseigner.

Jules, voyez-vous l'air dans la salle?

Non.. assurément. Mais pourquoi ne le voyez-vous pas?

Quand un oiseau va se heurter contre les vitres pour s'envoler à l'air libre, il ne voit pas les vitres, parce que ce sont des plaques de verre transparentes et incolores. La lumière les traverse sans s'affaiblir sensiblement, de sorte qu'on ne les voit pas et que l'on voit les objets placés derrière elles.

L'eau bien pure est transparente comme le verre

Cependant l'eau, le verre, sont des corps bien matériels, bien lourds, bien durs, comparés à l'air. Il n'est donc pas extraordinaire que nous ne puissions voir l'air qui remplit cette salle

Voici une vitre bien claire, je vais vous la prêter un instant pour une petite expérience.

Placez une feuille de papier blanc sur votre table. Placez-vous à une certaine distance, comme pour lire. Entre vos yeux et le papier, à moitié chemin à peu près, tenez la vitre bien droite.

De quelle couleur voyez-vous le verre?

— Il n'a pas de couleur...

— Il est blanc...

Ni l'une ni l'autre des réponses n'est tout à fait juste. Vous allez les rectifier.

Jean, vous avez dit que le verre était blanc. Remplacez la feuille de papier par la couverture de votre cahier. De quelle couleur voyez vous maintenant la vitre?

— Jaune...

Parce que votre cahier a une couverture jaune. Vous la verriez rouge sur un papier rouge.

Puisque vous voyez à travers la vitre les couleurs du papier telles qu'elles sont, c'est que vous n'apercevez au verre aucune couleur.

Mais reprenez le papier blanc, regardez maintenant à travers la tranche de la lame de verre. De quelle couleur le voyez-vous ?

— De couleur verte.

Oui de couleur vert pâle. Par conséquent le verre le plus pur, le plus transparent (celui que l'on appelle improprement *verre blanc*), a une couleur, il est ordinairement verdâtre Mais pour que cette couleur devienne sensible à nos yeux, il faut que nous regardions à travers une épaisseur de matière assez considérable.

Il en est de même pour l'eau.

Les grandes rivières, les lacs, la mer, nous paraissent bleuâtres ou verdâtres parce que nous y voyons l'eau en grande masse. Mais quand cette eau n'est pas troublée par du limon si vous en remplissez un verre, elle semble complètement incolore

Voyons si l'air se comporte de la même façon.

Si l'on regarde des arbres, des maisons, une montagne, à une grande distance, on les voit comme à travers une gaze bleuâtre Plus la distance est grande, par un beau temps, plus la teinte bleue devient intense. C'est qu'alors nous voyons les objets à travers une couche d'air très épaisse. Il arrive ce que vous avez vu tout à l heure en cherchant à reconnaître la couleur de la vitre. L'air est plus transparent et plus limpide que le verre le plus pur Aussi il nous paraît incolore quand nous regardons au travers les objets peu éloignés, mais à mesure que l'épaisseur de la couche d'air augmente, nous reconnaissons sa teinte bleue Voilà pourquoi le ciel nous paraît bleu par un beau temps sec sans nuages. Ainsi, mes amis, on peut voir l'air.

Mais pouvez-vous le toucher ?

— Oui. — Non. — Oui...

Vous n'êtes pas d'accord : cela ne m'étonne pas.

Paul a dit : oui, on peut le toucher. Eh bien, mon ami, ouvrez la main .. fermez la. Que tenez-vous?

— Rien !...

C'est vrai, l'air s'est échappé entre vos doigts et vous ne sentez rien dans votre main. On peut donc dire que vous ne *touchez* rien, puisque vous ne *sentez* rien en contact avec votre main.

Cependant le sens du tact (ou du toucher) peut vous servir pour reconnaître la présence de l'air si vous usez d'un petit artifice bien simple.

Prenez votre cahier de la main droite et éventez votre main gauche.

Cette fois vous *sentez* quelque chose; à mesure que l'air vient frapper votre main il produit sur la peau une certaine impression analogue à celle que vous éprouvez en passant légèrement les doigts sur un corps très souple et très doux au toucher.

Ainsi nous voyons l'air, dans certaines conditions, et le sens du tact nous permet aussi de constater sa présence.

Quant au goût et à l'odorat, ils ne nous apprennent rien à son sujet. Nous pouvons considérer l'air pur comme n'ayant ni odeur ni saveur.

Je vais vous étonner, sans doute, en vous disant que l'air est pesant : rien de plus vrai pourtant. Il y a bien des manières de le prouver. Si l'on pèse un gros ballon de verre plein d'air, puis qu'au moyen d'une pompe on aspire cet air, le ballon est plus léger, il a perdu justement le poids de l'air enlevé.

Prenez un verre, remplissez le d'eau jusqu'au bord, appliquez sur l'eau une feuille de papier, posez sur le papier une assiette, puis renversez vivement le verre, si vous retirez l'assiette, le papier restera collé contre l'eau et l'empêchera de s'écouler, parce que l'air le pressera en dessous avec une force supérieure au poids de l'eau.

C'est d'après ce principe que l'on a construit le *baromètre*, instrument qui sert à mesurer la pesanteur, la pression de l'air. On remplit de mercure un tube de verre long d'environ un mètre, fermé à la partie inférieure, puis on le renverse dans une cuvette pleine de mercure : le métal ne s'écoule qu'en partie, le poids de l'air pressant à la surface du métal liquide soutient une colonne de mercure d'environ 76 centimètres, il soutiendrait une colonne d'eau de 32 pieds.

Je vous citerai encore une expérience célèbre. On prend deux demi sphères creuses qui s'adaptent très exactement, de manière à former une boule. Au moyen d'une pompe, on aspire l'air contenu dans la boule, alors le poids de l'air extérieur presse si fort contre les demi-sphères, qu'on ne peut les séparer.

Vous connaissez tous, mes amis, ce jouet que j'ai été obligé de confisquer provisoirement parce qu'il était une cause de distraction en classe. C'est un canon de sureau. Vous savez comment on le fabrique : on prend un tronçon de jeune tige de sureau et un bâtonnet de la même grosseur, mais un peu plus long. On mesure sur le bâtonnet la longueur du tronçon : là on pratique une entaille circulaire, puis, conservant comme manche la portion la plus courte, on amincit régulièrement l'autre portion jusqu'à ce qu'elle ne soit pas plus grosse que la moelle du sureau. Avec la baguette ainsi façonnée, on fait sortir la moelle et l'on a un tube un peu conique, c'est à-dire se rétrécissant légèrement d'un bout à l'autre. On introduit dans le tube une bourre d'étoupe humide, on la presse jusqu'au bout le plus étroit. Enfin on introduit une seconde bourre, puis on pousse vivement la baguette de manière à enfoncer rapidement cette sorte de bouchon. •

Vous savez ce qui arrive alors. Quand la seconde bourre est arrivée à la moitié ou aux deux tiers du tube..... le coup part, c'est à-dire la première bourre est chassée avec force et l'on entend une petite détonation.

Ce jouet n'a servi, jusqu'à présent, qu'à vous amuser, aujourd'hui nous allons l'utiliser pour notre leçon.

Après avoir placé et bien foulé la première bourre, votre canon consiste en un tube fermé par un bout et plein d'air. Vous placez la seconde bourre : voilà l'air du tube emprisonné. Maintenant vous poussez la bourre : elle avance, et vous éprouvez graduellement plus de peine à la faire progresser. Quelquefois, si vous lâchez prise, elle rebrousse chemin comme si un ressort la repoussait. D'où vient cela ?

A mesure que vous enfoncez la seconde bourre, elle comprime l'air emprisonné dans le tube, elle l'oblige à occuper moins de place. Si vous cessez de pousser la baguette et qu'il n'y ait pas de fuite, l'air cherche à reprendre l'espace que vous lui avez fait perdre, vous l'aviez *comprimé*, il se *détend* et repousse la bourre.

Cette petite expérience nous montre que la même quantité d'air peut occuper plus ou moins d'espace ; qu'on peut le comprimer ; mais qu'il est élastique et tend à reprendre le volume qu'on avait réduit.

Continuons nos expériences.

Voici une vessie pleine d'air, mais pas tout à fait gonflée, comme vous voyez.

Si je la place au soleil ou auprès du feu, vous allez la voir se gonfler entièrement, toutes les petites rides vont disparaître.

Si au contraire je la place dans un endroit froid, vous allez la voir s'affaisser, se rider davantage.

Qu'allons nous conclure de cela ?

Ce n'est pas la membrane elle même, la vessie, qui est influencée de la sorte par le chaud et le froid : c'est l'air qu'elle contient.

Le froid fait resserrer, *condenser* l'air , la chaleur l'étend, le gonfle, le *dilate*.

Tenez, voici une bouteille qui ne contient rien... que de l'air. Je la bouche avec ce bouchon de liège, et je la place comme nous avons placé tout à l'heure la vessie pour la chauffer.

Jules, que va-t-il arriver à l'air emprisonné dans la bouteille ?

— Il va s'échauffer.

Et puis ?

— Il va occuper plus de place.

Mais la bouteille ne peut pas s'étendre ou se gonfler comme la vessie, comment l'air occupera t il plus de place ?. ..

Je vais vous le dire. L'air échauffé va presser de tous côtés la bouteille comme pour la gonfler. Il va presser aussi le bouchon, si le bouchon était ficelé au col de la bouteille il ne pourrait sortir, et la bouteille éclaterait. Mais comme il n'est pas ficelé ... boum !..... l'air chaud l'a poussé comme un ressort, il a sauté en l'air et une partie de l'air que nous avions emprisonné dans la bouteille s'est échappé.

En s'échappant, cet air a produit un souffle qui aurait éteint une bougie. De plus, il a dérangé, déplacé l'air au travers duquel il se frayait un passage.

N'oubliez donc pas ce point important : l'air chauffé s'étend, se *dilate*, occupe un espace plus grand qu'auparavant : l'air qui se refroidit se contracte, se *condense*, occupe moins d'espace.

Vous comprenez que l'air chauffé,occupant plus de place, est plus léger que l'air froid.

Si vous enfoncez dans l'eau un bouchon et que vous le lâchiez, il monte à la surface parce qu'il est plus léger que l'eau.

Supposez que vous lâchiez dans l'air froid un peu d'air chaud, il montera aussi, parce qu'il sera plus léger. Mais comment faire pour le voir ?

Voici une cheminée. C'est un grand tuyau plein d'air. J'allume du feu, ce qui produit un peu de fumée,et le feu chauffe l'air du tuyau. Cet air a besoin de plus d'espace, il se dilate, il devient plus léger et monte. S'il était seul,nous ne le verrions pas monter, mais il entraîne avec lui la fumée, de sorte que nous le suivons dans sa marche jusqu'au dessus des toits.

Puisque cet air chaud s'élève dans l'air froid comme un morceau de liège s'élève dans l'eau, si nous pouvions emprisonner de l'air chaud dans une enveloppe très mince, très légère, nous verrions cette enveloppe monter en l'air.

Supposons une grande sphère, un grand ballon, fait en papier de soie, nous la remplissons d'air très chaud et nous la laissons libre. Que va t il arriver?

-- Elle va s'envoler.

Ou; du moins, faute d'ailes pour voler, elle va s'élever dans l'air comme s'élèvent l'air chaud et la fumée des cheminées

Mais montera t elle toujours?...

Vous hésitez Réfléchissez

Notre ballon se refroidira, l'air emprisonné cessera bientôt d être plus léger que l'air libre dans lequel il flottait Et même avant ce degré de refroidissement le ballon retombera parce que l'enveloppe de papier est plus lourde que l air

On fait en grand l'expérience que je viens de vous decrire.

On construit un énorme ballon en papier. On y ménage à la partie inférieure une ouverture sous laquelle on dispose un petit foyer. On allume le feu, l'air renfermé dans le ballon s'échauffe, une partie s'échappe, le reste devient assez léger pour que l'appareil s'élève dans l air à une tres grande hauteur.

Si le ballon est assez grand, on peut y suspendre une sorte de corbeille dans laquelle s'embarque un homme

C'est ainsi que l'on a fait les premières ascensions. On ap

pelle ces ballons à air chaud *montgolfières* parce que les premiers furent construits par deux frères nommés Montgolfier. Ce fut en voyant se gonfler et tendre à s'élever en l'air une chemise chauffée au-dessus d'un réchaud, que l'un d'eux imagina de construire des ballons à air chaud. Au lieu de remplir d'air chaud les ballons, on les gonfle d'ordinaire avec un gaz plus léger que l'air, le gaz d'éclairage, par exemple, et l'on peut ainsi s'élever très haut et parcourir de grandes distances.

Vous vous rappelez, mes enfants, que dans une cheminée où l'on allume du feu, l'air s'échauffe, augmente de volume, devient plus léger, monte, et s'échappe par l'extrémité du tuyau.

La fumée que cet air chaud entraîne nous permet de suivre pendant quelque temps sa marche au dessus des toits.

Pour s'élever de la sorte, cet air est obligé de refouler, de repousser l'air plus froid qu'il traverse. Il le fait donc changer de place à mesure qu'il avance lui-même, il le met en mouvement.

Revenons a notre cheminée. A mesure que l'air echauffé s'élève et s'échappe par le tuyau, il produit derrière lui un vide, un *appel* d'air frais qui vient prendre sa place, c'est ce que l'on appelle le *tirage*. Quand vous vous placez devant un feu bien flambant, vous sentez ce courant d air s'engouffrer dans la cheminée. C'est lui qui vous gèle le dos tandis que vous vous grillez le devant des jambes.

Ainsi l'échauffement d'une certaine quantité d'air a produit divers courants ; l'un qui sort du tuyau de la cheminée, l'autre qui se jette dans le foyer.

Vous comprenez que si l'air s'échauffait ailleurs que dans la cheminée, tout se passerait, au fond, de la même manière.

Supposons par exemple que nous placions au milieu de la classe un réchaud plein de braise bien allumée. Au-dessus du réchaud, l'air échauffé montera au plafond, tandis que de l'air froid prendra continuellement sa place au-dessus du feu. Il y a ira dans l'air des courants continuels ; si nous laissions tomber une poussière legere au-dessus et à côté du réchaud, nous verrions cette poussière suivre les mouvements de l'air comme la fumée qui sort des cheminées.

SAFFRAY Maître.

J'ai tout préparé pour cette petite expérience. Tenez, voici le réchaud allumé, je laisse tomber juste au-dessus un peu de fin duvet. Le courant d'air chaud qui s'élève au dessus du feu l'entraîne, de sorte qu'il ne tombe pas sur le réchaud. Mais je fais voltiger un peu de duvet juste à côté du feu, et, au lieu de tomber à terre, il est entraîné sur la braise par les courants d'air qui s'y précipitent pour prendre la place laissée vide par l'air déjà échauffé.

Qu'est ce que cela nous prouve? Que la chaleur produit des courants, des mouvements dans l'air.

Maintenant dites moi, Jules, ce qui arriverait si l'air de cette classe était tout d'un coup chauffé comme celui qui passe sur le réchaud ?

— Il lui faudrait plus de place et il passerait en partie par la fenêtre ouverte

C'est juste. Et si nous agitions alors un peu de duvet à la fenêtre, que verrions nous ?

— Nous le verrions suivre le vent qui sortirait de la classe.

Vous venez d'employer un mot que j'avais, à dessein, évité de prononcer. Qu'est ce que vous appelez le vent?

— C'est de l'air qui change de place.

Très bien. Dites moi maintenant, si, au lieu de s'échauffer subitement, l'air de la classe se refroidissait tout à coup, qu'arriverait-il?

— Il occuperait moins de place et il entrerait un peu d'air du jardin par la fenêtre.

Vous voyez, mon ami, que tout cela est facile à comprendre. L'air occupe plus ou moins de place selon qu'il s'échauffe ou se refroidit. S'il augmente de volume, il pousse l'air qui l'entoure, il le déplace ; ce mouvement de l'air, c'est du vent. Si l'air se refroidit, il occupe moins de place, il se resserre sur lui-même, de sorte que l'air d'alentour vient occuper l'espace libre, voilà encore des mouvements de l'air et par conséquent du vent.

Si j'avais commencé par vous demander ce que c'est que le vent, vous auriez été embarrassé pour me répondre. Je ne vous l'ai pas dit, mais je vous ai fait penser un peu et vous avez trouvé seul la réponse.

Nous verrons plus tard si le grand air, l'air libre de la campagne se comporte comme celui d'une cheminée ou d'une chambre.

C'est le vent, vous savez, qui fait tourner les ailes du moulin, qui gonfle les voiles des barques et des grands navires. Quand il souffle bien fort, il fait plier et même brise ou déracine les arbres les plus robustes. Nous reviendrons là dessus à propos de la pluie et du beau temps.

QUESTIONNAIRE

Qu'est-ce qu'il y a partout autour de nous et au dessus de nous ? — Que reste t il dans une chambre vide, une bouteille vide ? — Pourquoi ne voit on pas l'air d'une chambre ? — Qu'est ce qu'un corps transparent ? — Quelles substances transparentes connaissez vous ? — De quelle couleur est le verre le plus parfait, l'eau la plus pure ? — Comment le prouveriez vous ? — D'ou vient la teinte bleuâtre des objets éloignes ? — Qu'est ce qui produit la couleur bleue de la voute céleste ? — Le sens du tact peut il nous faire connaître l'existence de l'air ? — L'air a t il une odeur, une saveur ? — Citez des expériences qui prouvent que l'air est pesant. — Peut on comprimer l'air ? — Citez un jouet à air comprimé. — Quels changements le froid et la chaleur produisent ils dans le volume de l'air ? — Si l'on chauffe une bouteille vide, bien bouchée, pourquoi le bouchon saute t il en l'air ? — L'air chaud est il plus leger que l'air froid ? — Pourquoi est il plus léger ? — L'air chaud s'élève t il dans l'air froid ? — Peut on le voir monter ? — Si l'on emprisonne de l'air chaud dans une enveloppe légère, qu'arrive t il ? — Qu'est ce qu'une montgolfière ? — Comment remplit on d'ordinaire les ballons ? — Qu'est ce qui arrive dans l'air d'une cheminée quand on y fait du feu ? — Combien de courants d'air se forment dans la cheminée ? — Qu'est ce que l'*appel* d'une cheminée et le *tirage* ? — Quels courants d'air se produisent au dessus d'un réchaud allumé ? — Qu'arrive-t il si l'air d'une chambre s'echauffe et s'il se refroidit rapidement ? — Qu'est-ce que le vent ? — Citez quelques effets du vent.

LEÇON III

L'EAU.

Si vous jetez les yeux sur une mappemonde, vous verrez, mes amis, que les parties teintées de bleu, qui représentent les mers, les lacs, les fleuves, forment une surface beaucoup plus grande que celle des continents et des îles. Cela vous donne, tout de suite, une idée de l'abondance de l'eau dans la nature. Nous pouvons dès lors supposer qu'elle y joue un rôle considérable.

Jules, dites-nous si l'eau est toujours liquide.

— Elle gèle et devient solide en hiver.

Quelle autre forme prend elle encore?

— Elle devient une sorte d'air, une vapeur.

Eh bien occupons-nous de l'eau en vapeur.

Si vous abandonnez de l'eau à l'air dans un vase ouvert, à la température ordinaire, au bout de quelque temps vous constatez que l'eau a diminué Plus tard il n'en reste plus.

Ernest, dites nous ce qu'elle est devenue.

— De la vapeur.

La voit-on sortir du vase? La voit-on dans l'air, a la température ordinaire ?

— Je ne crois pas.

Non, en effet. Elle se *dissout* lentement dans l'air qui touche la surface du liquide, et comme cet air se renouvelle peu à peu, il s'en dissout toujours de nouvelles quantités, jusqu'à ce que le vase soit à sec. Cette vapeur est invisible, parce qu'elle se dissout au fur et à mesure de sa formation.

Mais si la vapeur se formait rapidement dans de l air froid, les choses ne se passeraient pas ainsi.

L'EAU.

Plus l'air est chaud, plus il peut dissoudre de vapeur. De même l'eau chaude dissout plus de sel ou de sucre que l'eau froide. Si l'on produit rapidement l'évaporation dans de l'air froid, celui-ci ne peut dissoudre la vapeur au fur et à mesure qu'elle se dégage, de sorte qu'une partie se *condense*, devient visible, sous forme de petits globules creux, comme ceux qui composent les nuages.

Ces nuages légers que vous voyez flotter au dessus d'un vase où l'on fait bouillir de l'eau ou s'échapper du couvercle d'une marmite, c'est de l'eau en vapeur qui ne se dissout pas dans l'air et prend la forme nuageuse. Dans de l'air très chaud, elle se dissoudrait et vous ne le verriez pas ; plus l'air est froid, plus le nuage devient visible.

Ainsi pendant l'été vous ne voyez pas la vapeur d'eau de votre haleine, mais par un grand froid, elle sort de votre bouche ou de vos narines comme de petits nuages.

Nous allons maintenant faire une expérience.

Voici de l'eau bouillante et de l'alun Je dissous dans l'eau autant d'alun que possible. Pour cela, j'en mets plus qu'il n'en faut, et après avoir remué quelque temps, je verse le liquide dans une tasse. Au lieu d'alun, j'aurais pu employer du sel ou du sucre.

Cette eau est *saturée* d'alun, c'est à dire qu'elle en contient autant que possible, pour sa température. Moins chaude elle en aurait dissous moins Si nous la laissons refroidir, que va-t-il arriver ?

Dites-nous, Léon, n'y aura-t-il pas trop d'alun quand l'eau sera froide ?

— Oui, puisqu'elle en prend moins à froid qu'à chaud.

Et cet alun en trop que va-t-il devenir ?

— Je pense qu'il va tomber au fond de la tasse.

Précisément.

Quand un liquide est saturé d'une substance, c'est-à-dire qu'il en a dissous le plus possible pour sa température, il en abandonne une partie en se refroidissant, et l'on retrouve la substance solide au fond du vase.

Eh bien, Charles, appliquez ceci à l'air qui a dissous de la vapeur d'eau Supposons qu'il en ait pris autant que le lui permet la température, il sera *saturé*, comme cette eau était saturée d'alun. Mais, s'il se refroidit, qu'arrivera t il ?

— Il y aura trop de vapeur.

Et que deviendra cette vapeur ?

— Flle redeviendra de l'eau

Justement.

Nous savons donc que l'eau peut exister à l'éta' de liquide et de vapeur ; que l'air dissout la vapeur d'eau, en proportion de sa température ; qu'il en abandonne une partie quand il se refroidit. C'est cette vapeur abandonnée par l'air qui forme la rosée, les brouillards, les nuages, la pluie.

Supposons maintenant que nous chauffions de l'eau dans un *alambic*, c'est à-dire dans un vase fermé dont le couvercle communique, par un tuyau, avec un réservoir d'eau froide l a chaleur transformera une partie de l'eau en vapeur, celle ci remplira bientôt l'espace libre entre le liquide et le couvercle, ainsi que le tuyau plongé dans l'eau froide. Mais ce tuyau étant froid, la vapeur se condensera en eau et coulera par l'extrémité ouverte du tuyau. Nous aurons ainsi distillé de l'eau: c'est à dire qu'après l'avoir vaporisée au moyen du feu, nous lui aurons fait reprendre la forme liquide en refroidissant la vapeur que la chaleur avait produite.

Voulez vous un exemple plus familier? Sur le jet de vapeur qui s'échappe d'un pot au-feu en ébullition incomplètement couvert, placez pour un instant une assiette bien froide. Retirez la, elle est couverte de rosée, de vapeur condensée. l a même chose se produit quand vous soufflez doucement sur un corps froid, une glace par exemple.

Jules nous disait tout à l'heure que l'eau gèle en hiver. Voilà donc une troisième forme, un troisième *état* de l'eau ; la forme solide.

Quand l'eau se solidifie lentement, elle *cristallise*, c'est-à dire que ses particules s'arrangent suivant des formes régulières, symétriques. Si vous regardez attentivement le givre sur des vitres, vous verrez qu'il prend l'aspect d'étoiles frangées et de branches de fougère. L'eau qui gèle lentement dans les mares présente aussi des formes géométriques, on y voit un entrelacement de grandes aiguilles disposées à peu près comme le glvre. La neige présente également des formes symétriques fort élégantes.

Pour s'arranger ainsi suivant des formes mathématiques, les particules de l'eau laissent entre elles de petits espaces vides, il leur faut donc plus de place qu'à l'eau liquide. Aussi l'eau augmente de volume en se congelant. Si vous faites geler une bouteille pleine d'eau et bien bouchée, elle éclatera. Les pierres dites *glaises* sont des pierres poreuses dans lesquelles l'eau s'infiltre facilement : quand il fait tres froid cette eau se congèle, et, comme pour cela il lui faut de la place, elle brise la pierre en fragments

La glace occupant plus de place que l'eau d'ou elle provient, vous comprenez qu'elle est moins lourde et doit flotter à la surface.

Dans les pays chauds l'eau est toujours à l'état liquide : on ne connaît ni la glace ni la neige. Mais dans les régions polaires, pour avoir de l'eau liquide, il faut fondre la glace. La mer elle même est solidifiée à la surface, et les navires qui s'aventurent dans ces parages se trouvent souvent emprisonnés au milieu de véritables montagnes de glace.

Sur les tres hautes montagnes, il fait si froid que la neige s'accumule en masses énormes qui peu à peu se solidifient et forment des *glaciers*. En été les glaciers fondent en partie. Leur eau forme des ruisseaux qui descendent des montagnes, se rejoignent dans les vallées et constituent des rivières, des fleuves. La pluie augmente ces cours d'eau, mais ce qui les alimente régulièrement, c'est la fonte des glaciers. De même, une partie des glaces des pôles se fond pendant l'été, de sorte que chaque année la mer recouvre toute l'eau qu'elle avait perdue.

C'est de la mer, en effet, que vient toute l'eau de notre globe. Sous l'influence du soleil, l'air la lui prend à l'état de vapeur, la transporte partout, et là ou il fait froid, la laisse se condenser sous forme de brouillards, de pluie, ou se solidifier sous forme de neige et de glace. Ainsi notre globe fonctionne comme un immense alambic.

A la surface de la terre vous connaissez l'eau sous forme de mers, de lacs, d'étangs, de rivières, de ruisseaux. Mais l'eau des pluies s'infiltre en partie dans la terre, et, avec le temps elle a délayé les argiles, emporté les sables, creusé les roches tendres, de sorte que sous nos pieds circulent des ruisseaux, des fleuves invisibles. Ailleurs dorment de vastes lacs.

Jean, dites-nous d'où vient l'eau des puits.

— De la terre

Si l'on creusait un puits dans le roc vif ou dans de l'argile fournirait-il de l'eau ?

— Je ne pense pas.

En effet, l'eau ne pourrait s'infiltrer dans l'argile et la roche pour remplir le puits. Pour que l'eau s'infiltre, il faut un terrain *perméable* comme le gravier, le sable.

Si une couche de sable ou de gravier se trouve placée sur une couche d'argile, l'eau y filtrera sans se perdre, gagnera les parties basses, et se fera jour de distance en distance : c'est ainsi que se produisent les sources

Il faut souvent creuser des puits très profonds pour atteindre une *couche de terrain* perméable, c'est à dire capable de laisser filtrer l'eau Quand une couche de ce genre vient d'un plateau élevé et se trouve emprisonnée entre deux couches imperméables, soit par exemple d'argile, l'eau se trouve comprimée à la partie basse. Si on y creuse un puits, elle jaillit jusqu'à l'orifice et même plus haut Telle est l'origine des puits artésiens, ainsi nommés parce qu'en France on a commencé à en creuser dans l'ancienne province d'Artois, qui forme aujourd'hui la plus grande partie du département du Pas de Calais Il y a aussi des sources jaillissantes qui sont des puits artésiens naturels.

Nous venons de voir que les pluies et la fonte des glaciers alimentent les cours d'eau qui descendent des montagnes. Ordinairement la quantité d'eau qu'ils reçoivent est assez régulière, de sorte que leur niveau se maintient dans des limites peu variables pour chaque saison.

Mais si de grandes quantités de neige ou de glace fondent rapidement sur les montagnes, s'il survient des pluies abondantes et continues, les cours d'eau grossissent et débordent. En arrivant dans les vallées basses, la masse des eaux est si considérable qu'elle envahit et inonde de vastes étendues, emportant les récoltes, les maisons, noyant les animaux et souvent des gens qui n'ont pas eu le temps de se sauver.

Voyons, mes amis, je vais vous faire une question. Que chacun réponde une seule chose et soit prêt à l'expliquer. A quoi sert l'eau ?

— A boire.

— A laver le linge.

— A faire la cuisine.

— A arroser la terre.

— A faire sa toilette.

Assez pour le moment.

Nous ne pourrions vivre sans eau. Il faut qu'un homme adulte en absorbe, sous une forme ou sous une autre, en boisson ou avec les aliments, au moins un litre et demi par jour. L'été la consommation est bien plus forte.

Nous serions fort malheureux si nous étions privés d'eau pour cuire les aliments : notre existence serait celle des plus misérables sauvages.

Quant à la propreté, il n'y en a pas sans eau. Henri IV avait coutume de dire : « Je ne comprends pas qu'on soit sale ou incivil, quand il suffit d'un coup de chapeau pour être poli et d'un verre d'eau pour être propre. » N'oubliez pas cela, et au lieu d'un verre d'eau usez-en quelques litres. Les bonnes ménagères ne l'épargnent pas non plus pour laver le linge et le rincer après la lessive, elles savent que propreté c'est dignité et santé. On s'estime mieux et l'on plaît davantage avec du linge blanc et des habits propres. La propreté est presque une vertu, c'est, si vous le voulez, une vertu domestique. Rien ne contribue tant à la santé. J'entends la propreté sous toutes ses formes : autour de la maison, dans la maison, dans la préparation des aliments, sur notre personne. Or le principal élément de propreté, c'est l'eau, on ne saurait en abuser.

Sans eau, vous le savez, pas de foin, pas de blé, pas de légumes. La terre sèche est stérile. Toute terre mouillée produit quelque chose. Avec de l'eau et du fumier on obtient d'un terrain à peu près ce que l'on veut. C'est donc un grand bienfait que la pluie : elle féconde nos campagnes. Un cours d'eau dans une propriété vaut un trésor. Pour en tirer parti il suffit de le diriger, de le diviser de manière à répartir au loin une humidité bienfaisante. Là au contraire où l'eau s'accumule et devient stagnante, formant des marais, des tourbières, on s'en débarrasse par des canaux et par le *drainage*.

Je reprends ma question. A quoi encore sert l'eau ?

— A faire tourner les moulins.

— A porter les bateaux, les navires.

Fort bien. Vous voyez, l'eau travaille ! Un cours d'eau formant une chute naturelle ou artificielle constitue un serviteur gratuit qui jamais ne se lasse et qui n'est point capricieux comme le vent. Aussi on l'emploie pour faire tourner la roue des moulins a eau et celle d'une foule d'autres mécanismes, dans les forges, les filatures, les fabriques de toute sorte. L'eau courante, et surtout l'eau qui tombe, représente une force considérable que l'industrie s'empresse de mettre à profit.

Les rivières portent de grands bateaux à voiles, d'autres grands bateaux plats ou chalands que l'on fait avancer au moyen de longues perches. Mais, comme le vent y fait presque toujours defaut, attendu que les rivières coulent dans des vallées protegees du vent par des montagnes ou des collines, les bateaux à voiles et les chalands sont souvent *remorqués*, c'est-à-dire traînés par de petits bateaux à vapeur. D'autres bateaux à vapeur plus grands servent au transport des marchandises et des passagers.

Henri, savez-vous ce que c'est qu'un canal?

— C'est une espèce de rivière.

Il vaudrait mieux dire : C'est une rivière artificielle. Ce qui la caractérise c'est le manque de courant. Pour faire avancer les bateaux, on est obligé de les *haler* au moyen d'un câble. Ce sont des hommes ou des bêtes de trait qui tirent sur ce câble, en suivant le chemin de halage. De distance en distance on établit des *écluses* ou portes qui retiennent l'eau dans une suite de longs bassins. Au dessus de la porte l'eau s'élève suivant la pente du terrain, et les bateaux flottent jusqu'à la porte. Derrière la porte, au dessous, l'eau est basse, mais si on ouvre la porte, l'eau se précipite dans le bassin suivant et le remplit, le bateau peut y flotter jusqu'à la porte suivante. De cette manière, il suffit d'une très petite quantité d'eau pour alimenter un canal. La même quantité livrée à elle-même, ne

formerait qu'un ruisseau insignifiant, inutile pour la naviga-
tion. Voilà comment l industrie de l'homme utilise et transforme les forces de la nature.

QUESTIONNAIRE.

L'eau est elle toujours liquide ? — Sous quelles autres formes
existe t elle ? — Que devient l eau dais un vase ouvert à la tempér -
ture ordinaire ? — Que devient la vapeur d eau dans l'air ? — L'air
chaud et l air froid dissolvent ils la même quantité de vapeur ? —
Qu arrive-t il quand il fait froid, à la vapeur que l'air ne dissout pas ?
— Que veut dire de l'eau *saturée* de sucre, de sel ? — L eau dis
sout-elle plus de sel, de sucre, d alun, à chaud qu à froid ? — Que
se passe t il quand on laisse refroidir une solution saturée à chaud —
Que se passe t-il quand de l'air sature de vapeur d eau se refroidit ? —
Expliquez la distillation de l eau. — Donnez un exemple familier de
condensation ou de distillation — Que devient l eau quand il gèle ? —
Comment s arrangent les particules de l eau qui se se diffu ? — La
glace occupe t elle plus d espace que l'eau ? — Qu est ce qu un gla-
cier ? — A quoi servent les glaciers ? — D' à vient toute l eau et ou
retourne-t-elle ? — Y a t il de l eau sous la terre ? — Dans quels ter
rains les puits donne it ils de l eau ? — Dites ce que vous savez sur
les puits artésiens — Qu est ce qui cause les inondations? — A quoi
sert l'eau ? — Faites-nous comprendre que l eau travaille — Quelle
différence y a t il entre une rivière et un canal? — Comment comprenez-vous le fonctionnement des écluses d un canal?

LEÇON IV

LE FEU.

Mes amis, voici un bout de bougie que je viens d'allumer. Je le place sur la table et je le couvre au moyen de ce verre renversé dessus. Regardez-bien ce qui va se passer.

Vous voyez, la flamme devient moins vive, jaunit, s'effile, s'accroche au haut de la mèche et s'éteint en laissant échapper une petite couronne de fumée blanchâtre.

Louis, expliquez-moi ce qui vient d'arriver.

— Vous avez étouffé la flamme.

Oui, si vous voulez. Eh bien, qu'appelez-vous étouffer un animal?

— C'est le faire mourir en le privant d'air.

Bien. Un oiseau mis sous cloche comme cette bougie mourrait au bout de quelques minutes. Vous savez que l'on meurt si l'on n'a plus d'air à respirer. En voyant s'éteindre la flamme de la bougie, vous avez deviné qu'elle mourrait aussi faute d'air. Mais croyez-vous donc que la flamme avait des poumons pour respirer l'air? ...

Je suspens mes questions, car si j'allais plus loin vous ne pourriez continuer de si bien répondre. Tout à l'heure vous serez mieux préparés.

Vous savez tous que la flamme d'une bougie est chaude, que vous ne pourriez la toucher du bout du doigt sans vous brûler, mais elle n'est pas également chaude dans toutes ses parties; ainsi dans l'intérieur, au milieu, là où l'air n'arrive qu'avec peine, on pourrait placer un grain de poudre sans qu'il prenne feu. Vous savez également que vous vous brûleriez en touchant un morceau de braise allumée et toute rouge ; que vous vous brûleriez encore en touchant un morceau de fer rougi au feu.

Vous connaissez le petit fourneau que voici. Il nous a déjà servi à plus d'une jolie expérience. J'y ai fait bon feu, vous voyez. Au milieu de la braise rouge j'ai mis une balle de fer qui s'est échauffée et est devenue de la même couleur que la braise, comme le fer que chauffent les forgerons pour le travailler sur l'enclume.

Maintenant voici deux rondelles de carton recouvertes de cendre et deux grands verres. Je vais prendre avec des pincettes, un morceau de braise en pleine combustion, c'est à-dire bien rouge, presque blanche, le poser sur la rondelle et le couvrir, puis je poserai la balle de fer sur l'autre rondelle et la couvrirai également avec un verre. Attention !

Vous voyez, la braise s'éteint, elle est étouffée, comme la flamme l'était tout à l heure ; tandis que la balle de fer perd tres lentement son éclat, la balle rougie au feu reste brillante sous le verre. Maintenant, je remets braise et balle au milieu du brasier.

En quelques minutes le morceau de braise disparait, tandis que le fer reste intact.

Dites-moi, Jean, le morceau de braise était-il du feu ?

— Oui, puisqu'il a brûlé.

Vous voulez dire par là qu'il s'est consumé. Bien. Et la balle rougie, est-ce du feu ?

— Non, puisqu'elle ne brûle pas.

Voudriez vous la toucher du doigt ?

— Non, je me brûlerais

Alors, en disant que la balle ne brûle pas, vous entendez qu'elle ne se consume pas comme le morceau de braise, qu'elle ne diminue pas graduellement pour disparaître enfin tout à fait.

Résumons ce que nous savons déjà sur le feu.

Le feu consiste en quelque chose qui brûle, c'est-à dire se consume, diminue et disparait peu à peu, en produisant de la chaleur. Si la chaleur est forte, il se produit en même temps de la lumière qui rend visible le feu, la flamme. Le feu a besoin d'air : faute d'air il s'éteint.

Mais tout à l'heure quand j'ai placé le verre sur la bougie allumée, ce verre contenait de l'air. Pourquoi la flamme s'est-elle éteinte ?

Varions un peu l'expérience et vous allez comprendre.

Voici une assiette qui contient un peu d'eau. J'y fais flotter une rondelle de liège sur laquelle je pose le bout de bougie que j'allume. Au lieu du verre large que j'employais tout à l'heure, je prends ce verre plus étroit mais bien plus haut et je couvre la bougie ainsi que sa nacelle de liège.

La flamme s'éteint. Mais notez bien ceci : l'eau a monté dans le verre, par conséquent une portion de l'air a disparu. Évidemment la flamme se l'est approprié. C'est grâce à cette petite provision qu'elle s'est maintenue un instant.

Si à la place de la bougie, je mets un morceau de braise, tout se passera de la même manière : l'eau montera dans le verre, donc la braise absorbe, en brûlant, une certaine quantité d'air.

Eh bien, mes amis, ce que l'on appelle feu, ou mieux *combustion*, c'est à dire l'action de brûler, de se consumer dans l'air, consiste dans l'union rapide de l'air avec une substance, comme la bougie, la braise, le bois, le papier. Lorsque cette union est assez vive, comme dans ce que l'on appelle communément le feu, la substance brûlée et l'air qui la brûle s'échauffent jusqu'à devenir brillants comme le fer chauffé à la forge. Pour produire cette lumière et cette chaleur, tous les deux s'usent, se consument, de sorte que pour entretenir du feu, soit brasier, soit flamme, il faut renouveler constamment les deux matériaux : combustible et air. Le combustible est tout ce qui peut brûler au contact de l'air : charbon de terre, bois, charbon, braise, chandelle, huile, pétrole, etc.

Je viens de vous dire que toute substance qui brûle se consume graduellement, diminue et finit par disparaître, comme le morceau de braise que nous examinions tout à l'heure. Cela n'est pas tout à fait exact.

Voyons, Jules, ne reste-t-il rien du bois qui brûle ?

— Il reste de la cendre.

Fort bien, vous savez que la terre, le sable, ne brûlent pas. Eh bien, dans le bois il y a une petite quantité de matières semblables à de la terre, à du sable, de sorte que tout le reste s'étant consumé, ces matières restent dans le foyer

Mais il y a beaucoup de substances qui brûlent sans laisser de cendres. Elles produisent d'ordinaire une flamme vive. Tels sont la bougie, l'huile, le pétrole.

Il semble donc que le feu, la flamme, les fassent disparaître, les détruisent entièrement

Eh bien, mes amis, ce n'est qu'une apparence. Le feu ne détruit rien. Sur la terre, rien ne se crée, de nos jours, mais rien non plus ne disparaît. Je vais essayer de vous le faire comprendre

Voici un peu d'eau dans ce vase. Je la fais chauffer : au bout de quelques minutes le vase est vide.

Lucien, qu'est devenue l'eau?

— Elle s'en est allée en fumée.

Vous voulez dire qu'elle s'est vaporisée et que la vapeur chaude et légère s'est répandue dans l'air. L'eau n'a donc pas été détruite, elle a seulement changé de forme, d'apparence : au lieu de se trouver à l'état liquide dans notre vase, elle est maintenant à l'état de vapeur dans l'air. Nous pourrions même la y reprendre; je vous dirai cela un autre jour

Quand un morceau de braise se consume, vous savez que sa substance s'unit avec une certaine quantité d'air, que cette réunion très rapide produit la chaleur et la lumière. Se réunir n'est pas se détruire. Les morceaux de charbon, de braise, de bois, ne pourraient-ils pas faire comme l'eau et changer de forme, d'apparence, se *transformer*, pendant qu'ils brûlent, en une sorte de vapeur ou d'air ?

Oui, mes amis, c'est ce qui arrive. Tout corps qui s'unit à l'air pour brûler se transforme en une sorte d'air que l'on appelle *gaz*, comme on appelle *vapeur* cette sorte d'air en laquelle l'eau se transforme.

De même que nous pourrions retrouver dans l'air la vapeur d'eau, nous y retrouverions aussi le gaz produit par la combustion du charbon, du bois, de la bougie, etc.

Nous sommes obligés de nous arrêter. Plus tard vous saurez sur ce sujet bien d'autres choses intéressantes.

Essayons maintenant d'appliquer ce que vous venez d'apprendre.

Louis, à quoi sert le feu ?

— A se chauffer et à faire la cuisine.

C'est le principal. Mais vous savez aussi qu'il n'y a guère de métier, d'industrie, qui puisse se passer du feu.

Jules, savez-vous faire du feu? Supposez que je vous dise de faire du feu dans cette cheminée. Voici du bois rondin, du fagot, des copeaux de menuisier et des allumettes Expliquez-nous ce que vous allez faire.

— Voici comment je vois faire à la maison. Maman place des branches de fagot sur les chenets, puis elle met dessus les gros morceaux. Sous le fagot elle pousse des copeaux et les allume avec une allumette

Pourquoi allume t on les copeaux plutôt que le gros bois?

— Parce qu'ils brûlent mieux.

Oui, ils brûlent mieux parce qu'ils sont minces et disposés de telle sorte que l'air y ait libre accès Car il ne suffit pas qu'un combustible soit sec et mince pour bien brûler. Vous savez combien rapidement se consume une feuille de papier. Mais si on jetait un livre dans un grand brasier, on l'en retirerait, au bout de quelques minutes, seulement charbonné sur les bords. L'air n'ayant pas pénétré entre les feuillets, il n'aurait pas brûlé.

Pour faire un bon feu il faut toujours disposer les matériaux de manière que l'air puisse circuler librement à travers l'échafaudage.

Vous avez remarqué sans doute, qu'il se produit beaucoup de fumée quand on allume le feu, et que souvent cette fumée se répand dans la chambre Je vais vous indiquer un moyen de l'empêcher. Jules, vous le direz à votre maman

Vous savez que l'air chaud est léger, qu'il tend à monter, mais, pour monter dans la cheminée, il faut qu'il pousse, qu'il chasse devant lui tout l'air froid qui remplit le tuyau. Pendant qu'il fait de son mieux pour cela, une bonne partie de la fumée prend au plus court et s'échappe dans la chambre. Pour l'empêcher, il y a un moyen bien simple.

Tout à l'heure, Jules nous a dit qu'il fallait glisser des copeaux entre les chenets, sous les brindilles de fagot Il aurait fallu en placer aussi au-dessus des rondins, et allumer d'abord ceux-là.

les copeaux, le papier froissé, brûlent presque sans fumée parce qu'ils ont de l'air en abondance vu leur faible épaisseur. Si une partie de l'air qu'ils chauffent se répand dans la chambre, il ne l'enfumera pas. D'ailleurs ils se trouvent mieux placés pour chauffer l'air du tuyau que les copeaux couverts et à demi étouffés par tout l'échafaudage.

L'air du tuyau s'échauffe donc très vite, monte, s'échappe à l'extérieur, et de l'air frais arrive en bas du foyer; le courant est établi, il y a du *tirage* Voilà le moment d'allumer les copeaux du bas Le courant d'air fera l'office de soufflet, et toute la fumée sera vivement entraînée dans le tuyau.

N'oubliez pas cette petite recette pour allumer le feu.

Tout à l'heure votre camarade a mentionné les allumettes. Vous les connaissez bien : ce sont de petits bâtonnets de bois sec dont le bout a été trempé d'abord dans du *soufre*, puis dans une pâte de *phosphore*.

Le soufre se trouve principalement auprès des volcans, c'est une matière jaune pâle qui prend feu facilement et brûle avec une flamme bleuâtre. Le phosphore se retire des os. Le moindre frottement suffit pour l'enflammer.

Dites nous, Lucien, si le feu existe dans la nature?

— Il existe dans les volcans

Où encore, Arthur?

— Dans le soleil.

Bien Les volcans sont des feux souterrains qui, de temps à autre, se font jour à la surface de la terre, vomissant des flammes, de la vapeur, de la fumée, des cendres, des pierres

Le soleil est aussi un immense foyer naturel. On peut utiliser sa chaleur en la concentrant au moyen d'une lentille ou d'un miroir, et s'en servir pour enflammer diverses matières, ou même pour faire la cuisine. La foudre est aussi un feu naturel.

Sans le feu, l'homme serait bien misérable. Il ne pourrait habiter les pays froids, il n'aurait aucune industrie, car le feu est indispensable à tous les métiers. Vous savez ce que l'on obtient aujourd'hui des machines à vapeur de toute sorte. Sans le feu il n'y aurait ni bateaux à vapeur, ni chemins de fer, ni toutes ces machines qui sont l'âme des usines. Aussi Denis Papin, qui a rendu pratique la machine à vapeur, est un des plus grands bienfaiteurs de l'humanité.

Pour terminer cette causerie, je vais vous dire deux mots du thermomètre. C'est un instrument qui sert à reconnaître, à mesurer la température de l'air, de l'eau, etc. Il se compose d'un tube de verre dont l'extrémité, un peu renflée, forme un réservoir que l'on remplit de mercure ou d'alcool coloré. Quand la température, c'est-à-dire la chaleur augmente, le liquide se gonfle, se *dilate* et monte dans le tube : il descend quand le froid le fait se contracter. Les chiffres inscrits sur la planchette qui soutient le tube indiquent en degrés la température au dessus et au dessous de 0°, c'est-à-dire au-dessus et au-dessous de la température ou se forme la glace.

QUESTIONNAIRE.

Si l'on place sous un grand verre une bougie allumée ou un oiseau, qu'arrive-t-il ? — Pourquoi le centre de la flamme d'une bougie est-il moins chaud que le reste ? — En quoi consiste le feu ? — Qu'arrive-t-il à quelque chose qui brûle ? — Qu'arrive-t-il au feu privé d'air ? — Quel rapport y a-t-il entre respirer et brûler? — Qu'est-ce qui s'unit au combustible pour produire de la chaleur et de la lumière ? — Qu'appelle-t-on combustible ? — Qu'est-ce que la cendre ? — Toutes les substances laissent-elles, en brûlant, un résidu de cendres ? — Le feu détruit-il ce qui se consume ? — Puisque le combustible n'est pas détruit, que devient-il ? — Citez un exemple de substance qui se transforme et disparaît sans se détruire. — A quoi sert le feu ? — Comment prépare-t-on un feu de bois dans une cheminée ? — Pourquoi les brindilles, une feuille de papier, brûlent-elles vite et presque sans fumée? — Pourquoi un livre brûle-t-il très difficilement ? — Comment faut-il allumer le feu, pour éviter la fumée ? — Dites ce que vous savez sur les allumettes. — Citez des sources naturelles de feu. — Qu'est-ce qu'un volcan ? — Donnez une idée de l'importance du feu pour l'homme civilisé. — Qui a fait la première bonne machine à vapeur ? — Dites ce que vous savez sur le thermomètre.

LEÇON V

LE TEMPS QU'IL FAIT.

Quel temps fait-il ? — Voilà, mes amis, une question que nous faisons souvent à notre réveil. Nous ouvrons grande la fenêtre, nous regardons le ciel, l'horizon, et, sachant le temps qu'il fait, nous cherchons, en outre, à deviner le temps qu'il fera.

C'est que nous dépendons beaucoup du temps. Il influe sur notre esprit et sur nos intérêts matériels.

Le mauvais temps nous attriste, le temps orageux nous rend irritables ou nonchalants ; le beau temps nous apporte gaieté, espoir, courage.

Quand le laboureur a bien préparé la terre et fait les semailles, son devoir est rempli, il a le droit d'espérer une bonne récolte en échange de ses peines ; mais la récolte ne sera abondante que si le temps est favorable. Nous avons des fleurs, des fruits, du blé, du foin, du raisin, selon le temps qu'il fait. Après le travail, c'est le temps qui nous rend riches ou pauvres, et, dans une certaine mesure, heureux ou malheureux Pour les marins, la question du temps est plus grave encore Bon temps, c'est un voyage rapide et fructueux ; mauvais temps, c'est une longue traversée, le péril, la mort

Pour vous, écoliers, il n'y a guère que deux jours par semaine ou vous montriez un vif intérêt pour le temps qu'il fera : du temps dépend l'emploi du jeudi et du dimanche ; mais vous comprenez que « parler de la pluie et du beau temps » n'est pas chose si banale qu'on pourrait le croire Il est d'ailleurs très difficile d'en parler savamment, c'est toute une science que l'on

appelle *météorologie*, c'est-à-dire science des *météores* ou de
ce qui se passe dans l'air : la science du temps, si vous voulez
Il y a des savants qui y consacrent leur existence. Grâce à leurs
travaux nous pouvons expliquer tout ce qui concerne le temps.
vent, pluie, brouillard, grêle, orages, et même prévoir un ou
deux jours à l'avance le temps qu'il fera. Voilà certes une science
très intéressante et très utile. Plus tard vous ferez bien de lire
un traité pratique de météorologie ou quelque autre livre qui
traite ces sujets d'une façon familière (1). Pour le présent il
vous suffit de quelques idées bien claires et bien justes.

Louis, pouvez-vous nous dire le temps qu'il fait ?

— Il vente bien fort et il pleut.

Qu'entendez-vous « par il vente bien fort ? »

— C'est que le vent va vite.

Bien. Et pourquoi le vent va t-il vite ?

Vous hésitez Rappelez-vous ce que nous avons dit à propos
de l'air qui s'échauffe et se refroidit Chaud, il occupe plus de
place, il refoule celui qui l'entoure ; froid, il occupe moins de
place et laisse un *vide* que l'air d'alentour vient combler. Cela
produit des mouvements de l'air, des courants. Vous savez qu'il
fait très chaud sous l'équateur et très froid aux pôles, voilà des
causes de mouvements ou courants dans l'air, c'est à dire de
vent. Ce vent sera d'autant plus fort que l'air sera plus échauffé
à l'équateur et plus refroidi aux pôles.

Dans chaque pays, l'air s'échauffe et se refroidit suivant les
saisons; voilà une autre cause de vents. De plus, certaines
parties, comme les plaines cultivées, s'échauffent plus que les
bois et les montagnes, cela produit encore des mouvements
de l'air : du vent. La différence de température du jour et de
la nuit produit aussi des mouvements de l'air.

Eh bien, selon que toutes ces causes agiront ensemble ou séparément, le vent sera plus ou moins fort, c'est-à-dire l'air se
déplacera plus ou moins vite La vitesse du vent dépend donc,
au fond, du changement plus ou moins grand dans la température de l'air, sur le lieu même, dans les pays voisins ou dans
des régions éloignées

(1) Voir la *Physique des camps*. Petite bibliothèque illustrée. 1 vol.
Illustré, 50 c. Paris, Hachette

Revenons au vent qui va vite.

Ernest, savez vous ce que c'est qu'une seconde de temps?

— C'est la soixantième partie d'une minute.

Bien. Mais, pour mieux fixer votre idée, représentez-vous les battements du balancier d'une grosse horloge. Entre chaque battement il s'écoule une seconde.

Supposez une plume emportée par le vent : si elle parcourt environ 1 mètre par seconde, vous sentez a peine un souffle léger, si elle parcourt 2 ou 3 mètres, c'est une petite brise déjà tres sensible qui agite les feuilles. Une brise fraîche qui fait plier les branches marche à raison de 4 à 5 metres. Le vent fort d'aujourd'hui, qui secoue fortement les arbres, parcourt 8 à 9 mètres par seconde, c'est la vitesse d'un train rapide de chemin de fer.

Dites moi, Lucien, savez vous à quoi sert le vent ?

— A faire tourner les ailes des moulins.

Bien. Et vous, André, à quoi sert il encore ?

— A pousser les navires sur la mer, les bateaux sur les fleuves.

— Oui, mes amis, voilà deux immenses services que nous devons au vent. Autrefois on l'employait plus qu'aujourd'hui. Depuis l'invention des machines a vapeur, on trouve que le vent produit un travail trop irrégulier, et c'est assez vrai. Dans le temps de calme, le moulin à vent chôme, les navires et les bateaux a voiles restent en place, c'est du temps de perdu, et le temps a une grande valeur, car le temps, employe a un travail utile, représente de l'argent. Aussi l'on trouve souvent profit à employer des machines à vapeur, qui coûtent cher a faire marcher, plutôt que le vent qui travaille pour rien.

Vous savez que le vent souffle quelquefois avec une impétuosité extraordinaire. Il devient alors, pour l'homme, une source de calamités.

Sur la mer, il cause les tempêtes qui font sombrer les navires. Sur la terre, il fait verser les blés, détache les fruits des vergers, brise les arbres, et même enleve le toit des maisons. Pendant les ouragans, heureusement très rares, on a vu le vent enlever du sol des hommes et des animaux, soulever et transporter des canons, des wagons de chemin de fer ; renverser des murs et de solides maisons. Ces vents terribles forment d'ordinaire des tourbillons, des *trombes* qui ruinent tout sur leur passage.

Henri, vous savez vous *orienter*, dites-nous d'où vient le vent aujourd'hui.

— Il vient de l'ouest.

De quel côté doit se trouver la tête du coq de notre clocher ?

— Du côté de l'ouest.

Bien. Ce coq, vous savez, sert de *girouette*, il tourne selon le vent. On a placé et orienté au-dessous deux barres de fer en croix formant quatre branches. Chaque branche porte la première lettre de l'un des mots nord, sud, est, ouest. La direction de la tête du coq tourné aujourd'hui sur la branche O indique le vent d'ouest, si elle se trouvait entre l'N et l'O, on dirait que le vent vient du nord-ouest

Mes amis, je pourrais prolonger pendant bien des heures cette causerie, mais il faut nous borner. Quand on veut retenir trop de choses à la fois, « autant en emporte le vent », et puis si je fatiguais trop votre attention, vos petites têtes tourneraient bientôt de côté et d'autre comme des girouettes. Occupons-nous maintenant de la pluie.

Jean peut il nous dire ce que c'est que la pluie ?

— C'est de l'eau qui tombe du ciel

Qui dira mieux ?...

— C'est de l'eau qui tombe des nuages.

Bien. Il n'y a pas, dans le ciel, c'est-à-dire dans l'air, bien haut, un réservoir d'eau qui s'ouvre pour laisser tomber de la pluie. Mais il y a des nuages. Ces nuages sont formés par de la vapeur d'eau qui est plus légère que l'air et qui tend à monter de plus en plus.

Mais, à mesure qu'elle monte, elle atteint des régions plus froides ; alors elle se *condense* pour former de toutes petites sphères creuses, si petites et si légères qu'elles restent encore suspendues dans l'air, sous forme de nuages.

Vous avez vu la vapeur qui s'échappe d'une marmite, d'une locomotive ou de quelque autre machine,· elle prend aussi la forme de gouttelettes ou petites sphères creuses, de ballons microscopiques; elle forme de vrais nuages, qui se dissolvent dans l'air presque immédiatement. Si cette vapeur nuageuse était beaucoup plus abondante et l'air très froid, une partie se condenserait non plus en sphères creuses, mais en gouttes pleines formées par la réunion d'une foule de petites sphères. Une fois en gouttes, l'eau, plus lourde que l'air, tombe, c'est la pluie.

Quand un courant d'air froid rencontre un courant d'air chaud et humide, c'est-à-dire chargé de vapeur d'eau invisible, il condense cette vapeur en petits globules visibles. Si cela se passe bien haut dans l'air, on voit se former des nuages ; si la vapeur est condensée près de la terre, nous appelons brouillards ces nuages qui se condensent sur tous les objets froids mouillant l'herbe, les feuilles.

Quand le temps est chaud et humide, si l'on place sur la table une carafe d'eau très fraîche, on la voit se couvrir de petites gouttelettes d'eau. De même, par un temps serein, les objets froids condensent l'humidité de l'air sous forme de gouttelettes: telle est l'origine de la rosée.

C'est la chaleur du soleil qui fait évaporer l'eau de la mer, des lacs, des rivières, du sol: c'est le froid qui la condense sous forme de rosée, de brouillard, de pluie.

Quand un vent très froid rencontre des nuages très élevés, il arrive souvent que les globules de vapeur, au lieu de se souder ensemble pour former des gouttes d'eau, se gèlent isolément sous forme de paillettes ou d'aiguilles : c'est la neige. Si on l'observe à la loupe, on reconnaît que chaque globule a produit un cristal aux formes élégantes et symétriques.

En été, il arrive que de la neige formée à une très grande hauteur traverse, en tombant, des nuages, se recouvre d'eau glacée et tombe sur la terre en petits globules congelés : c'est la grêle. Mais la grêle tombe surtout par les temps orageux. Pour qu'elle se forme, il faut autre chose que le froid : nous y reviendrons tout à l'heure. Voici quelque chose dont je dois vous parler tout de suite.

Regardez le ciel du côté de l'ouest. Jules, que voyez-vou

— Un arc en-ciel.

Il pleut là bas, mais retournez-vous. Au levant le ciel s'est éclairci, le soleil brille.

Ce que vous voyez là-bas, c'est la lumière du soleil transformée par les gouttes de pluie. Chaque goutte fait l'office d'un
miroir. Mais ce miroir est une petite sphère, il *divise* la lumière blanche en sept couleurs : violet, indigo, bleu, vert,
jaune, orangé, rouge, de sorte qu'au lieu de voir un seul arc
brillant, vous voyez un arc formé de sept couleurs. La même
chose se produit quand vous regardez une cascade ou l'eau
rejaillit en pluie, en brouillard, tandis que le soleil brille derrière vous. En toute autre position vous ne pouvez pas voir
l'arc-en-ciel. Au pied des cascades, l'eau qui tombe en gouttelettes ou rejaillit en poussière produit également des arcs-en-
ciel quand le soleil se trouve derrière le spectateur.

Tout à l heure, mes amis, je vous disais que la grêle tombe
surtout pendant les orages.

Savez-vous, Jean, ce que c'est qu'un orage?

— L'autre jour, il faisait des éclairs et du tonnerre, mon
père a dit que c'était un grand orage.

— Bien. L'orage est surtout caractérisé par les éclairs et le
tonnerre, mais le plus souvent on observe en même temps de
la grêle ou une pluie abondante, en grosses gouttes, et un vent
violent: on dirait que toute la nature est en colère. Mais Jean
avait raison, le principal dans un orage, c'est l'éclair et le tonnerre, ou plutôt l'éclair, la *foudre*, car le tonnerre n'est que
le *bruit* de la foudre. Or, de même que c'est la balle d'un fusil
qui tue et non pas le bruit, ce qu'il y a de dangereux dans la
foudre, c'est l'*éclair*, le *feu du ciel* et non le bruit qui l'accom-
pagne.

Mais qu'est ce que l'éclair?

Si nous possédions un cabinet de physique, vous le com-
prendriez tout de suite, car vous le verriez en petit Je voudrais vous montrer au moins un appareil nommé *electrophore*.
Voici en quoi il consiste. Un grand gâteau de résine plat, un
plateau ou disque en bois un peu plus petit, couvert d'une
feuille d'étain comme celles qui enveloppent le chocolat. Ce disque porte au centre un manche en verre.

Au moyen d'une peau de chat ou d'un morceau de flanelle,
on bat vivement le gâteau de résine; on y place un instant le
disque, on le touche, puis on le retire en le tenant par le

manche. Si on approche alors le doigt du disque, on voit partir une étincelle, accompagnée d'un léger bruit : l'étincelle, c'est l'éclair, la foudre, le feu du ciel, le bruit, c'est le tonnerre

Dans l'air ce sont de gros nuages, les nuages d'orage, comme l'on dit, qui agissent comme la résine et le disque, c'est l'air sec, le vent qui les frotte en passant : quand les nuages se rapprochent, il part entre eux une énorme étincelle accompagnée d'un bruit formidable.

Essayons maintenant de comprendre un peu mieux ce qui se passe.

Voici un gros bâton de cire à cacheter et un peu de duvet. Regardez bien. Je frotte la cire avec un morceau de laine bien sec et je l'approche du duvet. Celui-ci s'élance vers la cire, la touche et retombe. La même chose aura lieu si je l'approche de fragments de paille, de papier ou d'une petite balle de sureau suspendue à un fil. En frottant la cire, j'ai donc développé en elle une propriété cachée, une *force*, qui attire. Quand il y a beaucoup de cette force, comme sur une plaque de résine, comme dans les nuages orageux, elle se manifeste en outre par de la lumière et du bruit : cette force, c'est l'*électricité*. On l'a découverte en frottant un morceau d'ambre, sorte de résine (en grec *élection*), et, partant de cette simple expérience, on a inventé des appareils dans lesquels une plaque de résine ou de verre convenablement frottée produit des étincelles; puis des machines électriques assez puissantes pour imiter, en petit, tous les effets de la foudre

Du moment que l'on sut ce que c'était que la foudre, on chercha le moyen de s'en préserver et Franklin inventa le *paratonnerre* que l'on devrait appeler *parafoudre*.

Louis, avez-vous vu un paratonnerre?

— Oui, Monsieur, il y en a un sur la mairie.

En quoi consiste t il?

— C'est une longue barre de fer pointue qui s'élève du toit.

Et de cette tige de fer au sol qu'y a t-il?

— Une corde en fil de fer

Très bien. Voici comment le paratonnerre préserve de la foudre : si la foudre, c'est à dire l'étincelle électrique partie d'un nuage, se dirige vers la maison, elle touche de préférence les objets les plus élevés et ceux en métal. Si le métal communique avec la terre humide ou avec un puits par une chaîne ou un câble en fil de fer, l'étincelle suit ce *conducteur* et va se perdre dans le sol sans faire de mal.

Plus tard, mes amis, vous en apprendrez, j'espère, beaucoup plus sur ce sujet, afin de comprendre, par exemple, comment fonctionne le télégraphe électrique, mais chaque chose en son temps. Nous commençons, n'allons pas trop vite.

Charles, croyez-vous que l'on puisse prédire le temps ?

— Oui, Monsieur, il n'y a qu'à regarder le baromètre.

C'est vrai, à condition de ne pas s'y fier absolument, et de savoir faire d'autres observations. Mais supposons le infaillible l'écoutez bien, je vais essayer de vous en donner une idée, de vous expliquer comment le baromètre sert à prévoir le temps qu'il fera.

Il n'y a pas de pluie sans vapeur d'eau Plus l'air contient de vapeur, plus il y a de chances pour qu'elle se condense en nuages, puis en pluie. La vapeur d'eau est plus légère que l'air, par conséquent l'air humide est plus léger que l'air sec.

Vous savez que le mercure s'élève dans le baromètre en proportion du poids de l'air. Par conséquent il montera par un temps sec et baissera par un temps humide Voilà son indication principale. Mais, comme le vent humide commence d'ordinaire à souffler avant que le mauvais temps se déclare, le baromètre permet de prédire, à courte échéance, le changement de temps.

Nous sommes portés à confondre deux choses bien distinctes : *beau* temps et *bon* temps.

Le beau temps nous séduit, nous charme, nous rend joyeux. Il met en fête la nature. Le jour, tout est lumière, scintillements. les fleurs semblent heureuses de s'ouvrir pour les papillons, et les abeilles bruissent des mélodies dans les taillis, les oiseaux doublent leurs refrains. La nuit, le beau ciel bleu pailleté d'étoiles semble nous parler de grandes et bonnes choses, nous aimons à voir la lune se mirer dans l'eau qu'elle argente et blanchir les arbres aux ombres noires.

Mais il faut de la pluie pour rafraîchir les plantes, mouiller la terre, rendre aux grands réservoirs naturels l'eau qui s'est évaporée. Il faut du vent pour brasser et mélanger l'atmosphère, des orages pour le purifier. Le mauvais temps selon notre goût est donc très souvent du bon temps selon nos intérêts. La pluie qui tombe, c'est du foin, du blé, du raisin : la pluie vaut de l'or, c'est une bonne et excellente chose. Il peut y en avoir trop ou trop peu pour notre champ, mais si nous considérons l'ensemble de la terre, le beau et le mauvais temps y sont répartis aussi également qu'il était possible de le faire

QUESTIONNAIRE

En quoi nous intéresse le temps qu'il fait? — Comment appelle-t on la science qui s'occupe du temps? — Qu'est-ce qui produit la vitesse du vent? — Donnez nous une idée de la vitesse du vent. — A quoi le vent sert-il? — Décrivez la girouette et son usage — Qu'est-ce que la pluie? — Comment se forment les nuages? — Comment se condense la vapeur d'eau qui se refroidit dans l'air? — D'où provient le brouillard? — Qu'est ce que la rosée? — Comment se forme la neige? — Quelle est l'apparence de la neige? — Qu'est ce que la grêle? — Expliquez la formation de l'arc en ciel — Comment faut-il se placer pour voir l'arc-en-ciel? — Expliquez la formation d'arcs en ciel au pied des cascades — Qu'appelez vous un orage? — Quelle différence y a-t-il entre l'éclair et le tonnerre? — Comment vous representez-vous ce qui cause l'éclair? — Décrivez le paratonnerre et son usage — Comment le baromètre sert-il à prédire le temps? — Quelle différence faut il faire entre un beau temps et un bon temps?

LEÇON VI

UNE MAISON.

Mes amis, on bâtit une belle maison sur la place de l'école. Nous pourrons aller quelquefois ensemble regarder travailler les ouvriers. C'est fort intéressant Tout à l heure, en passant par là, j'ai vu l'*architecte*·qui expliquait le *plan* au maître *maçon.*

Henri, savez-vous ce que c'est qu'un architecte?

-- C'est celui qui bâtit les maisons.

Il me semble que celui qui bâtit est le maçon. Réfléchissez un peu.

— L'architecte dit au maçon comment bâtir.

Bien. Il dirige le maçon et surveille son travail. Et comme le charpentier, le menuisier, le serrurier et bien d'autres contribuent à la construction d'une maison, l'architecte leur indique à tous ce qu'ils ont à faire, les dirige, les surveille.

Vous comprenez que cet homme là doit savoir un peu de tous les métiers, au moins de ceux qui contribuent à la construction, à la *bâtisse,* comme on dit, ou mieux à l'*architecture,* c'est à-dire la science des bâtisses, des constructions. Du mot architecture vient architecte, celui qui possède cette science et, dès lors, est capable de faire le plan d'une maison et d'en diriger les travaux.

L'architecte fait d'abord le plan de la maison. Qu'est-ce que cela veut dire, Lucien?

— Je pense que cela veut dire qu'il en fait le dessin.

Bien. L'architecte commence en effet par faire un dessin ou plutôt des dessins de la maison ; une vue de face, une vue de

côté, puis le plan de chaque étage. Le plan est une sorte spé
ciale de dessin. Si je voulais représenter sur une feuille de papier un champ, par exemple, pour indiquer sa forme, je tra-
cerais simplement des lignes qui représenteraient les *contours*
du champ Ce serait le plan de ce champ, c'est à-dire le champ
représenté à plat. Supposons que je veuille faire au tableau le
plan de cette salle; il me suffit de tracer quatre lignes de manière à former un carré long Ces lignes représentent la base
des murs. Je les double, et j'ai ainsi la représentation de l'épaisseur des murs. Ici, nous avons une porte. Je vais l indiquer sur
le plan en effaçant le mur sur une petite longueur. Ce vide
signifie qu'il y a en cet endroit une porte. De ce côté nous
avons deux fenêtres ; je les indique sur le mur par de petites
barres. Devant le mur ou se trouve le tableau, je trace un
carré long qui figure mon estrade. Puis, dans la salle, je trace
d'autres carrés longs, étroits, bien alignés qui figurent la place
occupée par vos tables et vos bancs.

Ce dessin, ce plan, vous représente donc notre classe. Si
vous le copiez sur une feuille de papier, vous pourrez le montrer à un camarade et lui expliquer comment est disposée la
salle, par ou l'on entre, d'ou vient le jour, de quelle manière
les tables sont rangées, etc. Votre camarade comprendra certainement; il lui semblera être dans la salle.

Faisons mieux encore. Je mesure la longueur de ce mur. Je
trouve 4 mètres Pour faire mon plan, je vais prendre le dixième
de cette longueur, soit 40 centimètres. Voilà le mur représenté
au dixième de sa longueur. Je fais de même pour le mur qui
forme avec lui un angle droit, celui-ci: je trouve qu'il mesure
6 mètres ; je trace sur le tableau un mur de 0^m,60. Je termine
le carré long. Cette fois non seulement j'ai le plan de la salle,
mais ce plan m'en donne la mesure. Je puis inscrire sur un papier ces trois notes: 1er mur 0^m,40 ; — 2e mur 0^m,60, — proportion 1/10, et aller dans la cour, muni d'un mètre, tracer sur le
sol une salle qui aura exactement les dimensions de celle-ci.

L'architecte fait ainsi, sur des feuilles de papier, le plan très
détaillé de chaque partie de la maison : un pour chaque étage,
chaque plan d'étage représente une tranche coupée dans la
maison. En outre il figure d'autres tranches coupées suivant la

hauteur. Tous ces dessins sont tracés à la règle et au compas, suivant des mesures exactes. Il les montre au maître maçon, au maître charpentier, au maître serrurier, et chacun dans sa partie comprend le dessin, le plan ; chacun écrit sur un carnet les dimensions des parties qui le concernent. Au cours du travail, quand on hésite sur une longueur, une disposition, il suffit de consulter le plan pour s'y retrouver.

Dites nous, Lucien, pourquoi les maçons ont-ils creusé des rigoles profondes pour commencer à élever les murs depuis le fond de ces rigoles, au lieu de commencer au niveau du sol ?

— C'est pour que les murs soient plus solides.

Je ne pense pas que vos camarades vous comprennent. Expliquez votre idée.

— Si l'on bâtissait le mur sur la terre meuble, le poids des pierres l'enfoncerait et le mur ne serait plus d'aplomb.

Bien. Il faut donc creuser dans la terre meuble, jusqu'à ce qu'on trouve une couche solide, résistante, que le poids du mur ne puisse enfoncer. Sur cette couche ferme on commence le mur, et toute la partie qui se trouve enterrée s'appelle les *fondations*.

Si la maison doit être bâtie sur caves, on enlève la terre qui se trouve dans l'intérieur de l'espace renfermé par les fondations, l'on y élève des murs qui le divisent en compartiments. C'est en quelque sorte un étage souterrain de la maison.

Edmond, avec quoi fait-on les murs ?

— Avec des pierres de taille.

Et vous, André ?

— Avec des moellons.

Continuez, Lucien.

— Avec des briques.

C'est bien. Dites-nous, Léon, qu'appelle-t-on pierre de taille ?

— De grandes pierres que l'on scie et que l'on travaille au pic ou au ciseau pour les dresser.

Ernest va nous dire en quoi les moellons diffèrent des pierres de taille.

— Les moellons sont plus petits et moins bien travaillés

C'est exact. François va nous dire avec quoi on fait les briques.

— Avec de la terre glaise.

Bien. La terre glaise s'appelle aussi *argile*.

Il y a des pays ou la pierre coûte fort cher, parce qu'il faut l'apporter de loin, et ou il n'y a pas d'argile convenable pour faire des briques. On construit alors en bois. On fait des murs en charpente. Pour cela, on dresse sur les fondations de pierre des poteaux reliés par des pièces en travers. On remplit avec du mortier les vides de cette charpente, on cloue dessus des lattes, et sur ces lattes on étend du plâtre qu'on lisse avec la *truelle*, ou bien un mortier fin mêlé de poils de bœuf qui l'empêche de se fendiller et de se détacher en séchant.

La face visible d'un mur s'appelle *parement*. Dans les murs en pierre de taille, en briques et en moellons bien dressés, la pierre nue forme le parement. Mais les moellons mal dressés ou en charpente sont *crépis*, c'est-à-dire couverts avec du plâtre ou du ciment pour leur faire une surface unie.

Quatre murs épais forment la maison ; mais la maison entourée de quatre murs n'aurait à chaque étage qu'une grande salle Pour la diviser en chambres, on élève dans l'intérieur des murs plus minces, qu'on appelle murs de *refend* : ces murs montent jusqu'au dernier étage. Quelquefois on veut diviser encore une chambre, y disposer par exemple un cabinet ; pour cela, on se contente d'établir une cloison légère, en briques, ou en *pan de bois*. Le pan de bois est un mur léger en charpente dont les vides sont remplis avec du plâtre. Mais pour établir des cloisons, il faut que les *planchers* soient terminés

On appelle planchers la séparation des étages Un plancher se compose de plusieurs parties : la charpente, formée par des *solives* noyées dans la maçonnerie ou supportées par des pièces de bois nommées *lambourdes*. Des agrafes en fer relient les solives. Sur celles-ci on pose le *parquet*, formé de planches clouées ou emboîtées les unes dans les autres. Au-dessous des solives, on établit le plafond, formé par des lattes recouvertes de plâtre.

Dites nous, Lucien, voilà les murs achevés, les planchers terminés, ainsi que les cloisons. Nous manque-t-il quelque chose pour finir la maison ?

-- Il manque le toit.

C'est vrai. Et vous, Jean, que manque t-il encore ?

— Un escalier.

Eh bien, occupons-nous de l'escalier. En quoi le fait-on?

— En pierre ou en bois.

Louis va nous dire en quoi consiste un escalier, quelles sont les deux parties nécessaires.

— Les marches et la rampe.

Ernest, à quoi sert la rampe d'un escalier?

— Elle empêche de tomber.

Et comment appelle t-on les petits planchers qui interrompent l'escalier?

Vous hésitez. . ce sont les *paliers*. On dit: s'arrêter sur le palier, causer sur le palier de l'escalier.

Occupons nous maintenant du toit. La maçonnerie est terminée, il faut couvrir la construction L'architecte appelle cette couverture les *combles* . le nom ordinaire est toiture ou toit.

Quand le toit est assez peu incliné pour qu'on puisse marcher dessus, on l'appelle *terrasse*. Le plus souvent il est formé par deux plans inclinés, dont la réunion forme le *faîte* de la maison. S'il n'y a que deux faces de toit, on appelle *pignons* la partie supérieure des murs de côté, qui se termine en pointe pour monter sous le toit jusqu'au faîte.

Les combles sont formés par des pièces de *charpente* dont l'ensemble s'appelle *ferme*. On place dessus des planches légères, nommées *voliges*, ou des lattes sur lesquelles on fixe les tuiles, les ardoises, le zinc, qui forment la couverture protectrice de la maison.

En disposant la charpente des combles, on réserve d'ordinaire des espaces vides pour recevoir de petites fenêtres appelées *lucarnes* destinées à éclairer le *grenier*, qui forme le dernier étage de la maison.

Si l'on veut disposer ce dernier étage en chambres habitables, en *mansardes*, on divise la *face* du toit en deux parties : l'une presque verticale, dans laquelle on pratique les fenêtres, et l'autre inclinée comme d'ordinaire. La chambre est plus ou moins *mansardée*, selon que la face du toit qui en forme la paroi est plus ou moins inclinée.

La maison est couverte. Mais elle est encore ouverte à tous les vents, et il reste fort à faire pour la rendre habitable.

Les menuisiers apportent les fenêtres et les ajustent dans des chassis de bois que les maçons ont scellés dans les murs, ils placent les portes, les boiseries qui revêtent certaines portions des murs, et qu'on appelle *lambris*. Le vitrier pose les carreaux. Le serrurier adapte aux fenêtres des barres d'appui, et munit chaque porte d'une serrure. Le plombier accroche les gouttières aux bords du toit.

Après bien des mois de travail, la maison est terminée. Le propriétaire l'a construite pour lui. Que va-t-il faire, Henri ?

— Il va l'habiter.

Ce serait une imprudence. La maison est achevée, mais les murs ne sont pas secs, tout est humide : les pierres de taille, les moellons, le mortier, le plâtre. Habiter une maison en cet état, ce serait se condamner volontairement à des rhumatismes et à une foule d'autres maux. Il ne faut jamais, comme l'on dit, *essuyer les plâtres*.

Une maison neuve n'est pas habitable, on ne pourrait même pas la meubler sans subir de graves dommages. Les papiers de tenture se décollent. Les meubles se gonflent, le bois *travaille*, comme l'on dit, et les assemblages se disloquent. Tout prend une odeur de moisi.

Même quand il s'agit d'une maison bien isolée, que le soleil échauffe de tous côtés, où l'air circule librement, on ne doit l'habiter qu'un an après l'achèvement des combles. N'oubliez jamais cette règle d'hygiène.

Louis, je suppose que vous avez un grand terrain et que vous voulez y faire construire une maison pour votre usage. Comment orienterez-vous la façade ?

— Du côté du midi.

Pourquoi ?

— Parce qu'elle sera mieux exposée au soleil.

Bien. Cela s'appelle, en effet, choisir une bonne *exposition* par rapport au soleil. Supposons que le terrain est en pente. Ferez-vous bâtir au bas de la pente ou sur la partie haute ?

— Sur la partie haute, pour avoir plus d'air.

C'est cela Vous auriez aussi l'avantage d'éviter l humidité du sol ; les parties basses sont ordinairement humides.

François, vous voulez faire bâtir. Vous n'avez qu'un petit terrain, bas et humide. Comment ferez vous pour y construire une maison saine ?

— Il faudrait sécher le terrain.

Et avec quoi ?

— On pourrait y creuser des rigoles.

C'est juste Creusez des rigoles profondes, plus profondes que les fondations de la maison, l'eau s'y accumulera et vous la ferez écouler en prolongeant assez loin ces canaux d assèchement. Mais ces rigoles gêneraient autour de la maison, il s'en dégagerait de mauvaises odeurs et de l'humidité. On a imaginé de placer dans le fond des tuyaux en terre cuite dont les joints sont lâches et recouverts de cailloux Par-dessus, on remet la terre des rigoles L'eau s'infiltre par les joints lâches des tuyaux les remplit et s'écoule sans qu'on s'aperçoive de ce travail continuel. Cela s'appelle drainer un terrain.

Vous voyez, mes amis, que la construction d'une maison est une grosse affaire. Il faut la bien préparer, la bien combiner si l'on veut avoir une demeure saine et agréable. Quant au travail matériel, il exige de la part des ouvriers et de ceux qui les dirigent des connaissances très variées. Comptez les corps d'état qui contribuent à la construction : l'architecte, le carrier, le voiturier, le scieur de long, le maçon, le charpentier, le menuisier, le peintre, le serrurier, le vitrier, le couvreur, le plombier, etc. Construire une maison, c'est donner de l'ouvrage à une foule de gens de tous métiers, aussi l'on dit. « Quand le bâtiment va, tout va. »

Vous avez maintenant une idée générale de la manière dont on construit une maison Mais il vous reste bien des choses intéressantes à apprendre au sujet des matériaux de construction, de la chaux, du plâtre, etc., etc. Ce sera pour d'autres causeries.

QUESTIONNAIRE

Qu'est ce qu'un architecte ? — Qu'appelle-t on architecture ? — Qu'est ce que le plan d une maison ? — Expliquez nous comment on fait un plan — Comment feriez vous le plan de cette salle ? — Qu'appelle-t-on fondations ? — Pourquoi fait on des fondations ? — Quels matériaux emploie t on pour élever un mur ? — Quelle différence y a-t-il entre une pierre de taille et un moellon ? — Comment se fait un mur en charpente — Comment s'appelle la face visible d un mur ? — Qu est ce cu'un mur de refen ? — Qu'est ce qu une cloison ? — Qu appelle t on pan de bois ? — Dites de quoi se compose un plancher. — Quelles sont les parties d'un escalier ? — Comment appelle t on la couverture d une maison ? — Qu'e t ce qu un toit en terrasse ? — Qu appelez vous faîte du toit — Qu'est ce qu un pignon ? — Dites comment on dispose la charpente des combles — Qu'est ce qu une lucarne ? — Qu est ce que le grenier ? — Qu'appelle t on mansarde ? — Comment dispose-t on la face du toit quand on veut faire des mansardes dans les combles ? — Dites ce qu il reste à faire quand la maison est couverte — Doit on habiter une maison nouvellement consti uite ? — Quelle est la meilleure exposition pour une maison ? — Expliquez comment on draine un terrain humide — Citez les principaux corps d état qui participent à la construction d une maison.

LEÇON VII

LES PIERRES

Vous savez tous, mes amis, ce que c'est qu'une pierre, un caillou. Mais, à votre âge, on voit, on touche, on emploie tout ce qui se trouve sous la main, sans se rendre compte des différences, des détails. Il y a toute une série d'objets durs et rudes que vous désignez sous le nom de pierre sans plus les distinguer que les différentes espèces de bois.

Eh bien, je vais essayer aujourd'hui de vous apprendre à reconnaître les espèces principales de pierres, celles que vous rencontrerez le plus souvent et qui nous rendent le plus de services

En voici, vous voyez, toute une collection. Je n'ai pas eu beaucoup de peine à la réunir. Il m'a suffi d'une petite promenade. J'en ai ramassé dans les champs, sur les tas de cailloux de la route, au bord du ruisseau et là-bas, dans le chantier de la maison que l'on est en train de bâtir.

Faites circuler cette boîte ou je les ai réunies, afin de vous rendre compte tout d'abord de leur aspect et de leurs différences les plus frappantes.

Regardez chacune dans tous les sens, à la lumière ordinaire et au soleil. Soupesez-les. Frappez-les avec le petit marteau qui m'a servi à les tailler un peu. Essayez de les rayer avec le clou qui est à côté. Mouillez en un petit coin avec cette éponge humide.

Aviez-vous jamais pensé qu'il fallût prendre tant de soin pour examiner un caillou?

Et cependant l'examen que je vous indique est bien grossier, bien superficiel. Les savants qui s'occupent de *minéralogie* ou science des minéraux se donnent bien plus de mal pour reconnaître et classer les pierres.

Remarquez les différences de couleur, de poids, de sonorité, de dureté. Il y en a qui sont d'un grain fin et uniforme, dont la cassure ressemble à celle du chocolat. D'autres présentent un grain irrégulier entremêlé de petits morceaux de couleurs différentes, on dirait une sorte de nougat. Quelques unes offrent l'aspect du sucre en pains; vous en trouverez de transparentes et taillées a facettes comme du sucre candi.

En essayant de les rayer, vous reconnaissez que dans les unes le clou creuse facilement un sillon; qu'il faut appuyer bien fort pour tracer dans d'autres une petite raie. Quelques-unes ne se laissent pas entamer, et au contraire rongent, liment le fer qui y laisse une trace luisante.

Il y a donc pierre et pierre, comme il y a bois et bois

Les pierres ou *roches* forment tantôt des montagnes, tantôt des amas de forme irrégulière qui remplissent dans la terre des fentes, des cavités. Il y en a qui se sont formées au fond de l'eau de la mer ou des lacs et qui couvrent des pays entiers de couches à peu près uniformes C'est sous l'influence de l'eau ou du feu intérieur de la terre, que les pierres se sont formées. Souvent l'eau et le feu y ont contribué.

Quelquefois les pierres se montrent, sous forme de roches, à la surface de la terre, principalement sur les montagnes, parce que les eaux ont entraîné tout ce qui les recouvrait. Mais, dans les vallées et dans les plaines, le sol est ordinairement formé d'une couche de terre végétale, c'est-a dire propre a entretenir la vie des végétaux, au dessous de laquelle se trouvent des couches de gravier, de sable, de cailloux, de terre glaise, etc , qui ont été peu a peu déposées par les eaux. Les vraies pierres, les roches, se rencontrent plus bas, elles sont plus anciennes, et se sont trouvées recouvertes par toutes sortes de debris depuis que la terre existe.

Pour se procurer de la pierre, il faut donc, le plus souvent, attaquer le flanc d'une montagne ou creuser dans la plaine.

On appelle *carrière* l'endroit ou l'on travaille pour en extraire de la pierre Nous aurons l'occasion d'en causer un peu en détail.

Pour détacher la pierre, par blocs plus ou moins gros, on se sert de pics, de coins en fer, quand la roche est tendre. Quand il s'agit d une roche dure qui fait feu sous l'outil, le travail est beaucoup plus difficile. On creuse des sillons de distance en distance, puis, au moyen du fleuret, on perce des trous que l'on remplit de poudre, on y met le feu, et l'explosion détache de gros quartiers de roche.

Maintenant que vous avez quelques idées générales sur les pierres, nous allons passer en revue notre collection.

Voici d'abord un échantillon que vous reconnaissez sans doute. C'est ce qu'on appelle communément, chez nous, la *pierre de taille*, parce que c'est la plus abondante et celle qui se travaille le plus aisément. On l extrait des carrieres en blocs énormes que l'on scie, taille et sculpte sans peine, surtout lorsque la pierre est encore fraîche et humide. Avec le temps elle se dessèche et durcit.

C'est une pierre blanchâtre, d'un grain assez régulier, ou l'on voit souvent des empreintes de petits coquillages. Cela indique que cette pierre s'est formée au fond de l'eau.

Il y en a de dure qui ne peut pas se scier avec la scie à dents, mais seulement au moyen d'une lame d'acier et de grès en poudre : c'est la plus solide. La pierre tendre se laisse diviser par la scie à dents.

Quelquefois elle est très poreuse et pour cela impropre aux constructions durables. Il arrive, en effet, que pendant l'hiver ces pierres absorbent beaucoup d'eau, et que, la gelée survenant, cette eau se dilate pour se congeler et fait éclater la pierre dont la surface s'émiette. On les appelle, pour cette raison, pierres *gélives*.

La France est très riche en bonne pierre de taille. Les carrières de Tonnerre (Yonne) et celles des environs de Caen fournissent des matériaux que l'on expédie dans toute la France et même en Belgique et en Angleterre. Il y en a aussi en Lorraine, dans le Jura, les Alpes, aux environs d'Angoulême, de Bordeaux Tout le pays des environs de Paris fournit aussi cette pierre en abondance.

La base de la pierre de taille est la chaux, dont nous nous occuperons spécialement un autre jour. Cette chaux, qui était en dissolution dans l'eau, s'est précipitée peu à peu, il s'y est mêlé une infinité de petites coquilles qui sont également constituées par de la chaux, et avec le temps ces couches de dépôt se sont solidifiées.

Remarquez que la pierre de taille n'est pas sonore. Cela vient de ce qu'elle n'est pas dure et compacte.

Voici un autre échantillon qui a également pour base la chaux, mais il s'y est infiltré des eaux chargées de matières terreuses colorées, de sorte qu'après bien longtemps, quand le dépôt formé a pris la consistance que vous lui voyez, la pierre s'est trouvée entrecoupée de veines, de taches de différentes couleurs : c'est du *marbre*.

Le marbre est bien plus dur que la meilleure pierre de taille, son grain est fin, uniforme, comme vous pouvez le voir en examinant la cassure.

Un des côtés de l'échantillon est uni, luisant, de couleur plus foncée, et vous y distinguez bien mieux les veines, les taches, et même quelques empreintes de coquillages. C'est que ce côté a été poli.

Voici comment on s'y prend pour polir le marbre. Quand la pièce est finie, on la frotte au moyen d'un tampon de pierre avec du sable de grès mouillé, puis avec de l'*émeri*, sable plus fin et plus dur, enfin, avec de la pierre ponce en poudre, de l'oxyde d'étain. La surface étant devenue parfaitement lisse, on donne du brillant et l'on rehausse la couleur au moyen d'*encaustique* composée de cire dissoute dans de l'essence de térébenthine.

Autrefois tout ce travail se faisait à la main ; aujourd'hui, dans les grands ateliers, on l'exécute à l'aide de machines.

Nous avons en France de très beaux marbres gris, noirs, rouges, violets, jaunes, le plus souvent ces couleurs ne sont pas uniformes, la pierre est veinée, tachetée de plusieurs nuances.

Le marbre blanc est rare chez nous. C'est le plus cher, celui que l'on emploie pour faire les statues. Regardez bien cet échantillon, vous verrez que la pierre ressemble à du sucre blanc très finement cristallisé. Comme le sucre, elle est un peu translucide, c'est-à-dire que les parties minces se laissent traverser par la lumière : un peu plus on verrait au travers.

Je vous disais tout à l'heure qu'une de nos pierres ressemblait assez à du nougat ; sauf la couleur, bien entendu. C'était un moyen de fixer dans votre mémoire sa structure, son grain tout particulier.

Vous voyez, en effet, dans cet échantillon, de gros grains de matière demi-transparente; d'autres de matière semblable à du verre opaque, et enfin des paillettes de *mica* jaunâtres ou noirâtres très brillantes réunies par petites masses. On dirait que tout cela formait d'abord une pâte molle qui s'est solidifiée. C'est ce qui a eu lieu, en effet. Les pierres de cette espèce, que l'on appelle *granites*, ont été à demi fondues, juste assez pour bien lier les trois matériaux, mais pas assez pour les confondre. Le mica se trouve quelquefois en grandes feuilles transparentes qui remplacent le verre pour plusieurs usages : en Russie, on en fait des vitres.

Les plus beaux granites sont rosés comme celui ci qui vient des Vosges; il y en a de gris, comme cet autre échantillon de Bretagne ; d'autres sont presque noirs

C'est une pierre dure, lourde, assez sonore, qui se travaille bien; et peut même se polir comme le marbre quand elle est de très belle qualité. Cependant les variétés que l'on polit d'ordinaire ne sont pas de vrais granites; elles ne contiennent pas de paillettes.

Le granite s'emploie à la construction des édifices les plus importants, des quais, des ponts. On en fait des bornes, des dalles, des bordures de trottoirs, etc.

Examinez bien ce morceau de pavé. Il est lourd, sonore, le fer ne l'entame pas et s'y use rapidement Remarquez le grain de sa cassure. Placez vous au soleil pour mieux voir l'effet. On dirait des grains de sable fin, tous de la même grosseur, collés ensemble par une sorte de ciment : c'est du *grès*.

Il y a des grès rougeâtres, gris et bigarrés. Selon leur degré de dureté, on les emploie pour la construction des édifices, le dallage des trottoirs, le pavage des rues. On en fabrique aussi des meules pour polir les métaux et les pierres tendres, pour aiguiser, etc.

Voyez maintenant ceci On dirait un morceau d'éponge grossière. Ce ne sont que trous et vides de tous côtes. Mais, malgré cela, écoutez, cette masse résonne sous le marteau, elle est solide. Elle est même très dure, comme vous allez vous en assurer. Malgié sa structuie spongieuse, cette pierre est excellente pour beaucoup d'ouvrages et surtout pour les fondations des constructions. Sa substance est extrêmement résistante, elle n'absorbe pas l'eau et se conserve indefiniment

C'est avec cette pierre que l on confectionne les meules de moulin. Sa dureté et sa structure poreuse se prêtent admirablement a l'usage auquel on les destine, et qui lui a fut donner le nom de pierre *meulieie*.

A propos de pierres très dures, je vais vous diie quelques mots de celle ci que je comparais tout à l'heure a du sucre candi. Je l'ai trouvée sur un tas de cailloux cassés pour réparer la grande route Elle a beaucoup de rapports avec le *silex* ou *pierie à fusil*.

Voyez comme elle est régulièrement taillée, comme elle est transparente. Mais n'allez pas y mettre la dent. Si vous voulez apprécier sa dureté, regardez, elle raye le verre, et même, si elle est mince comme celui ci, elle peut servir pour le couper. Ces pointes à facettes regulieres s'appellent des cristaux. Ceci est une pierre qui a été cristallisée jadis dans le sein de la terre comme on cristallise le sucie pour faire du sucre candi

Mais vous voyez que ces belles pointes brillantes reposent sur une base opaque qui ressemble assez a un marbie très fin et tres dur. Cette base est foimee de la même substance que les cristaux, mais elle n'en a pas pris la forme et l'appaience. Retenez le nom de cette belle pierie : c'est du *quartz*. Elle n'est pas très abondante, mais on la recheiche pour l'entietien des routes On vend comme curiosité des échantillons bien cristallisés Quelquefois, en brisant un caillou de quartz, on trouve tout l intérieur tapissé de cristaux qui brillent comme des pierreiies.

Terminons par celle-ci que vous connaissez tous. Elle n'est pas louide, le marteau n'en tire qu'un son sourd, comme fêlé. Elle se raye très facilement Sa couleur est gris bleuâtie. Il y en a qui offrent une teinte un peu rouge.

Son grain est uniforme, très fin, on dirait une sorte de marbre non terminé, qui n'a pas été suffisamment durci, comprimé ou chauffé.

Cette pierre, c'est l'*ardoise*. Ses qualités sont très différentes de celles que nous apprécions dans la plupart des autres pierres, mais elle n'est pas moins utile.

Elle jouit de la propriété de se laisser aisément diviser en grandes plaques minces, et, comme elle est très légère, ces plaques, ces feuillets qui se coupent avec la plus grande facilité sont employés à couvrir les maisons. Quelques espèces plus dures servent à faire des dallages, des trottoirs, etc., d'autres à bâtir des maisons. Vous l'employez tous les jours à l'école pour économiser le papier.

Pour ne pas oublier, mes amis, ce que je viens de vous dire, je vous conseille de regarder de temps en temps les échantillons de cette boîte et d'examiner les pierres, les cailloux que vous rencontrerez, afin de les comparer à ceux-ci. Quand vous serez embarrassés, je vous aiderai, et bientôt vous serez à même de distinguer à première vue celles qu'il vous importe le plus de connaître.

QUESTIONNAIRE.

Comment s'y prend-on pour bien examiner une pierre ? — Comment se fait-on une idée de sa dureté ? — Où trouve-t-on les pierres en grandes masses ? — Pourquoi les voit-on souvent à nu sur les montagnes ? — Qu'est-ce qui recouvre les roches dans les plaines et les vallées ? — Comment nomme-t-on le chantier où l'on exploite la pierre ? — Avec quels outils peut-on détacher des blocs de pierre tendre ? — Comment s'y prend-on pour la pierre dure ? — Qu'appelle-t-on pierre de taille ? — Dites ce que vous savez à son sujet. — Qu'est-ce qu'une pierre gélive ? — Quelles sont nos principales carrières de pierre de taille ? — — Parlez-nous du marbre. — Comment le polit-on ? — A quoi ressemble le marbre blanc des statues ? — A quoi peut-on comparer le granite ? — Dites ce que vous savez à son sujet — Qu'est-ce que le grès ? — A quoi sert-il ? — Quelles sont les qualités de la pierre meulière ? — Quel est son emploi ? — Parlez-nous du quartz — Comment reconnaissez-vous l'ardoise ? — A quoi servent les différentes espèces d'ardoises ?

LEÇON VIII

LA CHAUX. — LE CIMENT.

J'espère, mes amis, que vous avez retenu au moins une bonne partie de notre entretien sur les pierres.

Ce que vous savez déjà à leur sujet va nous servir aujourd'hui.

Nous avons étudié avec détail la pierre de taille, le marbre. Malgré leur différence d'aspect, leurs propriétés diverses, ces deux pierres sont de la même famille; quant à la composition, elles sont faites de la même matière.

Tenez, je vais vous faire une petite expérience qui va vous le montrer. Cette fiole contient un acide très fort, bien plus fort que le vinaigre (acide chlorhydrique). J'en verse quelques gouttes sur ce morceau de pierre de taille et sur ce morceau de marbre. Vous voyez, le liquide semble bouillir; des vapeurs s'élèvent de la pierre. Dans quelques minutes, je laverai la partie touchée par l'acide, et vous verrez que la pierre a été rongée.

Maintenant, faisons la même expérience sur ces échantillons de pierre meulière, de quartz, de grès. Rien! l'acide ne les attaque pas.

Et ce morceau de craie? Comment va-t-il se comporter? Vous voyez, il fume comme le marbre. Voici une écaille d'huître, essayons la, même résultat.

Voilà donc un point de ressemblance entre la pierre de taille, le marbre, l'écaille d'huître, la craie.

Ce sont, en effet, des matières *calcaires*, c'est à dire qui ont pour base la *chaux*. C'est de cette substance que nous allons nous occuper aujourd'hui.

la chaux est très abondante sous toutes sortes de formes. Sur les côtes de Normandie, elle se montre en hautes falaises que la mer ronge peu à peu, tout le plateau de la Champagne consiste en chaux recouverte d'un peu de terre végétale. En creusant dans les vallées de la Seine, de la Gironde, on rencontre, à diverses profondeurs, des dépôts immenses de cette matière En somme, elle recouvre une bonne partie des roches dures qui forment la croûte solide de la terre, mais presque toujours elle est recouverte à son tour, par d'autres couches apportées lentement par les eaux : argile, sable, puis terre cultivable.

Vous savez, d'ailleurs, que cette chaux n'a pas partout la même apparence, les mêmes propriétés. Vous savez déjà distinguer la pierre de taille du marbre. Voici d'autres échantillons qui ne sont pas moins différents.

Celui ci est du *tuf*, pierre très légère, très tendre, que l'on emploie quelquefois dans les constructions qui ne sont pas destinées à durer longtemps. Vous voyez, on le taille aisément au couteau.

Cet autre est plus dur, mais facile à rayer et même à sculpter, c'est l'*albâtre*, dont on fait des cages de pendules, des socles, des vases Il est un peu translucide, et les variétés les plus dures ressemblent assez à de beau marbre.

Le morceau de craie qui nous sert au tableau est également de la même famille, ainsi que le *blanc d'Espagne* dont on se sert pour nettoyer le fer-blanc, pour polir, etc. Vous venez de voir que les coquilles d huître sont faites aussi avec de la chaux ; il en est de même de tous les coquillages.

Il y a dans la mer et même dans quelques eaux douces une immense quantité de tout petits coquillages, si petits qu'on ne peut pas les voir sans se servir d'un microscope Chaque coquillage est habité par un petit animal. Quand l'animal meurt, sa coquille reste au fond de l'eau. Et comme il en meurt chaque jours des milliers de milliers, ces toutes petites coquilles finissent par former des couches très épaisses.

Cela s'est passé ainsi depuis que la terre existe Les mers et les lacs couvraient autrefois les parties qui sont aujourd hui à sec Au fond de ces mers se sont déposés des amas de coquilles

Infiniment petites, et aujourd hui nous les trouvons durcies sous forme de pierre. Beaucoup de nos pierres de taille se sont formées de la sorte : c'est de la chaux de coquillages, tout comme cette écaille d huître.

Dans d'autres endroits, l'eau de certaines sources a laissé déposer de la chaux en poudre fine, et, au bout d'un temps très long, cette poudre s'est durcie et a formé aussi des blocs de pierre comme l'albâtre que vous voyez. Dans certaines grottes, la chaux lentement déposée par l'eau qui s'évapore sur les parois, sur le sol et a la voûte, forme des colonnes, des draperies, que l'on dirait sculptées par l homme.

On sait que les choses se sont passées ainsi il y a des millions d'années, par ce que l'on voit encore, de nos jours, en certains endroits Nous avons en France, auprès du Havre et en Auvergne, des sources dont l'eau contient beaucoup de chaux. Si on y plonge une corbeille, un nid, une branche d'arbre, au bout de quelque temps on voit ces objets recouverts d'une couche mince, régulière, de pierre, et cette pierre, c'est de la chaux.

Mais, dans toutes ces substances *calcaires*, la chaux n'est pas pure. Elle est unie à un des éléments de l'air ; toutes ces substances, pierre de taille, marbre, albâtre, tuf, blanc d Espagne, craie, coquilles, sont des *carbonates de chaux* ou de la chaux unie à un gaz nommé *acide carbonique*. Elles contiennent en outre des matieres colorantes, et souvent de petites quantités d'autres substances, mais la base est toujours la même, c'est la chaux.

Vous venez de voir qu'un acide fort, — qui attaque de la même manière toutes ces substances, les ronge, — produit une sorte de bouillonnement. Examinez les petites bulles qui sortent de ce morceau de marbre mouillé d acide, c'est justement le gaz uni à la chaux qui s'échappe.

Pour vous en convaincre, voici une petite experience bien simple. Je mets dans une bouteille un peu de craie en poudre Je verse dessus du vinaigre fort, et je bouche sans trop enfoncer le bouchon. Vous voyez bouillonner le mélange, et des bulles s élever dans la partie liquide. Ces bulles, c'est du gaz. Il s'accumule au dessus du liquide, et bientôt il y en aura tant . Vous voyez l'effet : le bouchon saute en produisant une détonation, comme le bouchon d'une bouteille de cidre ou de vin de Champagne.

Dans le cidre qui fermente, dans le champagne, dans l'eau de Seltz, ce qui fait sauter le bouchon et jaillir le liquide, c'est le même gaz, l'acide carbonique, qui, uni à de la chaux pure, forme la base des *calcaires* que nous avons ici : pierres, marbres, albâtres, coquilles, craie, etc., etc.

Mes amis, il ne faut pas vous effrayer de quelques mots nouveaux dans nos leçons; je m'en sers le moins possible, mais quelquefois c'est indispensable. Lorsque vous apprendrez un métier, il vous faudra retenir une foule de mots tout aussi nouveaux et non moins baroques quelquefois, et cependant vous trouverez cela tout simple. Savez-vous pourquoi? c'est que vous n'en apprendrez qu'un très petit nombre à la fois, que vous aurez occasion de vous en servir souvent, et que vous comprendrez bien à quoi ils s'appliquent. Tout cela vous y fera faire attention, et vous les retiendrez. Aujourd'hui retenez bien ces mots : *pierres calcaires, gaz acide carbonique.*

Puisque les matières calcaires sont composées d'acide carbonique et de chaux, si nous leur enlevons le gaz, il restera de la chaux pure.

Vous savez que, pour séparer de leur minerai les métaux comme le fer, le cuivre, on a recours au feu.

Le feu peut également nous servir à chasser le gaz acide carbonique des calcaires. Si nous jetons dans un brasier l'un ou l'autre de ces échantillons, au bout de quelque temps nous en retirerons une substance blanche, légère, friable, que nous allons étudier en détail, c'est la chaux vive. Pour l'obtenir en grandes quantités, on chauffe, on calcine des pierres calcaires. Il y a plusieurs manières de faire ce travail. La meilleure consiste à imiter l'opération des *hauts fourneaux* dont nous aurons occasion de parler à propos du fer.

On remplit le fourneau ou *four à chaux* de couches successives de combustibles et de pierres, on allume par en bas, et toute la masse devient une fournaise. On débouche alors une ouverture à la partie inférieure pour laisser tomber une portion de la chaux calcinée, et l'on continue de remplir par le haut, de sorte que le travail n'est jamais interrompu. Cependant, dans les petites exploitations, on se contente d un four plus petit que l'on vide entièrement après chaque fournée.

Voici un morceau de chaux vive qui vient de m'être donné par un maçon pour que je vous en montre les propriétés. Je dois également à son obligeance les autres échantillons que vous voyez à côté.

Regardez bien, je place la chaux sur une assiette et je l'arrose avec un peu d'eau Vous entendez ce sifflement, ces petites détonations, vous voyez la pierre qui éclate en fragments et l'eau qui se vaporise comme si elle était tombée sur de la braise Pour que cela réussisse, il faut que la chaux soit bien fraîche, car si elle reste longtemps exposée à l air humide, elle perd ses propriétés.

Je fais passer l'assiette, touchez la chaux, vous allez sentir qu'elle est chaude, presque brûlante D'ou vient cette chaleur, puisque l'eau et la pierre étaient froides ?

La chaux vive, c'est-à-dire chauffée, *calcinée* depuis peu de temps, est très avide d eau, elle l'absorbe avec une rapidité extraordinaire, et cette union très rapide de l'eau et de la chaux produit contre chaque parcelle de pierre une sorte de friction qui développe de la chaleur. Vous savez que, si l on frotte l un contre l autre deux morceaux de bois, ils s'échauffent : c'est ainsi que les sauvages se procurent du feu. Le fer qu'on lime s'échauffe également. Eh bien, la friction d'un liquide produit de même de la chaleur. Quand la chaux absorbe l eau, elle s'échauffe et une partie de l'eau se change en vapeur. L'explication, telle que je vous la donne, mes amis, n'est pas complète, mais ce que je vous dis suffit pour vous donner une idée juste de ce qui se passe.

Une autre expérience. Dans ce verre d'eau, je laisse tomber un morceau de chaux vive. Au sifflement qui se produit, on dirait que c'est un morceau de fer rouge qui s'éteint dans l'eau, et vous voyez de même s'élever d épaisses vapeurs. C'est la répétition de ce qui s'est passé tout à l'heure, quand j'ai simplement aspergé d'eau la chaux vive. Mais ici tout se passe plus rapidement, parce que l'eau est plus abondante.

Voyez comme la chaux se fendille, s'effrite, tombe en poussière au fond de l'eau. Remarquez aussi que notre morceau assez petit a singulièrement augmenté de volume, il a au moins doublé. Maintenant je remue le tout avec une baguette. La pierre se délaye entièrement, nous n'avons plus qu'une pâte d'un blanc éclatant. Voyez par vous mêmes et tâtez comme le verre est chaud.

Dans cet autre verre, je répète la même expérience avec cet autre échantillon de chaux.

Voyez la différence.

Le sifflement est moins vif. La chaux se dilate moins, occupe moins de place, je remue, et au lieu d'une belle pâte ferme, je n'obtiens qu'une bouillie claire.

Voilà donc deux qualités de chaux

La première s'appelle *chaux grasse*. Elle est très pure, absorbe rapidement l'eau et *foisonne* beaucoup, c'est à dire se gonfle de manière à former facilement une bonne pâte épaisse, tenace.

La seconde s'appelle *chaux maigre*. Son infériorité vient de ce qu'elle n'est pas pure, mais bien mélangée d'un peu de *magnésie*, de sable, de fer. Elle a bien moins de valeur que l'autre. Tremper ainsi la chaux dans l'eau, c'est l'*éteindre*, et l'on appelle *chaux éteinte* la pâte ferme que vous voyez ici, et la poudre blanche que voilà

Regardez maintenant ce que je vais faire.

Je mets dans cette tasse un peu de ce sable de rivière fin et bien tamisé, j'y ajoute de la pâte de chaux grasse, un peu d'eau et je remue le tout. Qui me dira ce que je fais ainsi?

— Du mortier.

Oui, vraiment, et de très bon mortier, car nous disposons d'excellents matériaux. Vous savez comment les maçons préparent le mortier Ils forment, sur la terre, une aire plate en planches, y versent quelques brouettées de sable et l'arrangent en forme de cuvette. Dans cette cuvette, ils jettent de la chaux éteinte un peu d'eau, et brassent bien le tout ensemble.

Vous savez tous à quoi sert le mortier. On l'emploie à joindre les pierres dans la maçonnerie. Au bout de quelque temps, l'eau sèche, et la chaux, qui attire naturellement l'acide carbonique de l'air, s'y unit de nouveau, durcit, de sorte que le mortier devient presque aussi solide que de la pierre.

Mais lorsqu'il s'agit de construire dans l'eau, comme par

exemple pour faire les *piles* d'un pont ou bien de maçonner un puits, une citerne, le mortier ordinaire ne vaut rien, il ne pourrait pas sécher et durcir, de sorte qu'il vaudrait autant n'en point mettre entre les pierres. Heureusement on a trouvé moyen de faire un mortier qui durcit dans l'eau.

Voici un échantillon d'une chaux un peu moins blanche que les autres, qui contient de la terre glaise ou argile. Pour tous les travaux exposés à l'humidité ou baignés par l'eau, c'est cette chaux que l'on emploie à la confection du mortier. On l'appelle *chaux hydraulique*. Le mortier préparé avec cette chaux durcit dans l'eau aussi bien que l'autre dans l'air.

Le *ciment* consiste en une chaux hydraulique de première qualité, broyée et tamisée. Quand on le délaye avec un peu d'eau, il forme une pâte bien liante, qui durcit rapidement et devient une véritable pierre, comme vous voyez par ce fragment. On l'emploie pour dallages, revêtements de murs, conduits pour les eaux, etc. Son usage se généralise chaque jour et il tend a remplacer le mortier. Pour les travaux dans la mer, on fait avec du ciment et des cailloux de gros blocs de pierre factice.

QUESTIONNAIRE.

Qu'appelle-t-on pierres calcaires ? — Quel est l'effet des acides sur ces pierres ? — Citez les pierres à base de chaux que vous connaissez. — Quel rapport y a t il entre les calcaires et les coquillages ? — La chaux est-elle abondante ? — Sous quelles formes principales la connaissez-vous ? — Comment de tout petits coquillages ont-ils pu former des couches de pierre ? — Comment a pu se former l'albâtre ? — Peut-on vérifier le fait aujourd'hui au moyen de l'eau de certaines sources ? — Qu'est-ce que le carbonate de chaux ? — D'où vient l'acide carbonique de ce minéral ? — Par quelle expérience peut on montrer que le carbonate de chaux renferme un gaz ? — Quel est le gaz du cidre qui fermente, du vin de Champagne, de l'eau de Seltz ? — Comment change t on le carbonate de chaux en chaux vive ? — Comment procède-t on pour calciner en grand les pierres calcaires? — Quelle différence y a t il entre la chaux grasse et la chaux maigre ? — Comment fait on le mortier ? — Pourquoi le mortier devient il dur ? — Qu'est-ce que la chaux hydraulique ? — Qu'est-ce que le ciment ?

LEÇON IX

LE PLATRE. — SES APPLICATIONS

Mes amis, je vais faire circuler quelques échantillons que j'ai recueillis pour vous. Examinez les comme je vous ai appris, afin de reconnaître leurs qualités extérieures les plus saillantes.

Jean, qui aime beaucoup les minéraux, va nous communiquer ses impressions

— Celui-ci ressemble à de la *pierre a chaux*.

C'est très juste. En effet, la base de toutes ces pierres est la chaux, mais, au lieu d'être unie, comme de la pierre à chaux ordinaire, a l'*acide carbonique*, celui qui fait mousser le cidre et le vin de Champagne, cette chaux est unie a un acide beaucoup plus fort, l'*acide sulfurique*, vulgairement nommé *huile de vitriol*. De plus, elle contient environ un cinquième d'eau. La chaux et l'acide carbonique font du *carbonate de chaux*; la chaux et l'acide sulfurique forment du *sulfate de chaux*, ou *gypse*, ou *pierre a plâtre*, ou simplement du plâtre.

Jean, continuez tout haut votre examen.

— Voici des morceaux qui ressemblent a du verre terne, ou à du *quartz*, mais ils sont moins brillants et moins durs. Le plus grand a la forme d'un fer de lance.

Tout cela est vrai. Ces échantillons transparents sont *cristallisés*, c'est à dire qu'ils offrent des formes géométriques plus ou moins régulières.

Vous avez entendu dire quelquefois qu'une eau est *dure* ou *crue*. On lui donne, en effet, ces noms, lorsqu'elle contient du sulfate de chaux, du plâtre. Un litre d'eau pure en dissout environ 2 grammes. C'est assez pour la rendre impropre à beaucoup d'usages. En voici que j'ai préparée, faute d'en trouver dans les environs. Je la verse dans cette cuvette et j'essaye de me savonner les mains. Au lieu de former une belle mousse, le savon se prend en petits grumeaux qui surnagent ; la chaux de cette eau s'unit à lui pour former une sorte de savon insoluble, incapable de nettoyer quoi que ce soit. Ainsi vous voyez que les eaux *dures* ou *crues*, comme l'on dit, c'est-à-dire celles qui contiennent du plâtre, ne sont pas bonnes pour faire sa toilette ou pour laver le linge Les legumes y cuisent mal, parce que le plâtre se dépose en couche tres mince à la surface et empêche l'eau de les pénétrer. On constate surtout cet inconvénient si l'on veut y cuire des légumes secs : pois, lentilles, haricots.

Heureusement il existe un moyen de corriger l'eau dure On y ajoute un peu de *carbonate de soude*, ce que l on appelle communément des *cristaux*. Elle devient alors très bonne pour les savonnages. Mais s'il s'agit de cuire des légumes, le remede n'est pas sans inconvénient, même en prenant toutes sortes de précautions. Pour cet usage il faut se procurer de l eau de bonne qualité. L'eau qui contient en solution du sulfate de chaux paraît a l'œil parfaitement pure, comme vous le voyez. Mais si on la fait bouillir pendant longtemps, à mesure qu'elle diminue par l'évaporation, on la voit se troubler et il se dépose, au fond du vase, une pellicule blanchâtre. Dans les chaudières des machines à vapeur, cette couche pierreuse, cette *incrustation*, comme on l'appelle, s'épaissit rapidement. L'eau ne touchant plus le fer de la chaudière, celui ci s'échauffe jusqu'au rouge. S'il se produit alors une fente dans la couche de sulfate de chaux, l'eau s'y infiltre, tombe sur le fer rougi et produit instantanément une grande quantité de vapeur qui fait éclater la chaudière.

Louis, voyez-vous un moyen de corriger l'eau des chaudières à vapeur pour éviter cet accident ?

— On pourrait y mettre des *cristaux*.

Oui, c'est ce que l'on a fait. Mais le carbonate de soude coûte cher, aussi a t on essaye d'autres procédés plus économiques. Un des meilleurs consiste à jeter dans la chaudière un peu de terre glaise et des pommes de terre A mesure que le sulfate de chaux tombe au fond, il se mêle à ces substances et forme avec elles une pâte molle qu'on enlève de temps en temps par un grand lavage.

Alfred, pouvez vous nous dire à quoi sert le plâtre ?

— Il sert dans la construction des maisons. On en fait des statues.

Bien. Il sert d'ailleurs dans beaucoup d'industries, entre autres, dans celles de la faïence et de la porcelaine.

Ne l'avez-vous pas vu employer dans les champs ?

— Oui, j'en ai vu semer sur de la luzerne, on disait que c'était de l'engrais.

On avait raison d'en repandre sur la luzerne, mais on se trompait en croyant que le plâtre est un engrais.

L'engrais proprement dit est une substance que la plante peut prendre dans le sol pour s'en nourrir. Ce n'est pas ce qui arrive pour le plâtre. Mais il sert à rendre soluble la *potasse* du sol, qui est un engrais, et l'eau l'entraîne facilement dans les couches profondes ou s'enfoncent les racines de la luzerne, du trefle et du sainfoin.

Il n'y a pas longtemps que l'on s'est rendu compte de la manière dont agit le plâtre. Mais en 1765 on en faisait usage en Allemagne. On l'employa en Suisse peu de temps après. L'Américain Franklin, l'inventeur du paratonnerre, ayant eu connaissance de cette découverte, pendant son séjour en Europe, voulut en faire profiter son pays, mais personne ne se donnait la peine d'essayer. Pour vaincre l'indifférence de ses concitoyens, il imagina un moyen fort ingénieux. Dans un champ de trefle, traversé par une route très fréquentée, près de Washington, il répandit du plâtre pulvérisé de manière à former en grandes lettres ces mots : *Ceci a été plâtré*. Au bout de peu de temps les pieds du trefle qui avaient ete saupoudrés poussèrent plus vigoureusement que les autres, de sorte qu'on pouvait lire en relief sur le champ : « Ceci a été plâtré »

A l'indifférence succéda un engouement irréflechi. On proclama le plâtre un engrais universel, on l'appliqua à toutes les cultures, et l'on éprouva des déceptions Aujourd hui, on a reconnu qu'il faut le répandre seulement sur les prairies artificielles : trèfle, sainfoin, luzerne, et en petite quantité dans les vignes. Il ferait plus de mal que de bien dans un champ de blé et dans la plupart des autres cultures. On retire la pierre à plâtre de carrières, comme la pierre à chaux. Ces carrières sont assez profondes : pour faire arriver les matériaux au niveau du sol, on emploie fréquemment la *roue des carriers* : c'est une grande roue en bois munie de chevilles sur lesquelles un homme monte comme pour monter à une échelle; son poids fait tourner la roue. Sur l'axe ou arbre s'enroule un câble qui enlève un panier plein de pierres.

Vous vous rappelez, n'est ce pas, que, pour faire de la chaux vive, on *calcine* dans un four le *carbonate de chaux* ou pierre à chaux ; que la pierre ainsi traitée est très avide d'eau et sert à préparer le mortier.

Pour tous les emplois du plâtre dont nous allons nous occuper, il faut aussi le calciner, afin d'avoir du plâtre vif.

Le plus estimé est celui que l'on trouve en abondance aux environs de Paris et spécialement à Montmartre. Voici comment on le calcine dans cette dernière localité

On construit une sorte de chambre ou de four formé par trois murs recouverts d'une toiture en fer ou en zinc, Sur le sol, on construit avec de gros blocs de pierre à plâtre un certain nombre de voûtes hautes d'un mètre environ, puis, sur ces voûtes, on place sans tasser, et en laissant le plus de vides possible, des pierres de plus en plus petites, jusqu'à une hauteur de trois à quatre mètres. Sous les voûtes on fait du feu avec des fagots. La flamme et l'air chaud pénétrant toute la masse dessèchent et calcinent le plâtre.

Ce procédé, employé de temps immémorial, pourrait se perfectionner. On dépense inutilement beaucoup de combustible. Le mieux serait de calciner le plâtre dans un four a briques à la température d'un four de boulanger.

Quand le plâtre est calciné, on le broie pour le réduire en poudre et c'est de là qu'est venu le proverbe « Battre comme plâtre », c'est à dire battre les gens comme pour les pulvériser. On le tamise alors à travers un panier ou à travers un sas en fils métalliques. Le plus commun, celui destiné aux constructions, est traité avec peu de soin, on y laisse des débris de charbon et d'autres impuretés. Mais le plâtre fin est fait avec des pierres choisies, triées, calcinées dans des fours fermés, puis broyées et passées au tamis.

Le plâtre le plus pur n'est pas le meilleur. Ainsi celui de Paris doit ses qualités spéciales à la présence d'une certaine proportion de *carbonate de chaux*.

Voici un peu de plâtre en poudre que je conserve dans un bocal bien bouché afin qu'il ne s'évente pas. De même que la chaux vive *s'éteint* lentement au contact de l'air dont elle absorbe l'humidité, le plâtre vif, c'est-à dire calciné, absorbe l'humidité de l'air et perd ses propriétés.

Mélanger de l'eau et du plâtre en proportions convenables pour former une bouillie claire capable de se solidifier, s'appelle *gâcher* du plâtre. On gâche *serré* ou *lâche*, selon que l'on emploie peu ou beaucoup d'eau. Si on en met trop, le plâtre est *noyé* et ne peut se solidifier. Il faut une certaine habitude pour apprécier la quantité d'eau nécessaire pour chaque genre de travail. De plus, les diverses qualités de plâtre se comportant différemment, on doit d'abord faire un essai sur une petite quantité.

Nous allons gâcher du plâtre, car vous n'oublierez jamais ce que vous aurez vu dans nos leçons, et cela mérite bien que nous prenions la peine de faire de petites expériences et des démonstrations pratiques.

Pour délayer de la farine, on verse de l'eau dessus et l'on remue. Pour gâcher du plâtre, on verse celui-ci dans l'eau.

Regardez bien, je le laisse tomber doucement au milieu du vase à demi plein d'eau, il forme au fond un monticule, le voilà qui dépasse le liquide et s'élève en cône au dessus. L'eau y monte rapidement, le voilà tout imbibe. Alors je *décante*, c'est-à-dire je verse doucement l'eau en surplus. Je remue avec ce petit bâton, voilà une bouillie claire. Quoique j'aie employé de l'eau froide, le mélange s'échauffe, parce que l'eau s'unit rapidement au plâtre. Nous avons vu de même la chaux vive s'échauffer fortement au contact de l'eau. Je fais passer la tasse pour que vous reconnaissiez la nature de la pâte et l'échauffement que je vous signale.

Hâtez-vous, car la pâte *prend*, c'est-à-dire durcit promplement. Dans quelque temps vous pourrez à peine la couper au couteau.

Examinez maintenant ces morceaux de plâtre semblable, que j'ai préparés d'avance et séchés au soleil.

Le plâtre ainsi obtenu est blanc, léger, poreux, se laisse rayer par l'ongle. J'aurais pu le rendre beaucoup plus dur en dissolvant un peu d'*alun* dans l'eau qui a servi à le gâcher. C'est un procédé auquel on recourt souvent.

Dans les constructions, le plâtre sert à faire des *revêtements* de murs, des *corniches*, des cloisons, des plafonds, etc. Vous venez de voir qu'il absorbe une grande quantité d'eau. Quand le plâtre forme une masse un peu épaisse, les parties profondes sèchent très lentement Aussi une maison neuve reste longtemps humide et il ne faut jamais, comme l'on dit, « essuyer les plâtres », c'est à dire l habiter avant qu'elle soit parfaitement sèche. L'humidité des murs est très pernicieuse. C'est une source de rhumatismes, de scrofules et d'autres maladies graves. On n'en ressent pas toujours les effets immédiatement, toutefois on ne perd rien pour attendre. L'humidité est un ennemi d'autant plus dangereux qu il est invisible; mais, une fois prévenu, on n'est pas excusable de s'y exposer de bon gré. On commence à employer, dans les grandes villes, des appareils pour sécher les constructions neuves. Ce sont de grands réchauds dans lesquels on brûle du coke, ou des sortes de calorifères.

Les architectes emploient quelquefois le plâtre, sous forme de *stuc*, pour imiter le marbre.

Pour faire le stuc, on gâche le plâtre avec une solution chaude de colle forte. Quand il est en pâte, on y ajoute des matières colorantes, que l'on a soin de mêler très imparfaitement afin qu'elles produisent des veines, des marbrures. On recouvre de cette pâte des murs, des colonnes. Quand elle est prise, on la polit à la pierre ponce, puis avec de l'eau de savon. Plus tard, quand tout est bien sec, on lustre avec de l'huile ou de l *encaustique* faite avec de la cire dissoute dans de l huile de lin et l'essence de térébenthine. Quand le stuc est bien fait, on le distingue à peine du marbre. Mais il est moins dur, et ne peut s'employer qu'à l intérieur des maisons, car l humidité le désagrège facilement.

Vous avez tous vu des objets en plâtre *moulé*, c'est à dire versé liquide dans un moule dont il a pris la forme. C'est ainsi que l'on fait les statues, les bustes, les modèles de dessin en relief, les ornements des plafonds, etc.

Le *moulage* du plâtre constitue une industrie assez impor-tante, qui demande du goût et une certaine habileté lorsqu'il s'agit de reproduire des œuvres d'art, des statues Mais le mou-lage ordinaire est très facile, comme vous allez le voir.

Supposons qu'il s'agisse de reproduire par le moulage cette pomme, c'est-a dire de faire une pomme en plâtre qui en soit la copie fidèle. Suivez bien l'opération.

Je commence par couvrir la pomme d'une légère couche d huile ou de vernis gras pour l'empêcher de co'ler. Je gâche du plâtre, j'en fais un petit tas sur cette planchette, j y enfonce un peu la pomme et verse peu à peu de la pâte tout autour jusqu'à l'enterrer a peu pies aux deux tiers. Cela fait, je ren-force les parties faibles La pâte est encore tendie, elle com-mence à peine à prendre. J'en profite pour enlever avec un couteau tout ce qui s élève au dessus de la moitié de la pomme. Celle ci se trouve donc enterrée juste à moitié dans un godet de plâtie dont je lisse le bord supérieur. A ce bord je pratique deux ou trois entailles, en forme de coin, qui nous serviront tout à l heure, enfin je façonne au couteau l'extérieur du godet de plâtie pour lui donner une forme maniable et à peu près régulière.

Pendant que la pâte achève de prendre, je vous fais passer ce moule de pomme que j'ai fait d'avance comme celui ci et qui est complètement sec. Vous voyez, il se compose de deux *coquilles*, c'est à dire de deux parties creuses qui s'emboîtent parfaitement, grâce aux entailles creusées dans une des moitiés et reproduites en saillie dans l'autre Remarquez qu'à l'endroit de la *queue* de la pomme, j ai fait un trou assez grand.

Continuons maintenant la fabrication de notre moule. Je passe sur le bord du godet ou coquille un pinceau imbibé d huile. Je gâche de nouveau et je recouvre entièrement la pomme. Pendant que le plâtre prend, je retranche ce qui a coulé sur la première coquille, et je corrige la forme extérieure. Il faut avoir soin de maintenir bien net le bord huile.

J'insère avec précaution la pointe du couteau dans la ligne huilée qui sépare les deux coquilles, je les écarte avec précaution, et, vous voyez, j'ai un moule semblable à celui que vous venez d'examiner. Nous le laisserons sécher pour une autre fois. Employons celui-ci, qui est sec.

Je passe un peu d'huile sur les parois intérieures des deux coquilles, et, par le trou fait à la partie inférieure, je verse du plâtre assez liquide, que j'agite à l'intérieur, afin d'obtenir rapidement une couche régulière. Je verse d'autre plâtre, et répète l'opération pour l'étendre. Si je ne remplis pas le moule, nous aurions une pomme creuse, comme celle-ci. Notez qu'il a fallu boucher le trou de coulée avec un peu de plâtre.

Voyons maintenant notre pomme. Remarquez cette ligne qui fait saillie tout autour : c'est un peu de plâtre qui a glissé dans le *joint* ou *raccord* des deux coquilles. Il faut enlever au couteau cette *bavure* que les gens du métier appellent *couture*. Je bouche le trou de coulée, je donne à ce *raccord* la forme convenable et voilà notre pomme terminée. Vous comprenez qu'avec le même moule nous pourrions en reproduire cent et plus.

Ainsi, lorsqu'on a fait en plâtre le moule d'une statue, d'un buste, on peut en tirer un grand nombre d'exemplaires. Cela permet de vulgariser les œuvres d'art, de reproduire pour les musées, pour les particuliers, les chefs d'œuvre uniques, de former des collections de modèles de dessin à bon marché. Quand nous causerons de la porcelaine, je vous expliquerai en détail que pour fabriquer certaines pièces l'ouvrier prépare une plaque de terre humide et l'applique sur les contours d'un moule en plâtre ou cette terre sèche et durcit. On la retire alors et on la fait cuire. Par ce procédé, on obtient en quelques minutes un objet de forme élégante et compliquée.

Voilà, mes amis, ce que j'avais de plus intéressant à vous dire au sujet du plâtre. J'espère que vous ne l'oublierez pas.

QUESTIONNAIRE.

Quelle est la base de la pierre à plâtre ? — Avec quel acide est unie la chaux dans ce minéral ? — Décrivez la pierre à plâtre ou sulfate de chaux. — Comment appelle-t on l eau qui contient du plâtre e 1 dissolution? — Pourquoi les eaux dures ne sont elles pas propres aux savonnages el à la cuisson des légumes? — Comment peut on corriger l'eau dure pour les savonnages? — Quel est l inconvénient des eaux plâtrées dans les chaudières de machines à vapeur. — Comment prévient on l incrustation des chaudières? — Quels sont les principaux usages du plâtre? — Quelles sont les cultures qu il est utile de plâtrer? — Comment agit le plâtre dans le sol? — Comment calcine-t-on le plâtre? — Pourquoi faut-il conserver à l abri de l humidité le plâtre vif? — Dites comment on gâche le plâtre et ce qu'il devient une fois gâché — Pourquoi les maisons neuves sont-elles humides? — Comment fait on le *stuc?* — Décrivez le moulage d une pomme. — Quel avantage présente la reproduction par le moulage?

LEÇON X

L'ARGILE. — LES BRIQUES. — LA POTERIE.

Mes amis, faites circuler les échantillons contenus dans ces petites boîtes. Examinez-les avec soin, comme je vous ai appris à examiner les minéraux. Observez pour chacun la couleur, le poids, l'odeur, détachez-en même une parcelle pour y goûter. Remarquez que l'ongle suffit pour les rayer et qu'ils se laissent tailler au couteau. Frottez chaque morceau avec le doigt, râpez un peu de poudre que vous frotterez aussi entre vos doigts pour reconnaître certaines qualités. Laissez tomber quelques gouttes d'eau sur les échantillons, et notez si l'eau est absorbée, si elle modifie leur couleur. Enfin frappez deux morceaux l'un contre l'autre, pour apprécier leur sonorité.

Habituez-vous à étudier ainsi avec soin tout objet qui vous intéresse, ne vous contentez pas d'à peu près, employez tous vos sens à interroger chaque chose.

Eh bien ! Louis, qu'est-ce que vous venez d'examiner si soigneusement?

— C'est de la terre.

Et quelle sorte de terre? Vient-elle d'une lande, d'un champ, d'un jardin?

— Je crois que c'est de la *terre glaise*.

Bien, c'est le nom qu'on lui donne souvent, mais il vaut mieux l'appeler *argile*.

J'ai choisi, pour commencer, ces échantillons tirés de notre contrée et qui vous sont familiers, mais il y en a d'autres espèces très différentes, que j'ai classées dans ces petits bocaux et dont nous nous occuperons tout à l'heure.

Jean, dites-nous la couleur de ces cinq morceaux d'argile

— Gris, jaune, rouge, bleu, vert.

Bien, mais, vous voyez, le jaune est assez terne, le rouge tire sur le brun, le bleu se rapproche du gris, et le vert n'est pas vif. Lorsque les couleurs offrent des nuances affaiblies et un peu indécises comme celles ci, on l'indique en modifiant un peu les adjectifs qui les désignent : on dit jaunâtre, rougeâtre, bleuâtre, etc.

L'argile sèche est assez légère, *friable*, c'est à-dire facile à écraser, a reduire en poussière. Elle est douce au toucher. Sa poudre semble légèrement savonneuse. Comme tous les corps mous, elle n'est pas sonore. Si on la touche avec le bout de la langue, elle *happe*, c'est a dire qu'elle absorbe rapidement l'humidité et dessèche la partie qui la touche. L'humidité la rend plus foncée et lui fait dégager une odeur terreuse spéciale. Voilà ce que vous avez dû voir vous-mêmes, rien qu'en examinant ces échantillons. C'est ainsi qu'il faut vous rendre compte de ce que vous révèle chaque sens à mesure que vous poursuivez votre examen ; de plus faites en sorte de pouvoir l'exprimer simplement et clairement.

Voici maintenant une motte de terre prise dans un champ voisin. Comparez la à l'argile que vous venez d'étudier.

Ernest va nous dire ce qu'il pense de cette terre.

— C'est une sorte de terre glaise comme celle de notre champ. Papa dit que c'est de la terre *froide*, de la terre trop *forte*, et qu'il faudrait y ajouter de la *marne* pour que le blé vînt bien.

Tout cela est très juste. Vous savez écouter et profiter de ce que l'on dit. Un champ d'argile pure est à peu près stérile, il n'y pousse guère naturellement que du laiteron des champs et du tussilage et quelques autres herbes peu utiles. Ce que l'on y sème ne prospere point. Pendant la saison sèche, la terre durcit, se fendille, et les plantes meurent de soif. A l'époque des pluies, l'eau séjournant à la surface fait pourrir le collet et les racines.

Il existe de vastes contrées dont le sol est entièrement formé d'argile. Ce sont des déserts. Un des plus remarquables se trouve dans l'Amérique du Nord. On lui a donné le nom bien mérité de Mauvaises terres.

En certains endroits, l'horizon semble borné par une ville gigantesque à demi ruinée. On voit des forts, des dômes, des minarets, des tours, des palais, dessiner sur le ciel leur silhouettes fantastiques. On dirait une merveilleuse cité de géants que le temps n'a pu détruire. A mesure que l'on approche, on passe entre des murailles, des colonnes hautes de deux cents à deux cent cinquante pieds, dont quelques-unes supportent comme un reste d'entablement. Des monticules sculptes comme des tours à étages, des massifs crenelés alternent avec des aiguilles isolees et des monceaux d'informes debris. C'est l'eau qui a jadis fouillé, sculpté l'argile et lui a donné ces formes étranges.

Cependant une terre tres argileuse, dans laquelle il n'y a qu'un peu de sable et de chaux, peut produire de beaux pâturages, comme ceux du Nivernais, de la Haute Saône, du Jura et du Calvados. Avec un peu plus de chaux et de sable, cette terre devient propre à la culture du blé. La *marne*, dont Ernest nous parlait tout à l'heure, contient du sable et de la chaux, voila pourquoi on l'emploie pour corriger, pour *amender* la terre trop argileuse. On choisit naturellement la marne qui contient elle-même le moins possible d'argile. Au lieu de marne, on peut employer un mélange de sable et de plâtras, ou bien des sables recueillis au bord de la mer.

Voici un morceau de pierre grise marbrée de brun, tendre, onctueuse, qui *happe* fortement la langue : on l'appelle *savon de soudit, pierre à détacher*. C'est de l'argile mélangee d'un peu de chaux et de magnésie. On en trouve d'assez grandes quantités à Paris, aux buttes Montmartre, entre des couches de marne et de pierre à plâtre. On l'emploie, comme l'indique son nom, pour detacher, pour enlever les taches d'huile ou de graisse. Elle possede, en effet, la propriété d'absorber facilement ces substances.

On utilise, dans l'industrie, cette propriété que possedent certaines argiles, d'absorber l'huile et d'autres matières grasses. Voici, dans ce bocal, de la *terre à foulon;* c'est une argile que l'on emploie pour enlever aux étoffes de drap l'huile dont elles sont imprégnées en sortant du metier.

Regardez maintenant cette série de petits bocaux. Ils contiennent des poudres jaune, rouge, brune.

Ce sont des couleurs employées par les peintres. Les plus fines servent pour la peinture à l'huile ou à l'aquarelle ; les plus grossières s'emploient dans la peinture de bâtiment. Tout cela, c'est de l'argile.

Voici l'*ocre jaune* que l'on exploite dans la Normandie, le Berry, la Guyenne, la Bretagne, la Bourgogne. Cette autre variété d'ocre se rencontre rarement avec la belle couleur rouge que vous lui voyez. On l'obtient le plus souvent en *calcinant*, c'est-à-dire en chauffant à feu vif l'ocre jaune. Celle-ci doit sa couleur à une petite quantité de fer. Une forte chaleur change en rouge cette couleur jaune. Avec l'*ocre rouge* ou *sanguine*, on fait des crayons pour les dessinateurs.

Cette poudre d'un jaune brun est encore une argile que l'on trouve auprès de Sienne, en Italie, et que l'on appelle, pour cette raison, *terre de Sienne*. Il y en a de rougeâtre. Si on la calcine, elle prend une couleur rouge brun, c'est alors la *terre de Sienne calcinée*. Vous savez maintenant d'où viennent ces noms : ocre, terre de Sienne, que vous voyez imprimés en relief sur vos tablettes de couleurs. Ce sont des argiles colorées naturellement. La terre d'ombre, la terre de Cologne qui donnent un brun foncé, ont la même origine.

Mais on ne trouve pas ces couleurs dans l'état où vous les voyez. L'argile qui les fournit n'est pas toute réduite en poudre fine, elle contient d'ailleurs du sable et d'autres impuretés. Pour obtenir des couleurs de bonne qualité, on délaye l'argile naturelle dans de l'eau, on laisse déposer les parties les plus grossières, qui sont les plus lourdes, et l'on *décante*, c'est-à-dire on verse à part, on tire au clair le liquide qui surnage. Ce liquide est rendu trouble par une fine poussière. On la laisse reposer quelque temps. La poussière la plus lourde tombe au fond du vase, et l'on décante de nouveau. On continue ainsi quatre ou cinq fois de suite. Vous comprenez qu'à la fin l'eau est à peine teintée par une poudre impalpable, si légère qu'elle ne dépose qu'au bout de plusieurs jours. Ce dernier dépôt sert à préparer les couleurs surfines ; les autres donnent des produits inférieurs que l'on vend meilleur marché.

Vous voyez, mes amis, qu'il y a des argiles de bien des sortes. En voici encore d'autres : l'une est la *terre à potier*, dont on fabrique la *poterie* ordinaire; celle-ci est la *terre de pipe* d'un blanc presque pur, qui sert à fabriquer la plus belle faïence et les pipes, d'où lui vient son nom. Enfin en voici une tout à fait blanche, d'un grain très fin, mais qui n'est pas onctueuse au toucher, c'est l'argile pure, le *kaolin* dont on fait la porcelaine.

Nous reviendrons plus tard sur l'emploi de ces argiles. Nous allons nous occuper maintenant de la plus commune, celle-ci, que l'on nomme vulgairement *terre glaise*. On emploie la meilleure à la fabrication des faïences communes, au modelage des statues, etc ; les qualités ordinaires servent à faire des *briques*.

Dites nous, Alfred, qu'est-ce qu'une brique ?

— C'est une sorte de pierre faite avec de la terre glaise.

En effet, c'est une espèce de pierre artificielle, d'un emploi facile et économique. Avez-vous vu faire des briques ?

— Oui, Monsieur, là-bas, à la *tuilerie*

Remarquez que, selon l'usage, vous dites plutôt *tuilerie* que *briqueterie* Il est vrai que chez notre voisin on fabrique également des briques et des tuiles, mais les établissements qui produisent seulement des briques doivent s'appeler *briqueteries*.

Dites-nous comment on fait les briques.

— On presse la terre dans des moules, il en sort des briques molles que l'on fait sécher au soleil, puis on les cuit au four.

C'est cela en deux mots, mais vos camarades qui n'ont pas vu le travail désirent en savoir plus long Et vous-même, vous n'avez sans doute pas étudié le travail dans tous ses détails Cela en vaut bien la peine, car la brique est une invention précieuse qui a rendu à l'humanité des services incalculables.

Si vous voulez, nous allons faire ici même quelques briques.

Surtout, ne prenez pas ceci pour un jeu, c'est une leçon : mais une leçon comme j'aime à vous en faire le samedi pour vous récompenser d'avoir bien travaillé toute la semaine.

Voici de l'argile que l'on m'a donnée à la briqueterie. C'est une variété bleuâtre comme vous voyez Elle contient naturellement un peu de sable et de chaux, ce qui est avantageux. L'argile pure est trop sujette à se fendiller en séchant. Aussi les briquetiers la mélangent avec du sable, dans un tonneau muni d'un appareil qui triture le tout.

J'imbibe d'eau l'argile, et, au moyen de cette grande cuiller de bois, j'en fais une pâte bien liée, très tenace, qui prend aisément toutes les formes.

Voici un moule qui consiste simplement en une petite boîte de bois dont j'ai enlevé le couvercle et le fond. J'ai recoupé le fond de manière qu'il entre facilement dans le cadre formé par les côtés, ce n'est plus qu'une petite planchette qui nous servira à vider le moule Ici nous avons une planche et un peu de sable fin. Le petit fourneau que vous voyez sera notre four. Le poêle pourrait servir au besoin.

L'argile dont j'ai fait notre pâte a été extraite de la terre, il y a six mois On l'a laissée depuis étendue en couches minces, exposée à la gelée, à la pluie et au soleil : c'est le moyen d'obtenir de bons produits Une fois préparée par cette exposition au grand air, elle a été pétrie par un ouvrier nommé *marcheur*, qui a enlevé les pierres, les mottes dures, toutes les impuretés qu'il a rencontrées

Je vais procéder, en petit, comme les ouvriers d'une briqueterie Peu importe la taille de celles que nous allons fabriquer, l'important est de vous montrer le procédé.

Je mouille le moule de bois, puis le saupoudre de sable fin, pour que l'argile ne s'y colle pas. Je le remplis de terre bien pétrie, juste à point pour se laisser travailler et fouler dans le moule, mais contenant le moins d'eau possible, car la pâte mouillée est trop molle et se déforme. Avec ce bâtonnet, qui remplace la *plane* des briquetiers, je nivelle bien ma brique et retranche ce qui dépasse les bords du moule J'applique maintenant ma planchette dessus et je la fais sortir. Dans les fabriques, le moule consiste en un châssis à compartiments, où l'on fait quatre ou six briques à la fois. Un ouvrier nommé *porteur* prend le châssis plein et le porte sur l'aire bien battue et sablée Au moyen d'une forte secousse, il fait tomber les briques fraîches sur l'aire.

Lorsque le vent et le soleil ont un peu ressuyé, c'est à dire desséché la surface de ces briques fraîches, on les retourne, puis on corrige, s'il y a lieu quelques imperfections, comme les bavures du moule, que l'on retranche. Nous allons laisser sécher nos petites briques. Mais, comme cela demandera plusieurs jours, supposons que vous avez vu faire, il y a huit jours, celles-ci que j'ai préparées d'avance. Je les fais passer, examinez-les.

Remarquez qu'elles ont assez dures, mais cependant faciles à rayer avec l'ongle. En séchant, l'argile est devenue d'un gris jaunâtre.

Comparez maintenant ces autres briques que j'ai fait cuire, comme je vais vous le montrer tout à l'heure. Elles sont devenues rouges sous l'action du feu, ce qui prouve qu'elles contiennent du fer. Leur poids a diminué, parce que l'eau qu'elles retiennent encore s'est évaporée. Vous ne pouvez les rayer que difficilement au moyen d'un clou ou d'une pointe de couteau. Elles sont sonores. La surface paraît, en quelques endroits, couverte d'une mince couche de verre, c'est à dire qu'elle est *vitrifiée* : cela prouve que la chaleur a été assez forte pour fondre en partie l'argile. En chauffant davantage, on fondrait toute la masse, qui ressemblerait à du verre grossier. Cependant, si l'argile est très pure, elle fond difficilement, et l'on utilise cette propriété pour faire des briques *réfractaires*, c'est-à-dire à peu près infusibles. On les emploie à la construction des fours, à la fabrication des creusets et de la poterie fine. Le kaolin, la terre à potier, la terre de pipe sont réfractaires.

Revenons à nos petites briques. Il s'agit de les cuire.

Je mets dans ce fourneau quelques charbons allumés, puis du charbon menu saupoudré de terre, pour qu'il brûle lentement. Je place mes briques et les recouvre d'un mélange de terre et de charbon, enfin je cache le tout par une légère couche de terre. Le feu enveloppera peu à peu les briques et se conservera longtemps. Je laisserai le tout refroidir sans y toucher, et ce soir nous trouverons des briques cuites à point, comme celles que vous venez de voir.

Dans les briqueteries les mieux organisées, la cuisson se

fait dans de grands fours, et chaque *fournée* dure de vingt à vingt-cinq jours. Mais le plus souvent on construit avec les briques crues une sorte d'édifice à claire-voie dans lequel on ménage des foyers et des cheminées. Il arrive alors que les briques placées à l'extérieur sont mal cuites, tandis qu'auprès des foyers elles fondent en partie, c'est une cause de perte assez considérable.

Aujourd'hui le pétrissage de l'argile et le moulage des briques se font surtout au moyen de machines qui travaillent vite et régulièrement. Il y a aussi des machines pour fabriquer des tuiles destinées à couvrir les maisons, des carreaux de dallage, des briques creuses, des tuyaux, etc.

Ce que je viens de vous dire au sujet des briques me dispense d'entrer dans de grands détails au sujet d'une autre application précieuse de l'argile : la fabrication de la poterie.

Quand la terre est bien préparée, l'ouvrier en prend une motte qu'il nomme une *balle*. Il la place sur une petite plateforme que fait tourner une roue horizontale mue par les pieds. Cet appareil s'appelle *tour à potier*.

Avec ses doigts mouillés, le potier façonne peu à peu la balle de terre jusqu'à lui donner la forme voulue. Le mouvement de rotation de la plate forme facilite singulièrement ce travail.

Il faut ensuite sécher et cuire au four les pièces. Après une première cuisson, on les trempe, d'ordinaire, dans une sorte de bouillie claire formée de litharge (oxyde de plomb), d'argile et de sable pulvérisé. Une couche mince de ce mélange s'attache à la terre. On remet au four, et cette couche, fondant comme de l'émail ou du verre, produit un vernis, une *glaçure* brillante qui rend la poterie imperméable à l'eau.

La poterie dite de grès se fait avec de l'argile largement additionnée de sable. La glaçure s'obtient en brûlant dans le four un peu de sel qui se volatilise et forme une sorte de verre avec les matériaux de la surface.

Voyons maintenant si vous m'avez bien compris et si vous avez vraiment fait connaissance avec l'argile.

QUESTIONNAIRE (1).

Quel est le nom vulgaire de l'argile ? — Que nous apprend le premier examen de cette substance ? — Qu'arrive-t-il si l'on touche du bout de la langue un morceau d'argile sèche ? — Quels changements subit l'argile mouillée ? — Quelle est la base des terres *fortes*, des terres *fines* ? — Pourquoi sont-elles peu fertiles ? — Qu'appelle-t-on en Amérique les *Mauvaises terres* ? — Comment peut-on amender les terres argileuses ? — Comment agissent la *pierre à d'Yèche* et la *terre à foulon* ? — Citez des argiles employés en peinture — Comment prépare-t-on les couleurs d'argile ? — Citez des argiles employées dans l'industrie. — Qu'est-ce qu'une brique ? — Décrivez la fabrication des briques — Pourquoi faut-il les cuire ? — Quels changements opère la cuisson ? — Qu'appelle-t-on brique réfractaire ? — Nommez des argiles réfractaires et indiquez leur emploi — Comment cuit-on les briques ? — Par quel procédé les fabrique-t-on rapidement ? — Citez des objets qui se travaillent comme les briques — Décrivez le tour à potier — Donnez une idée du travail du potier. — Comment s'obtient la glaçure de la poterie ? — Qu'est-ce que la poterie dite de grès ?

(1) Dans les questionnaires nous indiquerons quelquefois en italiques des mots chimiques, d'histoire naturelle, etc.
Les questions entièrement en italiques avertiront que le sujet ne figure pas dans le livre de l'élève.

LEÇON XI

LA FAILNCE ET LA PORCELAINE.

Vous savez, mes enfants, comment le potier façonne et cuit l'argile commune pour en faire des ustensiles de ménage : marmites, pots, casseroles, terrines, écuelles, etc.

Ces objets sont grossiers, mais ils coûtent peu, et quand on en prend soin ils sont d'un bon usage.

Si nous leur cherchons des défauts, nous pourrons dire, toutefois, que les articles de poterie commune sont lourds, assez fragiles, et qu'ils contractent, au bout d'un certain temps, une odeur désagréable. Cela tient à ce que le vernis peu résistant se fendille, se détache, de sorte que la terre poreuse s'imprègne de graisse ou d'autres substances que les lavages ne peuvent enlever.

Les premiers vases en poterie sans vernis, mal cuite dans un brasier de fagots, semblèrent à leurs possesseurs un trésor inestimable. Désormais ils pouvaient cuire sans trop de peine leurs aliments, conserver les provisions, puiser et transporter l'eau Quel confort! Puis on fit des vases plus minces, plus durs, plus grands, enfin on les couvrit d'un vernis agréable à l'œil et qui rendait la terre imperméable : quel luxe! Que pouvait on souhaiter de mieux?

On chercha cependant, c'est la loi du progrès.

A l'argile on mêla de la chaux, du *quartz* en poudre et l'on obtint une pâte plus ferme, dure et sonore après la cuisson. Mais, comme la poterie commune, elle est poreuse et laisserait suinter l'eau si on ne la couvrait d'un vernis, sorte d émail ou de verre très fusible qui fond et bouche tous les pores.

Lorsque la pièce est terminée et cuite, on la trempe dans une bouillie claire formée d'eau et d'émail en poudre fine La terre absorbe rapidement l'eau, et l'émail en poudre recouvre uniformement la surface. On remet alors la pièce au four, l'émail fond et forme à la surface un verre brillant. Ordinairement on ajoute à l'émail des substances qui lui donnent une couleur blanche opaque.

On appelle faïence la poterie fabriquée dans ces conditions

Lorsque la *pâte* est juste à point, ni trop molle ni trop dure, l'ouvrier en place ce qu'on appelle une *balle* sur la tablette du tour, et tandis qu'il met en mouvement cette tablette au moyen du disque inférieur, manœuvré avec le pied, il façonne à la main la pâte qui tourne toujours et prend facilement une forme à peu près régulière Quand il l'a ainsi *ébauchée* avec les mains, il la laisse sécher un peu pour qu'elle devienne plus dure Puis, prenant un outil de bois ou d'ardoise taillé suivant les contours que doit avoir la pièce terminée, il travaille l'ébauche comme on travaille le bois, au tour, avec un ciseau : il applique contre la pâte molle le bord de sa planchette découpee, celle ci racle la surface, enlève tout ce qui dépasse le découpage, de sorte que l'objet est aussi correct que s'il sortait d'un moule

Pour les pièces à formes très simples, comme une assiette, le travail d'ébauchage et de *tournissage* (c'est le mot employé pour le tournage) est aussi simple que rapide. La tablette supérieure ou *disque* du tour représente exactement en relief l'intérieur de l'assiette ; on étend dessus de la pâte, puis pendant que le disque tourne, on approche un outil de bois nommé *calibre*, qui agit comme un rabot à moulures. Suivant qu'on l'approche plus ou moins, on diminue ou l'on augmente l'épaisseur de l'assiette. Une fois l'outil gradué, toutes les pièces sont exactement semblables

C'est cet emploi ingénieux du tour qui permet de fabriquer très rapidement des objets usuels et même des vases élégants à formes peu compliquées. Le travail est facile pour les pièces de petite dimension, mais les difficultés augmentent avec la taille des vases, surtout lorsqu'on cherche à les faire aussi legers que possible.

Une visite d'une heure dans une fabrique vous mettrait au courant de cette industrie. Dès maintenant, et pendant toute votre vie, ne négligez jamais les occasions de visiter les fabriques, les ateliers. Ne dites jamais : « A quoi cela me servira-t-il pour mon métier ? » Aujourd'hui on regarde comme un ignorant celui qui ne possède pas des notions élémentaires sur les principales industries. Vous verrez d'ailleurs qu'en étudiant un peu le métier des autres, on gagne toujours quelque chose pour le sien.

Voici une petite soucoupe de faïence Je la fais passer, examinez-la bien.

Maintenant examinez ces deux autres soucoupes qui ne s'en distinguent guère au premier aspect et notez les différences L'une est en faïence ; la seconde en terre de pipe, autrement nommée porcelaine opaque ; la troisième est en porcelaine.

Jean, dites-moi ce que vous pensez des trois soucoupes.

— Celle en faïence est épaisse et légère : elle sonne mal. La seconde est plus mince, mais plus lourde, quand on la frappe, elle est plus sonore, comme si elle était plus dure. La troisième est la plus mince, on dirait qu'on voit le jour au travers, elle est plus lisse et sonne mieux que les deux autres.

Bien, mon ami, voilà comment on doit se servir de ses sens pour juger, apprécier, comparer.

Je vais maintenant faire passer trois autres soucoupes, une de chaque qualité. Chacune a été écornée pour que vous puissiez voir l'intérieur de la pâte. Grattez un peu la cassure avec la pointe d'un canif.

Louis, faites-nous part de vos remarques à propos de cette cassure

— La cassure de la faïence est rougeâtre, le couteau l'entame facilement Celle de la terre de pipe est blanche, un peu grise, elle résiste au couteau. Celle de la porcelaine est d'un blanc pur ; le couteau y laisse une marque noire sans l'entamer.

C'est bien jugé Cet examen rapide vous donne une idée exacte de ces trois pâtes très différentes de prix et de qualité.

Remarquez, mes amis, que les pièces de faïence sont plus

soignées sous tous les rapports que celles de poterie commune. Par exemple vous ne voyez pas à la surface des joints
rugueux produits par des cendres, ou par des poussières détachées du four.

Pour empêcher les pièces d'être salies pendant la cuisson
et pour en placer un grand nombre dans un four, on a recours à un procédé aussi simple qu'ingénieux. S'il s'agit
d'assiettes, on les renferme dans des sortes de boîtes en terre
cuite nommées *cazettes* (de cassette, coffre, boîte) On empile
les cazettes dans le four. Les pièces compliquées se renferment
dans des cazettes de forme appropriée.

Aujourd'hui la faïence se fabrique à bon marché, les trans-
ports sont peu coûteux, de sorte que la faïence remplace presque partout, pour le service de la table, les ustensiles de
poterie. Elle leur est bien préférable sous tous les rapports
Cependant on lui reproche, non sans raison, de ne pas aller
au feu, à moins que l'on ne prenne beaucoup de précautions.
De plus la glaçure se fendille facilement au feu ou même
dans l'eau bouillante.

La terre de pipe ou porcelaine opaque est plus forte, plus
légère, se fendille moins, mais supporte mal le feu.

Nous n'avons parlé jusqu'ici que de la faïence unie, c'est à-
dire simplement couverte d'une glaçure blanche. C'est un
peu monotone, et depuis bien des siècles on recherche les
faïences *décorées*, c'est à-dire enjolivées de dessins, de
peintures.

Vous avez vu certainement sur les dressoirs de vieilles assiettes sur lesquelles se détache en rouge un coq ou un bouquet de roses. On fait mieux aujourd'hui. Voici une assiette
entourée d'une jolie vignette d'un dessin très régulier, très
correct Cette autre est parsemée de petits bouquets d'un
joli effet Sur le fond de celle ci nous voyons une gravure
semblable à celle des livres, avec titre imprimé; enfin des
fleurs, des fruits, aux couleurs naturelles, égayent cette belle
assiette que l'on serait tenté d'encadrer.

Tout cela semble demander beaucoup de temps et de travail Cependant on arrive à produire à bon marché. L'industrie a progressé avec les besoins, avec la demande. Plus

il y a d'acheteurs, plus les fabricants se font concurrence. C'est à qui travaillera le mieux et vendra le moins cher Tout le monde en profite : le public, qui obtient de bonnes et jolies choses à bon marché ; l'ouvrier, qui peut demander un meilleur salaire à mesure qu'il est plus indispensable; le fabricant qui gagne peu sur chaque objet, mais se rattrape sur la quantité.

Quelquefois on décore la faïence après la première cuisson, c'est à dire avant la glaçure. Il faut alors employer des couleurs capables de résister à un feu intense. Quand le décor est fini, on fait cuire la pièce pour fondre les couleurs La glaçure s'applique ensuite et, en fondant, forme un vernis uniforme sur le fond et le décor.

Pour les décors en couleurs variées, comme les fleurs et les fruits, on peint sur la glaçure et l'on cuit de nouveau pour fondre les couleurs. •

Toutes les couleurs employées à la décoration sont additionnées de substances qui en font une sorte d'*émail*, c'est-à-dire de verre très fusible. Une fois cuites, elles sont inaltérables à l'air, à l'eau, et résistent assez bien au frottement.

Autrefois toute la décoration se faisait à la main, au pinceau. Aujourd'hui il faut aller plus vite De même que l'on imprime les livres au lieu de les copier à la main comme jadis, on imprime sur la faïence toutes sortes de dessins et d'enjolivements au lieu de dessiner et de peindre chaque pièce à force de patience et de temps.

Pour obtenir, par exemple, le dessin que vous voyez, voici comment on procède. On grave en creux, sur une plaque de cuivre, le dessin. On passe dessus une encre pâteuse qui remplit les creux, puis on presse la plaque sur une feuille de papier ou le dessin se trouve *imprimé* L'encre s'est détachée du creux de la plaque et forme sur le papier une petite épaisseur.

L'encre étant toute fraîche, on applique le papier humide sur la pièce de faïence et l'on presse doucement avec la main pour qu'elle en prenne exactement la forme Le papier se trouve ainsi collé à la faïence par l'encre du dessin. On laisse sécher le tout. L'encre est devenue solide ; on mouille bien le papier, on l'enlève, en frottant avec une éponge mouillée, et l'encre seule reste sur la pièce de faïence qui présente le dessin parfaitement imprimé. L'encre peut être de n'importe quelle couleur, mais on a soin d'y mêler des matières capables de fondre par la chaleur, et de former une espèce de verre. Cette encre est donc une sorte d'émail en poudre. Pour rendre indestructible le dessin imprimé, il suffit de mettre la pièce au four. L'encre d'émail fond, fait corps avec la faïence et offre l'aspect que vous voyez

Remarquez qu'en passant le doigt sur le dessin vous ne notez aucune aspérité, aucun relief. Cela vient de ce que l'impression a été faite avant d'appliquer la glaçure.

Vous comprenez maintenant que l'on peut imprimer sur faïence, en reportant sur la pâte les couleurs déposées sur le papier. De même que l'on imprime sur papier de jolies *chromolithographies* ou images coloriées, on peut les reporter sur la pâte comme nous venons de voir, et c'est ainsi que l'on obtient des *décors* très jolis à très bon marché

Nous avons en France de nombreuses fabriques de faïence. Les centres principaux de cette industrie sont : Gien (Loiret) pour les objets de luxe et ordinaires ; Montereau (Seine-et-Marne), Creil (Oise), Choisy-le-Roi (Seine) et Bordeaux pour les faïences de consommation courante, enfin, pour la faïence commune, Nevers, Lunéville, Tours, Paris et ses environs.

C'est à la persévérance et au génie de Bernard Palissy que la France doit l'industrie de la faïence. A bout de ressources, il fut obligé de brûler ses meubles et le plancher de sa maison pour achever une fournée dont le résultat récompensa enfin ses longs travaux.

Comme vous voyez, mes amis, la porcelaine est bien supérieure sous tous les rapports à la faïence. La pâte est translucide, c'est à dire se laisse traverser un peu par la lumière, sa dureté, sa résistance, permettent de faire des pièces minces et légères.

Notez toutefois que ce sont là des qualités de luxe. La faïence suffit à tous les besoins et même à tout le confort désirable.

Ce qui distingue essentiellement la porcelaine de la faïence

et de la porcelaine opaque, c'est la matière première de la pâte.
Au lieu d'argile ordinaire mélangée de diverses substances, on
emploie une terre spéciale, blanche, onctueuse, sorte toute
spéciale d'argile très pure, nommée *kaolin* par les Chinois qui
furent les premiers à l'employer. Au kaolin on ajoute d'ailleurs
diverses matières finement pulvérisées, comme le quartz, le
feldspath.

La préparation de la pâte exige des soins minutieux quand
on veut obtenir de très beaux produits : on la laisse *pourrir* et
fermenter pendant plusieurs années dans des caves humides.
Mais, pour la fabrication courante, on se contente de bien
mélanger les diverses substances.

La pâte de porcelaine se travaille au tour comme celle de
faïence, mais on l'emploie plus sèche afin de pouvoir façonner
des pièces un peu grandes. Pour donner le poli aux contours,
l'ouvrier se sert de racloirs en bois, en ardoise, en métal, qui
agissent un peu à la manière d'un rabot, pendant que la pièce
tourne rapidement. Si l'on veut produire un vase à formes compliquées ou irrégulières, le tour ne peut plus servir, il faut
recourir au *moulage*. Pour cela, on commence par exécuter
l'objet en plâtre. Ensuite on prend le *moule en creux de ce mo
dèle*, séparé en deux *coquilles* On rapproche les coquilles, on
les lie avec soin et l'on garnit peu à peu l'intérieur avec de la
pâte que l'on étale en couche uniforme. En détirant les coquilles
du moule, on a ainsi une reproduction en pâte du modèle.

Quelquefois on applique simplement sur un moule en plusieurs pièces une feuille de pâte que l'on presse également
avec une éponge Quand la feuille de pâte est sèche, on retire
les pièces du moule : cela s'appelle mouler à la croûte.

Pour les pièces très minces, on recourt à un autre procédé.
Dans un moule en plâtre on coule un peu de pâte délayée
dans de l'eau, et l'on agite le moule en tous sens. Le plâtre
absorbe l'eau, et une couche très mince de pâte se dépose
à la surface du moule : dès qu'elle est un peu sèche et maniable, on la retire.

Quand les pièces de pâte sont bien sèches on les met au four
pour une première cuisson Ensuite on les trempe dans la
couverte ou glaçure, qu'on laisse sécher. Cette couverte con-

siste en une bouillie claire de matières qui fondront comme du verre pendant la seconde cuisson. Quand la couverte est sèche, on place les pièces dans des cazettes que l'on empile dans le four comme celles de faïence.

La porcelaine se décore toujours sur la glaçure, c'est à dire lorsque la pièce est terminée. Le travail se fait ordinairement à la main. On emploie pour cela des couleurs d'émail. Quand la peinture est sèche, on fait fondre les couleurs en plaçant la pièce décorée dans un petit four nommé *moufl*.

En France, le centre principal de l'industrie de la porce laine est à Limoges. On trouve dans les environs, à Saint-Yrieix (Haute-Vienne), une riche carrière de kaolin que l'on expédie en Italie, en Belgique, en Allemagne. La fabrique na tionale de Sèvres près de Paris répand dans le monde entier ses produits artistiques à peu près sans rivaux.

QUESTIONNAIRE.

Quels sont les defauts de la poterie commune ? — En quoi consiste la pâte de la faïence? — Comment rend on imperméables les pièces en faïence ? — Décrivez l'ébauche d'un vase. — Décrivez le tournassage. — Décrivez le calibrage d'une assiette — Faites comprendre les différences les plus frappantes entre la faïence, la terre de pipe et la porcelaine. — En quoi diffère la cassure de ces trois sortes de substances ? — Quelles precautions prend on pour cuire les pièces de faïence ? — Qu'appelle-t on décoration, décor ? — Comment prépare-t-on les couleurs destinées aux décors ? — *Décrivez la reproduction d'une gra ture sur faïence* — Comment décore t on en couleurs variées à bon marché ? — Quels sont, en France, les principaux centres de fabrica tion de la faïence ? — Qui a doté la France de cette industrie ? — Qu'est ce qui distingue la pâte de porcelaine ? — Qu'est-ce que le kaolin ? — Décrivez le moulage d'une pièce — Comment obtient-on une pièce par le coulage ? — Comment décore t on la porcelaine ? — Comment cuit on les pièces décorées? — Où sont, en France, les grandes fabriques de porcelaine ?

LEÇON XII

LE VERRE ET LE CRISTAL.

Nous allons commencer aujourd'hui par une petite expérience.

Voici un fourneau de charbon bien allumé et un tube de verre. J'introduis le tube, vers le milieu, dans le brasier, je le recouvre de charbons ardents et je souffle doucement le feu en de-sous, de manière à ne pas atteindre le verre par le souffle d'air froid.

Regardez bien. Je retire le tube, il est rouge dans la partie la plus chauffée. Comme le verre *conduit* mal la chaleur, je puis le saisir par les deux bouts sans me brûler.

Ce tube dur et résistant est devenu mou et flexible comme de la cire. Vous voyez, je le plie, le courbe, le tords à mon gré. Maintenant j'écarte les deux mains et il s'allonge.

Je le réchauffe. Avec ces ciseaux je le coupe en deux. Avec ces pinces je saisis l'une des extrémités encore rouge et je l'aplatis, je la façonne, je la roule..... toujours comme si c'était de la cire molle.

Voyez encore. Je réchauffe cette autre portion et, en soufflant un peu pour aviver le feu, voilà qu'elle fond et le tube se trouve fermé.

Maintenant je souffle dans le tube ainsi fermé par une petite masse de verre fondu et encore rouge. La partie rouge se gonfle, forme une grosse ampoule.

Je réchauffe ensemble les deux morceaux; quand ils sont rouges, je les retire et, en les rapprochant, je les colle, je les *soude* l'un à l'autre.

Mes amis, tout ce que je viens de faire est certainement fort simple. Avec un peu d'adresse chacun de vous pourra le répéter et réussira comme moi après quelques tâtonnements. C'est un jeu qui en vaut bien un autre. Vous pourriez l'appeler « jouer au verrier ». Car ce que vous venez de voir représente, en petit, les opérations les plus importantes du travail du verre. Maintenant que vous l'avez vu, vous allez comprendre aisément ce que j'ai à vous dire, et, quand vous aurez l'occasion de visiter une verrerie, vous serez parfaitement préparés pour saisir et retenir une foule de détails que je suis obligé de négliger. Je n'ai point à instruire des apprentis verriers, mais à vous apprendre ce que tout le monde doit savoir sur le verre et le cristal. C'est le verre qui doit nous occuper spécialement.

Commençons par apprendre comment se fait une bouteille.

Les matières premières sont faciles à se procurer : du sable, de l'argile jaune, de la chaux ou de la pierre calcaire, enfin de la potasse ou de la soude.

Les proportions varient suivant les qualités de ces matières premières qu'il importe d'employer telles qu'on les a sous la main, afin d'éviter la dépense.

Pour épargner la potasse, qui coûte cher, on la remplace en partie par de la cendre de bois qui en contient beaucoup. C'est cette potasse de la cendre qui la fait employer à *couler la lessive* : elle dégraisse et nettoie le linge.

Quand on a besoin de potasse pure, on lave les cendres, la potasse se dissout dans l'eau, que l'on filtre et que l'on évapore comme s'il s'agissait de faire du sel.

Pour obtenir de la soude, on traite de la même façon des cendres de plantes marines, de *varechs*, ou bien on la retire du sel commun par des procédés chimiques.

Avec ces matières, il s'agit de faire du verre. Pour cela on les chauffe dans un *creuset*. On appelle creuset une sorte de pot en argile capable de résister au feu le plus violent, et que l'on nomme, vous le savez, argile réfractaire. Dans un four chauffé au bois ou au charbon de terre, on dispose un certain nombre de ces creusets, de manière qu'ils reçoivent également la flamme. Devant chaque creuset se trouve une petite porte que l'on ouvre et ferme à volonté.

Supposons que l'on emploie du sable, de l'argile jaune, de la craie et de la potasse. Ces substances fondent peu à peu, et, en fondant, elles s'unifient se *combinent*, de telle sorte qu'elles forment un liquide très lourd, visqueux, une sorte de pierre fondue Si les matériaux employés avaient été triés avec soin et parfaitement purs, cette pierre fondue, ce verre serait incolore, mais, comme le sable et l'argile surtout contiennent diverses impuretés, entre autres un peu de fer, le verre ainsi obtenu offre une teinte verdâtre plus ou moins foncée.

Suivons le travail de deux hommes placés devant le four, en face d'une des portes derrière lesquelles se trouve un creuset plein de verre fondu.

L'un d'eux, apprenti ou **commençant**, prend une *canne* creuse en fer garnie d'un petit manchon de bois qui permet de la manier impunément quand elle est chaude Avec cette canne ou tube de *fer*, il cueille dans le creuset un peu de pâte de verre, la roule au bout de la canne, la trempe de nouveau, jusqu'à ce qu'il ait amassé la quantité de matière suffisante. Il la passe alors au maître verrier.

Celui ci commence par façonner le goulot de la bouteille en roûlant un peu la canne sur une plaque de fer, puis il souffle avec force, et le verre rouge, mou, presque fluide, se gonfle en forme de poire Pour former le fond de la bouteille, il renverse sa canne, appuie l'embouchure sur le plancher, et, la poire de verre se trouvant bien droite, il applique au centre de la partie saillante une petite lame de tôle qui l'enfonce En même temps il fait tourner la canne et, la tôle pressant régulièrement la pâte, le fond prend une forme conique régulière. Il ne reste plus qu'à détacher la bouteille de la canne et à renforcer le goulot en y soudant un cordon de verre. Au lieu de rapporter ainsi un cordon autour du goulot cassé net, on préfère ramollir au feu le goulot et former le cordon au moyen d'une pince.

S'il s'agissait de faire une bouteille petite, grande ou moyenne, le procédé que je viens de vous résumer suffirait Mais le commerce demande des bouteilles à peu près semblables, quelquefois même absolument pareilles.

Pour faire des bouteilles à peu près semblables, on a recours à un artifice bien simple Au lieu de souffler plus ou moins la poire au bout de la canne et de travailler au jugé, c'est a dire un peu au hasard, le verrier introduit la poire, à peine commencée, dans un moule, de sorte qu'il est sûr de ne pas la faire trop grosse La différence ne peut plus porter que sur la forme du col et du fond

S il faut obtenir des bouteilles absolument pareilles, ou portant des lettres en relief, comme certaines bouteilles de pharmacie, le soufflage se fait dans un moule en fer qui forme toutes les parties Ce moule est articulé à charnière il suffit de l ouvrir, pour retirer la bouteille

C est un rude metier que celui de souffleur. Ceux qui l'exercent acquièrent une habileté extraordinaire Un bon ouvrier peut faire 650 bouteilles par jour.

Dites nous, Jules, a quoi servent les bouteilles ?

— A mettre le vin, le vinaigre, l'huile, les remèdes

Et si l'on n'avait pas inventé le verre, croyez vous que l'on se trouverait bien embarrassé?

— Pas trop, on ferait des bouteilles de grès.

Bien Vous connaissez ces bouteilles On les fait avec une argile mêlée de sable fin

En quoi pourrait on encore faire des bouteilles?

— En faïence ou en porcelaine.

C'est juste Par conséquent vous comprenez qu'à la rigueur on pourrait se passer de verre, au moins pour cet usage

Mais ne voyez vous pas des inconvénients à ces bouteilles de grès, de faïence, de porcelaine?

— Elles sont lourdes

Ernest va bien trouver un autre défaut.

— On ne voit pas dedans

Oui, voilà un defaut capital Elles ne sont pas transparentes comme le verre, de sorte qu'on ne peut s'assurer si elles sont propres

Jean, dites nous si le verre offre encore quelque avantage.

— Il coûte moins cher que les autres matières.

Cela est vrai aujourd hui, grâce aux perfectionnements apportés à cette industrie

Eh bien, Paul, résumez nous les qualités des bouteilles en verre.

— Elles sont légères, transparentes et à bon marché.

Vous le voyez, mes amis, le verre n'a pas de rival, même pour la fabrication des bouteilles. Quant au verre a vitres, personne ne pense a lui contester ses avantages.

Pierre va nous dire ce qu'il ferait pour remplacer le verre à vitre, c'est à dire pour fermer à l'air une fenêtre sans la fermer à la lumière.

— J'y mettrais du papier huilé.

C'est un moyen. On l'a employé souvent lorsque le verre était encore rare et cher. Les Esquimaux se servent d'une sorte de parchemin En Russie on emploie, dans les campagnes pauvres, une sorte de verre naturel qui vaut mieux que le papier huilé et même le parchemin. C'est le mica.

Vous le connaissez, mais vous ne l'avez guère remarqué parce que vous ne l'avez vu qu'en fragments. Ces paillettes de granit, faciles a séparer avec la pointe d'un canif, sont du mica. Dans certaines carrières on le rencontre en grandes lames épaisses que l'on divise en feuilles minces, transparentes et incolores comme du verre a vitre, cependant les grands morceaux offrent toujours beaucoup de défauts, des fentes, des irrégularités, des taches

Aujourd'hui que le verre a vitres coûte peu, son emploi est à peu près général, même dans les pays pauvres

Sa fabrication est fort simple. On commence comme pour souffler une bouteille, mais ensuite l'ouvrier, relevant la canne, souffle la poire en boule et, la rabaissant vivement, la balance comme un battant de cloche Il arrive ainsi a souffler un *cylindre* qui commence par un goulot de bouteille et se termine par une calotte courbe. On coupe les deux extrémités et il reste un cylindre parfait en verre mince.

Pour changer le cylindre en plaque, on le fend dans la longueur, puis on le met dans un four assez chaud pour le ramollir. A mesure qu'il se ramollit, on l'étend avec une règle en bois, puis on l'égalise en promenant dessus une plaque de fer. On a soin de le faire refroidir très lentement, sans quoi le verre casserait au moindre choc.

Le verre à vitres sert a fabriquer les miroirs communs Mais ceux de belle qualité, les *glaces*, sont d'un verre plus blanc, que l'on *coule* au lieu de le souffler. On obtient ainsi des plaques épaisses et de taille presque indéfinie.

Voici, en quelques mots, la manière de procéder.

Sur une table en fonte on fixe des règles en fer formant un cadre de la grandeur de la glace. Dans ce cadre, on coule du verre en pâte molle. Sur cette pâte on fait passer un rouleau de fer qui l'égalise. On obtient ainsi une plaque de verre que l'on fait *recuire*, c'est à dire refroidir très lentement dans un four. Quand elle est froide, on rogne les bords avec un diamant de vitrier et on la polit.

Le polissage se fait d'abord au moyen de sable fin, puis d'emeri en poudre. Quand les deux surfaces sont parfaitement unies, on les rend brillantes en les frottant avec du rouge anglais (oxyde de fer) en poudre. Tout le travail du polissage se fait aujourd'hui au moyen de machines.

Pour *étamer* une glace et en faire un *miroir*, on applique dessus une feuille mince d'étain que l'on recouvre de mercure. Celui-ci s'unit à l'étain pour former une sorte d'alliage à froid ou *amalgam* qui adhère parfaitement à la surface du verre. C'est cet amalgame brillant, protégé par le verre, qui réfléchit la lumière et forme miroir.

L'emploi du mercure étant très malsain, on a cherché un autre procédé pour faire des miroirs. Aujourd'hui, dans beaucoup de fabriques, on les argente en faisant déposer sur le verre de l'argent dissous dans un liquide.

Le cristal est une sorte de verre employé surtout pour les objets de luxe. On le fait avec du sable blanc choisi, de la potasse et de l'oxyde de plomb. C'est au plomb qu'il doit d'être plus transparent, plus brillant et plus lourd que le verre. La différence de poids est assez considérable pour faire reconnaître immédiatement le cristal.

On a suffisamment perfectionné le verre pour l'employer à la fabrication d'une foule d'objets usuels, en concurrence avec le cristal. On en fait des verres, des carafes, des salières, des bols, etc. Pour ce travail, on combine le moulage et le soufflage. Avec une pince, une cisaille, une règle, l'ouvrier fait en deux ou trois minutes un verre à pied élégant et correct. Il faut voir ce travail au moins en gravure, aucune description verbale ne pourrait vous en donner une idée

Vous avez vu des verres, des carafes, dont la surface est formée en partie par des surfaces planes. Vous avez entendu dire que c'était du verre ou du cristal *taillé*. On dirait, en effet, que l'on a coupé au couteau des facettes tout autour de ces objets. Mais en réalité ces facettes n'ont pas été *coupées*, mais usées.

Pour cela, on présente l'objet à tailler devant une meule en fonte ou en fer qui tourne rapidement et sur laquelle un entonnoir laisse tomber du sable mouillé. Le sable use le verre et l'on donne ainsi la forme générale aux facettes. Après cet ébauchage, on continue au moyen d'une meule en grès sur laquelle tombe un filet d'eau, puis on donne le poli, le brillant, à peu près comme s'il s'agissait d'une glace.

Au lieu de grandes meules, si l'on emploie une toute petite roue ou *molette* d'acier sur laquelle tombe de l'emeri, on use un peu la surface du verre, on la dépolit en produisant des dessins d'un très joli effet. D'autres fois on obtient le même résultat en rongeant la surface du verre avec un acide.

Voila, mes amis, ce que j'avais de plus intéressant à vous dire au sujet du verre. A vous de le compléter plus tard par des livres, des images, et surtout par la visite d'une verrerie.

QUESTIONNAIRE

Supposez que vous racontez à un camarade l'expérience que j'ai faite au commencement de la leçon. — Quelles sont les matières premières du verre commun? — D'où retire-t-on la potasse et la soude? Qu'est ce qu'un creuset? — Qu'appelle-t-on argile réfractaire? Pourquoi le verre commun est-il coloré? — Décrivez la fabrication d'une bouteille. — Comment obtient-on des bouteilles semblables? Combien de bouteilles un ouvrier peut-il souffler par jour? — Par quoi peut-on remplacer les bouteilles de verre? — Quels sont les défauts des bouteilles qui ne sont pas en verre? — Comment peut-on remplacer le verre à vitre? — *Qu'est ce que le mica?* — Décrivez la fabrication du verre à vitres. — Qu'appelle-t-on recuire le verre? — A quoi sert le recuit? — Comment coule-t-on une glace? — Comment se fait le polissage? — En quoi consiste l'étamage d'une glace? — Quelle différence y a-t-il entre le verre et le cristal? — Quelles sont les qualités spéciales du cristal? — Décrivez la taille du verre. — Comment grave-t-on des dessins sur verre?

LEÇON XIII

LES BOIS DE CONSTRUCTION ET D'ÉBÉNISTERIE

Mes amis, nous allons causer aujourd'hui des différentes sortes de bois. C'est un sujet qui ne peut manquer de vous intéresser parce que le bois vous est familier et que vous pourrez vous répéter à loisir la leçon et la compléter de cent manières.

Vous me voyez un peu embarrasse. Il y a tant de bois utiles ! Je voudrais vous faire connaître au moins tous ceux d'un emploi courant dans notre pays. Mais cela nous entraînerait trop loin. Il faut nous limiter. Parmi les bois spécialement utiles, nous allons faire un choix. Je ne vous dirai que quelques mots des bois tendres et légers nommés communément *bois blancs*, et parmi les autres nous n'étudierons que les plus importants à connaître à cause de leur emploi dans les constructions et dans l'ébénisterie.

Henri, pouvez vous nous dire ce qu'on appelle bois de construction ?

— Un bois qui sert à faire des charpentes.

Oui, mais on donne aussi ce nom aux bois employés à construire des bateaux, des vaisseaux.

Paul va nous dire ce que c'est qu'un ébéniste?

— C'est un menuisier qui fait des meubles.

Vous ne pouviez guère répondre mieux. Mais l'ouvrier qui fait les meubles doit savoir autre chose que la menuiserie, car les beaux meubles sont ornés de moulures, de sculptures exécutées aussi par lui. Quant au nom d'ébéniste donné à l'ouvrier qui fait des meubles soignés, des meubles de prix il vient de ce que l'on employait beaucoup, il y a quelques siècles, le bois d'ébène, noir et susceptible d'un beau poli On appela ébénistes les ouvriers en meubles d'ébène, et quand la mode remplaça ce bois par d'autres, le nom leur resta.

Je viens de vous annoncer que nous dirons peu de chose des bois blancs, mais au moins devons nous les nommer.

Ernest, nommez les bois blancs que vous connaissez

— Le peuplier, le tilleul ....

Et vous, Charles

— Le saule ...

Encore un, Jules?

— L'aune.

Bien, en voilà quatre, c'est assez.

Le peuplier donne un bois blanc, léger, tendre, peu durable, qui sert aux menuisiers et aussi aux ébénistes pour faire l'intérieur de meubles à bon marché. Les *layetiers* l'emploient beaucoup sous forme de boîtes, de malles. Le nom de layetier vient d'un mot ancien, peu usité, *layette*, coffre, boîte : on l'a conservé aux fabricants de malles, de boîtes, qui d'ordinaire sont aussi des emballeurs.

Le tilleul offre un grain fin, égal, il n'est pas sujet à se gercer, à se tourmenter, mais il ne se rabote pas bien, les menuisiers disent qu'il *se mâche,* aussi le réserve t on surtout pour les ouvrages de tour, la sculpture, la fabrication des sabots, des ustensiles de ménage.

L'aune sec est d'un blanc jaunâtre. Il a le grain fin, serré, ce qui le rend facile à polir. Exposé à l'air, il dure peu, mais dans l'eau il est presque incorruptible, de sorte qu'on le recherche pour les pilotis et autres ouvrages submergés

Quant au saule, vous le reconnaissez à sa teinte un peu rosée. On l'emploie surtout comme *bois de fente,* c'est-à-dire destiné à être fendu en lattes, en échalas.

Jean, pouvez-vous nous dire ce que l'on appelle bois à gros grain et à grain fin?

— Le bois à gros grain semble rempli de petits trous ; on n'en voit pas dans le bois à grain fin.

Très bien. Par exemple le chêne et l'aune. Maintenant je vais vous expliquer ce qui produit ces petits trous.

Le bois est constitué par un assemblage de *fibres*, sortes de fils courts, tenaces, serrés les uns contre les autres Entre les fibres se trouvent des tubes très petits dans lesquels circule la sève. L'alternance des parties creuses et pleines donne au bois la texture qu'on appelle grain. Si les creux sont nombreux et grands, les fibres épaisses, on dit que le grain est grossier, lâche ; si au contraire les fibres sont fines et entremêlées de vides si petits qu'on les aperçoive a peine, on dit que le grain est fin, serré.

Paul, quel est le grain du bois de sapin et du noyer?

— Celui du sapin est gros et celui du noyer est fin.

Quand vous examinez un tronçon de pin ou de sapin coupé net en travers, vous voyez aisément que le bois y est disposé en couches Ces couches consistent alternativement en grain fin et gros, et, comme chaque couche de bois à grain fin correspond à la croissance d'une annee, au bois qui s'est forme pendant l'automne, si vous examinez la coupe d'un tronc de pin ou de sapin, vous pourrez savoir son âge en comptant les couches de grain serré. Avec de l attention, vous pourrez encore compter les couches d'un jeune chêne, mais pour les bois très serrés, c'est difficile et même presque impossible

Puisque nous parlons du sapin, terminons ce qui le concerne. C'est un bois resineux, on en retire, sur pied, de la térébenthine, qui fournit, en la distillant, de l'essence de térébenthine employée par les peintres, de la colophane ou résine pure et de la poix noire. On l'emploie en charpente, mais surtout en menuiserie. Les ébénistes s'en servent seulement pour l'intérieur de quelques meubles communs.

Alphonse, connaissez-vous un bois qui ressemble beaucoup au sapin?

— Le pin.

Très bien. Ils sont de la même famille ; mais le pin a plus de qualites.

L'aubier du pin est blanc ; le cœur rougeâtre.

Mais qu'est ce que l aubier? Frédéric va nous le dire.

— C'est le bois tendre.

Le bois tendre qui entoure l'arbre, qui touche à l'écorce ; c'est le bois des dernières années, qui n est pas encore parfait. Son grain est lâche, il n'est guère utilisable ; aussi les marchands de bois en *grume*, c'est-à dire en tronçons bruts, font toujours à l'acheteur la déduction de l'écorce et de l'aubier quand ils mesurent le bois d'œuvre, c'est à dire capable d'être employé à des ouvrages courants. Quand on équarrit une poutre, on fait d ordinaire tomber tout l'aubier, qui n'ajoute point à sa force et lui nuirait parce qu'il se corrompt aisément et sert de retraite aux insectes destructeurs des bois.

Vous connaissez les *cônes* du pin formés d'écailles dures destinées à protéger les graines. Tous les arbres de cette famille portent des cônes plus ou moins durs et de taille très variable, aussi l'appelle t-on famille des Conifères (porte-cônes). C'est elle qui fournit les plus grands arbres. On en connaît un, en Amérique, qui mesure dix mètres de diamètre. Dans un tronçon d'un de ses voisins on a construit une salle de bal.

Comparez ces échantillons de pin et de sapin pour apprendre à les distinguer. Le sapin est presque blanc, il contient peu de résine ; son grain, plus fin et plus uniforme que celui du pin, le fait préférer pour la menuiserie. Le pin est surtout précieux pour faire des mâts et de grosses charpentes.

Maintenant examinez attentivement ces deux morceaux François, sont-ils du même bois?

— Je le crois

Et vous, Lucien ?

— Je ne le crois pas.

Ernest va nous mettre d'accord. Regardez bien.

— Ce n'est pas le même bois.

Vous avez raison. L'un est brun clair, l'autre brun jaunâtre. Le premier est plus lourd. Sur la tranche, son grain est moins serré, mais remarquez l'aspect des deux planchettes. L'une est chatoyante par places, on dirait des petites plaques vernies. Ces parties brillantes ne se trouvent dans aucun autre des échantillons que nous allons examiner. Les menuisiers les appellent des *mailles* ; à ces mailles, ils reconnaissent de loin le chêne. L'autre échantillon est du châtaignier.

Le chêne est notre bois le plus précieux. Nul ne l'égale pour les solides charpentes, les *membrures* des navires. Il

menuiserie en fait grand usage pour les travaux durables.
L'ébéniste l'emploie pour le corps des meubles de prix destinés
à être *plaqués*, c'est-à-dire couverts d'une mince feuille de bois
plus rare. Souvent aussi on en fabrique des meubles massifs
ornés de moulures et de sculptures. Avec le temps ils prennent une belle couleur foncee Le chêne donne encore des
bois de fente, c'est-à-dire qu'il se fend en pieces bien droites,
sans déchet. Ainsi fendu on en fait des échalas et surtout du
merrain, c'est-à-dire du bois destiné a confectionner des *douves*
de tonneaux.

Le châtaignier est plus souple, plus élastique, mais moins
solide que le chêne. Son merrain est de qualité superieure,
parce que le bois est peu sujet à se gonfler et à se resserrer.
D'ailleurs il contient moins de *tanin* que le chêne, de sorte
qu'il change moins le goût des vins qu'on y renferme. Son
grain plus serré s'oppose mieux a l'évaporation, qualité im
portante quand il s'agit de conserver de l'alcool, de l'eau-de-
vie.

Vous connaissez tous les fruits de ces deux arbres. Les
glands sont avidement recherchés par les porcs, les chataignes
nous fournissent un aliment salubre et agreable.

Rendez-vous compte de la *texture* de ce bois ci, c'est à-dire
de la manière dont ses fibres sont pour ainsi dire tissées, entrelacées, enchevêtrées Remarquez sa couleur nuancée, son
grain serré, son poids considerable. Rien qu'à le voir on de-
vine un bois de premier ordre, dur, fort, coriace, élastique,
peu sujet à se fendre, susceptible d'un beau poli.

Certes, voilà de précieuses qualités Aussi l'orme, c'est le
nom de ce bois, est il recherché pour une foule d'usages
Comme bois de charpente, il ne vient qu'après le chêne et le
châtaignier, mais il tient le premier rang pour la construction
des machines, les arbres de moulins, les roues d engrenage,
les vis, etc. Les charrons en font des jantes de roues. Les menuisiers le reservent pour les travaux solides et durables.

Bien difficient est le hêtre, que vous connaissez surtout par
ses fruits comestibles, nommés faines. Son manque de force
et d'élasticité le fait rejeter pour la charpente. Mais on en fait
de bons merrains pour les tonneaux destinés au transport des

huiles ; des sabots légers et résistants, des lattes pour assujettir les ardoises, des lames de persiennes, des boîtes d'emballage, des mesures à grains, des formes de cordonnier, des pelles, des jougs à bœufs, des ustensiles de menage, des manches de couteaux Comme il n'est pas sujet à se fendre, les charrons en font volontiers des moyeux de roues.

Pour la charronnerie et surtout pour la carrosserie, voici le bois sans rival, le frêne Comme vous voyez, il est blanc, assez dur, uni, d'un grain fin A l'usage, on le trouve souple, élastique. Aucun autre ne le vaut pour la confection des pièces courbes qui doivent avoir du ressort, comme les brancards de voiture. Il est aussi excellent pour fabriquer les instruments aratoires, les manches d'outils, les gros cercles. Il est également apprécié par le menuisier, le tourneur et l'ébéniste.

Je vous dirai seulement quelques mots sur ces deux échantillons. Voici du merisier, dont vous connaissez bien le fruit, la cerise sauvage Son bois un peu rouge prend la teinte de l'acajou, quand on le fait macérer dans de l'eau de chaux. On en fait de bons meubles, bien qu'il soit cassant, mais les ébénistes l'ont à peu près abandonné. Seuls les fabricants de chaises l'emploient en grand pour imiter l'acajou.

Cet autre bois est le noyer, également délaissé pour son rival étranger l'acajou, mais qui ne mérite pas son sort, car c'est un beau et bon bois brun veiné de noir, dur, compact, un des meilleurs pour l'ébénisterie.

Pour terminer cette série, je vous passe un bois que vous connaissez tous.

Henri va nous dire son nom

— C'est du buis

A quoi sert il ?

— A faire des cuillers.

Ernest, à quoi encore ?

— A faire des peignes.

Vous, Jules, continuez.

— Il sert à faire des toupies.

Et qui fait les toupies ?

— Le tourneur.

Fort bien. Vous savez sans doute comment travaille le tour-

neui Il fixe le bois à travailler sur deux axes qu'il fait tourner
au moyen d'une gaule flexible formant archet ou bien au moyen
d une roue a pédale mue par le pied Tandis que le bois tourne
rapidement, il lui présente le tranchant d'un outil qui coupe
tout ce qu'il rencontre. L'outil restant toujours à la même dis
tance du centre du morceau de bois, celui ci est toujours travaillé en rond, de sorte que, n'importe ou on le coupe, la section faite bien droit represente un cercle.

On fait au tour une foule d'objets · des chaises, des pieds de
tables, des manches d'outils, des jouets, des ustensiles de
toute sorte. Il faut,pour le tour,des bois bien reguliers et un
peu durs.

Le buis est le plus dur, le plus compact, le plus lourd, des
bois de notre pays Il n'a qu'un défaut, celui de n'atteindre
jamais de grandes dimensions.

Les autres bois que nous avons étudies s'emploient en pou-
tres simplement *équarries*, ou en bois de sciage, c'est à dire
divisé par la scie, dans toute la longueur du tronc ou au moins
dans la longueur de fortes *billes*.

Vous avez tous vu travailler des scieurs de long. Cependant
aujourd hui leur travail est simplifie ; ce sont le plus souvent
des machines qui font le gros ouvrage, et l'euvrier n'a qu'à
les diriger et les surveiller Il y a des scies accouplées trois ou
quatre ensemble qui débitent un arbre en quelques minutes
Des scies circulaires, grands disques armes de dents et tour
nant tres vite, coupent les billes et retaillent le bois débite
Enfin des scies dites à ruban, formées d une lame d'acier qui
s'enroule sans fin sur deux poulies, servent à débiter les bois
precieux en planchettes qui n'ont parfois qu'un millimetre
d epaisseur.

Ce sont ces planchettes, ces plaques minces qui servent au
placage des bois ordinaires dans la confection des meubles
de luxe.

Les placages les plus employés sont ceux d'acajou, de palissandre, de thuya, de bois de rose. Les meubles plaqués plai-
sent à l'œil, mais ils n'offrent pas la solidité de ceux que l'on
fait avec des bois massifs Les placages sont sujets a se décoller
sous l influence de la secheresse ou de l humidité.

Je n'ose pas espérer, mes amis, que vous reteniez dès aujourd'hui toute cette causerie Mais pensez-y, et désormais,
chaque fois que vous en aurez l'occasion, examinez le bois des
charpentes, des machines, des meubles, des outils, cherchez à
les distinguer, faites-vous aider, afin d'être capables plus tard
de les reconnaître au premier coup d'œil, d'en apprécier les
qualités, de les choisir avec discernement. Voilà ce que j attends
de ces leçons de choses que vous semblez écouter avec
autant de goût que j'ai de plaisir à vous les faire.

QUESTIONNAIRE.

Qu'appelle-t on communément bois blanc? — Qu'entendez-vous p
bois de construction ? — D où vient le mot ébéniste? — Nommez les
bois blancs que vous connaissez. — A quels usages sert d'ordinaire
le peuplier ? — Que savéz-vous sur le bois de tilleul ? — Que fait on
avec l'aune ? — Comment emploie-t-on le plus le saule ? — Qu est-ce
qui produit le grain du bois ? — Comment peut-on calculer l'âge d'un
arbre ? — Dites ce que vous savez sur le bois de sapin. — Qu'appelle-
t-on aubier ? — In quoi le pin diffère t il du sapin ? — A quoi sert le
pin ? — Comment distinguez-vous le châtaignier du chêne ? — Quel
est l emploi du chêne ? — Dites les qualités et l'emploi du châtaignier. — Décrivez l orme et ses principaux usages — Que savez vous
sur le hêtre ? — A quoi sert le frêne ? — Que fait-on du merisier ? —
Quelles sont les qualités du noyer? — Comment travaille le tourneur? — Dites ce que vous savez sur le buis. — Comment débite-t-
on les bois à la scie ? — Qu'est ce que le bois de placage ? — Citez
les bois de placage que vous connaissez

LEÇON XIV

LE FER ET L'ACIER.

Mes amis, voici trois objets, une clef, une lame de canif, un poids d'un demi kilogramme : pouvez vous me dire en quelle matière ils sont faits ?

— En fer, dites vous.

Cela n'est tout à fait juste que pour la clef : je vous l'expliquerai tout à l'heure; la lame de canif est en acier; le poids est en fonte

La fonte et l'acier sont des variétés de fer qui méritent des noms distincts à cause de leurs propriétés spéciales.

Le fer vous est plus familier que la fonte ; vous avez eu le plus souvent occasion de le manier sous forme de *fil de fer*, de clous, etc Cependant nous allons causer d'abord de la fonte, car c'est d'elle que vient le fer, comme le pain vient de la farine

Dites-nous, Jules, quels objets en fonte vous connaissez

— Le poêle de la classe, les poids du boucher, la grande marmite de maman.

C'est exact. Eh bien, parlons de la marmite. Vous savez comment sont faites les marmites en terre, n'est ce pas ?

— Le potier pétrit de la terre glaise, la travaille au tour pour lui donner la forme et la fait cuire pour la durcir.

Fort bien. Mais pensez vous que l'on puisse s'y prendre à peu près de la même façon pour fabriquer une marmite en fonte ?

Vous n'avez pas eu occasion de l'apprendre, je vais vous le dire

Vous voyez ces pierres rougeâtres et jaunâtres, très lourdes, les unes dures et brillantes, les autres tendres et comme poussiéreuses, je vais vous les passer pour que vous appreniez à les connaître.

J'entends l'un de vous dire : Celle-ci ressemble à de la rouille. Cette observation est très juste, on dirait en effet, au toucher, à l'odeur et au goût, une masse de fer rouillé. C'est presque toujours sous cette forme de rouille plus ou moins pure que la nature nous offre le fer. Cette rouille, tantôt friable comme de la terre glaise séchée, tantôt durcie par d'autres matières, forme dans la terre des amas considérables, comme la craie, le charbon de terre ; on l'appelle *minerai de fer*, parce qu'on donne le nom de *minerai* aux matériaux que l'on extrait des mines, c'est-à-dire des excavations faites dans la terre pour en retirer des métaux. On dit des mines de fer, de cuivre, d'argent, de plomb ; cependant on ne trouve point dans la terre ces métaux tels que vous les connaissez. Ce que l'on extrait des mines est une terre ou une pierre, c'est-à-dire un *minerai* d'où l'industrie sépare le métal pur. Voyons comment cela se fait pour le fer.

Vous avez vu le forgeron travailler le fer. Pour lui donner la forme qu'il veut, il le chauffe. Le fer devient rouge, puis presque blanc. En cet état, il est mou, on peut le plier, le tordre, l'amincir au marteau, le couper avec la plus grande facilité quand on a la pratique de ce travail.

Si le forgeron veut joindre ensemble deux morceaux de fer, par exemple rallonger une barre, il chauffe *à blanc* l'extrémité de chaque morceau, les applique l'un sur l'autre et, frappant dessus avec le marteau, les assemble, les *soude* si bien que cette *soudure* ne laisse pas de trace.

L'observation de ces deux faits vous suffit pour comprendre ce que j'ai à vous dire.

A mesure que le fer s'échauffe, il se ramollit ; si on le chauffe un peu plus que ne fait le forgeron pour faire une soudure, le fer fond.

Si au lieu de fer on prend la rouille, c'est-à-dire du fer transformé par l'air et l'humidité, comme ces *minerais* que vous avez entre les mains, la chaleur chassera tout ce qui s'était uni au fer pour former de la rouille ; le métal, redevenu libre, se ramollira, puis fondra.

Le fer ainsi fondu s'appelle *fonte* : ce n'est pas du fer pur ; pour le fondre, on a employé du charbon, et pendant la fusion une petite partie de ce charbon s'est mélangée intimement au fer. La fonte est un fer qui contient du charbon.

Pour obtenir rapidement de grandes quantités de fonte, voici comment on procède :

Si le minerai est très chargé de terre et de pierres, on commence par le trier, puis on le concasse sous une sorte de pilon nommé *bocard*, et on le lave au moyen d'un mécanisme très simple nommé *patouillet*; ainsi préparé, on le transporte au *haut fourneau*.

Imaginez-vous une grosse tour creuse bâtie en briques. Au bas de la tour se trouvent deux ouvertures : l'une que l'on peut ouvrir et fermer à volonté, l'autre qui donne passage au tuyau d'un immense soufflet mis en mouvement par une machine.

Par le haut de la tour ou du fourneau, on jette dans le fond du charbon de bois ou du coke que l'on allume par l'ouverture dont je viens de vous parler. Quand le feu est bien ardent, on jette encore du combustible, puis une couche de minerai, et l'on continue ainsi couche par couche jusqu'à ce que le fourneau soit rempli. En même temps, le soufflet envoie à travers toute la masse de minerai et de charbon un fort courant d'air pour entretenir et aviver le feu.

Il faut plusieurs jours pour que toute cette masse soit chauffée *à blanc* et un peu au delà.

Quand on est arrivé à ce point, le minerai se décompose, le fer fond en s'unissant à un peu de charbon, et la *fonte* ainsi formée coule peu à peu jusqu'au bas du fourneau. Là elle s'accumule dans une vaste cuvette disposée pour la recevoir.

On ouvre alors l'ouverture pratiquée en bas du fourneau, et il en sort un jet de fonte liquide d'un blanc éblouissant que l'on dirige dans des rigoles creusées en terre.

Si l'on veut fabriquer des objets en fonte : colonnes, grilles, marmites, etc., on soumet la fonte refroidie à une nouvelle fusion dans un four beaucoup plus petit. Là elle se purifie, devient plus fluide, plus apte à remplir tous les creux des *moules* dans lesquels on la fait couler.

Pour nous, la fonte sera, si vous voulez, du fer charbonneux. La fonte est plus dure à limer, à percer, que le fer pur, mais elle résiste peu aux chocs; un coup de marteau suffit pour briser une marmite. Il faut tenir compte de ce défaut dans l'emploi de ce métal.

La fonte étant très cassante, on ne peut la forger, la marteler, comme le fer, pour changer sa forme et la plier à tous les usages ordinaires.

Si l homme n'avait pas poussé plus loin sa découverte, la fonte ne lui aurait pas rendu beaucoup plus de services que le cuivre et le bronze dont on se servait longtemps avant que l'on sût tirer parti des minerais de fer.

Mais, une fois sur la voie, on ne s'arrête pas. Il fallait enlever à la fonte le charbon qui lui donne ses propriétés speciales et obtenir du fer pur. On y est arrivé

Voici comment on procède On fait fondre dans un four une petite quantité de fonte et, pendant qu'elle est liquide, on fait agir sur toute la masse le vent d'un très grand soufflet Peu à peu le charbon brûle et disparaît, les impuretés ou *scories* surnagent et le fer pur devient assez solide pour qu'on puisse le rouler en boule et le retirer du four.

On dirait alors un bloc de braise Dans cet état le fer est gonflé et plein de trous comme une éponge. Dans les trous restent logées des impuretés, il s'agit de le débarrasser de ce reste de *scories* et d'en faire une masse solide.

Pour cela, on le transporte sur une enclume où il est battu par un marteau nommé *martinet*, qu'une machine fait mouvoir. Quand il s'agit d'un bloc de grande taille, on emploie un *marteau pilon* beaucoup plus puissant qui sert principalement à forger les grosses pièces On retourne en tous sens le bloc de fer sous le marteau et, au bout de quelques minutes, on obtient un morceau de métal auquel il ne reste plus qu'à donner une forme appropriée aux usages les plus ordinaires : plaques, barres, tringles, etc.

Mais pendant le martelage le bloc s'est refroidi : avant de le soumettre à d'autres épreuves, on le réchauffe afin de lui rendre la mollesse nécessaire.

Quand il est à point, c'est-à-dire d'un blanc éblouissant, on le porte sur un petit chariot dans un atelier spécial ou fonctionnent les *laminoirs*. Ce sont des cylindres en fer unis deux par deux, mis en mouvement par une puissante machine. On fait passer le fer entre ces cylindres plus ou moins écartés, et il prend ainsi une forme régulière.

Je viens de vous décrire, en abrégé, l'ensemble du travail du fer dans les *forges* telles qu'elles existent aujourd'hui. Mais avant l'invention des machines qui permettent d'obtenir rapidement et sans trop de peine de grandes quantités de métal, on travaillait par des procédés beaucoup plus simples, plus pénibles, et l'on ne pouvait faire que des pièces assez petites.

Il y a encore des pays, en Afrique par exemple, ou les peuples demi sauvages travaillent le fer d'une façon tout à fait primitive Ils fondent le minerai dans un petit four de pierres ; quand la fonte est réunie à la base, ils font jouer un ou deux soufflets a main qui activent le feu, de sorte que le charbon de la fonte brûle, et il ne reste qu'un morceau de fer spongieux.

Une grosse pierre sert d'enclume. Ils battent dessus ce morceau de fer, le réchauffent, le battent encore, et finissent par obtenir un métal d'excellente qualité, mais en morceaux juste assez grands pour fabriquer leurs armes, petites épées, fers de lance, et quelques objets usuels.

Dites moi, Jules, en quoi est le tuyau du poêle.

— En fer.

Oui, mais quand le fer a été travaillé en plaques minces, il porte un nom spécial.

— C'est de la tôle.

Bien. Et en quoi est le gobelet qui vous sert à boire ?

— En fer-blanc.

Qu'est-ce que le fer-blanc ?

Vous ne savez pas, et vous avez cru sans doute, jusqu'ici, que c'était un métal comme le zinc, le plomb.

C'est tout simplement de la tôle très mince, rendue blanche par une couche d'étain.

Vous savez que le fer se rouille très vite à l'air, et surtout à l humidité. Un gobelet de tôle serait sale et ne durerait pas longtemps. Pour empêcher la tôle de se rouiller, on a imaginé de la tremper dans un bain d'étain fondu pour la recouvrir d'une couche très mince de ce métal facile à tenir propre et qui n'est point sujet à s'oxyder.

Quelquefois, au lieu d'étain, on se sert de zinc. C'est ainsi que l'on obtient les objets en fer *galvanisé*. Le fil de fer couvert de zinc remplace presque partout aujourd hui le fil ordinaire, que la rouille detruit très rapidement Je vous rappellerai ces details quand nous causerons de l'étain et du zinc.

Faisons maintenant connaissance avec le *fil de fer*.

Pour le fabriquer, on prend une tringle de fer de première qualité, on amincit une des extremités, on fait rougir la tringle, on engage la partie amincie dans un trou pratique dans une lame dure d'acier nommée filière ; saisissant alors le bout de la tringle avec des pinces, on tire, — ou plutôt on fait tirer par une machine,— de manière que toute la tringle soit obligée de passer par le trou, qui l'amincit et l'allonge En recommençant l'operation, de sorte que le fer passe par des trous de plus en plus petits, on obtient des fils de fer, ou *fils d archal*, de plus en plus minces.

Vous entendiez peut être dire que la fabrication du fil de fer a été inventée par un Anglais nommé Archal, mais c'est une erreur, le nom de *fil d archal* vient simplement du latin.

Je vous disais que, pour fabriquer le fil de fer, on se servait d'une plaque dure en acier. Joseph va nous dire s'il connaît quelque chose en acier.

— Une lime, une lame de couteau.

Très bien Et qu'est ce que c'est que l'acier?

C'est du fer très dur et très cassant.

L'acier est, en effet, très cassant et très dur, dans certaines conditions, mais ce n'est pas exactement du fer, pas plus que de la fonte. Il ressemble même plus à la fonte qu'au fer. C'est du fer très pur uni à un peu de charbon, en proportion bien moindre que celle qui est renfermée dans la fonte.

Si l'on retire à la fonte juste la proportion voulue de charbon, ou si l'on fait absorber au fer pur un peu de charbon en le chauffant dans une boîte pleine de charbon, on obtient de l'acier.

Ce métal peut se fondre comme le fer, il peut aussi se travailler au laminoir. Il est un peu plus dur que le fer, mais pas beaucoup.

Pour le rendre dur comme une lame de couteau, une lime, on le *trempe*. Pour cela, quand l'objet en acier est chauffé au rouge, on le plonge, on le trempe dans de l'eau ou dans du suif : le froid subit produit un changement extraordinaire dans l'acier. Il devient dur, cassant, capable de recevoir un très beau poli : une lame d'acier trempé est élastique, c'est en acier que l'on fait les ressorts des serrures, des horloges, des montres; tous ces objets sont en acier *trempé*.

Les scies, les outils tranchants, les limes sont en acier, on les trempe pour les durcir. Avant la découverte de l'acier, on ne pouvait pas limer le fer, il fallait le travailler finement au marteau et le polir avec des pierres de grès ou du sable.

Plus tard nous causerons encore du fer, de la fonte, de l'acier, à propos de quelques industries. Aujourd'hui je veux seulement vous donner sur ces métaux les notions les plus élémentaires, celles qui conviennent à des enfants de votre âge. Voyons si vous m'avez bien compris.

QUESTIONNAIRE

Citez-nous quelques objets en fer — Qu'est ce qu'une mine — Qu'est-ce qu'un minerai ? — *Que fait le forgeron pour ramollir le fer ? — Comment le soude-t-il ?* — Qu'est-ce que la rouille ? — Qu'est ce qu'un minerai de fer ? — Comment peut-on fondre le minerai ? — Dans quoi fond-on le minerai de fer ? — Comment appelle-t-on le fer fondu ? — Comment fabrique-t-on les objets en fonte ? — Nommez des objets en fonte. — Quels sont les défauts de la fonte ? — De quoi se compose la fonte ? — Comment fait on du fer pur avec de la fonte ? — Qu'est-ce qu'un laminoir ? — Qu'est-ce que la tôle ? — *Qu'est ce que le fer blanc ? — Dites comment il se fabrique* — Qu'est ce que le fer galvanisé ? — Comment se fabrique le fil de fer ? — Qu'est-ce que l'acier ? — Nommez des objets en acier. — Quelles sont les qualités de l'acier ? — Comment fait-on de l'acier avec de la fonte et avec du fer ? — Comment fait-on pour durcir l'acier ? — Comment appelle-t-on l'acier durci ? — Citez des objets en acier trempé

LEÇON XV

LE CUIVRE. — LE BRONZE. — LE LAITON

Mes amis, dans notre dernière causerie, nous avons parlé d'un *métal* qui vous était familier sous un grand nombre de formes usuelles, le fer. Vous avez appris ce que c'est qu'un *minerai*, comment d'une espèce de pierre on retire, par la fusion, un métal qui en diffère sous tous les rapports.

Mais je ne vous ai pas dit ce que l'on entend par ce mot metal.

Au fond, vous savez ce que c'est. Mais vous seriez sans doute bien embarrassés si je vous demandais de me l'expliquer.

Cherchons cette explication dans les simples notions que vous avez retenues au sujet du fer.

Le fer peut se fondre, se travailler en lames, en fils : on le façonne au marteau a chaud et même un peu aussi à froid. Quand sa surface ou sa cassure sont bien propres, il est brillant. Si on le frappe, il résonne.

Toutes les fois que vous rencontrerez une substance qui offre ces caractères, et surtout les premiers, vous pouvez être sûrs que vous avez affaire a un métal

Pour nous donc, un métal, c'est une substance dure, brillante, susceptible de se fondre, de se façonner au marteau à chaud et à froid, de se travailler en lames et en fils.

Voici un métal dont je vous ai apporte des échantillons et des minerais d'ou on le retire.

Louis va nous dire comment on l'appelle.

— Du cuivre

Quant au minerai, vous voyez, en voici un qui ressemble

assez à une masse de vert-de-gris, et un autre dur, lourd, qui brille au soleil comme une gorge de pigeon, avec des reflets bleus, verts, rouges. Il y en a d'autres, assez rares, qui sont cristallisés; quelques-uns ressemblent à du sable.

Nous n'avons que très peu de mines de cuivre en France. Cependant on l'exploite dans les environs de Lyon.

Il n'y a pas bien longtemps, nous achetions presque tout le cuivre aux Anglais, mais aujourd'hui nous nous bornons à acheter le minerai aux pays qui le produisent. C'est le Chili, un des États de l'Amérique du Sud, qui nous fournit le meilleur.

Vous voyez par ces pierres, ce minerai, quelle différence il y a entre la matière première et le métal pur que voici.

Pour extraire du minerai le métal pur, c'est au feu que l'on s'adresse. On fait *griller* le minerai s'il contient du soufre, puis on le fond à la manière d'un minerai de fer. Comme le cuivre fond un peu plus aisément que le fer, on n'a pas besoin d'opérer à la fois sur de grandes masses, et les fourneaux ou fours sont plus petits.

Pour obtenir un métal bien pur, on fond plusieurs fois, dans des fours différents, les blocs de métal, qui *s'affinent* chaque fois. On emploie pour cela de grands fours en briques ou des fourneaux de petites dimensions appelés *cubilots*. En dernier lieu on le coule dans des moules en fonte pour lui donner une forme régulière.

Les pains ou blocs de métal ainsi obtenus et prêts à être livrés au commerce s'appellent des *lingots*.

A la rigueur, on pourrait fabriquer quelques objets en cuivre fondu comme on le fait pour le fer. Mais le cuivre pur n'a pas, comme le fer, la propriété de se *mouler* régulièrement. Il ne touche pas partout aux surfaces du moule, il se produit des boursouflures, des plis, des vides. Aussi ne voyez-vous pas d'objets en cuivre fondu.

Pour l'employer, on le transforme en lames, en tringles, en fils, etc.

Vous savez comment cela se pratique pour le fer. On chauffe un bloc de métal, puis on le passe entre des cylindres unis pour faire des plaques, des feuilles, entre des cylindres cannelés pour faire des barres, des tringles; dans des trous de *filière* pour obtenir des fils.

Le cuivre se travaille de la même manière, mais plus facilement. On n'a pas besoin d'employer des machines aussi fortes. De plus on ne fabrique pas, d'ordinaire, des pièces bien lourdes ni même bien grandes.

Voyons, Ernest, pouvez-vous nous citer quelques objets en cuivre qui vous sont familiers?

— Les casseroles de maman, sa bouilloire.

Très bien. Ces objets sont en cuivre pur. Mais on ne les a fabriqués par aucun des procédés que je vous ai décrits

Qui me dira comment ils sont faits?

— A coups de marteau.

Vous avez raison. Et comment appelez-vous l'ouvrier qui fabrique à coups de marteau des bouilloires, des casseroles, des chaudrons?

— Un chaudronnier.

Oui, un chaudronnier est un forgeron en cuivre. Vous avez vu le forgeron aplatir, allonger, courber le fer après l'avoir chauffé. Tant que le métal est rouge blanc, il semble le façonner sous le marteau presque aussi aisément que le potier façonne· la terre glaise, mais à froid, c'est à peine s'il peut changer sa forme.

Il n'en est pas de même pour le cuivre.

Le cuivre est *malléable* à froid. Voici un mot que vous ne connaissez pas. On dit que les métaux sont malléables pour exprimer qu'ils se laissent étendre en plaques, en feuilles. Ainsi, nous avons vu que le fer est malléable à chaud, ce qui permet de fabriquer des plaques de tôle.

Vous voyez déjà que le travail du cuivre est plus simple que celui du fer, il est aussi moins pénible Mais revenons à notre chaudronnier.

Supposons qu'il veuille faire une bassine. Voyons comment il va procéder.

Il taille dans une plaque de cuivre une rondelle proportionnée à la grandeur de l'objet à fabriquer. Il bat cette rondelle sur l'enclume au moyen d'un marteau à tête arrondie. Chaque coup de marteau laisse sur le cuivre une marque en creux c'est la preuve que le métal s'est un peu aminci. Mais il a fallu que la partie qui s'amincissait refoulât, repoussât un peu ses voisines pour se faire de la place ; le métal s'est donc étale sous le marteau.

L'ouvrier commence à frapper au milieu de la plaque, puis il se rapproche graduellement du bord en suivant régulièrement des cercles concentriques. Cela fait qu'à partir du centre jusqu'aux bords toute la plaque s'étend peu à peu et d'une manière uniforme.

Si l'on se servait d'un marteau plat, on obtiendrait par le battage une plaque plane. Mais comme la tête du marteau est arrondie, chaque fois qu'il tombe il creuse dans le métal une petite cavité ; le fond de cette cavité est refoulé un peu plus que les bords : cela force la plaque entière à former, pendant le martelage, une concavité. L'ensemble de ce travail s'appelle *emboutissage*.

Il faut beaucoup d'habitude et d'adresse pour profiter de ces données bien simples, de manière à les appliquer à la fabrication des divers articles de chaudronnerie. Quand le métal est suffisamment *embouti*, l'ouvrier le pose, par sa surface intérieure, sur la *bigorne* ronde de l'enclume et continue le travail au marteau, jusqu'à ce que l'objet ait la forme voulue Il coupe ensuite les bords avec des cisailles, adapte une anse, un couvercle, etc. Je dois vous dire, d'ailleurs que l'on fabrique maintenant beaucoup d'objets de cuivre, entre autres les plats, les casseroles, par des procédés mécaniques. Une plaque epaisse de cuivre s'emboutit en l'obligeant à passer dans des moules d'acier qui lui donnent peu à peu la forme définitive.

Mais à mesure que l'on travaille le cuivre, il devient *aigre*, c'est-à-dire cassant, et il faut prendre soin de le *recuire* souvent, c'est à dire de le faire rougir dans un brasier pour lui rendre sa malleabilité.

Il y a des pièces que le chaudronnier ne peut pas travailler entièrement au marteau, surtout celles qui sont un peu grandes. Il est alors obligé de *souder* les diverses parties travaillées séparément

Vous savez que pour le fer il suffit de chauffer à blanc les deux portions que l'on veut joindre et de les battre au marteau. C'est là une de ses propriétés les plus précieuses

On ne peut pas traiter ainsi le cuivre. Pour réunir deux pièces, il faut employer de la *soudure*, alliage de cuivre et de zinc. On nettoie bien les bords à souder, on les couvre d'une pâte formée de *borax* et de soudure en poudre, et l'on chauffe les parties à souder jusqu'à ce que la soudure fonde. Quand tout est refroidi, il n'y a plus qu'à gratter ou limer les bavures.

Dites nous, Lucien, de quelle couleur sont les casseroles de votre maman ?

— Rouges en dehors, et blanches en dedans

Cela prouve que votre maman est une bonne ménagère, qu'elle tient sa batterie de cuisine bien récurée et qu'elle a soin de faire *étamer* ses casseroles.

Si on laisse le cuivre rouge exposé à l'air, et surtout à l'humidité, il se ternit comme le fer. Mais, tandis que la *rouille* du fer est inoffensive, l'espèce de rouille du cuivre est un poison.

De plus, presque tout ce que l'on fait cuire dans les casseroles contient des substances capables de former avec le cuivre des substances verdâtres ou bleuâtres, d'un goût âpre, comme la *couperose*, le *vert-de gris* et qui sont des poisons. Ces poisons se forment surtout quand on laisse refroidir les aliments dans des vases en cuivre.

Voilà pourquoi on a coutume d'*étamer*, c'est-à dire de couvrir d'une mince couche d'étain l'intérieur des casseroles. Nous verrons plus tard comment procède l'étameur. Mais n'oubliez pas que l'on ne doit jamais faire la cuisine dans un vase de cuivre non étamé, et surtout y laisser refroidir les aliments.

Charles va maintenant nous nommer quelques objets en cuivre Dites nous ceux que vous connaissez.

— Des chandeliers, des boutons, des boucles, des porte-plumes, des épingles.

Oui, c'est du cuivre à peu près comme l'acier est du fer. Mais ce n'est pas exactement du cuivre. Qui me dira le vrai nom de ce métal qui est jaune et non pas rouge ?

— C'est du laiton.

Bien. Je vais maintenant vous en parler.

Vous savez que le cuivre se ternit très facilement · de plus c'est un métal assez mou, qui ne prend pas et surtout ne conserve pas bien le poli. On a reconnu qu'en fondant le cuivre pur avec environ un tiers de zinc, on obtenait un métal jaune plus dur, plus brillant que le cuivre rouge, susceptible de prendre et de conserver un plus beau poli, moins sujet à s'*oxyder* ou se rouiller, si vous voulez, et à former du vert-de-gris.

On nomme *laiton* cet *alliage* de cuivre et de zinc, qui rend de très grands services à l'industrie pour la fabrication d'une foule d'objets usuels.

Outre les avantages que je vous signale, notons que le laiton coûte moins cher que le cuivre, attendu que le zinc qui entre dans sa composition est un métal à bon marché.

Le laiton est un peu plus *aigre*, c'est-à dire un peu plus cassant que le cuivre, de sorte qu'il faut le recuire souvent pendant le travail. Il est moins malléable, c'est à dire qu'on ne peut pas l'étendre en feuilles aussi minces. Pour la même raison, on n'en pourrait fabriquer des fils aussi fins qu'avec le cuivre.

Mais le laiton compense ces désavantages par la propriété de prendre assez bien les empreintes des moules, de sorte que beaucoup de pièces peuvent être fondues. Il suffit ensuite de réparer à la lime les imperfections de la fonte et de leur donner le fini.

Il y a encore un autre métal proche parent du cuivre et du laiton, moins commun, mais que vous connaissez sous quelques unes de ses formes.

Qui peut me nommer ce métal, qui n'est ni cuivre pur ni laiton, mais qui ressemble aux deux?

— Le bronze.

Très bien. Et quels objets en bronze connaissez-vous?

— Les sous, la cloche de l'école, celles de l'église.

Oui, mes amis, les sous, les cloches sont en métal spécial dont je vais vous dire deux mots.

Vous venez de voir qu'en fondant ensemble du cuivre et du zinc on obtenait un alliage susceptible d'être coulé dans des moules, étendu en plaques, tiré en fils, etc. ; cependant le laiton ne se moule jamais très bien. Il ne remplit pas exactement les creux très délicats, ne s'applique pas uniformément sur toute la surface des moules, de sorte qu'on ne l'emploie pas pour des objets soignés. De plus il n'est pas sonore.

Mais on a découvert un autre alliage à base de cuivre, le *bronze*, qui se moule parfaitement, est dur, d'un grain fin, susceptible d'un beau poli, et qui résonne fortement sous le choc.

La découverte du bronze remonte à une très haute antiquité Les hommes employèrent d'abord des armes, des outils de pierre.

Plus tard, la découverte du bronze fit progresser rapidement toutes les industries.

On fondait en bronze des haches, des épées, des lances, des ornements. De nos jours, on retrouve ces objets dans des tombeaux.

L'art du fondeur est un des plus difficiles. Je vais essayer de vous en donner une idée.

Supposons qu'il s'agisse de fondre une grande pièce de machine. Le *mouleur* prend un châssis en fonte, le remplit en partie de sable fin un peu humide qu'il tasse avec un pilon. Sur cette couche de sable il pose à plat un *modèle* en bois de la pièce qu'il veut reproduire en métal, et pilonne du sable jusqu'à la moitié de sa hauteur. Cela fait, il couvre le sable le modèle d'une couche de charbon en poudre, et pose un second châssis vide. Ce second châssis est rempli à son tour de sable bien tassé. On le retire alors et l'on voit dans le sable l'empreinte en creux de la moitié du modèle. On retire celui-ci du premier châssis, qui garde l'empreinte de l'autre moitié. Si l'on replace le second châssis sur le premier, il est clair que dans la masse de sable il y a un vide, un *moule* qui garde exactement la forme du modèle. Au moyen d'un trou ménagé dans le sable du châssis supérieur, on coule dans ce vide le métal fondu, et le modèle en bois se trouve reproduit par une pièce en métal.

Bien entendu, l'objet qui sort du moule n'est pas terminé. Il faut enlever les bavures, le limer, le polir, pour lui donner le fini convenable.

Le bronze s'obtient ordinairement en alliant au cuivre un cinquième d'étain. Quelquefois on y ajoute un peu de zinc. C'est un métal plus cher que le cuivre pur.

On emploie le bronze pour fabriquer certaines pièces de ma-

chines, des cloches, des canons, des monnaies de peu de valeur C'est aussi le bronze qui sert à couler des statues, parce
qu'il resiste très bien aux intempéries.

Vous savez que si l'on *trempe* un morceau d'acier, c'est-à dire
si on le plonge tres chaud dans de l'eau froide, on le rend
extrêmement dur. Eh bien, pour le bronze, c'est tout le contraire. La fonte de bronze est dure et difficile à travailler. Pour
l'amollir, il suffit de la tremper. Pour cela on la chauffe au
rouge et on la plonge dans l'eau froide.

C'est en étudiant les cymbales japonaises que l'on a découvert, chez nous, cette remarquable propriété du bronze, qui
était connue depuis longtemps en Orient. Lorsqu'on voulut
imiter ces instruments bruyants au moyen de bronze fondu,
le resultat fut déplorable, au premier essai un peu énergique
les cymbales se brisaient. A force de chercher, on reconnut
qu'après la trempe on pouvait les marteler et leur donner toutes
les propriétés du métal japonais.

QUESTIONNAIRE.

Qu'est-ce qu'un métal ? — Y a-t il des mines de cuivre en France ?
— D'ou provient le meilleur cuivre travaillé en France ? — Comment
sépare t-on le cuivre de son minerai ? — Qu'appelle t on un lingot de
métal ? — Le cuivre fondu prend il bien la forme des moules ? —
Comment le travaille-t-on ? — Décrivez le travail du chaudronnier —
Que signifie le mot malléable ? — Le cuivre est-il malléable à froid ?
— Qu'est ce que le travail d'emboutissage ? — Qu'entendez-vous par
un métal aigre ? — Qu'est-ce que recuire un métal aigre ? — Com
ment soude t on le cuivre ? — De quoi se compose la soudure ? —
De quelle couleur est le cuivre pur ? — Citez des objets en cuivre
— Pourquoi fait-on étamer l'intérieur des casseroles ? — Que se
forme-t-il quand on fait cuire et surtout refroidir des aliments dans
une casserole en cuivre non étamé ? — De quelle couleur est le
laiton ? — Qu'est-ce qu'on ajoute au cuivre pour obtenir le laiton ? —
Quelles sont ses qualités ? — Citez des objets fabriqués en laiton ?
— Quel est l'autre alliage de cuivre le plus répandu ? — Comment
obtient on le bronze ? — Nommez quelques objets ordinairement fabriqués en bronze. — Expliquez comment on fond un objet en métal
— Quelles sont ses qualités principales ? — Quel est l'effet de la *trempe*
sur le bronze ? — Comment a t-on découvert les propriétés du bronze
trempé?

LEÇON XVI

LE PLOMB. — L'ÉTAIN. — LE ZINC.

Mes amis, je vais vous faire passer trois substances qui, au premier aspect, sont peu différentes. Examinez les bien, comparez-les, tâchez de faire connaissance avec elles par le moyen de vos sens.

Notez avec soin la couleur, le poids. Faites les sonner l'une après l'autre. Frottez les entre vos doigts pour reconnaître si elles dégagent une odeur. Avec un canif, essayez de les rayer, de les couper. Frottez les doucement sur un morceau de papier blanc pour voir si elles y laisseront une trace.

Habituez vous à examiner ainsi avec attention, avec méthode, tout ce qui est nouveau pour vous, et même ce que vous croyez connaître : c'est le moyen de faire une foule de découvertes. Celles que vous ferez ainsi vous mêmes se graveront dans votre mémoire. Nous ne pouvons faire un pas, nous ne pouvons jeter les yeux autour de nous sans rencontrer une foule de choses intéressantes, qu'il nous importe de connaître, et que nous ne connaissons guère faute d'être habitués à bien regarder et à bien interroger les objets les plus simples. Soyez curieux, mes amis, il n'y a rien dans la nature qui ne soit digne de votre curiosité.

Voyons, Lucien, vous me semblez avoir examiné en conscience ces trois échantillons. Dites nous ce que vous en pensez.

— C'est du métal.

Oui, mais sont ce trois morceaux du même métal ou trois métaux différents ?

— On dirait trois sortes de plomb.

Pas mal trouvé. Soupesez les Y en a-t-il un plus lourd que les autres ?

— Celui ci.

Laissez le tomber sur la table, à plat, pour que nous reconnaissions s'il est sonore comme le cuivre, le bronze. Qu'en pensez vous ?

— Il n'est pas sonore du tout

Essayez de le rayer avec la pointe du canif .... bien..... maintenant, avec votre ongle.

Vous voyez, c'est un métal mou. Frottez le sur du papier. Laisse t il une marque ?

— Oui, une marque grise, à peu près comme un mauvais crayon.

De quelle couleur est le métal ?

— Gris

Coupez en un peu et dites comment vous voyez la partie fraîchement coupée.

— Elle est brillante et d'un gris bleuâtre.

Maintenant que vos idées sont bien fixées, ne pouvez vous nous dire le nom de ce métal ?

— Je crois que c est du vrai plomb.

Oui, c'est du plomb. Il n'y en a que d'une sorte, et les deux autres échantillons sont d'autres métaux.

Ernest, resumez nous ce que nous venons d'apprendre sur le plomb

— Le plomb est un métal pesant, gris, mou, facile à rayer, à couper, et qui tache le papier en gris.

Qu'entendez-vous par le plomb est pesant ou lourd ? A quoi le comparez vous pour le juger ?

— A d'autres métaux, comme le fer, le cuivre.

En effet. Un morceau de fer ou de cuivre de la même taille pèserait moins. Par conséquent, comparé à d'autres métaux usuels, le plomb est un métal lourd.

Louis, combien pèse un décimètre cube d'eau pure ?

— Un kilogramme.

Eh bien, un décimètre cube de fer pèse, en nombre rond, 7 kilogrammes, un décimètre cube de cuivre, 8 kilogr.

et un décimètre cube de plomb 11 kilogr. Quand on veut se rendre compte du poids d'un corps solide ou liquide, c'est a l'eau qu'on le compare Le plomb pese donc 11 fois plus que le même volume d'eau.

Il ne faut pas une grande chaleur pour fondre le plomb, un peu plus de trois fois autant que pour faire bouillir de l eau. Quand on le fond à l'air, il se forme à la surface une pellicule composée de plomb uni à l'oxygène de l'air, c'est de l oxyde de plomb, de couleur jaune pâle. Si l'on forçait un courant d air a passer sur du plomb fondu, au moyen d'un soufflet, au bout de quelque temps on verrait la surface se couvrir d'une poudre rougeâtre, c'est la *litharge*, substance très précieuse que l'on emploie principalement pour rendre *siccatives* les huiles employées en peinture, c'est-à dire pour leur donner la propriété de sécher ou plutôt de durcir vite a l'air.

On obtient encore du plomb d'autres substances utilisées par les peintres : le minium, belle couleur rouge que l'on applique sur les grilles, les balcons, les ferrures de portes, etc , pour les préserver de la rouille, avant de les peindre d'une autre couleur : la *céruse* ou *blanc de plomb*, qui fournit la couleur blanche la plus employée.

Toutes les couleurs à base de plomb sont vénéneuses. La céruse, entre autres, est un poison violent, et les ouvriers qui l'emploient sont exposés a des coliques et même à de graves maladies.

Règle générale, méfiez-vous de toutes les substances employées en peinture, en commençant par vos petites tablettes de couleur. Ne les portez jamais a votre bouche. Si vous vous amusez à colorier, lavez votre pinceau chaque fois que vous voulez changer de couleur et essuyez-le avec un linge, au lieu de le presser entre vos lèvres.

L'eau qui passe dans des tuyaux de plomb neufs l'attaque et devient une boisson très dangereuse. Pour s'en servir, il faut attendre qu'il se soit formé à la surface du métal une croûte grisâtre qui le protège. Quelques grains de plomb, laissés par mégarde dans une bouteille ou l'on met ensuite du vin, du cidre, du vinaigre, suffisent pour empoisonner ces boissons.

Nous avons fait connaissance avec le plomb, mais vous ne savez pas encore d'où il vient.

Tenez, voici un échantillon de minerai de plomb. C'est sous cette forme qu'on le rencontre le plus souvent. C'est du plomb uni à un peu de soufre (*galène*). Remarquez la structure toute particulière de ce minerai. Il brille comme du plomb fraîchement coupé et ne se ternit point à l'air. Les parties qui ne sont pas pierreuses consistent, vous voyez, en petits cristaux réguliers, taillés bien nets, dont la forme et la disposition rappellent les cristaux de sel de cuisine.

Pour retirer le plomb de ce minerai, il suffit de le *griller* pour faire évaporer le soufre et de chauffer assez pour faire fondre le plomb.

Le plus souvent il contient un peu d'argent Si la quantité est assez considérable pour payer le travail, on sépare l'argent par un procédé fort simple. On fond le plomb *argentifère* dans un four ou arrive un fort courant d'air chassé par un soufflet Le plomb se change en litharge et l'argent reste sur le fond ou *coupelle* du four.

Dites-nous, Charles, à quoi sert le plomb?

— A faire des balles et du plomb de chasse.

A quoi encore, Ernest?

— A couvrir les maisons.

Louis, indiquez nous un autre usage du plomb.

— On en fait des tuyaux pour conduire l'eau et le gaz

Lucien va nous dire comment on fait les balles

— On coule le plomb fondu dans un moule en deux pièces qui s'ouvre quand le plomb est refroidi.

Et le plomb de chasse?.... Vous ne savez pas cela, vous n'avez pas eu l'occasion d'en voir faire comme des balles. Eh bien, le plomb de chasse est tout simple "de la *pluie* de plomb.

Au haut d'une tour on fond du plomb q   verse dans une sorte de grande passoire. Il tombe, divisé en petits filets, puis en gouttes, comme de la pluie, et arrive, en bas, dans un grand baquet plein d'eau. Il y a des gouttes, des grains de plomb, de toutes les grosseurs, on les trie en les agitant dans des tamis à trous très fins, fins, demi gros, gros, très gros, et l'on obtient des qualités ou *numéros* de grains égaux. Pour polir, lustrer le plomb de chasse,on le fait tourner dans un tonneau avec de la *plombagine* en poudre La plombagine sert à faire les crayons ordinaires, nous y reviendrons.

Les feuilles de plomb employées pour couvrir les maisons s'obtiennent en faisant passer le métal entre des *laminoirs*. Quant aux tuyaux, on les fabrique au moyen d'une machine fort ingénieuse qui refoule le métal comme si c'était une pâte à faire le macaroni.

Terminons ces notions élémentaires sur le plomb en disant que les mines les plus riches se trouvent en Saxe, en Angleterre et en France.

Cet autre métal est beaucoup moins répandu , aussi coûte-t il cher, tandis que le plomb est à bon marché.

L'examen que vous avez fait a dû vous apprendre qu'il est plus léger que le plomb; un décimètre cube pèse environ 7 kilogrammes, c'est a peu près le poids du fer.

Jean, comment appelle t-on ce metal?

— Je crois que c'est de l'étain.

Dites nous ce que vous en savez.

— Il est gris. On peut le rayer facilement, mais il est plus dur à couper que le plomb. Quand on le coupe,il brille presque comme l'argent.

L'avez vous senti ?

— Quand on le frotte, il répand une odeur facile à reconnaître, comme le fer blanc.

François va nous apprendre autre chose Voici une baguette d'étain, approchez la de votre oreille et,la prenant a deux mains, pliez la un peu..... Qu'entendez-vous?

— Un petit bruit, comme un grincement.

On appelle ce bruit le *cri* de l'étain Voici ce qui le produit. En refroidissant, l'étain *cristallise* très facilement, c'est a dire que ses parties se disposent en petits corps reguliers, comme par exemple le minerai de plomb que vous venez d examiner. Quand on le plie, les cristaux se trouvent dérangés, se froissent entre eux et produisent un bruit caractéristique Vos voisins vont s'en convaincre en répétant l'experience.

Émile va nous dire à quoi sert l'étain.

— A faire de la soudure pour les métaux.

Bien. Cette soudure est un *alliage* d'étain et de plomb qui fond facilement quand on presse dessus un *fer* chaud, ce *fer a souder* est en bronze.

Que fait-on encore de l'étain?

— Des feuilles minces pour envelopper le chocolat.

Oui, et c'est à tort qu'on les appelle souvent des feuilles de plomb ; cependant elles ne sont pas faites d'étain pur, on y mélange du plomb par économie.

Émile va nous citer maintenant des ustensiles de ménage en étain.

— On fait en étain des cuillers, des fourchettes, des brocs, des plats.

C'est vrai, mais leur usage tend à disparaître parce que l'on fabrique à bon marché des objets plus solides ou d'un aspect plus agréable.

Jean vient de nous dire que l'étain frotté a l'odeur du ferblanc. Cela va mettre Arthur sur la voie d'une petite découverte. Dites-nous, mon ami, qu'est-ce que le fer-blanc?

— Du fer et de l'étain...

Cela ne m'a pas l'air bien clair dans votre esprit, aussi ne l'avez-vous pas expliqué clairement

Ce fer blanc est du fer *blanchi* par de l'étain, du fer en feuilles, de la tôle, recouverte d'une mince couche d'étain pour lui donner un bel aspect et la préserver de la rouille

Pour fabriquer le fer-blanc, on nettoie avec soin la tôle de fer, puis on la plonge dans un bain d'étain. On la fait égoutter, on la polit, on rogne les bords et l'on a ainsi ces belles feuilles de fer blanc qui servent à fabriquer une foule d'ustensiles : assiettes, casseroles, boîtes, chandeliers, etc.

Cependant les meilleurs articles, ceux en fer battu, se fabriquent autrement: on fait l'objet en tôle épaisse, autant que possible sans soudure ni assemblage, et on l'*étame*, c'est à dire qu'on le couvre d'étain en le plongeant dans un bain de ce métal, comme s'il s'agissait de faire du fer blanc.

Jules va nous dire ce que c'est qu'étamer.

— C'est recouvrir d'étain

Pourquoi étame t-on à l'intérieur les casseroles de cuivre?

— Pour qu'il ne s'y forme pas de composés vénéneux, comme le vert-de-gris.

Fort bien, et c'est pour cela que les bonnes ménagères acceptent avec empressement les services des *rétameurs* ambulants qui offrent de remettre à neuf, au plus juste prix, leur batterie de cuisine. L'étain n'est pas attaqué par la préparation des aliments, même s'ils sont un peu acides. Le plomb serait attaqué comme le cuivre et formerait un poison.

Je vous ai dit que l'étain est rare. Il n'y en a de mines abondantes qu'en Asie et en Angleterre. On le trouve dans des *filons* rocheux mêlé à la pierre, comme le minerai de plomb, ou bien parmi des sables et des cailloux détachés des montagnes et charriés par les eaux. Les galeries d'une des principales mines d'étain de l'Angleterre s'avancent au loin sous la mer, et les mineurs entendent le bruit des vagues au-dessus de leur tête.

Il nous reste à parler de notre troisième échantillon. Henri va nous dire son nom.

— Il me semble que c'est du zinc.

Bien. Est-il plus lourd que l'étain ?

— Il paraît un peu moins lourd.

Essayez de le rayer, de le couper, faites-le sonner, et dites-nous vos impressions.

— Le zinc est plus dur que le plomb et l'étain, plus blanc et plus brillant quand il est fraîchement coupé Il est plus sonore

Tout cela est exact.

Voici, mes amis, deux échantillons de minerai de zinc L'un (calamine) ressemble assez à une argile blanchâtre un peu brune par places ; l'autre (blende) a l'apparence du minerai de plomb, sauf le brillant, qui est moindre, et la disposition des cristaux, qui sont bien moins visibles. La Sibérie et la Belgique produisent presque tout le zinc employé par l'industrie.

En voici qu'on a laminé, c'est à dire réduit en feuilles. Vous voyez, il est uni, brillant et assez ferme.

Je vous, à quoi servent ces feuilles de zinc ?

— À couvrir les maisons

Bien. On en fabrique aussi des seaux et divers ustensiles. On coule en zinc des statues, des pendules, des ornements auxquels on donne ensuite l'apparence du bronze au moyen d'un vernis, ou bien on les dore comme le cuivre et le bronze. Cela permet de livrer à très bon marché des objets qui coûteraient fort cher en vrai bronze.

Lorsque le zinc reste exposé à l'air il se recouvre d'une couche mince de couleur grise, bien moins malfaisante que celle qui se forme sur le plomb.

On fabrique avec le zinc, en le faisant brûler a l'air, une couleur blanche peu dangereuse a manier, que l'on emploie avantageusement à la place du blanc de plomb : elle est bien moins vénéneuse et ne noircit pas aussi vite

Voici un crochet de fer que l'on dirait étamé. Comme l'étain coûte cher et que le zinc ne vaut guère plus que le plomb, on l'emploie a recouvrir une foule d objets en fer : fils, treillages, crochets, anneaux, manches d outils, etc On dit alors que ce fer est *galvanisé*, mais il vaudrait mieux l appeler tout simplement fer zingué.

Résumons cette leçon un peu compliquée, afin que vous en reteniez bien les points essentiels

QUESTIONNAIRE

Comment examinez vous un morceau de métal pour reconnaître si c est du plomb? — Résumez les caractères saillants du plomb — Qu'en tendez vous en disant que le plomb est lourd? — Combien pèse un décimètre cube d eau, de fer, de plomb ? — Qu est ce que la litharge ? — A quoi sert-elle principalement ? — Qu'est ce que la céruse ? — Quel effet produisssent des grains de plomb dans une bouteille de vin ? — A quoi reconnaissez vous le minerai de plomb (galène) ? — A quoi sert le plomb ? — Comment fabrique t-on le plomb de chasse ? — En quoi l étain diffère t-il du plomb? — Comment reconnaît on l étain en le pliant ? — A quoi sert l étain ? — Pourquoi l emploie-t on à souder les métaux ? — Qu'est-ce que le fer blanc ? — Comment le fabrique t on ? — Pourquoi recouvre-t-on d un autre métal l intérieur des casseroles de cuivre ? — Pourquoi choisit on pour cela l étain au lieu du plomb par exemple ? — Le zinc est il aussi lourd que l étain ? — Dites nous à quoi vous reconnaissez le zinc — A quoi sert le zinc laminé ? — Qu'appelle t on fer galvanisé ? — Comment peut on remplacer le blanc de plomb ou céruse ? — Quels sont les pays qui produisent le plus de plomb, d étain, de zinc ?

LEÇON XVII

L'OR ET L'ARGENT.

Mes amis, voici une pièce de vingt francs en or Comme vous voyez, elle n'est pas bien grande, elle n'est pas tout a fait aussi grande que cette pièce d'argent qui vaut un franc, mais en revanche elle est plus lourde. La pièce d'un franc pèse cinq grammes, et la pièce de vingt francs pese à peu pres six grammes et demi.

Vous savez donc déjà que l'or est plus pesant que l'argent, et qu'il est beaucoup plus cher. L'or coûte et vaut, en effet, environ seize fois plus que l'argent.

Écoutez le son que produit la pièce d'or en tombant sur la table.

Vous reconnaissez, n'est-ce pas, le son metallique Les pieces d'argent et de bronze produisent un son analogue, mais bien différent pour chaque metal. Quand on a l'oreille exercée par l'habitude, on peut reconnaître, rien qu'au son, si une pièce de monnaie est fausse. On s'en aperçoit aussi au poids ; ainsi une piece fausse en argent doré pèserait moins qu'une piece d'or, une piece de cuivre argenté pèserait moins qu'une pièce d'argent.

Revenons à notre pièce d'or. Sous la royauté, on les appelait quelquefois des *louis,* sous le premier empire, des *napoléons,* parce que des rois nommés Louis et l'empereur Napoléon Ier avaient fait fabriquer beaucoup de ces monnaies d'or.

Je vais vous faire passer ce louis, car c'est une pièce qui date de loin. Regardez la bien, soupesez la. Frottez la entre l'index et le pouce, puis sentez le bout de vos doigts Laissez-la tomber sur la table pour étudier le son qu'elle produit.

Cet examen vous a déjà appris une foule de choses.

Jules, de quelle couleur est le louis?

— Il est jaune.

Quel aspect, quelle apparence, lui trouvez-vous?

— Il est poli et brillant.

Placez sur le bout de vos doigts, dans une main la pièce de vingt francs, dans l'autre cette pièce d'un franc : laquelle des deux est la plus lourde?

— La pièce de vingt francs.

Cette pièce, frottée entre les doigts, y laisse-t-elle une odeur sensible comme le cuivre?

— Je ne sens pas d'odeur.

Eh bien, mes amis, nous venons de découvrir dans cette pièce d'or une foule de qualités. Nous pouvons les résumer ainsi :

L'or est un métal jaune, sonore, brillant, peu altérable, sans odeur, lourd, qui vaut seize fois plus que l'argent.

Voilà pourquoi on l'appelle *métal précieux*, le roi des métaux, tandis qu'on appelle le fer, le cuivre, des *métaux usuels*.

Mais, au fond, qu'est-ce qui rend l'or précieux?

Il possède des qualités incontestables, il est suffisamment dur, sonore, facile à travailler; l'air et l'humidité ne l'altèrent pas. Ce sont là de précieuses qualités Mais ce qui contribue surtout à la grande valeur de l'or, c'est qu'il est rare. Sa valeur ne vient point des services réels qu'il nous rend.

On pourrait très bien se passer d'or. L'argent deviendrait la monnaie la plus précieuse. A défaut d'argent, on aurait le cuivre, le nickel, etc. Les premières monnaies de métal furent fabriquées en cuivre, en bronze et en fer. A cette époque, ces matières étaient encore rares et représentaient une valeur considérable.

Un fer de lance en bronze pouvait coûter deux ou trois bœufs ou plusieurs sacs de blé ! A mesure que les métaux ordinaires devinrent communs, on put en acheter de grandes quantités en échange d'un sac de blé, d'un bœuf, d'un mouton, de sorte qu'il était plus gênant, plus difficile, d'échanger la monnaie lourde et encombrante de fer et même de bronze contre des objets d'un prix élevé.

Peu à peu aux métaux communs, abondants, et par conséquent peu chers, on substitua les metaux plus rares, plus jolis a
l œil l'argent et l'or, et on leur attribua, pour les échanger,
une valeur proportionnee à leur rareté. Voila pourquoi on est
convenu de nos jours que l'or vaudrait seize fois autant que
l'argent.

Si par hasard on decouvrait des mines d'or si riches que
le travail d'extraction ne coûtât presque rien, et si abondantes
que l on pût en quelques années doubler, tripler la quantite
d'or qui existe actuellement sous forme de monnaies, de bijoux, etc , l'or diminuerait de valeur, il ne vaudrait plus que
six ou huit fois autant que l'argent.

Si l on dit que l'or est précieux, c'est donc principalement
parce qu'en raison de sa rarete et de quelques qualites agréables, on l'emploie comme monnue a laquelle on est convenu
de donner une tres grande valeur.

Quant à l appeler *le roi des métaux*, c'est commettre une
injustice, si l on apprecie chacun d'eux d apres les services qu ils
nous rendent Cai, en dehors de son usage comme monnue,
l'or n'est employé que pour des objets de luxe, dont on peut
tres bien se passer, qui ne contribuent qu'accessoirement au
véritable bien être et au bonheur de la vie.

Pour nous, le roi des métaux, c'est le fer, car c'est le plus
utile. Sans lui, nous serions obliges de renoncer a tous les progrès accomplis par une suite de generations pour nous fabri
quer des charrues, des outils, des armes. C est lui qui est le
plus precieux des metaux, tandis que l'or est le plus joli et celui
qui vaut le plus cher

On retire l'or de la terre comme les autres métaux.

Il s'y trouve tantôt dans des roches, tantôt dans des sables
mèles de cailloux qui proviennent de la destruction lente des
rochers et que l'eau a entrainés au loin

Il y a de l'or dans presque tous les pays, mais d'ordinaire on
le trouve en si petite quantite que les ouvriers ne gagneraient pas
leur journee a le chercher

Il y avait autrefois en France des mines d'or assez riches qui
ont été exploitees et épuisées, il y a tres longtemps Aujourd hui
c'est à peine si quelques pauvres familles cherchent encore de

l'or dans les sables de certaines rivières, comme l'Ariege, l'Hérault C'est un métier auquel on ne gagne plus sa vie aussi bien qu'aux travaux ordinaires des champs ou des ateliers.

La Hongrie, la Russie et l'Afrique possèdent des mines d'or assez riches. Cependant la plus grande partie de ce metal nous vient de l'Amérique et de l'Australie. Dans notre colonie de la Guyane (Amérique du Sud), on a découvert de riches mines d'or, mais elles sont difficiles à exploiter, parce que le climat est malsain dans beaucoup d'endroits et surtout parce qu'il n'y a ni usines pour fabriquer des machines et des outils, ni routes pour en faire parvenir d Europe dans l intérieur du pays. Ce sont des ressources pour l avenir : on en profitera quand les mines riches et faciles à exploiter qui nous approvisionnent seront épuisées.

Quelquefois l'or se trouve intimement mêlé dans la pierre des roches avec du soufre, du cuivre, de l'argent, etc Il faut alors fondre plusieurs fois, par des procédés compliqués et coûteux, ce minerai d or

Mais le plus souvent le metal se rencontre disseminé dans la roche en toutes petites parcelles mélangées seulement d argent et d'un peu de cuivre.

Dans ce cas, on broie, on moud la pierre, puis on lave le sable, la poussière, qui résultent de ce travail, sur des tables couvertes de flanelle L'or est très lourd, plus lourd que le sable, de sorte qu'en passant sur les tables, il se sépare peu à peu du sable et de la poussière, tombe sur la flanelle et reste accroché entre les filaments de laine Au bout de quelque temps, on secoue ces toiles dans des baquets, et les parcelles d'or tombent au fond.

Mais il arrive souvent que les parcelles de metal sont si fines qu'elles ne pourraient pas s'arrêter sur la flanelle des tables et seraient entraînées par l'eau des lavages. Voici alors comment on procède.

Après avoir moulu la pierre, on y ajoute assez d eau pour former une boue très claire, on verse cette boue dans une cuve où elle est sans cesse agitée, et l'on y ajoute un peu de mercure ou vif argent Le mercure est le metal, liquide par exception, que vous avez vu dans le tube du baromètre.

Aussitôt que du mercure se trouve en présence d'une parcelle d'or, il le dissout, comme l'eau dissout le sel. Dans la cuve, le mercure s'empare ainsi de chaque grain d'or, si petit qu'il soit, de sorte qu'au bout d'un certain temps on peut laisser couler la boue et recueillir au fond le mercure, plus pesant que l'or même, qui s'est reuni en masse.

On a ainsi du mercure qui contient de l'or en solution.

Pour retirer l'or, on procede comme pour retirer le sel dissous dans l'eau on évapore le mercure par la chaleur, et l'or reste seul au fond du vase

Mais, comme le mercure coûte cher et que ses vapeurs sont nuisibles, on l'évapore dans un appareil special, une sorte d'alambic, qui permet de *condenser* et de recueillir le métal pour s'en servir de nouveau.

Depuis quelques annees, on a inventé une foule de machines et d'appareils pour broyer, moudre, laver les roches, pour dissoudre l'or dans le mercure, mais, au fond, tout se passe comme je viens de vous l'expliquer.

Vous savez que, sous l'influence de l'air, de l'humidité, du froid et de la chaleur, les roches, les pierres se brisent, s'émiettent, s'usent. Tous ces débris sont entraînés par les pluies, vers les ruisseaux, les torrents, les rivieres.

Cette usure des roches, des montagnes, est très lente assurément, mais elle dure depuis que la terre existe, et autrefois elle etait beaucoup plus rapide qu'aujourd'hui.

Beaucoup de roches qui contenaient de l'or ont été ainsi émiettées, entraînées par les eaux, et leurs débris se sont mêlés au sable, aux cailloux des rivières et des fleuves.

Le lit des cours d'eau change avec le temps. Ils rongent un côté de la rive et abandonnent, de l'autre, un peu de terrain Au bout de plusieurs milliers d'années, un fleuve peut se trouver couler bien loin de l'endroit ou il existait auparavant

Eh bien! tout le terrain ainsi abandonné par le fleuve est composé de cailloux, de sable, de gravier, qui proviennent des roches lentement usées sur les montagnes et entraînées par les eaux. Puisque certaines roches ainsi détruites contenaient de l'or, on le retrouvera dans la terre là ou le fleuve, la rivière, le torrent coulait autrefois Cette terre-là est une mine d or, une mine d'*alluvion* ou *placer*.

On enlève les grosses pierres, les cailloux, puis on lave le gravier et le sable, comme s'il s'agissait de roche moulue, ou bien on emploie le mercure pour dissoudre les parcelles d'or.

Jadis on n'exploitait que ce genre de mines. L'or s'y trouve tantôt en fine poussière, tantôt en *paillettes* ou petits grains aplatis, usés, polis par le frottement contre le sable; tantôt en morceaux un peu gros nommés *pépites*. Mais les pépites sont rares

L'or, tel qu'on le retire des mines, n'est pas pur. C'est un *alliage* naturel, qui contient un peu d argent et quelquefois de cuivre On sépare très facilement l'or pur au moyen d un liquide qui dissout l argent et le cuivre sans attaquer l'or.

Celui ci est d'un jaune éclatant, un peu rouge, très mou, extrêmement *ductile et malléable*, c'est-a-dire propre à être tiré en fils ou étendu en lames.

On peut faire des feuilles d'or si minces, qu'il en faut plus de vingt pour égaler l'épaisseur d'une feuille de papier semblable à celui de vos livres.

Mais l'or pur est trop mou pour qu'on l'emploie à la confection des monnaies, des bijoux, etc. Il serait trop facile à rayer, à plier, et s'userait trop vite. Aussi on y ajoute une certaine quantité d'argent ou de cuivre, pour former un *alliage* plus dur, plus sonore, plus résistant. Les pièces d or contiennent neuf parties d'or pur ou *or fin* et une partie de cuivre L'alliage des bijoux contient moins d'or pur.

La couleur gaie de l'or, son brillant, que l'air n'altère presque pas, le font rechercher pour une foule d'objets de parure et d ornement. Mais comme il coûte fort cher, on s'est ingénié à l appliquer en couche mince sur des substances communes : métaux, bois, pierre, etc , auxquels on donne toute l apparence de l'or, tandis qu'ils sont simplement *dorés*, c'est à dire recouverts d une mince couche de ce métal

Les procédés de dorure sont très nombreux. Sur les métaux on peut appliquer a chaud des feuilles d'or ou faire évaporer du mercure qui contient de l'or en dissolution Sur le bois, la pierre, on étend d'abord une couche de vernis, puis on applique une feuille d'or. Quand l'objet est ainsi recouvert, on polit, on lisse la surface avec des outils nommés *brunissoirs*.

Enfin on a découvert un procédé rapide et économique pour dorer les métaux. On les plonge dans un liquide qui contient de l'or en dissolution, on fait agir sur le liquide et sur le métal à recouvrir un courant électrique, comme dans les télégraphes, et l'or du bain se dépose sur le métal. C'est ainsi que l'on dore les bijoux faux et la plupart des objets à bon marché. Vous voyez qu'on peut leur appliquer le proverbe : « Tout ce qui brille n'est pas or. »

Les détails dans lesquels nous venons d'entrer au sujet de l'or nous permettent d'abréger ce qui concerne son rival, l'argent, qui occupe le second rang parmi les métaux dits précieux.

On rencontre quelquefois l'argent à l'état *natif*, c'est à dire pur, en filaments et en petits amas; mais le plus souvent on l'extrait de minerais dans lesquels il est uni au soufre et à d'autres substances. Un grand nombre de minerais de cuivre et de plomb contiennent de l'argent.

Il y a de riches mines d'argent en Hongrie, en Saxe, en Norwège; mais celles du Mexique et du Pérou et dés États-Unis sont encore plus productives.

Souvent on traite le minerai d'argent à la façon des minerais de cuivre et de plomb. Quelquefois, on est obligé de pulvériser le minerai et d'en faire avec de l'eau une sorte de mortier auquel on ajoute du mercure. Ce métal s'empare de l'argent, que l'on sépare par distillation comme nous venons de l'expliquer à propos de l'or.

L'argent pur est d'un blanc éclatant, un peu moins malléable et moins ductile que l'or. Comme lui, il est trop mou pour qu'on l'emploie à l'état pur, il vaut mieux l'allier avec un peu de cuivre : les monnaies d'argent en contiennent un dixième.

Ce qui cause principalement l'infériorité de l'argent, par rapport à l'or pour la fabrication des objets de luxe, et surtout des bijoux, c'est qu'il se ternit facilement et prend une teinte bleu noirâtre, surtout dans un air impur.

On argente les métaux par des procédés analogues à ceux de la dorure, c'est ainsi que l'on obtient les couverts dits en *ruolz*. Au moyen d'une solution d'argent on fait adhérer facil`ment au verre une mince couche de ce métal, les *bordes panoramiques*, les chandeliers de verre, etc., sont argentés par ce procédé ainsi qu'une grande quantité de glaces.

Les images photographiques s'obtiennent au moyen de préparations d'argent qui noircissent à la lumière.

QUESTIONNAIRE.

Quel est le poids d'une pièce d argent d un franc, d une pièce d or de vingt francs ? — Laquelle est la plus grande ? — Pourquoi a t on appelé certaines pièces d or des louis, des napoléons ? — Quelle est la couleur de l or ? — Quelles impressions vous laisse l examen d'une pièce de vingt francs ? — La valeur de l'or vient-elle des services qu il nous rend ? — Est-il indispensable ? — Sa valeur de convention pourrait elle changer ? — Quel est le plus utile du fer ou de l or ? — D ou vient l or ? — Y a t-il des mines d or en France ? — Quels sont les pays qui produisent surtout ce métal ? — Dans quel état trouve-t-on l or dans les mines ? — Décrivez le procédé pour extraire l or des roches par lavage — Comment emploie-t on le mercure ? — Comment sépare t on l or du mercure qui l'a dissous ? — Comment se sont formées les mines d or nommées *pla ers* ? — L'or des mines est-il pur ? — En quoi est remarquable l or pur ? — A quelle épaisseur peut on réduire une feuille de ce métal ? — Quelle est la proportion de cuivre dans les monnaies d or ? — Par quels procédés peut on dorer les métaux, le bois, la pierre ? — Comment rencontre t on l argent dans la nature ? — Ou se trouvent les principales mines d argent ? — Donnez une idée de la manière dont on retire l'argent de ses minerais — Quel est le défaut principal de l argent ? — Citez quelques emplois de l'argent

LEÇON XVIII

LES CARRIÈRES ET LES MINES.

Mes amis, nous avons déjà parlé un peu des carrières et des mines à propos des pierres et des métaux. Aujourd'hui nous allons mettre en ordre ce que vous savez là-dessus, l'expliquer, le compléter.

Dites-nous, Ernest, d'où tire-t-on les pierres de construction?

— On les tire de la terre.

Comment s'appellent les trous, les excavations, les souterrains que l'on creuse pour extraire les pierres?

— Ce sont des carrières.

Bien. On dit: une carrière de granit, de marbre, de calcaire, d'ardoise, etc. Quelquefois les roches, les pierres, se trouvent a fleur du sol, dans une plaine ou sur une colline. Dans ce cas, le travail est facile. S'il s'agit d'une plaine, on creuse sur un certain espace pour déblayer le terrain, enlever la partie superficielle de la pierre qui s'est fendue, ramollie, au contact prolongé de l'air. On arrive alors à la roche vive que l'on veut *exploiter*.

Avant de commencer le travail, l'*ingénieur* qui dirige l'entreprise a combiné la façon dont il disposera les ouvriers pour qu'ils ne se gênent pas entre eux et pour en placer le plus possible. Ordinairement il s'arrange de telle sorte que les ouvriers se trouvent espacés comme sur les marches d'un énorme escalier. Alors chacun attaque la partie qui lui fait face, tandis que d'autres travaillent un peu plus haut, et d'autres un peu plus bas. Chaque marche ou *gradin* de cette sorte d'escalier est a peu près aussi haute qu'un homme.

La roche forme des masses plus ou moins dures, plus ou moins compactes. Les unes, comme le granit, semblent coulées d'un seul bloc; d'autres, comme les grès, les schistes, sont disposées en couches, en *lits*, disent les carriers. Il y en a qui s'émiettent sous l'outil, d'autres qui se détachent par morceaux. Les roches compactes, comme le granit, font feu sur l'outil, résistent, et pour les diviser il faut recourir à des procédés dont nous allons nous occuper tout à l'heure.

Le travail qui consiste à détacher de la carrière des morceaux ou des blocs de pierre s'appelle *abatage*

L'abatage des roches tendres, feuilletées, se fait en plaçant dans les fentes des coins en fer que l'on y enfonce à coups de marteau. S'il n'y a pas de fentes convenables, on en pratique à l'aide du *pic*, sorte de pioche terminée en pointe.

Quand on veut détacher des blocs de grande taille et de forme à peu près régulière, comme les blocs de pierre à bâtir employés à Paris, on dégage le bloc sur quatre faces : en avant, en dessus et des deux côtés. Il ne tient donc plus à la roche que par deux côtés : celui de dessous et la partie opposée à la face antérieure. Il s'agit maintenant de dégager aussi ces deux côtés, en commençant par le dessous. L'ouvrier creuse sous *le* bloc une entaille qui, peu à peu, forme la face inférieure de la pierre. Pour éviter qu'elle se détache trop tôt, il la soutient, à mesure, par des tronçons de bois. Lorsque l'entaille est terminée, il enlève les *étais* qui soutiennent le bloc, et celui-ci ne tient plus que par un côté au *massif* de la carrière. Quelquefois il suffit de quelques coups de *masse* pour le détacher. Le plus souvent on creuse une entaille que l'on approfondit jusqu'à ce que le poids de la pierre rompe la portion encore attachée. D'autres fois, on creuse des trous de distance en distance, on y enfonce des coins à coups de masse, et l'on produit ainsi une fente régulière qui aide le bloc à se détacher.

Tout ce travail est long et pénible, surtout s'il s'agit de pierre un peu dure. Le plus long est de creuser les entailles. On a cherché les moyens d'abréger cette partie de l'ouvrage Avec une entaille peu profonde on réussit à fendre et à détacher facilement de gros blocs; voici comment. Quand l'entaille, la rigole est creusée au quart ou au tiers, au lieu de continuer.

on y enfonce à coup de masse des morceaux de bois de chêne séché au four, puis on arrose le bois et la pierre. Le bois absorbe l'eau, se gonfle, et comme pour se gonfler il lui faut de l'espace, il presse contre la pierre et la fait éclater.

Pour entailler les roches très dures, on ne se sert pas du pic, mais de la *pointerolle*, sorte de marteau en acier, à tête plate et à pointe aigue. La pointe agit sur la pierre comme un *ciseau* ou un *burin* pendant que l'on frappe sur la tête avec un marteau a tête large nommé *masse a main*.

Quelquefois, avant d'attaquer une roche récalcitrante, comme le quartz compact, on commence par l'éclater, la fendiller au moyen du feu.

Autrefois on ne connaissait pas d'autres moyens d'exploiter les carrières. Mais, aujourd'hui, on emploie un auxiliaire puissant, qui fait en une seconde plus de travail que cent ouvriers en un jour : c'est la poudre. Pour cela, on creuse des trous dans la roche dure, on y introduit de la *poudre de mine* a gros grains et l'on enflamme la poudre, au moyen d'une *mèche* qui brûle très lentement et permet aux ouvriers de s'éloigner. Aucune roche ne résiste à l'explosion de la poudre.

Dites-nous, Ernest, comment l'explosion de la poudre peut-elle fendre une roche?

— Parce qu'elle s'enflamme

Et en s'enflammant que produit-elle ?

— De la fumée.

Oui, mais cette fumée est accompagnée de gaz. La poudre qui s'enflamme se change en gaz. La flamme chauffe ces gaz. Qu'arrive t il si l'on chauffe l'air contenu dans une bouteille bouchée ?

— Le bouchon saute ou la bouteille casse.

Pourquoi cela ?

— Parce qu'il faut à l'air plus de place à mesure qu'il s'échauffe.

Fort bien. Voyons maintenant comment la poudre fend la roche. Les gaz qu'elle dégage en s'enflammant occupent un volume bien plus considérable que la poudre elle même : de plus, ils sont énormément chauffés, *dilatés* par la flamme, il en résulte une expansion soudaine, un effort contre la roche, qui se fend, se brise, saute en morceaux.

Ce n'est point chose facile que de creuser des trous dans la pierre dure. On emploie un outil appelé *fleuret*. C'est une tige de fer terminée par un tranchant d'acier un peu plus large que la tige. L'ouvrier, tenant le fleuret de la main gauche, frappe dessus avec une petite masse, et le choc entame, émiette la roche. A chaque coup on tourne le fleuret, afin d'obtenir un trou cylindrique. On verse un peu d'eau dans le trou pour empêcher le fleuret de se *détremper* en s'échauffant. Cette eau forme avec la pierre émiettée une boue qu'on enlève de temps en temps au moyen d'une tige de fer dont l'extrémité se recourbe en cuiller et qu'on nomme *cuillette*.

Vous comprenez que, selon la direction et la profondeur des trous, on détache des quartiers de roche plus ou moins gros et à peu près dans le sens que l'on désire.

Quoique la poudre ait une grande force d'explosion, on a imaginé d'autres composés encore plus puissants, entre autres la *dynamite*.

Voilà des blocs de pierre détachés. Il s'agit de les enlever.

Avec des leviers en fer et une petite machine à vis nommée *cric*, on soulève les blocs, on passe dessous des rouleaux de bois et on les amène ainsi jusqu'au chemin en pente qui descend dans la carrière. Là on les place sur des sortes de traîneaux plats que l'on fait monter sur des charrettes au moyen de madriers formant un plan incliné. Si la carrière est très profonde et à pic, on extrait les blocs au moyen de câbles tirés par des machines à vapeur.

Nous avons supposé que la pierre à exploiter se trouvait presque au niveau du sol et permettait ce qu'on appelle le travail à *ciel ouvert*. Mais d'ordinaire les couches de pierre sont profondes. Pour y arriver, il faudrait creuser un trou énorme, enlever une quantité prodigieuse de matériaux inutiles. Dans ce cas on établit une exploitation souterraine.

Le plus souvent on attaque la couche à exploiter sur le flanc d'une colline ou sa *tranche* se montre à découvert. A mesure qu'on extrait des matériaux, on creuse donc une salle dont la voûte s'écroulerait si on n'avait soin de laisser, de distance en distance, des piliers solides qui la soutiennent. Quand la carrière a été exploitée pendant longtemps, elle forme une série de salles, de galeries, entrecoupées de piliers, ce sont de vastes souterrains, des cavernes artificielles qui s'étendent à de grandes distances. Les ouvriers sont obligés d'accrocher des lampes dans les passages et auprès de l'endroit ou ils travaillent.

Dans ces souterrains, le transport des pierres devient difficile et coûteux. Pour y remédier, on perce, de distance en distance, des puits qui vont du sol aux galeries. Par ces puits on extrait les matériaux au moyen de machines plus ou moins puissantes.

Si vous avez bien saisi ce que je vous ai dit au sujet des carrières, vous allez vous figurer facilement ce que c'est qu'une mine.

Une mine est une carrière de *minerai* au lieu d'être une carrière de pierre ordinaire ou de sable.

Lucien va nous dire ce que c'est qu'un minerai.

— C'est une terre ou une pierre qui contient un métal.

Eh bien, les mines sont des carrières dont on extrait des matériaux d'une classe distincte, ceux qui contiennent des métaux.

Quelquefois on peut les exploiter à ciel ouvert. Le plus souvent on est obligé de faire des travaux souterrains.

Les pierres que l'on exploite en carrières sont communes ; elles forment des couches puissantes, dans lesquelles on taille à son aise.

Les minerais sont beaucoup plus rares. Le plus souvent ils ne forment pas des couches épaisses, mais de minces feuillets compris entre des couches de roches, ou des amas, des *filons*, des *veines*, qui remplissent des fentes irrégulières, des vides entre les roches, depuis le granite jusqu'à la surface du sol.

Ces filons, ces veines, ces amas, ne sont pas constitués seulement par du minerai. Celui-ci n'en forme souvent qu'une petite partie, mêlée à des matières inutiles nommées *gangue*

Dans ces conditions, vous comprenez que l'exploitation d'une mine est plus difficile, plus compliquée, plus coûteuse que celle d'une carrière.

En outre, les pierres étant abondantes, on ne s'enfonce jamais bien profondément pour les chercher, tandis que les minerais étant rares, on suit les filons sous terre à des profondeurs effrayantes.

Pour cela, on creuse des puits et des galeries qui communiquent avec eux. Sur un même filon il y a quelquefois cinq ou six étages de galeries.

Quand on travaille dans le roc vif ou dans des couches très solides, la voûte naturelle des galeries se soutient d'elle même. Mais dans les roches feuilletées, fissurées, il faut soutenir les parois et la voûte pour éviter les éboulements. Le plus souvent on se contente d'un solide revêtement en troncs d'arbres écorcés qu'on appelle *boisage*. Cependant, dans les travaux très importants on revêt les galeries, d'une muraille en maçonnerie, comme les tunnels de chemins de fer. Dans quelques mines très importantes, on ménage de très grandes galeries, véritables tunnels, ou circule un chemin de fer pour le transport du minerai.

Toute mine un peu importante a plusieurs puits qui servent à pénétrer dans les galeries, à extraire le minerai et à renouveler l'air.

Dans un ou plusieurs des puits on établit un appareil destiné à descendre et à remonter une tonne ou une sorte de cage pour le transport des ouvriers et des matériaux. La tonne, nommée *benne*, est suspendue à un câble qui s'enroule sur un tambour, sorte d'énorme bobine qu'une machine met en mouvement.

En parcourant un puits profond de 400 à 500 mètres, vous comprenez que ce tonneau suspendu à un câble irait frappant les bords du puits, s'accrochant aux moindres aspérités De plus, il y a toujours deux bennes en mouvement : quand l'une monte, l'autre descend ; le puits est juste assez large pour cela. Mais pour peu qu'elles devient au moment de se croiser elles peuvent se renverser, se briser ou rompre le câble Pour parer à ce danger on a imaginé un système fort simple. Une cage en bois à plates-formes remplace la benne. Pour qu'elle ne puisse pas dévier en route, on l'oblige à glisser entre deux coulisses en bois qui servent de guides. Cette cage sert à transporter les hommes et le minerai déposé dans de petits wagons qu'on roule sur les plates-formes.

L'eau qui s'infiltre dans l'intérieur de la terre coule dans les galeries, surtout dans les plus profondes. De distance en distance on ménage des sortes de réservoirs où elles s'accumulent. Pour s'en débarrasser, on emploie des pompes mues par des machines.

Les ouvriers mineurs mènent une triste et rude existence. Ils passent presque toute leur vie sans voir le jour, dans des souterrains humides, sans autre clarté que celle d'une petite lampe fumeuse, respirant un air malsain faute d'être suffisamment renouvelé.

Le renouvellement de l'air, l'*aérage* des mines est une question importante. Il faut l'assurer à tout prix, sous peine d'asphyxier les ouvriers. Pour cela on emploie divers moyens.

Tienne, supposez une longue galerie souterraine communiquant avec la surface, avec le *jour*, comme disent les mineurs, par deux puits percés à chaque extrémité. Au fond de l'un des puits on allume du feu, comme dans une vaste et haute cheminée : dites-nous ce qui se passe dans l'air des deux puits.

— L'air du puits où l'on fait du feu s'échauffe, monte ; cela fait un appel ou du tirage.

Bien. Et comment le feu recevra-t-il l'air qui doit l'entretenir?

— Par l'autre puits.

Comment cela?

— L'air descendra par le second puits, suivra toute la galerie et arrivera jusqu'au feu.

C'est juste. Nous aurons ainsi une circulation d'air, un courant d'air dans la galerie. Cet air vient du dehors, il est pur, il entretient dans la galerie une atmosphère respirable.

Voilà un bon moyen de renouveler l'air des mines. On l'emploie souvent. Ailleurs on se sert de machines qui pompent l'air d'un puits et font ainsi un vide, un tirage, un *appel*, de sorte que l'air extérieur entre par un second puits pour remplacer celui qui sort. Quelquefois aussi, au lieu de pomper l'air de la mine, on *souffle* de l'air frais qui chasse devant lui celui des galeries et le fait sortir par un puits. Il faut pour cela de très puissantes machines.

C'est surtout dans les mines de charbon de terre que la ventilation, l'aérage est indispensable.

Mais dites nous, Jean, le charbon de terre est il un minerai ?

— Je ne crois pas, car il ne contient pas de métal.

C'est vrai. On devrait dire une carrière de charbon, une carrière de sel gemme, mais ce n'est pas l'usage, on dit une mine en parlant des amas, des *gisements* de houille ou de sel.

Il se dégage dans les mines de charbon deux gaz irrespirables qui causent souvent des accidents mortels : *l'acide carbonique* et le *grisou*.

Vous connaissez déjà l'acide carbonique. Il en sort de vos poumons quand vous respirez. Un charbon qui brûle, une bougie qui éclaire, produisent de l'acide carbonique. Dans ce gaz une bougie allumée s'éteint, un oiseau tombe mort sur-le-champ, un homme meurt au bout de quelques minutes. Souvent, on entend un sifflement sortir du *front de taille* ou des parois des galeries, c'est de l'acide carbonique qui s'échappe entre les fissures. La lampe du mineur pâlit ou s'éteint. Lui se réfugie dans un endroit aéré jusqu'à ce que la ventilation ait chassé le gaz mortel.

Le grisou est un gaz qui ressemble beaucoup à notre gaz d'éclairage. Non seulement il n'est pas respirable, mais s'il se trouve mêlé à l'air en certaines proportions il s'enflamme, il détone avec violence, dès qu'on en approche une lampe, une chandelle allumée, c'est ce qu'on appelle le *feu grisou*. Si rien ne l'enflamme, il n'est pas très dangereux parce qu'il sent mauvais et prévient par son odeur qu'il faut aller respirer un air pur.

Cependant il faut éclairer la mine. Voilà donc un danger permanent. Il a causé des accidents effroyables : écroulements de galeries, incendies de mines et surtout la mort de milliers d'ouvriers.

Un chimiste anglais, nommé Davy, chercha les moyens de prévenir ces malheurs. Il reconnut qu'une flamme ne peut pas enflammer le grisou au travers d'une toile métallique : la toile métallique prend toute la chaleur, il n'en reste pas assez pour allumer le grisou. Il construisit alors une lampe dont la flamme est entourée d'une toile en fils de fer ou de cuivre. On peut la plonger allumée dans le gaz inflammable sans qu'il prenne feu. Ce fut, mes amis, une des inventions les plus utiles. Elle a sauvé la vie à un nombre incalculable d'individus.

Depuis, on a perfectionné sa lampe, qu'on appelle lampe de sûreté. Au lieu de l'entourer entièrement de toile métallique, on laisse en bas, en face de la flamme, un anneau garni de verre, et la toile métallique n'occupe que la partie supérieure Ainsi modifiée elle éclaire mieux, mais tout le mérite de l'invention reste à Davy, qui a droit aux respects et à la reconnaissance de l humanité.

QUESTIONNAIRE.

Qu'est ce qu'une carrière ? — Comment appelle-t-on celui qui dirige les travaux d une carrière ? — Dites comment vous vous figurez une carrière à ciel ouvert et à gradins — En quoi consiste l abatage ? — Expliquez comment on détache de gros blocs réguliers — Comment des coins de bois que l'on mouille peuvent-ils fendre et détacher un bloc de pierre ? — Comment peut-on ébranler et fendre aisément et rapidement de gros quartiers de rocher ? — Décrivez le travail au fleuret pour percer des trous dans la pierre — Donnez une idée de l exploitation souterraine d une carrière — Pourquoi perce t on des puits de communication dans les grandes carrières ? — Qu'est ce qu un minerai ? — Quelle différence y a t-il entre l exploitation d un minerai et d une carrière ? — Qu est ce qu'un filon ? — Dites comment vous vous figurez l exploitation d une mine profonde — Dans quels cas faut-il boiser les galeries ? — Dites comment fonctionne la benne — Que devient l'eau qui s'accumule au fond des mines ? — Pourquoi faut il aérer les mines ? — Comment peut on aérer une mine ? — Pourquoi le gaz acide carbonique est-il dangereux ? — Dites ce que vous savez sur le grisou — Décrivez la lampe de Davy. — En quoi consiste l utilité de la lampe de Davy ?

LEÇON XIX

LA TABLE DE TOILETTE.

Nous allons nous occuper aujourd hui de tout ce qui sert à
la toilette. J'entends, une toilette simple, celle que réclament
la propreté et l hygiene

Ainsi, sur une table de toilette, nous voyons une éponge,
du savon, des peignes, des brosses, un flacon d'eau dentifrice. ... nous n'irons pas plus loin Le reste est du luxe, du su-
perflu. Il faut laisser les raffinements aux oisifs, aux inutiles,
à ceux qui, ayant peu de valeur par eux mêmes ou ne sachant
rien produire qui leur en donne aux yeux de leurs semblables,
cherchent dans la parure, dans un soin exagéré de leur personne, des compensations qu'ils ne trouvent certainement pas

La propreté est presque une vertu, mais la coquetterie, le
raffinement de la toilette, sont de vrais defauts, pour les filles
comme pour les garçons.

A votre âge, les garçons — et quelques filles — ont besoin
d'être stimulés à soigner leur toilette Ils ne comprennent pas
assez l importance des ustensiles et des substances bien simples dont nous allons causer un peu Je souhaite qu'en faisant
plus ample connaissance avec le petit matériel d'une table de
toilette, vous appréciez chaque article comme il le mérite et
que cela vous encourage à vous en servir convenablement.

Henri, qu'est-ce que je tiens dans ma main?

— Une éponge.

Si je vous demandais : est-ce une pierre, une plante ou un
animal? vous seriez sans doute fort embarrassé et vous ré-
pondriez au hasard Cela n'est pas étonnant. Il n'y a pas

longtemps que les savants ont cessé de discuter — et de se disputer — pour savoir si c'était une plante ou un animal. Aujourd'hui ils sont enfin d'accord. C'est un animal d'une classe tout à fait inférieure (les Zoophytes). Ou plutôt c'est une agrégation, une sorte de république de tout petits animaux qui vivent en commun et dont le corps est en partie confondu. Ils sont entrelacés, enchevêtrés, comme les poils d'une étoffe feutrée. Ce que vous voyez ici est en quelque sorte le squelette de ces petits corps. Pendant la vie de l'éponge, ces squelettes étaient recouverts et comme imprégnés d'une matière gluante et gélatineuse, et toute la masse, toute la république en était aussi enveloppée comme dans un manteau commun, percé de trous et de *pores* pour laisser passer l'eau où chacun trouvait sa nourriture.

L'éponge vit dans la mer attaché aux rochers à une faible profondeur, quelquefois même sur ceux qui restent à sec à chaque marée. Quand on touche l'éponge vivante, on voit le manteau commun se contracter un peu.

Il y a des éponges de bien des sortes. Quelques-unes ne ressemblent pas du tout à ce que vous connaissez sous ce nom. Parmi les éponges ordinaires, la qualité varie beaucoup. Ainsi cette grosse éponge qui nous sert à effacer la craie au tableau, et que les ménagères emploient aux nettoyages, est de couleur brune, un peu rude au toucher, remplie de trous assez grands, tandis que celle-ci, destinée à la toilette, est d'un gris jaunâtre, d'une texture fine, comme veloutée à la surface, et criblée de petits trous.

Les plus fines, les plus douces, les plus régulières, sont les plus estimées. Elles coûtent fort cher. Heureusement celles de qualité moyenne suffisent pour la toilette.

Les éponges grossières vivent dans les mers très chaudes, dans le golfe du Mexique, la mer Rouge. Les espèces fines habitent des eaux tempérées, elles abondent dans la Méditerranée : les plus estimées viennent des côtes de la Syrie et de la Grèce.

Dans certains parages, on récolte les éponges au moyen d'une sorte de trident ou grande fourchette dont les dents sont tranchantes. On dirige l'instrument sur les rochers où croît l'éponge, on la détache et elle vient flotter sur l'eau. Mais ce procédé déchire, pique et gâte la marchandise. Il faut cacher les déchirures en cousant et raccommodant les éponges

Pour recueillir les espèces fines, on plonge dans la mer et on les détache du rocher en coupant leur base étroite, mais plus dure que le reste.

Au bout de quelques jours, on enlève la couche gélatineuse qui recouvre les éponges, puis on les pétrit dans l'eau pour faire sortir la matière molle qui entoure les fibres. On les plonge alors dans de l'eau un peu acide, qui achève le nettoyage, et on les rince avec soin.

Pour la toilette, l'éponge est une serviette commode et économique. Mais il faut avoir soin de la tenir propre par des savonnages fréquents, faute de quoi elle retiendrait une foule d'impuretés qui lui donneraient une mauvaise odeur.

Ceci nous amène a parler de son compagnon inséparable : le savon.

Vous savez ce que c'est que de *couler la lessive*. Dans une grande cuve on entasse le linge à nettoyer et l'on verse dessus de l'eau chaude dans laquelle on a fait bouillir de la cendre de bois. Cette eau contient une sorte de sel, la *potasse*, qui a la propriété de s'unir aux corps gras pour former un composé soluble. Ce composé, c'est le savon. Quand on coule la lessive, on nettoie le linge en supprimant les matières grasses qui contribuent à le salir ; on les transforme en savon, lequel sert, à son tour, à enlever les autres impuretés.

Ainsi les cendres de bois contiennent de la *potasse*, une sorte de sel. On peut l'extraire par des lavages, puis par l'évaporation de l'eau chargée de potasse. On traite cette eau comme l'eau salée dont on veut extraire le sel.

Les cendres de certaines plantes marines, les varechs, renferment un sel différent, mais de la même famille et qui jouit de la même propriété : c'est la *soude*. On l'extrait aussi du sel commun que l'on décompose.

Quand un ouvrier a les mains salies par des matières grasses, il les lave avec un peu de soude ou de potasse et elles deviennent nettes en quelques minutes. Mais ces substances durcissent et rident la peau, de plus elles attaquent le tissu et la couleur des étoffes. Aussi leur a-t-on substitué pour l'usage ordinaire le savon, agent moins actif, mais plus facile à manier.

Pour préparer le savon, il suffit de faire bouillir une solution de potasse ou de soude avec un corps gras : huile d'olives, huile de palme, oléine que l'on retire du suif dans la fabrication des bougies, etc., etc. Quand le liquide se refroidit, le savon surnage, on le dessèche, puis on le comprime dans des moules. Le savon de toilette est en outre aromatisé avec diverses odeurs ou essences tirées des plantes.

Jean, dites-nous en quoi se font les peignes.

— En buis et en corne.

Ce sont, en effet, les matières les plus employées. Mais on en fabrique aussi en ivoire, en écaille, en caoutchouc durci.

Ernest va nous dire ce que c'est que l'ivoire.

— C'est une sorte d'os.

Quels sont les animaux qui en produisent?

— L'éléphant.....

Oui, l'éléphant porte à la mâchoire supérieure deux grandes dents ou *défenses* qui pèsent chacune au moins 100 livres chez les adultes; il y en a de 300 a 600 livres. Ces dents sont constituées par une sorte d'os très dur, d'un tissu fin, serré, c'est l'ivoire. Les dents de morse, d'hippopotame et de quelques autres animaux fournissent aussi de l'ivoire.

En Asie et en Afrique, on chasse l'éléphant pour se procurer de l'ivoire dont l'industrie de luxe fait un grand usage. On l'emploie à fabriquer des manches de couteau, des montures de brosses, des peignes, des billes de billard, des objets sculptés et une foule de fantaisies. C'est une matière qui augmente constamment de prix à cause de sa rareté et de son emploi toujours croissant.

On a découvert en Sibérie de véritables mines d'ivoire que l'on exploite comme des mines de métal ou de charbon de terre. Ce sont des amas de défenses d'une espèce d'éléphant disparue depuis longtemps. Ces animaux, qui habitaient la Russie et la Sibérie, sont morts par centaines, par milliers dans des vallées ; les eaux ont charrié leurs ossements que l'on retrouve, en certains endroits, entassés pêle-mêle avec le gravier et les cailloux.

On appelle écaille des plaques de substance assez semblable à la corne, que l'on détache de la carapace de certaines grandes tortues. Pour la travailler, on la ramollit dans l'eau bouillante. Elle devient souple, se soude à elle-même, et prend toutes les formes qu'on veut lui donner. Ordinairement on la presse dans des moules. Quand le moule est refroidi, il ne reste plus qu'à polir l'objet. Pour faire un peigne, on moule l'écaille, puis on découpe les dents au moyen d'une petite scie circulaire.

L'écaille coûte fort cher et ne s'emploie que pour des objets de luxe : couteaux à papier, peignes, couverture, de carnets, porte-monnaie, bijoux de fantaisie, etc. Un peigne d'écaille coûte au moins vingt francs et ne dure jamais longtemps, car un mouvement brusque dans la chevelure, une chute, suffisent pour le casser.

La corne est la matière la plus convenable pour la fabrication des peignes parce qu'elle est à la fois élastique et résistante.

Ernest, dites-nous d'ou provient la corne employée dans l'industrie.

— Des bœufs.....

Louis, d'ou encore ?

— Du sabot des chevaux.

Bien, on utilise les cornes de toutes sortes d'animaux ; particulièrement celles des bœufs domestiques ou sauvages, des béliers, des chèvres. La corne du buffle, espece de bœuf commun surtout en Asie, est la plus estimée. Le sabot des chevaux, les ongles des bœufs, des moutons, etc , sont de même nature que les cornes, et s'emploient de la même manière.

Le travail de la corne est très facile. On la ramollit et l'aplatit entre des plaques de fer chauffées, de maniere à en former des plaques plus ou moins épaisses dans lesquelles on découpe divers objets, entre autres des peignes. Les plaques presque incolores, minces et transparentes servent a remplacer le verre des petites lanternes.

La corne se prête, comme l'écaille, au moulage à chaud, et l'on profite de cette propriété pour fabriquer rapidement une foule d'objets qui n'ont plus besoin que d'un polissage pour être livrés au commerce. Les boutons de corne sont moulés.

Lorsqu'on la maintient longtemps à une température chaude
ou humide, dans des moules bien fermés, elle se soude à elle
même comme l'écaille, fond et forme une masse homogène
On utilise ainsi les rognures, les déchets. Mais la corne moulée
offre le défaut de l'écaille ; elle est très cassante, et pour cela
d'un assez mauvais usage.

Vous êtes-vous jamais demandé, mes amis, comment se fait
une brosse ? On y distingue deux parties : la monture ou
patte et les *soies*, qui consistent, le plus souvent, en soies de
porc ou de sanglier ou simplement en crins de cheval.

La patte est en os, en ivoire, en bois, etc. Quand elle a reçu
la forme convenable, on la perce de trous disposés régulièrement. Si ces trous traversent le bois de part en part, comme
dans les brosses ordinaires à habits, à cheveux, on y insère les
soies au moyen d'une ficelle pliée ou bouclée qui ressort au
dos de la brosse avec la partie pliée des poils ou des crins.
Quand toute la surface est garnie, on assujettit l'espèce de
tissu formé par la ficelle, au moyen d'une couche de colle forte
et on recouvre le tout d un *placage* en bois.

Dans les brosses à dents, les trous ne traversent pas d'outre
en outre la patte, chacun aboutit à un canal qui la traverse
longitudinalement. On passe un fil dans chaque canal. Au
moyen d'un crochet, l'ouvrier attire le fil, en boucle, au dehors,
y passe les poils ou les crins, et, tire sur le fil, qui entraîne
avec lui les petites touffes ainsi liées jusq .'au fond du trou.

Voici une brosse à dents que j'ai coupée en partie pour que
vous vous rendiez compte du travail. La patte est en os Comme
l ivoire coûte fort cher, on le remplace, dans la fabrication cou
rante, à bon marché, par des os de bœuf, de cheval, que l'on
blanchit et qui ont bonne apparence, quoique d'un grain moins
serré que l'ivoire.

Pour compléter les ustensiles de toilette indispensables, nous
pouvons ajouter à notre liste un flacon d'eau dentifrice com
posée d'alcool rendu un peu acide par du vinaigre fort et aromatisé avec de l'essence de menthe.

Pour terminer notre causerie, disons quelques mots du bou
chon de ce flacon.

François, qu'est-ce que ce bouchon ?

— C'est du liège.

D'ou vient le liège ?

— D'un arbre.....

Bien. C'est l'écorce d'un arbre, d'une espèce de chêne Cette écorce, qui croît assez vite, acquiert une épaisseur de 6 à 8 centimètres. On la détache en plaques régulières qu'on découpe ensuite en petits morceaux dans lesquels on taille les bouchons à la main ou au moyen d'une machine Au bout de quelques années l'arbre écorcé fournit une nouvelle récolte.

Le meilleur liège est d'un tissu fin, égal, élastique, sans trous ni parties dures ; mais cette sorte est rare et coûte cher. Pour l'usage ordinaire on se contente de qualités communes. Les forêts de chênes-lièges n'existent que dans le midi de l'Europe et le nord de l'Afrique On les exploite en Corse, en Espagne, en Portugal, en Algérie et dans plusieurs départements du midi de la France.

QUESTIONNAIRE.

Qu'est-ce que l'éponge ? — Ou vit elle ? — En quoi diffèrent les éponges fines et communes ? — De quelles mers proviennent les unes et les autres ? — Comment se procure t on les éponges ? — Comment les prépare t on pour le commerce ? — Quels soins réclame l'éponge ? — Qu'est ce que couler la lessive ? — Que contient l'eau dans laquelle on fait bouillir des cendres de bois ? — Comment peut-on extraire de cette eau la potasse ? — D où provient la soude ? — Quels inconvénients offre le nettoyage à la potasse ou à la soude ? — Comment prépare t on le savon ? — Quels sont les corps gras les plus employés à la préparation du savon ? — D'ou vient l ivoire ? — Qu est ce que l écaille ? — Comment la travaille t-on ? — Quel est le défaut de l écaille ? — Qu'est-ce que la corne ? — Quels sont les animaux qui la fournissent principalement ? — Comment la travaille t-on ? — Décrivez la fabrication d une brosse ordinaire. — Décrivez la fabrication d une brosse à dents. — Par quelle substance remplace-t-on généralement l ivoire ? — Qu'est ce que le liège ? — Comment l exploite-t on ? — Où se trouvent les chênes lièges ?

LEÇON XX

LE LIN.

Ernest, venez prendre cet échantillon pour le faire passer à vos camarades. Et, pendant que vous le tenez, dites nous ce que c'est.

— C'est de la filasse

Bien. D'ou vient cette filasse?

— Du chanvre ou du lin.

Celle-ci provient-elle du chanvre ?

— Je ne pense pas, car elle est très fine.

Vous avez raison, c'est de la filasse de lin

Je pense que si je vous demande ce que c'est que le lin, vous me répondrez: c'est une plante dont on fait de la filasse, et, comme cette bonne plante mérite qu'on en sache plus long que cela sur son compte, je vais vous dire ce qu'il vous importe le plus de connaître.

Le lin commun sert de type à une famille de plantes, la famille des *Linées*, qui comprend près de cent espèces. Celle dont nous allons nous occuper est très intéressante à connaître. On a cru pendant longtemps qu'elle était originaire de l'Asie, mais, comme elle croît spontanément dans les campagnes de l'Europe centrale, il n'est pas probable qu'elle y ait été importée. En tout cas, elle se serait acclimatée complètement, puisqu'elle s'y reproduit sans culture. Les Celtes et les Gaulois, nos ancêtres, cultivaient le lin, ou plutôt le faisaient cultiver, filer et tisser par les femmes.

Cependant sa culture fut lente à se vulgariser en France. Vers le milieu du moyen âge, un duc de Bretagne épousa une comtesse de Flandre, pays ou l'on cultivait en grand le lin et ou l'on en faisait d'excellentes toiles. La bonne dame, en arrivant en Bretagne, attristée de la malpropreté de ses nouveaux sujets, qui ne portaient que des vêtements de laine sur la peau, fit venir de son comté de Flandre des cultivateurs et des tisserands qui apprirent aux Bretons à cultiver le lin et à en faire de la toile. Depuis ce temps, la Bretagne est restée le pays de France ou l'on fabrique les meilleures toiles de lin.

La nouvelle industrie progressa jusqu'au dix-huitième siècle. La France fournissait des toiles à l'Espagne, à l'Angleterre, à la Hollande, pays qui nous en vendent aujourd'hui.

Voici une plante de lin desséchée entière, avec ses racines, sa tige, ses feuilles, ses fleurs. Vous le voyez, la tige est droite, cylindrique, ou ronde si vous voulez, munie de quelques rameaux à la partie supérieure. Elle atteint de 0^m,50 à 0^m,60. Les feuilles sont petites et peu nombreuses. La fleur est d'un bleu gris, dont on a fait le type d'une couleur dite *gris de lin*.

Jules va nous dire ce que contient ce flacon.

— C'est de la graine de lin.

Bien. Remarquez qu'elle est d'un brun clair, luisante, ovale, épaisse au centre.

Les marchands l'essayent de diverses manières pour reconnaître ses qualités. Celle qui ne tombe pas au fond de l'eau est suspecte. Si elle ne pétille pas et ne s'enflamme pas aussitôt qu'on la projette sur un fer rouge, c'est qu'elle ne contient pas assez d'huile. Enfin, pour s'assurer de sa fraîcheur, on la sème sur *couche* et elle doit germer en quatre ou cinq jours.

Dites-nous, Louis, a quoi sert la graine de lin ?

— A faire des cataplasmes.

Comment la prépare t-on pour cet usage ?

— On la moud en farine.

Très bien. Faites passer ce flacon de farine de graine de lin.

Cette graine contient deux substances principales : un *mucilage*, espece de gomme, et de l'huile. La farine, delayée avec de l'eau et cuite en bouillie claire, forme une pâte visqueuse qui conserve longtemps la chaleur et l'humidité : voilà pourquoi on l'emploie pour faire des cataplasmes.

La graine entière, *macérée* dans de l'eau tiède, à raison de

20 à 30 grammes par litre, abandonne son mucilage à cette eau que l'on administre comme tisane, dans les mêmes cas que l'eau de gomme.

La bonne graine de lin, moulue et pressée, fournit environ un quart de son poids d'huile jaunâtre, dont j'ai ici un échantillon. Cette huile est naturellement *siccative*, c'est-à-dire que, si on l'expose à l'air, elle durcit et sèche, ce qui n'arrive pas pour l'huile d'œillette, l'huile d'olive et bien d'autres.

Elle sert à préparer l'encre d'imprimerie, les vernis *gras*, les taffetas gommés, les toiles cirées, les cuirs vernis, à délayer les couleurs pour la peinture à l'huile. On la rend plus siccative en la faisant bouillir avec de la *litharge* ou oxyde de plomb. elle prend alors une couleur rougeâtre. C'est une des matières les plus précieuses pour l'industrie.

On cultive le lin dans presque toutes les contrées de la France, en choisissant, selon le climat local, une exposition convenable Cette plante redoute le grand vent, les extrêmes de sécheresse et d'humidité. Les terrains sablo-argileux, bien fumés, sont les plus favorables. En Europe, la grande culture de cette plante est centralisée dans l'Anjou, les Flandres, le Hainaut, une portion de l'Allemagne et de la Russie. L'Algérie commence à en fournir de bonne qualité.

Vous savez ce que l'on appelle *rotation* des cultures. Chaque sorte de plante prenant au sol diverses substances et lui laissant des débris différents, on a reconnu l'avantage de ne jamais répéter la même culture avant deux, trois ou quatre ans d'intervalle. Eh bien, le lin épuise tellement la terre que l'on doit attendre de trente à cinquante ans avant de le semer de nouveau dans le champ qui l'a produit. Cependant, il y a des terrains exceptionnellement propices, qui permettent de rapprocher l'époque de la *rotation*. De plus les découvertes nouvelles sur les propriétés des amendements et des engrais pourront modifier les conditions actuelles de culture.

Dans nos contrées, la graine de lin dégénère au bout de trois ou quatre ans, de sorte qu'il faut la renouveler. Pour cela on se procure de la graine d'Allemagne, d'Amérique et surtout de Russie.

Le lin que l'on cultive pour la graine est traité autrement que celui destiné à produire de la filasse. Celui-ci est semé très dru, afin que les pieds, serrés les uns contre les autres, manquent un peu d'air et poussent en hauteur. Dans ces conditions, l'écorce est en partie *étiolée*, c'est à dire peu vigoureuse, et ses fibres sont plus délicates. Si l'on veut, au contraire, obtenir des graines saines et fortes, on doit semer clair, afin que chaque pied se développe le plus possible dans toutes ses parties.

Lorsque le lin est mûr, on l'arrache et on le *fane* à peu près comme du foin, cependant le meilleur procédé consiste à disposer les tiges par faisceaux réunis au sommet, de manière à former un toit sous lequel l'air peut circuler : une fois sec, on l'*égrène*. Réunissant les tiges en petites bottes, on en bat l'extrémité, ou mieux on la fait passer entre les dents d'une sorte de peigne en fer fixé droit sur un banc.

Il s'agit maintenant de séparer les fibres utiles, la *filasse*, la tige creuse nommée *chènevotte*.

Les fibres ou filaments du lin ne sont pas des fils pleins, comme ils nous paraissent à l'œil nu. Ce sont des *tubes*, lisses, munis de petits nœuds ou divisions placées de distance en distance. Vous savez que la nature économise les matériaux et produit chaque chose le plus simplement possible. La tige du blé est creuse, ainsi que celle de l'herbe des prairies. La plupart des *fibres* végétales sont creuses aussi, cela permet une économie de matières et les rend plus souples, plus élastiques. Il faut environ cinquante de ces fibres de lin placées l'une à côté de l'autre, pour faire la largeur d'un millimètre. Et, cependant, placez-en une délicatement entre vos doigts, tirez dessus et vous allez être étonnés de la force d'un fil aussi mince.

Voyons comment on isole ces fibres.

On procède d'abord au *rouissage*. Cette opération a pour but de faire fermenter la plante, pour décomposer les matières qui collent ensemble les fibres de l'écorce et les tiennent ainsi attachées à la portion dure de la tige ou chènevotte. Pour que la fermentation ait lieu, il faut que les bottes de chanvre restent longtemps mouillées. Pour cela, on peut les placer dans un champ exposées à la rosée et à la pluie, et les arroser au besoin. Mais il vaut mieux les plonger dans une mare ou un ruisseau, l'opération est plus rapide et plus uniforme.

Malheureusement, l'eau de ces *routous* devient infecte, elle tue les poissons et degage des exhalaisons malsaines On cherche depuis longtemps un procédé chimique de rouissage; mais on n'en a pas encore trouvé qui rivalise avec la vieille routine.

On reconnaît que le rouissage est terminé, quand les fibres se detachent facilement d'un bout à l'autre de la tige. Lorsqu'on opere dans l'eau, on obtient ce resultat en quinze jours environ.

Le lin roui est séché à l'air ou dans une chambre chauffée. Une fois sec, on procède au *macquage* ou *maillage*, qui consiste à broyer la tige pour la separer de l'écorce fibreuse. Ce travail se fait à la main au moyen d'une *broie*, ou mieux dans une machine a cylindres canneles Vient ensuite le *teillage*, qui se fait aussi à la main ou mecaniquement: il consiste à battre les petites bottes de chanvre *maillé*, afin de faire tomber l'epiderme et les chenevottes.

Tous ces travaux s'exécutent d'ordinaire dans les fermes, d'ou le lin *teillé* ou filasse est expedié aux *filateurs*.

Le rendement d'un champ de lin varie considérablement suivant la nature du sol, le climat, le degré de fumure, les soins donnés à la culture. En France, le produit moyen est de 375 kilogrammes de lin teillé par hectare. On calcule que 100 kilo grammes de lin roui sec donnent de 18 à 22 kilogrammes de filasse.

Autrefois on filait le lin au moyen de la quenouille et du rouet. Vous savez combien est lent le travail à la quenouille. Celle ci consiste en une baguette de bois que la fileuse fixe a sa ceinture et soutient avec son bras gauche. De la main droite, elle tire quelques brins du lin *peigné* qui garnit la quenouille, les attache au *fuseau* que vous voyez, et, le faisant tourner rapidement entre les doigts, le laisse tomber. Pendant que le fuseau continue de tourner, elle dégage de nouveaux brins qui se tordent à la suite des premiers et ainsi se forme un fil long d'un mètre au plus, qu'elle enroule sur le fuseau, pour recommencer la même manœuvre. Les femmes bretonnes ont toujours été habiles fileuses. Lorsque Bertrand Duguesclin fut fait prisonnier par les Anglais, le prince Noir lui demanda comment il pourrait payer la forte rançon qu'il fixait lui-même, puisqu' était pauvre « L'argent du roi et de mes amis ne me manquera pas, répondit le chevalier breton, et il n'y a pas une femme en Bretagne qui ne veuille filer une quenouille pour ma liberté. »

Le rouet fut la première machine à filer. Machine bien simple, bien primitive, comparée à celles de l'industrie moderne, mais qui contenait, en germe, leurs principaux éléments. Au moyen d'une *manuelle* ou d'une *pédale* (planchette mue par le pied), on met en mouvement une roue à gorge sur laquelle passe une corde de boyau. Cette corde va s'enrouler sur une sorte de fuseau qu'elle fait tourner rapidement. Ce fuseau est muni d'*ailettes* en fil de fer qui tordent le fil à mesure que la fileuse dégage les fibres d'une quenouille fixée au *bâti* du rouet, le fil tordu s'enroule au fur et à mesure sur la *bobine* du fuseau.

Aujourd'hui la quenouille et le fuseau ont presque entièrement disparu. Ce furent d'abord la laine et le coton que l'on fila au moyen de machines capables de produire à la fois un grand nombre de fils. En 1810, l'empereur Napoléon promit un prix d'un million à l'inventeur d'une machine à filer le lin. Philippe de Girard réussit dans la même année, puis se livra à des perfectionnements de détail. Cependant les guerres de l'empire et le retour de la monarchie firent oublier la promesse de l'empereur et détournèrent l'attention de cette grande découverte. Philippe de Girard, découragé, offrit ses machines à l'Autriche, puis à la Saxe. L'Angleterre les copia, prétendit les avoir inventées et en défendit l'exportation. Il fallut aller reprendre, en cachette, aux Anglais cette invention française. Par une tardive justice, les héritiers de l'inventeur reçoivent depuis 1853 une pension à titre de récompense nationale.

Je vais maintenant essayer de vous donner une idée sommaire du travail dans une filature.

La première opération consiste dans le *peignage*, qui s'exécute à la main ou par une machine. Dans tous les cas, il s'agit de faire passer le lin *teillé* entre les dents de *peignes* formés par des aiguilles d'acier, afin de ranger parallèlement les fibres. Les parties grossières ou emmêlées qui restent entre les dents des peignes constituent l'*étoupe*. On s'en sert pour faire des cordes de qualité inférieure, des toiles d'emballage ; pour rembourrer des harnais, des meubles, etc. Le *cardage* n'est qu'un peignage perfectionné, les fibres passant à travers des aiguilles plus fines et plus serrées.

Voici une poignée de lin peigné. Remarquez comme il est brillant et lisse et souple. Il s'agit de le préparer pour le changer en fils Regardez comment je procède. Je le pose par petites portions sur la table, en faisant glisser les fibres parallèlement les unes aux autres, mais sans les mettre bout à bout, de sorte que l'extrémité des unes correspond au milieu, au quart, au tiers des autres. J'obtiens ainsi un *ruban* plat que je puis allonger encore en l'amincissant d'une façon régulière. Je pose cette pierre sur l'extrémité du ruban, j'attache l'autre à cette sorte de petit fuseau que je fais tourner rapidement entre mes doigts, vous voyez, les fibres se tordent l'une sur l'autre, un *fil* se forme, et, à mesure que je tourne, il devient plus serré, plus fort. Je vous le fais passer, examinez-le bien.

Jean, dites-nous franchement ce que vous en pensez. Est ce là du bon fil bien fait?

— Il y a des parties minces et d'autres grosses.

C'est vrai. Cela vient de ce que je n'ai pas étiré mon ruban d'une façon assez régulière. Supposez qu'au lieu d'un ruban assez épais comme celui que je vous ai fait, j'en prépare trois ou quatre, qui soient trois ou quatre fois plus minces. Chaque ruban aura des inégalités, mais à des endroits différents. Si je les réunis en un seul ruban, j'aurai beaucoup de chances pour que les parties faibles et fortes se compensent, et alors j'obtiendrai un fil régulier.

Tel est, mes amis, le grand problème à résoudre dans la filature mécanique du lin: former des rubans de fibres très minces et très étroits, en réunir quatre, six ou davantage, pour faire un fil qui est lui-même doublé ou triple plus tard.

QUESTIONNAIRE.

par huile siccative? — Dites à quoi sert principalement l'huile de lin — Comment la rend-on plus siccative? — Quel est le climat le plus favorable à la culture du lin? — Ou le cultive t-on surtout en Europe? — *Après combien d'années peut-on en semer dans le champ qui en a produit?* — *Comment renouvelle-t-on la graine dégénérée?* — *De quelle manière sème t on pour obtenir de la graine ou de la fila se?* — Décrivez le fanage et l'égrenage. — Qu'est-ce que la chènevotte? — Décrivez une fibre de lin. — Dites ce que vous savez sur le rouissage et les routoirs — Quelles préparations subit le lin roui avant d'être expédié aux filateurs? — Quel est le rendement moyen d'un champ de lin? Décrivez le filage à la quenouille et au rouet. — Quel est l'inventeur de la machine à filer le lin? — Que savez vous de son histoire? — Comment se font le peignage et le cardage? — Qu'est-ce que l'étoupe et à quoi sert elle? — Décrivez le principe de la filature mécanique du lin

LEÇON XXI

LE CHANVRE.

Mes amis, je vais commencer notre leçon par vous raconter une histoire (1).

J'ai connu un bonhomme que l'on appelait le père Chènevis. Il avait tour à tour exercé l'état de tisserand, celui de cordier, et il était parvenu à gagner une petite fortune dans le commerce du chanvre. Devenu vieux, retiré des affaires, il prétendait que sa plante bien aimée pouvait satisfaire seule à tous les besoins d'un homme raisonnable.

Acquéreur d'un grand terrain à la campagne, au lieu d'y planter des arbres, des fleurs, des légumes, il en avait fait une *chènevière*; il n'y avait semé que du chanvre.

Pour occuper ses loisirs, le père Chènevis préparait sa filasse, il en tirait du fil, maniant la quenouille, faisant faire brou! brou! à son rouet, comme les braves femmes à la veillée. Sa provision de fil achevée, il se fabriquait de la toile dont il s'habillait; puis il en faisait des draps et du linge de table.

De la graine de chanvre il retirait de l'huile pour s'éclairer.

Il ne lui restait plus qu'à faire du chanvre sa nourriture. Pourquoi n'aurait-il pas essayé? Les perroquets s'en contentent... il essaya.

Avec l'habitude, il s'y fit, assaisonnant sa graine de jeunes pousses, de jeunes feuilles de chanvre cuites ou en salade.

Tout allait donc au mieux pour le père Chènevis. Cependant, un matin, en s'éveillant, il fut grandement surpris en s'exami-

(1) Tirée de *la Nature et ses trois règnes* par V. B. Saintine. Paris, Hachette et C

nant des pieds à la tête ; sa tête, ainsi que le reste de son corps, était couverte de plumes ; un gros bec de corne avait remplacé sa bouche, ses bras étaient repliés et façonnés en ales, et ses pieds n'étaient plus que deux pattes recouvertes d'écailles.

Un ami étant venu lui faire visite, le trouva installé sur un bâton, son perchoir.

Cet ami, très étonné de le trouver dans cette position et lui ayant demandé ce qu'il faisait là, le père Chènevis lui répondit en enflant la voix : *As-tu déjeuné, Jacquot? Oui! oui! oui'*

J'entends l'un de vous qui demande si pareille chose peut vraiment arriver.

Je lui répondrai : oui et non.

Un homme ne se change pas en perroquet, même s'il se nourrit de graines et de feuilles de chanvre. Mais le père Chènevis crut réellement avoir subi cette transformation.

Un médecin, appelé par son ami, constata que les feuilles et les jeunes tiges de chanvre lui avaient troublé les idees, qu'il était sous l'influence d'un délire analogue à celui de l'ivresse, rempli de rêves étranges et d'hallucinations; voilà pourquoi il se croyait changé en perroquet.

Il suffit de quelques jours de diete pour guérir cette folie passagère, et le père Chènevis changea de regime pour ne plus s'exposer à pareille illusion.

Voyons, Lucien, dites nous comment il arriva que le père Chènevis se crut métamorphosé en perroquet.

— Parce qu'il avait mangé des pousses et des feuilles de chanvre.

Bien.

Le chanvre contient, en effet, une substance capable d'agir fortement sur le cerveau et de causer une sorte de folie passagère. On en éprouve les effets si l'on respire la fumée de feuilles de chanvre ou si l'on se repose par un temps très chaud, auprès d'une chènevière. Il y a des pays ou l'on extrait du chanvre cette substance pour s'enivrer. Ceux qui en prennent sont sujets à toutes sortes d'hallucinations, comme le père Chènevis. Quelquefois, dans leur folie, ils commettent des crimes ou se tuent sans le vouloir.

En été, il ne faut jamais s'endormir auprès d'un terrain planté de chanvre.

Louis, comment appelle t-on le terrain ou croît le chanvre?

— Une chènevière.

Quel autre mot connaissez-vous qui ressemble à celui-là?

— Chènevis.

Qu'appelez-vous chènevis?

— La graine du chanvre.

Que fait on avec le chanvre?

— De la filasse.

Louis va nous dire si la filasse du chanvre est aussi fine que celle du lin.

— Celle du lin est plus fine.

Voici deux échantillons, vous allez les comparer.

Bien que le chanvre donne une filasse qui ressemble beaucoup à celle du lin, il n'appartient pas à la même famille de plantes. Il est de la famille des Cannabinées, que l'on a séparée de celle des Urticées (Ortie, etc), dont elle diffère très peu

On ne sait pas au juste quelle est la patrie du chanvre, mais il y a lieu de croire qu'il est originaire des contrées qui avoisinent la mer Caspienne. Cependant il croît spontanément en Sibérie et dans le nord de l'Inde.

Nos ancêtres le connurent à une époque très reculée, probablement en même temps que le lin.

Mais on ne l'employa, pendant longtemps, qu'à fabriquer des toiles grossières, des cordes pour les filets et des câbles pour les navires Sous le règne de Catherine de Médicis, au milieu du seizième siecle, on citait comme une rareté deux chemises en toile de chanvre que cette reine possédait dans son trousseau

Aujourd'hui on le cultive un peu partout dans les contrées de climat tempéré et même chaud. Les pays les plus renommés pour sa production sont l'Égypte, le Piémont, la Prusse, la Suisse, la France, une partie de la Russie.

Dans le Piémont, on cultive une variété de chanvre géant qui atteint de trois à quatre mètres de hauteur. En Chine, une autre variété atteint sept mètres Mais ces tiges très hautes ne fournissent pas des fibres assez déliées pour le filage et le tissage, on les emploie seulement à la fabrication des cordages.

Le chanvre n'est pas délicat, il s'accommode assez de tout terrain, pourvu qu'il soit frais, bien amendé et riche en *humus* ou terre végétale. Il craint l'humidité. Une température douce ou même chaude lui convient.

Sa culture épuise moins la terre que celle du lin. Aussi peut-il revenir plus souvent sur le même terrain. On peut même le cultiver plusieurs années à la même place, à la condition de fumer copieusement. La nature se charge de prévenir l'agriculteur, quand le temps est venu de changer de culture. Deux plantes parasites, c'est à dire vivant aux dépens d'autres plantes, s'établissent sur la chènevière, ce sont l'*orobanche* et la *cuscute*. Leur présence indique que le sol est épuisé des éléments qui conviennent spécialement au chanvre. Celui-ci n'est plus assez vigoureux pour résister à l'attaque de ses ennemis, il doit céder la place à d'autres plantes pendant quelques années.

Le chanvre réussit très bien dans les prairies défrichées et les marais desséchés, il prépare avantageusement le terrain pour les autres cultures.

Vous savez, mes amis, que les plantes se reproduisent ordinairement par les graines qui succèdent à la fleur. Dans le plus grand nombre d'espèces, chaque pied qui fleurit produit des graines capables de reproduire la plante. Le chanvre est une exception. Avec un seul pied on ne peut obtenir de la graine : il en faut deux, l'un mâle et l'autre femelle. Les fleurs de chaque pied ne sont pas complètes, mais si un pied mâle se trouve près d'un ou plusieurs pieds femelles, ses fleurs laissent échapper du *pollen*, une fine poussière, qui rend fécondes les fleurs femelles et leur permet d'avoir de bonnes graines, capables de reproduire la plante.

Dans les campagnes, on appelle généralement *mâles* les pieds femelles, c'est-à-dire à graines, et réciproquement ; cela vient de ce que les pieds femelles sont les plus hauts et les plus forts.

Les pieds mâles vrais, c'est-à-dire les plus petits, ceux qui ne portent pas de graines, sont plus hâtifs que les autres. Ils mûrissent de quatre à six semaines plus tôt. Cela oblige à faire la récolte du chanvre en deux fois, afin de travailler des tiges également mûres.

Lorsque le chanvre commence à jaunir, ou lorsque les graines sont mûres, on l'arrache, puis on le traite à peu près de la même manière que le lin.

Alfred a vu cultiver et travailler le chanvre ; il va nous dire ce qu'il sait là-dessus. Que fait on du chanvre arraché?

— On le fait sécher et rouir comme le lin.

Ensuite ?

— On l'égrène en faisant passer le bout des tiges entre les dents de grands peignes de fer fixés à un banc ; puis on le broie pour séparer les chènevottes.

Que fait-on des chènevottes du chanvre?

— Des allumettes. Ou bien on s'en sert pour chauffer le four.

C'est bien. Dans quelques pays on les *carbonise*, c'est à-dire on les fait brûler lentement dans des sortes de fours, pour obtenir un charbon très léger, très fin, excellent pour la fabrication de la poudre.

Ainsi le chanvre se traite à peu près comme le lin pour obtenir la filasse que vous avez entre les mains. Remarquez que chaque brin, pris séparément, est plus résistant qu'un brin de filasse de lin.

Mais, avant de parler de l'emploi de cette filasse, disons quelques mots de la graine du chanvre.

Ernest, comment l'appelle-t on ?

— Du chènevis.

A quoi sert le chènevis?

— On le donne à manger aux volailles et à certains oiseaux, aux perroquets.

Et sans parler du père Chènevis, croyez-vous que les hommes puissent s'en nourrir?

— Je ne crois pas.

Cela est assez commun, cependant, non pas dans nos pays, ou, grâce à Dieu, nous n'en sommes jamais réduits à un aliment aussi grossier. Mais dans l ouest de la Russie, les paysans sont souvent obligés de manger du chènevis, faute de mieux.

Lucien, que fait-on encore avec le chènevis?

— Je crois qu'on en fait de l'huile.

Bien. Cette huile est *siccative*, mais moins que celle de graine de lin. Quand elle est fraîche, on peut en assaisonner la salade. D'ordinaire on l'emploie pour l'éclairage, pour la peinture et pour fabriquer le savon.

Pour extraire l'huile du chènevis, on broie et l'on presse les graines. Il reste sous la presse des *tourteaux* que l'on donne à manger aux bestiaux. C'est pour eux une excellente nourriture qui les fait engraisser rapidement, mais il faut avoir soin de ne pas leur en donner beaucoup à la fois.

Revenons à la filasse de chanvre.

Si l'on veut faire des toiles fines et souples, on bat, on pile les fibres, avant de les peigner.

Le filage se fait, comme celui du lin, à la quenouille, au rouet ou à la mécanique.

Quant au tissage, on emploie peu les machines; le tissage a bras est le plus important.

On donne spécialement le nom de *toiles* aux tissus de lin et de chanvre. Les toiles de chanvre sont généralement tissées dans les campagnes. Le tissage à bras occupe un grand nombre d'ouvriers *tisserands* dans les départements de l'Orne, de la Sarthe, de la Mayenne, de Maine-et-Loire, de la Somme, de l'Aisne et des Vosges. Ils fournissent des toiles pour torchons, serviettes, draps, chemises; celles dites *treillis* servent à faire des pantalons, à couvrir des matelas, etc.

Les fibres du chanvre retiennent une certaine quantité de matière gommeuse et résineuse. Les tissus qui en sont formés perdent peu à peu cette sorte d'*apprêt* naturel, sous l'action des lavages et de l'usure. Il en résulte que le tissu devient moins serré et moins résistant. Cette détérioration est bien plus notable que dans les toiles de lin.

Celles-ci sont généralement plus fines et un peu plus solides que celles de chanvre. La plus grande partie sont tissées à bras, même en Angleterre, où le tissage mécanique représente à peine un huitième de la fabrication. En France, les machines ne font pas la trentième partie des toiles si renommées de l'Orne, de la Sarthe, de la Mayenne, de la Somme.

Les toiles extrêmement fines dites *batistes* se tissent à Valenciennes et à Cambrai. Elles ont pour rivales les produits de la Belgique, de l'Angleterre, de l'Irlande, et surtout de la Westphalie et de la Saxe. Dans cette dernière province, on fait des batistes qui se vendent en gros jusqu'à douze francs le mètre.

Louis, la filasse de chanvre sert elle à autre chose qu'à faire des fils et de la toile?

— On en fait de la ficelle, de la corde.

Oui, le chanvre est excellent pour cet ouvrage.

Je vais vous dire brièvement en quoi consiste ce travail.

Le *cordier* se met autour de la ceinture une certaine quantité de chanvre peigné, il en sépare à demi une petite poignée et l'accroche à une *molette*, sorte de crochet, mis en mouvement par une grande roue, comme la bobine d'un rouet. La poignée de chanvre se tord, et l'ouvrier, marchant à reculons, détache au fur et à mesure un peu de filasse qui forme un gros fil que l'on nomme *caret*.

Si le caret doit servir à faire des cordes ou des câbles pour la marine, on le fait passer dans un bain chaud de goudron qui colle les fibres entre elles et les préserve de l'humidité.

Pour faire, avec du caret, une *corde*, il faut le *commettre* (mettre ensemble), c'est à-dire le doubler. Regardez bien comment cela se pratique. Je prends ce fil simple ou caret, je l'attache par un bout à ce clou et je tords l'autre extrémité. A mesure qu'il se tord, vous le voyez s'amincir et se raccourcir. Je détache l'extrémité et, prenant chaque bout d'une main, je les rapproche de manière que le fil ne soit plus tendu : les deux moitiés forment une boucle et se tordent l'une sur l'autre, en sens inverse de la torsion que j'ai donnée tout à l'heure.

Dans la pratique, on tord séparément plusieurs carets, au moyen de grands rouets appropriés, puis on les rapproche pour qu'ils s'enroulent, et forment des *torons*. Ceux ci, traités de la même manière, sont encore réunis en certain nombre, pour former des *cordes*, des *câbles* de toute grosseur.

On fabrique beaucoup de cordages à la main, en plein air ou sous de vastes hangars. Mais dans les ports de mer on a créé des ateliers ou l'homme n'a qu'à surveiller le travail des machines. Il faut, en effet, des mécanismes assez compliqués, et

surtout mis en mouvement par une force considérable, pour
fabriquer les gros cordages qui servent aux *agrès* des navires et
les énormes *amarres* au moyen desquelles on les retient à l'an-
cre ou attachés aux quais des ports.

On fabriquait autrefois avec du chanvre choisi la toile à voiles, mais, à cause du defaut que je vous ai signalé, on n'emploie
plus à cet usage que le lin ou le coton.

Résumons maintenant l'histoire du chanvre.

QUESTIONNAIRE.

Pourquoi le père Chenevis se crut-il changé en perroquet? — Comment appelle t-on un champ de chanvre? — Pourquoi faut il éviter de
s'endormir auprès d'une chènevière? — Quelle différence y a t il
entre la filasse du lin et celle du chanvre? — De quel pays croit on
que vient le chanvre? — A quelle époque commença t on à en faire
des chemises? — Quels sont les pays ou on le cultive? — Quel climat lui est le plus propice? — Quel terrain lui faut il? — Le chanvre
épuise t il autant la terre que le lin? — Peut on le cultiver à la même
place plusieurs années de suite? — *A quoi reconnaît o qu'il faut
changer de cultu.e?* — Un seul pied de chanvre cultivé isolément
peut il donner des graines? — Qu'est ce que le chanvre mâle et le
chanvre femelle? — Pourquoi faut il faire en deux fois la récolte du
chanvre? — Comment traite t on le chanvre après l'arrachage? — A
quoi servent les chènevottes? — Un brin de filasse du chanvre est-il
plus résistant qu'un brin de lin? — Comment appelle t on la graine de
chanvre? — Dites ses divers usages — Que fait on des tourteaux de
chènevis? — Qu'appelle t on spécialement toile? — Comment appelle-
t on l'ouvrier qui tisse la toile? — Dans quels départem nts fabrique
t on principalement des toiles de chanvre? — D'où viennent les plus
belles toiles de lin? — Qu'est-ce que la batiste? — Quelle différence
trouve t on, à l'usage, entre la toile de chanvre et celle de lin? —
Décrivez le *filage* du caret. — Qu'est-ce que le *commett ge*? —
Dites ce que vous savez sur la fabrication des cordes de toutes sortes.

LEÇON XXII

LE COTON.

Je vais, mes amis, vous faire passer un peu de ce beau duvet blanc; examinez-le bien, comme si vous vouliez en faire la description à quelqu'un qui n'en a jamais vu ni touché. Pour cela, pressez le doucement entre les mains, détachez-en une petite pincée pour l'étudier en détail. Séparez quelques *fibres* pour reconnaître leur longueur et leur grosseur. Prenez une fibre isolée entre le pouce et l'index de chaque main et tirez dessus jusqu'à la rompre, afin d'apprécier sa force. Puis, réunissant quelques fibres, tordez-les ensemble pour faire un petit bout de fil que vous essaierez de rompre.

Cet examen vous a déjà appris beaucoup de choses intéressantes.

Jules, savez-vous le nom de ce duvet ?

— C'est du coton.

Oui, et quand il a été, comme celui-ci, nettoyé, cardé et mis en couche régulière, on l'appelle de la *ouate*.

Quelle est la longueur des brins ou fibres ?

— A peu près deux centimètres.

Bien. Ce coton est de belle qualité, il a les fibres longues. Mais il y en a beaucoup dont la fibre ne dépasse guère un centimètre. Dans quelques espèces, assez rares, elle atteint trois centimètres. Voilà pourquoi, dans le commerce, on dit : du coton *longue soie* et du coton *courte soie*. On emploie le mot *soie* pour désigner le brin du coton à cause de son apparence lustrée et soyeuse.

Dites-nous, Alfred, d'où vient le coton.

— D'une plante.

Avez-vous vu, dans nos champs, des plantes qui produisent une sorte de duvet?

— Oui, le pissenlit.

C'est juste. Chaque graine de pissenlit est surmontée d'une aigrette, en forme de parachute, formée par une espèce de duvet. Mais les brins, assez courts d'ailleurs, sont fragiles, vous ne pourriez pas les tordre comme ceux-ci.

Citez-nous une autre plante à duvet.

— La viorne.

Bien. Vous avez des yeux qui savent voir et observer. Ce que nous appelons communément *viorne*, ou *vigne blanche*, ou *berceau de la Vierge*, est la clématite des haies. En automne, les fruits mûrs s'ouvrent et laissent voir les graines surmontées chacune d'un petit plumet soyeux. Mais ce duvet, outre qu'il est peu abondant, n'offre aucune solidité, on ne peut en faire usage.

Le coton que vous voyez entoure la graine d'une plante de la famille de la mauve (Malvacée) que l'on appelle cotonnier.

Les graines, grosses comme de petits haricots, mais en forme de poire, sont renfermées dans une coque ou *capsule* qui s'ouvre lorsqu'elle est mûre. On voit alors le coton sortir de tous côtés. C'est le moment de cueillir les capsules pour séparer le précieux duvet.

Louis, mettez dans votre main droite cette petite poignée de coton et dans la main gauche cette filasse de lin. Laquelle de ces deux substances vous paraît la plus chaude?

— C'est le coton.

J'ai dit *vous paraît* la plus chaude. En effet, ces deux substances étaient ici côte à côte sur ma table, à la même température. Mais, au contact de votre main, la filasse a soutiré une certaine quantité de chaleur qu'elle s'est appropriée, tandis que le coton en a pris à peine une quantité appréciable, de sorte qu'il vous paraît plus chaud que la filasse. Pour soulager une douleur causée par un refroidissement, vous vous trouveriez très bien d'appliquer sur la partie malade une couche d'ouate.

Les étoffes de coton sont plus saines que celles de lin ou de chanvre parce qu'elles prennent moins de chaleur à la peau et n'exposent pas à des refroidissements. Il faut surtout les préférer pour la confection des draps de lit, des chemises, des caleçons.

Le cotonnier est une plante qui ressemble beaucoup a la mauve, surtout par ses fleurs. Sa taille varie beaucoup suivant les pays et les climats.

Dans les régions ou il gele pendant l'hiver, le cotonnier est annuel, il ne s'élève pas à plus de 1 mètre 50 centimètres a 2 mètres. Mais dans les pays ou il fait chaud toute l'année, la plante devient vivace et atteint les proportions d'un grand arbrisseau. Il ne prospere d'ailleurs que dans les pays ou il fait chaud au moins pendant neuf mois de l'année. En général, il mûrit ses graines partout ou mûrissent bien les oranges.

Le cotonnier croît spontanement dans plusieurs parties de l'Asie et de l'Amérique. En Chine, on le cultive depuis un temps immémorial. Dans l'Inde et l'Égypte, son usage remonte aussi a une très haute antiquite. Lors de la découverte de l'Amerique, les habitants du Mexique, du Pérou et d'autres provinces s'habillaient avec des étoffes de coton. Il y avait même très longtemps qu'ils savaient utiliser cette plante, car on trouve dans des sépultures qui datent de plusieurs milliers d'années, de très belles étoffes, des cordes, des ornements en coton.

A mesure que les relations entre les peuples se multiplièrent, on propagea le cotonnier, si bien qu'aujourd'hui il est repandu partout ou le climat permet de le cultiver avec profit.

Les pays ou cette culture a pris le plus d'extension sont les Etats-Unis, l'Asie équinoxiale, le Brésil. Viennent ensuite la Jamaique, Cuba, la côte d'Afrique, l'Égypte, la Syrie, la Grece, Malte, etc. Notre colonie d'Algérie est en retard pour la production du coton. Cependant le climat lui paraît favorable. Ce qui empêche sans doute cette culture d'y prendre l'extension désirable, c'est la difficulté de se procurer des travailleurs à bon marché.

La culture du cotonnier est facile. C'est une plante robuste qui se contente d'un terrain médiocre et réclame peu de soins. Mais il faut souvent la défendre contre les insectes, les chenilles surtout.

Partout où on l'a introduit, le coton a été immédiatement apprécié. Les Chinois portèrent d'abord à l'excès leur enthousiasme pour la *laine végétale*, comme ils l'appelaient. Dès qu'ils eurent appris à utiliser le coton pour se faire des vêtements, chacun voulut se livrer à cette industrie qui promettait d'être très profitable. On en planta partout, même dans les régions beaucoup trop froides pour qu'il pût seulement y produire des feuilles. On ne rêvait plus que coton et cotonnier.

Par suite de cet engouement, on négligea toutes les autres cultures, et il en résulta une cruelle famine. Pour remédier à cet excès de zèle, l'empereur défendit, sous peine de mort, de consacrer plus d'un vingtième des terres à la culture du coton.

La récolte du coton consiste à cueillir les fruits ou *capsules* quand elles sont bien mûres, c'est à-dire ouvertes naturellement. Alors on détache facilement les graines entourées de leur duvet. Celui-ci adhère fortement à la graine, de sorte que l'épluchage fait à la main est un travail long et fastidieux qui augmenterait dans une proportion énorme la valeur du coton Heureusement on a inventé des machines très simples qui font vite et bien cette besogne.

Autrefois on jetait ou l'on utilisait seulement comme engrais les graines dont on n'avait pas besoin pour les semailles Depuis quelque temps on en extrait, par la pression à chaud, de l'huile qui est comestible, mais que l'on emploie surtout pour l'éclairage et pour la fabrication du savon. Les tourteaux des graines pressées servent à l'alimentation du bétail, comme les tourteaux de chènevis et de graines de lin

Les brins du coton étant beaucoup plus courts que ceux du lin et du chanvre, vous comprenez que le filage exige des précautions spéciales Lorsque l'industrie du coton s'établit définitivement en Angleterre, vers le milieu du seizième siècle, tout le travail se faisait à la main La France commença un peu plus tard l'essai de la nouvelle substance et emprunta à l'Angleterre les machines que l'on y inventa pour filer et tisser le coton.

Chez nous, les premières filatures à l'anglaise furent établies, sous le Consulat, par Richard et Lenoir-Dufresne, deux habiles industriels qui voulaient affranchir notre pays du tribut payé à l'étranger pour se procurer le fil ou les tissus de coton. Lenoir-Dufresne étant mort, Richard ajouta à son nom le premier nom de son associé, et ce nom de Richard-Lenoir est resté justement populaire.

Le coton arrive des pays de production en *balles* qui ont été comprimées dans des presses et liées avec de grosses cordes ou des lames de fer.

Lorsque le *filateur* a mêlé les différentes sortes, en proportions convenables, il procède à l'*ouvrage* et au *battage*, qui consistent à imprimer aux fibres une agitation violente pour les desserrer et les débarrasser des poussières et autres impuretés. Des machines fort ingénieuses se chargent de ce travail. Le coton entre d'un côté, passe entre des cylindres, puis entre des lames qui tournent rapidement, tandis qu'un vif courant d'air emporte la poussière ; il arrive à l'autre côté étendu en nappe ou les fibres sont entre-croisées et comme *feutrées*. Notez que ce feutrage des fibres est favorisé par des aspérités si fines qu'on ne peut les voir qu'au microscope.

Vous savez comment on peigne la filasse de chanvre et de lin. Il a fallu beaucoup de temps et d'essais pour arriver à faire mécaniquement ce travail, rendu facile, cependant, par la longueur des fibres. Les mêmes moyens ne pouvaient s'appliquer au coton. Aux peignes ordinaires on a substitué des *cardes*. Ce sont des rouleaux garnis de lames de cuir hérissées de courtes aiguilles recourbées, à pointe mousse. On fait passer le coton déjà nettoyé et étalé en nappe entre des rouleaux cardeurs qui redressent les brins, les égalisent, enlèvent les nœuds, et laissent sortir des rubans d ouate comme celle ci. Tout le déchet reste accroché aux aiguilles des cardes, et, par un mécanisme spécial, on les nettoie au fur et à mesure.

A ce point, le plus difficile est fait. Nous avons un ruban de fibres couchées dans la même direction, il n'y a plus qu'à le doubler, le tripler au besoin, puis à l'étirer pour l'allonger et l'amincir, comme s il s'agissait d'un ruban de fibres de lin.

Vous comprenez que, si l'on tord ce ruban, il formera un fil et que toutes les autres opérations ressembleront à celles que vous connaissez déjà à propos du lin et du chanvre

C'est un Anglais qui a inventé la filature mécanique du coton Les premières machines travaillaient déjà fort bien, mais on les a perfectionnées à tel point qu'aujourd hui un seul ouvrier surveille trente ou quarante bobines ou *broches* en activité, sans autre souci que celui de rattacher les fils cassés.

Le travail de ces machines est si régulier que l on sait, à quelques mètres près, la longueur du fil que doit produire un kilogramme de coton cardé. Ce fil se désigne, dans le commerce, par numéros qui représentent la longuenr d'un certain poids. Ainsi pour le n° 1, 1000 mètres de fil doivent peser 500 grammes ; pour le n° 2, 2000 mètres doivent peser 500 grammes, et ainsi de suite.

Voyons, Auguste, connaissez-vous des objets en coton ?

— Le fil, les mèches de lampe, les mèches de chandelle.

Bien. Ce fut sous forme de mèches de chandelle qu'on l'employa d'abord en France. Puis on essaya de le tricoter sous forme de gants, de bonnets, car le bonnet de coton, qui se perd de plus en plus, date de loin.

Avant d'en faire du fil et des étoffes, on le mêla timidement à la laine.

Maurice va nous dire s'il connaît des étoffes, des tissus de coton.

— Le calicot.

Tenez, voici un morceau de calicot plié en quatre et un morceau semblable de toile de lin. Les fils de ces deux tissus sont de même grosseur. Examinez-les bien et tâchez de noter les différences qui vous permettent de les distinguer. Cela est assez important, car le calicot coûte bien moins que la toile, et il ne faudrait pas se laisser vendre l'un pour l'autre.

Vous êtes embarrassé : je viens à votre aide.

Posez une main à plat sur chaque morceau. Lequel vous semble le plus froid ?

— Celui-ci.

Eh bien, si vous ne vous trompez pas sur la sensation que vous éprouvez, c'est la toile, car elle absorbe plus facilement que le coton la chaleur de la peau. Notez cependant que, pour comparer ainsi deux tissus, il faut qu'ils soient également secs. Le coton humide vous paraîtrait plus froid que la toile bien sèche

Maintenant, placez chaque morceau à la hauteur de l'œil et regardez leur surface. Celle du calicot est toute couverte de petits filaments Ce sont les bouts libres des brins de coton ; comme ces brins sont bien plus courts que ceux du lin, il est tout naturel qu'il en sorte un plus grand nombre qui donnent à la surface une apparence duveteuse. Dans les tissus neufs, ce duvet ne paraît pas Il a été *grillé*, ou collé par un *apprêt* I a même chose arrive pour une étoffe empesée et repassée. Ainsi, pour juger un tissu, quand on n'est pas grand connaisseur, il faut le laver et le sécher sans le repasser.

Je vais vous faire, en passant, une petite remarque à propos du coton. Autrefois les producteurs de toiles de lin et de chanvre voyant d'un mauvais œil le coton,qui leur faisait concurrence, cherchèrent à le discréditer de toute façon. Ils imaginèrent,entre autres calomnies, que ce duvet était vénéneux pour les plaies, de sorte qu'il est resté un préjugé sur ce point, dans les campagnes. Mais en réalité, le coton à l'état de ouate, de charpie ou de tissu est complètement inoffensif.

I es tissus fabriqués avec le coton sont très nombreux, et la mode en fait produire constamment de nouveaux. Les plus importants sont le calicot, le madapolam, la percale, le jaconas, la mousseline, le piqué, le basin, la finette, le molleton, les couvertures, les toiles à voiles Sous forme de tricot, on fabrique des gilets, des caleçons, des jupons, des bas, des chaussettes, des gants. Avec le fil de coton on fait les tulles, les imitations de dentelles. Ie fil, bien retors, sert pour la couture , demi-tors, on l'emploie aux raccommodages. I a ouate sert à doubler les vêtements, pour les rendre chauds sans les rendre raides ni lourds

Vous voyez, mes amis, combien est precieuse cette substance, et vous pouvez vous imaginer quel nombre d'ouvriers gagnent leur vie à la mettre en œuvre L'Angleterre est le pays ou l on travaille le plus de coton. Nous venons en troisième rang, car les Etats-Unis ont rapidement développé leurs manufactures depuis quelques années.

L'industrie cotonnière est surtout florissante dans les dépar-

tements de la Seine-Inférieure, Calvados, Orne, Eure, Nord,
Aisne et Somme : elle constitue une de nos principales sources
de richesse.

QUESTIONNAIRE

Qu'est-ce que la ouate ? — D'où provient le coton ? *Quelle est la
longueur des brins ou fibres du coton ?* — Quelle partie du cotonnier fournit les fibres ? — *Citez des plantes dont les graines sont garnies
de filaments soyeux* — A quelles plantes ressemble le cotonnier ?
— Décrivez sa graine. — Pourquoi la ouate semble-t-elle plus chaude
que la filasse ? — Pourquoi les vêtements de coton, en contact avec la
peau, sont-ils plus sains que ceux du lin ou du chanvre ? — Quel climat convient au cotonnier ? — De quel pays est-il originaire ? — Citez les pays où il est spécialement cultivé — Peut-il prospérer en
Algérie ? — Comment se fait la récolte du coton ? — Utilise-t-on sa
graine ? — Dans quelle partie de l'Europe a-t-on commencé le travail,
en grand, du coton ? — Qui introduisit en France les machines anglai-
ses pour le filer et le tisser ? — Comment arrive chez nous le coton ?
— Quelles opérations lui fait-on subir avant le filage ? — Qu'est-ce
qu'une carde ? — Comment s'obtient le ruban de coton bon à être
tordu pour en faire un fil ? — Dans quel pays a-t-on inventé la filature mécanique du coton ? — Citez les usages principaux du coton —
Comment distingue-t-on facilement le calicot et la toile ? — Quels
tissus de coton connaissez-vous ? — Citez des objets tricotés en coton
— Quels sont les pays où l'industrie du coton est le plus développée ?
— Citez nos départements où l'on travaille le plus le coton.

LEÇON XXIII

LA LAINE.

Voici, mes amis, trois petites touffes de laine Je vous invite à les examiner soigneusement Ce qu'il vous importe surtout de reconnaître, c'est la longueur des brins, leur finesse, leur force, leur disposition droite, ondulée ou frisée La couleur est une qualité seconde, cependant, nous pouvons due de suite que l'on préfère les laines blanches à celles qui sont noires ou brunes.

Henri, dites nous votre opinion sur la première touffe, la plus longue.

— Les poils sont gros, forts et presque droits.

Bien, c'est de la laine commune Elle est un peu rude au toucher Si vous saisissez isolément par la pointe un de ces poils et que vous le fassiez glisser entre le pouce et l'index de la main droite, vous sentirez qu'il n'est pas lisse comme une fibre de lin. Si vous recommencez en le saisissant par l'autre extrémité, par la racine, il vous semblera lisse et uni. Voici l'explication de cette différence. Quand on regarde au microscope un brin de laine, on voit qu'il consiste non pas en un fil régulièrement conique, c'est-à-dire s'amincissant graduellement de la racine à la pointe, mais bien en une série de petits tubes à bords déchiquetés qui s'emboîtent les uns dans les autres comme une série de cornets de papier. Les bords libres des tubes forment ainsi autour du poil des sortes de fines écailles. Ce sont elles qui font paraître rugueux, au toucher, les poils de laine commune. Dans les laines fines, le tact le plus délicat les distingue à peine.

Louis, quelle est la longueur moyenne des brins de laine de la première touffe?

— Douze à quinze centimètres.

Pour la laine de nos pays, c'est une taille peu commune, mais il y en a de 25 à 30 centimètres.

Alfred va nous dire quel animal fournit la laine.

— Le mouton.

Bien. Et comment appelle-t-on l'ensemble de la laine d'un mouton?

— Une toison.

Comment enlève-t-on la toison?

— On la coupe avec des ciseaux.

C'est l'ancienne manière de procéder. Aujourd'hui on se sert de *tondeuses* mécaniques. Ce sont des sortes de peignes dont les dents sont coupantes. Supposez deux peignes à dents coupantes superposés. Si vous les faites glisser un peu en travers, les poils qui se trouveront pris entre les dents seront coupés. La tondeuse agit de la sorte. On donne le mouvement aux peignes coupants au moyen des manches, manœuvrés par les deux mains.

Gustave va nous dire comment on appelle cette opération qui consiste à couper la toison des moutons.

— Elle se nomme la *tonte*.

Est-ce que l'on tond plusieurs fois le même mouton?

— On tond les moutons tous les ans, au printemps.

Comment prépare-t-on le mouton pour le tondre?

— On le lave.

Bien, cette opération se fait ordinairement dans l'eau courante, mais quelquefois on préfère baigner et frotter les moutons dans des cuves ou baignoires en bois afin d'utiliser l'eau de lavage.

Cette eau est bien sale. Elle contient toutes les souillures de la toison, et une matière grasse nommée *suint* qui donne une odeur spéciale à la laine. De plus, elle dissout une certaine quantité de potasse qui se trouvait mêlée au suint, et comme la potasse est assez rare, on a trouvé moyen de la retirer de l'eau de lavage.

Il y a des contrées où on ne lave pas les moutons avant de

les tondre. Aussi l'on distingue deux grandes catégories de toisons : les laines *en suint* et les laines *lavées*.

Lucien va nous dire ce qu'il pense du troisième échantillon.

— C'est de la laine courte, tres fine et toute frisée. Elle mesure deux à trois centimètres.

Cette laine de qualité supérieure est fournie par une race spéciale de moutons originaire d'Espagne ou du moins formée par les bergers espagnols. Autrefois l Espagne seule possédait cette race précieuse de moutons dits *mérinos*. Mais on l a introduite peu a peu dans tous les pays ou l on se livre en grand a l'élevage des moutons. Cependant, comme la race mérinos est délicate et demande plus de soins que les autres, elle ne peut remplacer partout les races plus robustes, plus agrestes, dont la laine a moins de valeur.

Souvent on se contente de croiser les mérinos avec des races communes, pour que leurs descendants forment une race intermédiaire ou, comme l'on dit, une race *métis*. Quelquefois aussi on doit se contenter de ce que l'on a, garder les vieilles races du pays et chercher seulement à les améliorer par les soins et la bonne nourriture. L'hygiène, en effet, c'est à-dire les soins et la nourriture, influe sur la qualité de la laine comme sur celle de la viande, et quiconque soigne ses bêtes est amplement payé de sa peine

Ernest, examinez maintenant l echantillon qui porte le n° 2 et dites-nous en quoi il diffère des deux autres.

— Les brins sont plus courts, plus fins et plus crépus que ceux du n° 1 ; mais ils ne sont ni aussi courts, ni aussi fins, ni aussi frisés que ceux du n° 3.

Tres bien. Vous savez regarder et dire ce que vous voyez Cette qualité, qui tient le milieu entre la laine commune et la laine merinos, provient de moutons métis.

Vous comprenez qu'entre ces trois qualités ou *types* on en pourrait grouper une foule qui s'en rapprochent plus ou moins. Les gens du métier, les marchands de laine et les acheteurs ont une série de noms pour les désigner. L'habitude les leur fait distinguer bien vite, au toucher et à l'œil. Remarquons d'ailleurs que dans une même toison la laine est tres différente dans les diverses parties. Le marchand ou le fabricant sont obligés de mettre ensemble les parties de même qualité pour former des *balles* semblables à des échantillons ou types déterminés.

La France produit beaucoup de laines. Les plus estimées viennent de la Beauce, la Champagne, la Brie et la Picardie. L'Algérie fournit aussi son contingent, mais la production de notre pays ne suffit pas pour alimenter toutes nos fabriques. Nous achetons des laines à la Russie, à l'Allemagne, à l'Australie, à l'Amérique méridionale.

Alfred, à quoi sert la laine?

— A faire du drap, des couvertures.

Louis, à quoi encore?

— A faire des bas, des bonnets, des chaussons.

Et vous, Henri?

— La laine sert aussi à faire toutes sortes d'étoffes.

Et pour cela, François, comment faut-il préparer les brins de laine?

— On en fait des fils, comme ceux du lin et du chanvre, mais plus gros et moins forts.

Bien. Il faut commencer par filer la laine, comme on file les fibres végétales. Autrefois les femmes la filaient au fuseau, puis au rouet. C'était un travail pénible et fastidieux. Aujourd'hui les machines se chargent de cette besogne.

Avant de livrer la laine aux machines, on la divise en deux grandes classes : la laine longue, destinée à être peignée ; la laine courte, destinée à être cardée.

Occupons nous d'abord de la laine peignée.

La première opération que subit la laine dans la filature est un nettoyage à fond dans de l'eau chaude qui contient de la potasse ou de la soude. Ensuite on la rince dans l'eau pure, on la comprime pour faire écouler l'eau et on la sèche dans de grandes salles chauffées et ventilées.

Suivons maintenant la laine dans la série de mécanismes qui vont la disposer en fils.

On l'enduit d'un peu d'huile pour qu'elle glisse plus facilement. Elle passe d'abord entre une série de cylindres *cardeurs,* munis de dents, puis une carde spéciale la détache sous forme de nappe comme la ouate, et cette nappe, étirée, amincie, se transforme peu à peu en un ruban. Alors commence le peignage proprement dit, qui a pour objet de ranger parallèlement tous les brins. Cela se fait par un mécanisme analogue à celui employé pour le coton. Mais, comme les brins de laine ont une tendance à se relever et à se contourner en sortant d'entre les cylindres qui étirent le ruban, on place en face de ces cylindres des sortes de peignes dont les dents entrent dans le ruban et maintiennent les fibres à peu près parallèles. Ce ruban passe dans un bain d'eau de savon où il se dégraisse, puis entre des cylindres chauffés qui le sèchent et produisent une sorte de repassage Deux ou trois rubans sont alors réunis, étirés et légèrement tordus pour former un fil.

Les machines qui exécutent tout ce travail sont fort compliquées. Ce sont des chefs-d'œuvre de mécanique. Elles fonctionnent avec une précision merveilleuse, accomplissant leur tâche mieux que l'homme ne pourrait le faire, et avec une incomparable rapidité.

Les fils préparés avec de la laine longue, peignée, sont destinés à la confection des étoffes lisses.

Quand une étoffe doit être poilue ou *feutrée*, il vaut mieux employer des fils préparés avec des laines courtes cardées.

Avant d'aller plus loin, je dois vous expliquer ce qu'on entend par feutrage, étoffe feutrée.

Vous savez que les brins de laine sont couverts de fines écailles qui les rendent rugueux, raboteux. En outre, la plupart, surtout après le dégraissage, ont une tendance à se contourner, à friser. Quand on presse en différents sens des brins de laine en les serrant le plus possible, si on les fait battre par des pilons, les filaments se croisent, se mêlent, s'enchevêtrent, se resserrent au point de former une sorte d'étoffe solide, le feutre. Si l'on travaille de la même manière un tissu de laine, la même chose se produit, à un moindre degré, elle s'épaissit, prend du corps, se feutre. La laine courte est spécialement propre au feutrage, parce qu'elle s'enchevêtre plus facilement que la longue

La laine cardée se prépare d'abord comme celle destinée au peignage, mais, en sortant des cardes, au lieu d'être lissée et peignée, elle est reprise par une carde spéciale qui la divise tout de suite en rubans qu'un mécanisme roule en boudins. Ces boudins passent dans une machine à filer qui donne aux fils une torsion plus prononcée que s'il s'agit de laine peignée.

Les principaux tissus fabriqués avec la laine peignée pure ou mélangée de soie ou de coton sont le *mérinos*, la *mousseline-laine*, le *cachemire d'Écosse*, le *reps*, le *satin de Chine*, le *velours d'Utrecht*; les *peluches*, les *satins-laines*, les *lastings*, les *orléans*, les *alpacas*, les *cachemires français*.

Avec la laine cardée on fait les *draps*, les *couvertures*, les *flanelles*.

Nous aurons occasion de revenir sur ces diverses fabrications, quand nous parlerons des tissus et de leurs principaux centres de fabrication.

Maintenant, mes amis, nous allons examiner rapidement ces échantillons.

André, voyez les bien et dites-nous ce que c'est.

— C'est de la laine.

Oui et non. On a réservé le nom de laine aux poils du mouton. D'autres animaux ont des poils aussi souples, aussi fins, doués des mêmes propriétés, mais on leur conserve le nom de *poils* Ainsi l'on dit : du poil de chameau, d'alpaca, de vigogne, de chèvre.

Les poils du chameau sont ordinairement plus longs, plus gros, plus rudes que la laine commune. Cependant, en Asie, dans le nord de l'Afrique, on l'emploie, en guise de laine, à la confection de cordes, de tissus et de feutres.

L'Amérique ne possède pas le chameau. Mais dans les parties élevées et froides des montagnes du Pérou et de la Bolivie, on trouve des ruminants du même genre : le lama ou *guanaco*, l'alpaca (on dit aussi alpaga) et la vigogne.

Comme le chameau, le lama sert de bête de somme, mais il est petit et faible. On ne peut guère lui faire porter plus de 100 livres. Depuis un temps immémorial, les habitants se servent de ses poils laineux, frisés, doux au toucher et très brillants, pour confectionner des étoffes très durables et si bien tissées qu'elles sont à peu près imperméables.

La vigogne ressemble beaucoup au lama, mais elle n'est guère plus grande qu'un chevreuil. Elle vit à l'état sauvage par troupes nombreuses. Au lieu de l'élever en domesticité, les Indiens la chassent et la tuent pour s'emparer de sa toison, qui est d'une finesse remarquable. On en fait des tissus plus brillants que ceux de laine.

L'alpaca, sorte de petite vigogne, n'a de longs poils laineux que le long des côtés du cou et sur les flancs. Ces poils sont doux au toucher, lustrés, et s'emploient avantageusement, mélangés à la laine, pour fabriquer les *damas* pour meubles; mélangés au coton, pour faire des *orléans*.

Vous avez peut être entendu parler des *cachemires* de l'Inde. Ce sont des étoffes d'un tissu serré, à peu près lisse, légères et moelleuses, qu'il est impossible d'imiter complètement même avec les plus fines laines mérinos. Ces étoffes précieuses, d'un prix élevé, fabriquées spécialement dans la vallée de Cachemire (d'ou leur nom), sont faites avec les poils longs, soyeux, extrêmement fins, de la chèvre du Thibet. Quelquefois on y mêle les poils à peu près semblables de la chèvre d'Angora, dans la Turquie d'Asie.

Tels sont les animaux les plus intéressants au point de vue de leur dépouille applicable à la fabrication des tissus. Mais, puisque nous avons mentionné le *feutre* comme une sorte d'étoffe non tissée, formée par le simple enchevêtrement de laine ou de poils, notons en passant que l'on emploie dans la fabrication des feutres fins, tels que ceux dont on fait les chapeaux, le poil du lapin, du lièvre, et surtout, pour les belles qualités, celui du *castor*, qui ne vit plus guère en Europe, mais que l'on trouve encore aux bords des rivières du Canada

Voyons, maintenant, si vous avez bien saisi les points les plus importants de cette leçon.

QUESTIONNAIRE.

Les brins de laine forment ils une sorte de fil lisse ? — D ou proviennent les aspérités des brins de laine ? — Quel animal fournit la laine ? — Comment s'appelle l ensemble de la laine d un mouton ? — Comment enlève t on la toison ? — Quel nom donne-t on à cette opération ? — A quelle époque se fait la tonte ? — Comment prépare t on le mouton pour la tonte ? — Quel nom donne-t-on à la matière grasse de la laine ? — Qu'est-ce qu'une laine en suint et une laine lavée ? — D'où proviennent les moutons mérinos ? — Quel nom donne-t-on aux races communes croisées avec les mérinos ? — Quelles sont les qualités de la laine mérinos, de la laine metis et de la laine commune ? — Quelles sont en France les régions qui produisent le plus de laine ? — Dites à quoi sert la laine. — Quelle préparation subit la laine chez le fileur ? — Quelles laines destine-t-on à être peignées, cardées ? — Décrivez comment la laine est peignée et filée mécaniquement. — En quoi diffère essentiellement le travail de la laine cardée ? — Qu'entendez-vous par feutrage de la laine ? — Nommez des tissus fabriqués avec de la laine peignée, d'autres fabriqués avec de la laine cardée. — Quels sont les animaux dont les poils ressemblent à la laine et servent à faire des étoffes ? — Citez des animaux dont les poils sont employés à la confection des feutres pour chapeaux.

LEÇON XXIV

LA SOIE.

Je suppose, mes amis, que vous avez tous vu des chenilles. Vous savez quels dégâts elles commettent dans les jardins, les vergers, les champs, les bois. Je vous ai dit souvent qu'un moyen efficace de limiter leur multiplication consiste à respecter, à proteger les oiseaux qui en détruisent des milliers pour nourrir leurs petits.

La loi s'est occupée de leur destruction Elle prescrit, dans certaines conditions, l'échenillage En hiver et au printemps, un peu avant l'éclosion des feuilles, on coupe les branches d'arbre qui portent ce que l'on appelle des nids de chenilles Ces nids consistent en une sorte de toile d'araignée très compliquée, formée de fils fins mais très forts Dans ce nid se trouvent logées des centaines de petites chenilles qui n'attendent qu'un peu de chaleur pour ravager l'arbre qui leur donne asile.

Vous avez vu dans les pommiers ce que l'on appelle des toiles, des bourses de chenilles Quelquefois les pauvres arbres en sont couverts. Les feuilles, les bourgeons sont dévorés Adieu récolte. Il aurait fallu, dès l'apparition des premières toiles, les couper et les brûler.

Les chenilles filent ces toiles pour se mettre à l'abri. Ce sont de bonnes ouvrières, des travailleuses infatigables, mais malheureusement nous ne profitons pas de leur travail Le fil qu'elles produisent nous est inutile, et rien ne compense les dommages qu'elles nous causent.

Il y a cependant quelques rares exceptions, une surtout, dont je vais vous entretenir aujourd'hui.

Mais d'abord il nous faut faire un peu d'histoire naturelle.

Toutes les chenilles ne vivent pas en commun dans de grands nids comme celles dont je viens de vous parler. La plupart vivent solitaires: chacune travaille pour son compte

Au printemps ou pendant les premiers jours d'été, elles sortent d'un petit œuf, gros à peine comme une tête d'épingle.

Quand la chenille vient d éclore, on dirait un petit ver long de deux à trois millimètres. La table est mise, elle ne perd pas une minute : elle attaque une feuille tendre à peine sortie du bourgeon. La petite chenille, grâce à son robuste appétit, grandit à vue d'œil. Sa peau s'étire, s'allonge, se gonfle, mais enfin elle est trop petite, elle craque, se fend, et la chenille en sort habillée de neuf, elle change de peau comme on change d habit Au bout de quelques jours recommence la même cérémonie.

Quand la chenille est devenue une grande personne, elle se prepare pour un événement considérable, son dernier changement de peau, ou comme on dit, sa dernière *mue*. Quelquefois elle s'enfonce dans la terre ou bien elle se met à l'abr. sous une branche, dans une fente d'écorce, sous la partie saillante d'un toit, etc Une fois le lieu choisi, elle file un peu de soie pour s'attacher solidement au bois ou à la pierre. Souvent même elle s'enveloppe tout entière dans une toile plus ou moins compliquée au centre de laquelle on la voit se construire une logette bien confortable, tapissée de soie.

Quand les préparatifs sont terminés, la chenille semble s'endormir. Mais bientôt on voit sa peau se fendre et, cette fois, ce n'est pas une chenille plus grande qui sort du vêtement trop étroit, mais quelque chose de tout différent : une *chrysalide* grosse, courte, recouverte d'une peau mince, lisse et dure, bizarrement hérissée de parties saillantes Mais ce n'est là qu'un état transitoire. Attendons un dernier changement de peau

Ernest, pouvez-vous nous dire ce qui sortira de la chrysalide?

— Un papillon.

Oui, et comme le papillon ne ressemble guère à l humble chenille, on appelle *métamorphose*, ou changement de forme, cette veritable transformation.

Il y a des papillons qui volent pendant la journée, visitant les fleurs pour y pomper les liqueurs sucrées dont ils se nourrissent. D'autres se tiennent cachés pendant le jour et ne volent qu'après le coucher du soleil. C'est pour cela qu'on les appelle papillons de nuit. Ils sont d'ordinaire plus gros que les papillons de jour; leurs antennes ressemblent à de petites plumes; leurs couleurs sont ternes, grisâtres.

Cette classe des papillons de nuit est remarquable aussi par la manière dont elle prépare sa métamorphose. Elle y met un soin tout particulier. Les chenilles des papillons de nuit sont toutes de bonnes ouvrières et se filent, pour leur dernière mue, une demeure confortable. Toutes s'entourent d'une coque de soie nommée *cocon*, dont l'achèvement leur coûte trois ou quatre jours de travail presque continu.

On a essayé de faire des tissus avec des toiles d'araignée, il n'est donc pas étonnant qu'on ait pensé à utiliser les fils fins, réguliers et assez résistants que filent les chenilles des papillons de nuit. Il paraît que les Chinois ont eu les premiers cette idée plusieurs milliers d'années avant notre ère. Ils essayèrent de dévider les cocons de la plupart des grosses chenilles. Malgré leur patience et leur adresse bien connues, ils ne réussissaient qu'à demi, lorsqu'enfin ils trouvèrent sur le mûrier une chenille de taille moyenne qui se construisait un beau cocon bien régulier, formé d'un fil fort, légèrement gommé, qui se laissait dévider sans se rompre.

Ce fut une grande découverte. L'empereur en fut informé, il en comprit de suite l'importance, encouragea les essais, et sa famille même y prit part. On planta des mûriers dans les jardins impériaux, on y déposa de jeunes chenilles et ce fut ainsi que commença l'éducation du *ver à soie* ou chenille de la soie, qui prospéra parfaitement en domesticité. Dès la première année on récolta des cocons en quantité suffisante pour fabriquer avec leurs fils, la première étoffe de soie.

Grâce à l'initiative de l'empereur, la culture du mûrier et l'éducation du ver à soie se répandirent rapidement dans toutes les régions tempérées de la Chine. Puis la nouvelle industrie, de plus en plus prospère, passa au Japon, dans l'Inde et dans toute l'Asie. Elle tarda beaucoup à s'implanter dans l'Europe méridionale En France on aimait fort à la cour les habits de soie que l'on payait très cher à l'étranger, mais personne ne pensait a doter le pays de cette industrie, quand Olivier de Serres proposa au roi Henri IV de faire quelques essais, dans le jardin des Tuileries. Le ministre Sully, très économe et très circonspect, chercha à dissuader le roi de ces expériences, disant que « la France n'avait pas besoin de s'occuper de pareilles babioles », mais son collegue l'emporta ; les essais se firent, le succès fut complet, et Henri IV encouragea libéralement les plantations de mûriers et l élevage des vers à soie dans nos départements du Midi. Aujourd hui la France produit environ 600,000 kilogrammes de soie par an , sa mise en œuvre emploie plus de 150,000 ouvriers, et rapporte 500,000,000 de fr. Le Japon, l'Inde en produisent autant que la France, la Chine et l'Italie cinq fois plus On calcule qu'en Europe et en Asie, la production totale est d'environ 9,000,000 de kilogrammes C est a une humble chenille chinoise, au ver à soie, que l'on doit cette richesse Vous voyez, mes amis, il mérite bien que vous fassiez sa connaissance.

C'est surtout dans le Vivarais et la haute Provence qu'on se livre, chez nous, à l'élevage des vers a soie On appelle *magnaneries* les maisons ou l'on se livre a cette industrie

Dans la magnanerie, les chambres ou *chambrées* sont garnies de claies superposées qui ne laissent entre elles que juste assez de place pour circuler.

Le mûrier commence à végéter vers les premiers jours d'avril Quand les premières feuilles sont suffisamment développées, on fait éclore les œufs pondus par les papillons de l'année précédente. Pour cela, on les place dans une chambre chauffée Au bout d'une douzaine de jours ils deviennent blanchâtres, signe de l'éclosion prochaine des vers On les couvre alors de feuilles de papier percées de trous. A mesure qu ils éclosent, les petits vers traversent ces trous, on place sur le papier des rameaux de mûriers ou ils montent pour chercher leur premier repas. On transporte alors ces rameaux dans la chambrée ou doit se passer l'existence du ver a soie.

Sa vie est partagée en cinq âges qui correspondent a autant de *mues* ou changements de peau, et qui comprennent en tout de trente-deux à trente-quatre jours. Pendant tout ce temps il faut maintenir les chambrées à une température de 16 à 18 degrés, fournir aux vers une nourriture toujours fraîche, et veiller scrupuleusement à la propreté, sous peine de les voir périr par milliers.

Environ dix jours après sa quatrième mue, le ver ne mange plus, il lève et dandine le cou, comme s'il cherchait quelque chose, il cherche, en effet, un endroit commode pour commencer son grand travail, pour filer le cocon ou il veut s'enfermer pour se préparer tranquillement a sa dernière metamorphose. On voit alors un fil de soie sortir de deux *filières* tres rapprochées qui se trouvent près de la lèvre inferieure. Les deux fils encore humides se collent l'un contre l'autre, et l'œil ne peut plus les distinguer. Si l'on examine ce fil au microscope, on distingue facilement les deux parties qui le composent. Le microscope permet d'ailleurs de reconnaître au premier coup d'œil la nature des fils des divers tissus.

En effet, les brins de laine paraissent formés d'une série de cônes à bords frangés emboités les uns contre les autres, la fibre du coton est contournée et ponctuée, tandis que le fil de soie est lisse et régulier.

Partout ou le ver pose la tête, il attache son fil et le traîne en tous sens, jusqu'à ce qu'il rencontre une encoignure, ou mieux des rameaux ou il puisse construire son cocon Les éleveurs lui fournissent pour cela des tiges de bruyère dans lesquelles il monte et se met aussitôt à l'ouvrage. Au bout de trois jours, si l'on ouvre le cocon, on y trouve une chrysalide et la derniere peau de la chenille

Au bout de vingt jours la chrysalide se fend, le papillon qui en sort humecte une extrémité du cocon, la frotte, la pousse avec sa tête et y fait un trou assez grand pour lui livrer passage On place ensemble un certain nombre de papillons sur des claies couvertes de papier et au bout de deux ou trois jours ils pondent des œufs que l'on conserve pour la saison suivante.

Telle est la vie de la chenille de la soie.

Mais les cocons percés n'ont pas de valeur, on ne peut en dévider la soie, aussi ne laisse t-on éclore que juste assez de papillons pour produire le nombre d'œufs nécessaires. Quant aux autres, on les tue à l'état de chrysalide, en les plaçant dans une armoire chauffée par de la vapeur d'eau bouillante, et l'on dessèche avec soin les cocons pour les envoyer aux filatures.

Dans les filatures de soie on dévide les cocons et l'on réunit plusieurs fils simples pour former un fil de soie du commerce.

On appelle *tirage* l'opération qui consiste à dévider le cocon Voici comment on procède. L'ouvrière se place devant un bassine d'eau très chaude, elle y plonge une poignée de cocons et les agite au moyen d'un petit balai. L'eau chaude ramollit l'espèce de gomme qui colle les fils, de sorte qu'en tirant sur ceux de la surface, on les détache facilement. Ceux-là sont irréguliers, entremêlés, c'est de la *bourre*; on les met à part, pour un usage spécial. Avec de l'habitude, l'ouvrière trouve assez vite le bon fil, celui qui se continue sans interruption et mesure environ 1,500 mètres Elle en réunit six et les fait passer sur un dévidoir mu par une machine Ces fils sont couverts naturellement d'une matière gommeuse que l'eau chaude a ramollie. Dans leur route vers le dévidoir, ils se collent ensemble et une fois refroidis ne forment plus qu'un seul *brin* ou fil de soie grège Ensuite on réunit deux, trois ou quatre brins et on les tord plus ou moins selon l'usage auquel on les destine C'est dans cet état qu'on la vend aux tisseurs ou fabricants d'étoffes

Mais, avant d'employer cette soie *moulinée* c'est-à-dire doublée et tordue, les fabricants la livrent au teinturier Si on la destine à faire des étoffes blanches ou de couleur claire, on commence par la *blanchir* au moyen de la vapeur de soufre. Je ne vous décrirai pas les procédés de teinture, cela nous entraînerait trop loin Je termine en vous citant les principaux tissus de soie.

Lyon est chez nous le grand centre de cette industrie qui produit près de 500,000,000 de francs Là on fabrique le *satin*, la *faille*, le *taffetas*, la *moire*, le *velours*, la *gaze*, la *grenadine*, les *rubans*, la *peluche* et une grande variété de tissus dans lesquels la soie est mélangée de laine ou de coton.

On utilise aussi la soie emmêlée, la bourre qui entoure le cocon. On la carde, on la file et on l'emploie à la confection de tissus dits de *fantaisie*.

Depuis quelques années l'élevage des vers a soie donne peu de bénéfices parce qu'ils sont atteints de maladies épidémiques, contagieuses, qui font périr en quelques jours tous les sujets d'une magnanerie. Aussi l'on s'occupe activement de chercher un remède contre ces maladies, l'on essaie d'élever d'autres chenilles dont les cocons peuvent se dévider. On en connaît plusieurs, en Asie, qui fournissent une soie propre au tissage. Elle est moins fine, moins brillante, mais plus forte que celle de la chenille du mûrier, on commence à en fabriquer d'excellentes étoffes.

On a essayé en France, d'élever une grosse chenille originaire de la Chine et du Japon, qui vit sur l'*ailante*, nommé à tort *vernis du Japon*, dont le feuillage ressemble a celui du frêne. Les premiers résultats sont assez encourageants pour que l'on espère bientôt une réussite complete. Toutefois cette chenille, qui produit un grand papillon nocturne (Attacus cynthia), ne peut pas faire concurrence complete à celle du mûrier (Bombyx mori), parce qu'elle est beaucoup moins fine. En revanche, l'élevage de l'insecte se fait à peu près tout seul, il vit en plein air, sur les arbres, et l'on n'a guère d'autre peine que celle de planter des ailantes et de recolter les cocons. Cette vie rustique semble d'ailleurs devoir les preserver des maladies épidémiques qui menacent de ruiner les éleveurs de vers à soie.

Vous voyez, mes amis, qu'il ne faut rien négliger, et surtout rien mépriser dans la nature. Une pauvre chenille, privée de tout ce qui nous charme d'ordinaire, est devenue pour beaucoup de pays une source de grandes richesses. Il a suffi pour cela qu'une personne attentive, curieuse, étudiât ses mœurs, pour arriver à l'élever en domesticité. On croit généralement que les découvertes arrivent par hasard; c'est une erreur. Le plus souvent elles résultent de la recherche, de l'etude, de la réflexion, de l'habitude d'interroger toutes choses et d'expérimenter avec une intention déterminée. Quiconque réunit ces qualités peut espérer faire quelque découverte utile ou du moins apporter quelque amélioration dans la pratique des arts et des métiers.

Soyez donc curieux. Mais donnez une direction à votre curiosité, chacun selon ses goûts, ses aptitudes, et surtout selon l'état auquel il se destine. Tout est nouveau et inconnu autour de vous. Car vous ne connaissez pas bien les objets les plus familiers Vous ne les avez pas interrogés, étudiés; vous ne les avez pas bien vus C'est surtout pour vous habituer à bien voir avec les yeux du corps et de l'intelligence, que j'aime a causer avec vous de choses familières que chacun doit savoir, quelle que soit sa position.

QUESTIONNAIRE.

Pourquoi faut-il détruire les chenilles? — Racontez la vie et les transformations ou métamorphoses d'une chenille — Comment distingue t-on les papillons de jour et ceux de nuit? — Sur quel arbre vivait la chenille dont on dévida les premiers cocons en Chine? — *Comment fut fondée et encouragée en Chine l'éducation des vers à soie?* — Qui introduisit cette industrie en France? — Donnez nous une idée de son importance actuelle. — Dans quelles parties de la France élève t on principalement les vers à soie' — Que fait le ver à soie après la quatrième mue? — Comment en pêche-t on les papillons de percer les cocons? — Expliquez le travail du dévidage d'un cocon — Comment se compose le brin de soie grège? — Qu'est ce que la soie moulinée? — Quel est en France le centre de la fabrication des soieries? — A quoi sert la bourre du cocon ou bourre de soie? — La chenille de l'ailante produit elle une soie aussi belle que celle du mûrier? — Quels avantages pourrait-on retirer de son élevage en grand?

LEÇON XXV

LES TISSUS.

Mes amis, voici diverses étoffes qui vont, j'espère, nous fournir le sujet d'une intéressante leçon.

Jean, dites-nous le nom de celle-ci.

— C'est de la toile.

Avec quoi l'a-t-on faite ?

— Avec des fils de lin, de chanvre ou de coton.

Regardez plus attentivement, et tâchez de reconnaître quelle matière première on a employée.

— Je crois que c'est du lin.

Pourquoi ?

— Parce que le fil est plus brillant que celui du chanvre et du coton.

Ernest va nous dire comment s'appelle l'ouvrier qui fait de la toile.

— Un tisserand.

Pourquoi ce nom ?

— Parce qu'il tisse les fils.

Maintenant, Lucien, dites-nous ce que c'est que tisser....... et surtout ne répondez pas « c'est faire de la toile avec des fils », car cela ne nous apprendrait rien de nouveau

— C'est entrecroiser des fils bien serrés.

Bon, le tissage consiste essentiellement dans l'entrecroisement des fils.

Et comment s'appelle l'outil, la machine qui sert à produire cet entrelacement de fils serrés l'un contre l'autre qui produit une étoffe ?

— Le métier à tisser.

Très bien, je sais que plusieurs de vos camarades n'auraient pas pu répondre comme vous. Je vous ai choisi parce que vous avez eu l'occasion d'entendre parler de ce qui se rapporte au tissage.

Autrefois, avant l'invention des machines compliquées qui exécutent la plupart des travaux dans les manufactures, on filait à la main, on tissait au moyen d'un métier tout à fait primitif improvisé avec quelques morceaux de bois. C'est encore ainsi que l'on fait les étoffes dans quelques contrées de l'Asie et de l'Afrique. Mais dans les pays civilisés, en même temps que les machines à filer remplaçaient la quenouille et le rouet de nos grand'mères, on inventait des machines à tisser non moins ingénieuses qui fonctionnent vite, régulièrement et ne se lassent jamais. Cependant on ne peut pas leur confier toutes sortes de travaux. Il y en a qui exigent un soin et une délicatesse dont la main de l'homme est seule capable.

Je ne vous décrirai point ces machines. Elles sont trop compliquées pour que vous en compreniez le fonctionnement. Mais je vais essayer de vous donner une idée générale du tissage.

Les étoffes ordinaires sont composées de fils de deux espèces : les *fils de chaîne* disposés parallèlement suivant la longueur, et les *fils de trame* qui passent alternativement en dessus et en dessous des fils de chaîne, en travers, c'est-à-dire dans le sens de la largeur.

Les fils de chaîne sont fortement tendus sur le métier où ils forment une nappe continue. Il faut pour cela, qu'ils offrent une assez grande résistance. Aussi leur préparation demande des soins spéciaux.

On les dispose d'abord sur une sorte de grand dévidoir nommé *ourdissoir* où ils s'arrangent parallèlement sans se mêler. De là ils passent dans un bain de pâte de farine ou d'amidon qui leur donne de la raideur et de la force, c'est l'*encollage*. Au sortir de ce bain ils sèchent à l'air et s'enroulent sur un cylindre de bois placé en tête du métier. A mesure que l'étoffe est tissée, ce cylindre se déroule et offre à l'ouvrier une nouvelle longueur de fils de chaîne ; car ces fils ont la longueur même de la pièce, c'est-à-dire de 10 à 30 mètres.

Chaque fil de chaîne est passé dans un anneau. Chaque anneau est relié par un fil à une tringle soutenue au dessus du métier par un levier que l'on peut lever ou baisser à volonte. Il y a deux tringles semblables : à l'une, n° 1, sont reliés les fils de rang pair, à l'autre, n° 2, les fils de rang impair.

Le tisserand, appuyant les pieds sur des pédales, fait lever la tringle n° 1 et baisser le n° 2. Les fils de la chaîne se trouvent ainsi separés en deux nappes formant un angle. Dans cet intervalle, il passe une *navette* d'ou se déroule un fil de trame. C'est le premier temps. Il lâche les pédales et les fils de chaîne reprennent tous la position horizontale, emprisonnant, deux par deux, le fil de trame Au second temps, le tisserand fait lever la tringle n° 2 et baisser le n° 1. Les fils se séparent de nouveau, mais en sens inverse. La navette passe un second fil de trame. Le travail continue ainsi.

Mais les fils de trame livrés à eux mêmes entre les deux nappes de chaîne ne se rangeraient pas régulierement Le tissu serait lâche et irrégulier Pour empêcher cela, on a recours à un petit appareil nommé *peigne battant*. Voici en quoi il consiste Chaque fil de chaîne passe entre les dents d'un peigne que l ouvrier peut faire avancer ou reculer. Avant de passer le fil de trame, il le recule ; une fois le fil déroulé et la chaîne en place horizontalement, il ramène à lui le peigne, qui comprime le fil de trame, le serre également et assure la régularité de l'étoffe

En resumé, le tissage consiste, étant donnée une nappe de fils de chaîne, à faire passer entre ces fils, alternativement levés et baissés de deux en deux, un fil de trame qu'un peigne égalise et serre aussitôt.

Tel est le tissage ordinaire, celui de la toile par exemple. Mais, si l on veut changer l'aspect du tissu, vous comprenez qu'on peut lever trois ou quatre fils et en baisser un, ou bien en lever et en baisser trois ou quatre alternativement. Il faut donc disposer les tringles ou *lames* qui manœuvrent les fils selon le genre de travail.

Lorsqu'il s'agit de faire un tissu *broché* c'est-à-dire représentant un dessin artistique, des fleurs par exemple, le travail devient très compliqué. Pour chaque fil de trame, il faut que les lames *lèvent* et *laissent*, comme l'on dit, un certain nombre de fils afin que la couleur de la trame paraisse ou se trouve cachée par la chaîne. Autrefois on employait des ouvriers pour manœuvrer ces lames, suivant un grand dessin qui représentait par des carrés l'intersection de la chaîne de la trame.

Un ouvrier lyonnais nommé Jacquard s'est immortalisé en inventant une machine fort simple qui exécute ce travail. Dans le métier Jacquard, le dessin du tissu est représenté par un quadrillage tracé sur des cartons qui s'enroulent au haut de la machine. Chaque fil de chaîne est tendu par un levier terminé par une grosse aiguille. Il y a donc sur le carton qui se déroule une rangée d'aiguilles, qui le pressent régulièrement. Ces aiguilles se comportent comme les touches d'un piano. Supposez que l'une s'enfonce dans le carton, le fil auquel elle correspond se soulève aussitôt. Si l'on passe alors la trame, ce fil sera donc au-dessus Si dix, vingt aiguilles s'enfo cent, il y aura autant de fils leves Or le carton est perce de trous qui représentent justement pour chaque fil de trame les fils qui doivent se lever. Toutes les aiguilles qui rencontrent ces trous s'y enfoncent et les leviers font lever ces fils. De même, dans une boîte à musique, les notes sont représentées sur un cylindre de bois par de petites éminences qui font lever juste à temps les lames vibrantes, de sorte que les notes se succedent dans l'ordre voulu ; dans le métier Jacquard, les fils à lever sont représentés sur un carton qui s'enroule sur un cylindre, par des trous disposés aux intervalles convenables, et à mesure que le mécanisme déroule le carton, les fils se lèvent juste à temps pour le passage de chaque fil de trame.

Je renonce à vous décrire le tissage du velours et autres étoffes *bouclées*. Sachez seulement qu'en posant dans l'intervalle des fils de chaîne, à la distance de deux ou trois fils de trame, des fils laiton qui remplacent la trame, on forme une ligne de boucles plus hautes que le tissu. Si l'on fend ensuite ces boucles, elles s'ouvrent et s'étalent formant de petites touffes de fils. Ce sont ces touffes serrées qui donnent au velours son aspect particulier.

Certaines étoffes de laine, comme le drap, la flanelle, subissent un grand nombre d'opérations après le tissage. Elles ont surtout pour objet de *feutrer* la laine pour rendre le tissu plus serré et plus épais.

Voici, en résumé, comment se fabrique le drap.

On tisse une toile de laine. On la dégraisse au moyen d'une sorte d'argile nommée *terre à foulon*, et quand elle est bien nette on l'oblige à passer dans des machines nommées *foulons* où l'étoffe se trouve comprimée dans tous les sens comme si on la pilait dans un mortier. Ce *foulage* produit le *feutrage* de la laine. L'étoffe se resserre et s'épaissit. On la fait alors passer sous des *cardes* destinées à relever les brins de laine et à les coucher dans le même sens. Ces cardes sont formées par des têtes de chardons disposés sur des cylindres de bois. Après cette opération, qui s'appelle *lainage*, on sèche bien le drap qui offre une surface lisse mais formée de poils d'inégale longueur. On procède alors à la *tonte*. Vous connaissez peut-être la petite machine qui sert à tondre les pelouses. Elle consiste en un cylindre sur lequel s'enroulent, en hélice, deux ou trois lames bien tranchantes. A mesure que le cylindre tourne, les lames coupent tout ce qu'elles rencontrent. Et comme elles restent toujours à la même distance du sol, la pelouse tondue ressemble à un tapis de velours vert. La tondeuse de drap est construite à peu près sur le même modèle et agit de la même manière. L'étoffe est dès lors terminée, mais on lui donne meilleure apparence en la faisant passer entre des cylindres chauffés qui la repassent ; c'est ce qu'on appelle le *lustrage*.

On ne livre guère les étoffes au commerce telles qu'elles sortent du métier. Les toiles écrues sont *apprêtées* en passant dans un bain de colle d'amidon puis repassées entre des cylindres, ou bien on les blanchit, on les teint, on les imprime en diverses couleurs, avant de les apprêter.

Pour imprimer une étoffe, on procède comme pour les papiers de tenture dits papiers peints. Supposons que l'on veuille une *indienne* grise ornée d'un semis de boutons de roses. Il faudra pour cela au moins trois cylindres à impression. On calque sur chaque cylindre le dessin de l'étoffe. Sur le premier, on grave en creux tout ce qui est gris ; sur le second, ce qui est rose; sur le troisième, ce qui est vert. Pour imprimer, on remplit les creux de chaque cylindre avec la couleur qui lui appartient, puis on fait passer l'étoffe alternativement sur chacun d'eux. Le premier dépose le fond gris, le second le rose des boutons, le troisième le vert des feuilles. La grande difficulté consiste à bien raccorder ces trois couleurs, si l'étoffe s'allonge, se déforme au passage, les couleurs ne se déposent plus juste à leur place.

Lorsqu'il s'agit de représenter un bouquet un peu compliqué, vous comprenez qu'il faut employer dix, douze cylindres, ou même plus. Cependant des machines exécutent ce travail avec une admirable précision.

Quand les étoffes de laine ont été teintes et séchées, leur surface est toute duveteuse, car un grand nombre de bouts de brins se sont redressés au dessus du tissu. On fait disparaître ce défaut par le *grillage* ou le *flambage*, qui consiste à glisser rapidement le tissu sur un cylindre de cuivre chauffé au rouge ou sur une rangée de becs de gaz allumés. L'étoffe n'a pas le temps de s'échauffer au passage, mais tous les fils isolés sont brûlés au ras du tissu. Il ne reste plus qu'à donner le lustre par un cylindrage.

Il y a des étoffes qui ne sont pas formées par un entre-croisement de fils, par conséquent elles ne sont pas tissées On peut dire qu'elles consistent en un entrelacement d'anneaux ou de mailles. Tel est le tricot. On l'exécutait autrefois à la main, mais aujourd'hui des métiers perfectionnés permettent de fabriquer à bas prix toutes sortes d'articles en laine ou en coton : bas, gilets de peau, gants, jupons, caleçons, camisoles, châles, cravates, etc., etc Il y a des métiers qui donnent aux bas, par exemple, leur forme à peu près complète et il suffit de *remailler* à la main quelques parties. D'autres produisent une pièce de tricot dans laquelle on taille des morceaux que l'on coud entièrement à la main.

Le tulle est un tissu lâche à réseau formé par l'entrelacement d'un certain nombre de fils de chaîne. On le fait en coton et en soie.

Les imitations de dentelles se fabriquent au métier comme le tulle. Mais les dentelles vraies se font exclusivement à la main, ce qui explique leur prix excessif. Ce sont des articles de luxe. Il faut plus d'un mois pour faire un mètre de certaines dentelles Les ouvrières, courbées tout le jour sur ce travail appliquant, se fatiguent vite ; leurs yeux s'affaiblissent, leur santé se détériore, et leur salaire plus que modique ne compense nullement leurs sacrifices. Il serait à souhaiter que cette industrie disparût et qu'on adoptât des dentelles faites au métier, si tant est que la mode doive exiger toujours ces inutiles ornements

Maintenant que vous avez fait connaissance avec les tissus au point de vue de la matière première et de la fabrication, disons quelques mots de leur usage au point de vue de l'hygiène, c'est à-dire de la santé.

François va nous dire pourquoi on choisit pour l'hiver les vêtements de laine et pour l'été ceux de chanvre, de lin ou de coton.

— Parce que ceux de laine sont plus chauds.

Oui, et parce qu'une pluie peu abondante glisse dessus sans les pénétrer immédiatement comme ceux en toile.

Mais comment se fait-il qu'ils soient plus chauds ? Ernest va peut-être nous le dire.

— Parce qu'ils sont plus épais.

Mais de deux couvertures également épaisses, l'une en coton, l'autre en laine, laquelle est la plus chaude ?

— Celle de laine.

C'est vrai Je vais essayer de vous faire comprendre la raison de ce fait.

Par une journée froide, supposons que nous placions sur une table dans une chambre sans feu un bout de planche, un morceau de fer, un fragment de marbre et un de pierre de taille ; un mouchoir de coton, un de lin et une cravate de soie ; une pelote de laine, de la ouate et une poignée de duvet. Au bout d'une heure ou deux, tous ces objets seront à la même température, et cependant, si vous les touchez avec la main, vous direz: le mouchoir de coton est plus froid que la cravate de soie, mais moins froid que celui de lin ; le morceau de pierre calcaire est moins froid que le marbre, la planche ne semble ni froide ni chaude, le fer est extrêmement froid, tandis que la ouate, la laine et surtout le duvet sont chauds, si on les com-parc à la planche. En disant cela, vous exprimeriez exactement l'impression que vous procurerait le contact de ces substances, et cependant elles ne sont ni plus ni moins chaudes : toutes marqueraient, au thermomètre, la même température

L'explication, la voici. Les diverses substances se laissent pénétrer plus ou moins facilement par la chaleur, elles la *conduisent* plus ou moins bien dans leur texture intime Quand on les touche avec la main, elles prennent donc plus ou moins de chaleur. Le bois n'en prend presque pas, il ne semble ni chaud ni froid; le duvet en prend encore moins, et comme il empêche l'air de se renouveler entre lui et votre main, celle ci reste chaude à son contact et il vous semble que le duvet est chaud, enfin le marbre et surtout le fer soutirent rapidement la chaleur de votre main, ils sont, comme l'on dit *bons conduc teurs* de la chaleur, de sorte que votre main se refroidit subitement à leur contact et ils vous paraissent froids.

Pour faire des vêtements chauds, vous comprenez qu'il faut choisir les substances qui conduisent mal la chaleur, c'est-a-dire qui ne peuvent pas en soutirer beaucoup de votre corps. Pour une épaisseur et une qualité égales, les tissus de soie sont plus chauds que ceux de laine, les tissus de coton sont plus chauds que ceux de lin et de chanvre.

Notez, en outre, que plus un tissu est pelucheux, feutré, plus il emprisonne d'air, et comme l'air conduit très mal la chaleur, les tissus de ce genre, surtout s ils sont en laine, empêchent très bien le corps de se refroidir.

Les chemises, les draps de coton sont préférables en été aux toiles de lin ou de chanvre, précisément parce qu'ils conduisent moins bien la chaleur. Ils ne sont pas assez chauds pour incommoder, et à leur contact la peau ne se refroidit pas subitement comme au contact des toiles de chanvre ou de lin, surtout lorsque la transpiration les a rendus un peu humides

Vous comprenez maintenant pourquoi on adopte la laine pour l'hiver N'oubliez pas que le coton est plus sain en été que le lin et le chanvre, qu'il expose moins aux refroidissements.

QUESTIONNAIRE.

Qu'est-ce qu'un tisserand ? — En quoi consiste essentiellement le tissage? — De quel instrument, de quelle machine se sert on pour faire de la toile ? — Nommez les deux sortes de fils qui constituent une étoffe — Décrivez en abrégé la préparation de la chaîne. — Expliquez comment on lève une partie des fils de la chaîne. — Comment s'appelle l instrument qui glisse entre les fils de chaîne les fils de trame? — Comment égalise t-on la trame à chaque passage du fil ? — *Expliquez comment on peut produire un tissu de disposition différente, par exemple des dessins brochés.* — Dites comment vous comprenez le métier Jacquard — Comment se font les étoffes bouclees, les velours? — Décrivez en abrège la fabrication du drap — Quelles operations subissent les tissus en sortant des métiers? — Expliquez le procede d'impression en couleur des étoffes — Qu'est-ce que le *grillage* ou le *flambage* des étoffes? — En quoi consiste le tricot? — Qu'entendez vous par substance qui conduit bien la chaleur ? — *Citez des corps bons et mauvais conducteurs de la chaleur.* — Expliquez l effet des substances feutrées, pelucheuses — Le coton est il aussi bon conducteur de la chaleur que le lin et le chanvre? — Pourquoi doit on le leur préférer pour faire des chemises, des draps?

LEÇON XXVI

LE CUIR.

Louis, avec quoi fait-on les souliers, les bottes?
— Avec du cuir.
Et qu'est-ce que le cuir?
— C'est une peau d'animal préparée.
Lucien va nous dire pourquoi on la prépare.
— Pour la conserver.
Oui, pour l'empêcher de se corrompre sous l'influence de l'humidité. Mais les préparations qu'elles subissent donnent en même temps aux peaux d'autres qualités.

Dites-nous, François, pensez-vous que le cuir soit plus fort que la peau fraîche?
— Je le crois.
C'est juste. Il y a donc tout avantage à préparer les peaux, à les changer en cuir.

Ernest, savez-vous comment on change en cuir une peau fraîche?
— Par le tannage.
Bien. Nous allons voir qu'on emploie aussi d'autres moyens; toutefois le tannage constitue le procédé principal, celui qu'il vous importe le plus de connaître.

Mais avant de procéder au tannage proprement dit, les peaux subissent plusieurs opérations préliminaires que je vais vous expliquer.

Henri va nous dire le nom des établissements où l'on tanne les peaux.
— Ce sont des tanneries.

Et comment s'appellent les ouvriers qui y travaillent?

— Des tanneurs.

Eh bien, supposons que nous visitons une tannerie, ce que vous ne manquerez pas de faire à la première occasion, et suivons les opérations par lesquelles une peau de bœuf, de cheval, d'âne, de porc, de veau, etc , se trouve transformée en cuir.

Si les peaux ont été séchées, on commence par les ramollir dans l'eau. Elles reprennent ainsi l'apparence de peaux fraîches ou *vertes* comme disent les gens du métier.

Le premier travail consiste à enlever les poils. Cela doit se faire sans endommager la peau. Pour cela, on la fait gonfler et fermenter un peu. Les pores se dilatent, la racine des poils se decompose en partie, de sorte qu'on les arrache sans difficulté. Voici comment on procède. Les peaux étant bien ramollies, on les mouille, on les saupoudre de sel, on les plie en deux et l'on en fait un tas. Suivant la saison, on couvre le tas avec de la paille ou de la litière. Les peaux fermentent, se gonflent, prennent une mauvaise odeur qui annonce un commencement de putréfaction : le moment est venu de les livrer aux ouvriers chargés du *débourrage* ou *épilage*, c'est à dire de l'enlèvement des poils.

Au lieu de faire fermenter les peaux, souvent on les maintient pendant deux ou trois semaines dans de l'eau de chaux. Ailleurs, on les suspend dans des chambres chauffées par de la vapeur d'eau. La chaleur et l'humidité produisent le gonflement et un commencement de fermentation.

On pourrait employer bien d'autres moyens. L'important, c'est de gonfler, de ramollir la peau et d'affaiblir la racine des poils.

Pour débourrer ou épiler une peau, l'ouvrier l'étend sur une bille de bois inclinée nommée *chevalet*, et, au moyen d'une sorte de *plane* de menuisier dont le tranchant est émoussé, il racle et détache les poils. Il la retourne ensuite du côté de la *chair*, et avec un couteau dont la lame forme un croissant, ou plutôt une autre plane à lame demi circulaire, il détache toutes les inégalités.

Ce travail au chevalet s'exécute le plus souvent au bord d'une rivière parce qu'il nécessite des lavages répétés. Cependant on peut aussi bien travailler à couvert sous un hangar, si l'on peut faire tomber un filet d'eau sur le chevalet : de cette façon, le travail est moins pénible et moins dangereux pendant la saison froide.

Les peaux étant bien nettes, on les place dans un baquet de bois où des hommes armés de lourds pilons de bois les frappent, les pilent pour les assouplir.

En cet état les peaux ne sont pas encore prêtes pour le tannage Il faut les gonfler davantage par des bains prolongés dans des eaux aigres et acides

Vous savez, mes amis, que l'on vend, pour le chauffage, de jeunes troncs d'arbres dépouilles de leur écorce On appelle ce bois du *pelard* ou bois pelé. C'est presque toujours du chêne.

Qui peut me dire à quoi sert l'écorce qu'on a ainsi recoltée?

— A faire du tan, pour tanner les peaux

C'est juste. Quand l'écorce est bien seche, on la casse en morceaux, puis on la moud dans un moulin fait exprès qui la reduit en poudre grossière que l'on appelle *tan*

Si l'on fait macérer du *tan* dans de l'eau pendant quelques jours, cette eau prend une couleur brune et un goût âpre comparable a celui d'une poire verte. L'eau dissout, en effet, une substance âpre au goût, *astringente* comme disent les chimistes et les pharmaciens Cette substance, c'est le *tanin* L'écorce du châtaignier et de plusieurs autres arbres peut aussi fournir du tan de bonne qualité.

Si l'on dépose dans une solution de tanin ou dans de l'eau de tan un morceau de viande fraîche, au bout d'une semaine environ on la trouve durcie, racornie, et une fois sèche elle se conservera indéfiniment Mais il n'y faut pas goûter ! Ce n'est plus de la viande, c'est quelque chose qui ressemble à du cuir. Le tanin s'est uni intimement aux fibres de la viande et a changé complètement leur nature.

Le tanin peut également s'unir à la matière des peaux, mais pour cela il faut qu'elles soient extrêmement gonflées A mesure qu'il la pénètre, il transforme leur tissu, leur texture La peau durcit, perd la propriété de se ramollir et de se gonfler dans l'eau, devient complètement imputrescible, c'est du cuir

Cette union du anin avec les fibres, le tissu de la peau, pourrait se faire assez rapidement, mais l'expérience a prouvé que le cuir ainsi obtenu n'est pas de bonne qualité. Aussi conserve-t on la vieille routine, qui est encore la meilleure.

Expliquons les opérations du tannage proprement dit.

Dans la cour de la tannerie on a creusé de grandes fosses revêtues intérieurement d'une maçonnerie ou mieux d'épaisses planches de chêne. On couvre de tan le fond des fosses et on y dépose les peaux bien dépliées, en saupoudrant chacune d'une couche de tan. Quand la fosse est pleine, on l'arrose suffisamment pour bien mouiller le tan et les peaux, on la recouvre et l'on n'y touche plus pendant trois mois.

Au bout de trois mois environ, on vide la fosse pour renouveler le tan. Ce renouvellement se fait encore deux ou trois fois à intervalles égaux, de sorte qu'en tout les peaux restent dans les fosses de neuf à douze mois, s'il s'agit de *cuirs forts*, employés pour les semelles, c'est-à-dire de peaux de bœuf, de buffle, etc. Mais pour les *cuirs à œuvre* ou *cuirs mous*, plus minces, faits avec les peaux de petites vaches, de chevaux, de veaux, etc , le séjour dans les fosses ne dure guère plus de trois à quatre mois.

En sortant de la fosse, les peaux sont séchées et brossées. Les cuirs mous sont mis de côté pour un travail complémentaire, le *corroyage*; quant aux cuirs forts, il ne reste plus qu'à les rendre compacts et durs. Cela s'obtient par un battage énergique au moyen de lourds marteaux semblables à ceux des forges et mus par la vapeur, ou bien en faisant passer le cuir entre des cylindres polis qui le pressent, l'écrasent à peu près comme le ferait un marteau.

Voyons maintenant en quoi consiste le *corroyage* que doivent subir les cuirs mous. Ce travail ne se fait pas dans la tannerie, mais dans des ateliers spéciaux.

Le corroyeur commence par enlever au moyen d'outils tranchants toutes les inégalités que le cuir présente du côté de la *chair*, ou bien il l'égalise et lui donne l'épaisseur voulue par une *machine à refendre* dans laquelle une mince scie ou un couteau divise la peau en deux lames, deux feuilles, l'une régulière, l'autre imparfaite, qui sert à des ouvrages de qualité inférieure. Le principal défaut de la feuille inférieure, c'est de n'avoir pas la surface unie, lisse, très solide que présente le cuir du côté des poils et que les gens du métier appellent *la fleur*. La feuille inférieure de refonte a les deux faces semblables, c'est-à-dire rugueuses et formées par des fibres assez grossières.

Le cuir refendu ou simplement paré à la main est mouillé, puis foulé sur une table au moyen d'outils en bois ou en fer, sortes de rabots couverts de cannelures. Ensuite on les enduit d'un corps gras, qui se compose le plus souvent d'un mélange de suif et d'huile de poisson. Enfin on les noircit avec un cirage gras, on les polit et on leur donne du brillant en passant dessus une éponge imbibée de colle de poisson.

Les peaux d'agneau, de chevreaux, etc., destinées à la ganterie, ne sont pas tannées, mais *mégies*.

La mégisserie consiste essentiellement à remplacer le tan, le *tanin*, par l'alun. Les peaux sont imprégnées d'une pâte composée de farine, d'œuf, d'alun et de sel. En très peu de temps elles deviennent imputrescibles. C'est au moyen de la même pâte que l'on prépare les peaux destinées à conserver leurs poils, par exemple, celles employées comme fourrures.

Voici de l'alun en morceaux et en poudre, puis un peu de tanin extrait de l'écorce de chêne. Je les fais passer.

Louis, goûtez un peu de la poudre d'alun, avec précaution, car elle n'a pas bon goût.... qu'en pensez-vous?

— Elle a d'abord un goût sucré, puis amer.

Bien Et en même temps, il vous semble qu'à son contact votre langue se rétrécit, se racornit, c'est l'effet des substances nommées *astringentes*, ou resserrantes si vous voulez. Goûtez le tanin et vous éprouverez la même impression, il est astringent. Les poires vertes, les nèfles, contiennent du tanin, qui contribue à leur donner un goût âpre ; elles produisent sur la langue et les lèvres l'effet du tanin et de l'alun.

On trouve d'ailleurs le tanin dans beaucoup de plantes, tantôt dans les fruits, tantôt dans l'écorce ou la racine, quelquefois même dans les fleurs. Il y a beaucoup d'écorces riches en tanin, et qu'on emploie en divers pays à la place de l'écorce le chêne pour la préparation des peaux ; surtout celles du châtaignier, du hêtre, du sapin, du sumac, etc.

Chaque pays fournit des ressources à l'industrie. Il suffit de chercher, d'interroger la nature, de faire des essais. Aussi dans tous les pays, et depuis un temps immémorial, on prépare les peaux des animaux pour une foule d'usages. On en fait des vêtements, des tentes, des chaussures, des cordes, des harnais, des sacs, des sièges, des lits, sans compter une foule d'objets de moindre importance.

Je vais maintenant vous faire passer ces échantillons de cuir qu'un cordonnier a bien voulu me donner pour vous.

Comparez le cuir fort de semelle au cuir mou qu'on emploie pour le dessus des souliers et les tiges de bottes : l'un provient du bœuf, l'autre du veau. Le cuir blanc mince et souple est de la peau de mouton *méjie* ou *mégissée*, on l'emploie à doubler les semelles à l'intérieur, pour cacher la couture et les aspérités

Le maroquin, dont vous voyez un échantillon, est une peau de chèvre tannée à laquelle on fait subir un foulage en la roulant sous des outils à surface rugueuse, pour donner à la *fleur* un aspect grenu. On imite le maroquin avec des peaux de mouton, mais on ne s'y trompe guère, surtout à l'usage, car l'épiderme du mouton s'éraille, s'écorche facilement, tandis que celui du maroquin est très solide.

Voici encore deux sortes de cuirs dont nous n'avons pas parlé : le cuir verni et la peau *chamoisée*.

Pour vernir un cuir on commence par le *poncer*, c'est-à-dire le frotter avec une pierre poreuse nommée *pierre ponce* pour former, du côté de la chair, une surface unie. On couvre cette surface d'un enduit composé principalement d'huile de lin et de litharge. Quand l'enduit est sec et poncé, on applique, au pinceau, une couche de vernis à base d'huile de lin.

On appelle *chamoisées* les peaux très souples employées pour nettoyer les métaux, confectionner des porte-monnaie, des gants, des guêtres, etc., etc. Au lieu de les tanner, on les imprègne d'huile de poisson et on les foule, on les étire en tous sens pour leur donner de la souplesse. Enfin, on donne à la surface une apparence cotonneuse en la frottant avec un couteau à tranchant émoussé. Autrefois c'était principalement la peau du chamois que l'on préparait de la sorte, d'où le nom de chamoiserie donné à ce travail et celui de peau chamoisée. Mais aujourd'hui on traite de la même manière des peaux de daim, de chèvre, de mouton, etc.

Dans tous les pays civilisés l'industrie du cuir est une des plus considérables. En France, elle produit plus de 300 millions par an.

On tanne un peu partout, mais les grands centres de l'industrie du cuir sont Paris, Lyon, Bordeaux, Marseille, Nantes. Les peaux les plus employées sont celles de bœuf, de vache, de buffle, de veau, de cheval, de chèvre, de mouton. Les unes proviennent d'animaux tués dans notre pays, les autres nous arrivent de l'Amérique du Sud, où les chevaux et les bœufs se multiplient en liberté dans d'immenses pâturages, et sont sacrifiés bien souvent pour vendre leur peau.

QUESTIONNAIRE.

Qu'est ce que le cuir ? — Pourquoi prépare-t-on la peau des animaux qu'on veut utiliser ? — En quoi la peau préparée est elle meilleure que la peau fraîche ? — Comment s'appelle la préparation la plus usitée? — Pourquoi faut il d'abord faire gonfler les peaux ? — Comment enlève t on les poils? — Qu'est ce que le tan ? — Dites quelle substance astringente il contient — Quelles sont les propriétés du tanin ? — Comment agit le tanin en présence d une peau mouillée et gonflée ? — Décrivez en abrégé les opérations du tannage proprement dit ou tannage en fosses — Qu'entendez vous par cuirs forts et cuirs mous ? — Comment se termine la préparation des cuirs forts ? — Qui prepare les cuirs mous qui sortent de la tannerie ? — Décrivez le corroyage. — En quoi consiste essentiellement la mégisserie ? — Que savez-vous au sujet de l'alun ? — Nommez quelques arbres dont l'écorce est riche en tanin. — Qu'est-ce que le maroquin ? — Comment se prépare le cuir verni ? — Qu'appelez-vous peau chamoisée ? — Quels sont, en France, les grands centres de tannerie et de commerce des cuirs ?

LEÇON XXVII

LA LAMPE. — LA CHANDELLE. — LA BOUGIE.

Mes amis, il vous semble naturel, n'est ce pas, d'avoir toutes sortes de moyens de vous éclairer pendant la nuit, et vous vous figurez volontiers qu'il en a toujours été ainsi.

Cependant nous vivons à une époque privilégiée pour ce qui concerne le bien être, les commodités de l'existence. Il a fallu des siècles de tâtonnements et d'essais pour inventer et perfectionner une foule de choses très simples en apparence.

Les premiers essais d'éclairage furent bien grossiers. On se servait de *torches* de bois résineux, ou de menus branchages, de roseaux, de joncs, enduits de résine. Ces torches produisaient plus de fumée que de flamme et ne pouvaient guère servir en plein air. Dans quelques régions pauvres, on se sert encore de chandelles de résine qui enfument les chambres et donnent juste assez de clarté pour qu'on ne soit pas tout à fait à tâtons.

Dans quelques pays du Nord où abondent les pingouins, oiseaux des rivages, très gras, les pauvres habitants s'éclairent avec un lampion formé par le corps même du pingouin dans lequel on a introduit une mèche. Voilà un procédé bien primitif, mais ingénieux.

L'idée du lampion est venue à une foule de gens dans bien des pays. On avait remarqué, en faisant cuire les aliments, que les matières grasses, comme le suif, le saindoux, l'huile, brûlent avec une belle flamme. On pensa tout naturellement à placer une de ces substances dans un vase de terre, une coquille, avec une sorte de mèche, pour faire un véritable lampion, c'est-à-dire un détestable moyen d'éclairage, qui dut néanmoins rendre fiers les premiers qui se permirent ce luxe.

On employa l'huile pour l'éclairage dès la plus haute antiquité dont nous ayons connaissance. Mais la lampe primitive et même celle des Grecs et des Romains, peuples très civilisés, n'étaient que de tristes lampions. Malgré l'élégance de leur forme, elles consistaient, en somme, en un petit vase muni d'un ou plusieurs becs destinés à recevoir une mèche. Une semblable disposition produit nécessairement peu de lumière, de la fumée et une odeur âcre.

Pendant tout le moyen âge, on se servit de cette mauvaise lampe sans y apporter aucun perfectionnement. Quelques esprits inventifs fabriquèrent, pour leur usage, des lampes un peu moins mauvaises, mais elles ne tombèrent pas dans le domaine public.

Chez nos ancêtres, la lampe avait depuis longtemps un concurrent sérieux, c'était la chandelle. Celle-ci était née du lampion de suif. On reconnut qu'au lieu de couler celui-ci dans un vase contenant une mèche, il suffirait d'enduire la mèche d'un certain nombre de couches de suif fondu, pour se procurer une petite torche portative. C'est ainsi que fut inventée la chandelle. Ce fut, pendant longtemps, l'éclairage à peu près exclusif des peuples du Nord, tandis que ceux du Midi, ayant de l'huile en abondance, continuaient l'usage de la lampe.

Les gens très riches se servaient aussi de bougies, c'est-à-dire de chandelles en cire qui éclairaient beaucoup mieux que celles de suif, mais c'était un luxe réservé aux nobles et aux cérémonies du culte dans les églises.

Occupons-nous d'abord de la chandelle.

Jules, avec quoi fait-on la chandelle?

— Avec le suif de bœuf et de mouton.

Et la graisse de porc ou *axonge*, l'emploie-t-on aussi à faire des chandelles?

— Je ne crois pas

En effet, elle n'est pas assez dure pour cet usage.

Le fabricant de chandelles achète la graisse aux bouchers, sous le nom de *suif en branches*, c'est-à-dire en morceaux plus ou moins longs et déchiquetés. Il la coupe en petits morceaux au moyen d'un long couteau semblable à celui des boulangers

La graisse réduite en fragments est jetée dans une chaudière et chauffée jusqu'à ce qu'elle soit fondue. On a soin d'agiter continuellement la masse pour l'empêcher de brûler au fond. Les fibres et les membranes qui emprisonnaient la graisse surnagent, on les retire au moyen d'une écumoire, puis on filtre le suif fondu à travers un tamis. Quand il est près de se figer par le refroidissement, on le coule dans des baquets ou des tonneaux et on le conserve pour l usage.

Les membranes ou *cretons* sont pressées pour en retirer une partie du suif qu'ils retiennent, puis on les vend pour donner aux porcs ou pour faire du pain de chien.

Si l'on veut obtenir un suif plus pur, on le fond une seconde fois dans de l'eau qui contient en solution du sel ou de l'alun. On écume, on laisse refroidir un peu, puis on le verse dans des paniers ou il s'égoutte. Enfin, avant de s'en servir, on le fond une troisième fois, pour faire évaporer les dernières traces d'humidité.

La chandelle se fabrique de deux manières : dans les moules, et *à la plonge* ou *a la baguette*. Ce dernier procédé est le plus simple et le plus ancien. Commençons par le décrire.

Il faut avant tout préparer les mèches. Ce sont des fils de coton reunis au nombre de huit ou dix et coupés de longueur convenable. On plie en deux la mèche sur une baguette et l'on trempe les deux bouts dans un bain de suif. Le coton se trouvant imprégné, on le frotte entre les mains ou sur une table, pour bien unir les deux moitiés de la mèche, sauf la boucle qui sert a la soutenir. Quand tout est froid et bien rigide, on trempe de nouveau et l'on retire vivement la baguette chargée de toutes ses mèches Chacune d'elles s'est recouverte d'une couche de suif Quand elle est refroidie, on recommence, jusqu'à ce que les chandelles aient la grosseur voulue, ce dont on s'assure en les faisant passer dans un anneau qui sert de calibre.

Le travail de la chandelle *moulée* n'est pas plus difficile. Le moule consiste en un tube de métal terminé en pointe à une extrémité. On passe la mèche dans ce tube et on l'assujettit à la pointe. Puis on couvre le tube avec un couvercle à jour. Par un trou placé au centre on fait passer la mèche, que l'on fixe au moyen d'un petit morceau de bois. Les autres orifices du couvercle servent à couler le suif. Quand il est refroidi, on enlève le couvercle et il suffit de tirer un peu sur la mèche pour dégager la chandelle.

La chandelle fraîche est jaunâtre. Pour la décolorer, on l'expose au grand air, à la rosée et au serein, dans des lieux à l'abri du soleil.

La chandelle éclaire, mais elle offre plusieurs inconvénients. Lucien va nous les signaler.

— La chandelle fume.

Bon. Ensuite ?

— Elle sent mauvais et elle coule.

Quoi encore ?

— Il faut la moucher souvent.

Voilà son grand défaut. Une petite portion du suif, incomplètement brûlée, se charbonne à l'extrémité de la mèche, forme des *champignons*, et bientôt la lumière perd la moitié, même les trois quarts de son intensité.

Autrefois, on appelait *bougies* les chandelles de cire Aujourd'hui, on donne ce nom à des chandelles qui ont pour base le suif ou d'autres matières grasses, mais qui sont sèches, dures, d'un blanc parfait, n'émettent pas d'odeur pendant la combustion, ne coulent pas et surtout n'ont pas besoin u être *mouchées*.

Certes voilà un progrès énorme. Il a été accompli entièrement dans la première moitié de notre siècle. Il a fallu le concours de grands chimistes et d'habiles industriels pour arriver à ce résultat. Braconnot, Chevreul, Gay-Lussac, de Cambacérès, Milly, ont apporté chacun leur part dans la création des nouvelles chandelles que l'on appelle *bougies stéariques*.

Ce mot *stéarique* vous est inconnu ; parlons-en, car il renferme en partie l'explication de la découverte capitale d'où naquit la nouvelle industrie.

Tous les corps gras, d'origine végétale ou animale, huiles,

graisses, beurres, sont formés de deux matières principales, l'une solide et l'autre liquide. Dans l'huile il n'y a presque pas de matière solide ; dans l'axonge on en trouve beaucoup plus ; dans le suif il y a peu de matière liquide. Ce liquide est une sorte d'huile, d'où son nom : *oléine*. La matière solide consiste en *stéarine* et un peu de *margarine*; retenez surtout le nom de stéarine, d'où l'on a fait *stéarique*. Notre bougie est donc fabriquée avec la stéarine, c'est-à-dire la partie solide des matières grasses et du suif en particulier.

Comment sépare-t on la stéarine ? Cela dépasse ce qu'il vous importe de savoir. Il faut être un peu chimiste pour le bien comprendre. A chacun son métier. Rappelez-vous seulement que l'on peut séparer des matières grasses la partie blanche, dure, inodore, la *stéarine*, pour en faire des bougies.

Comparez cette bougie et cette chandelle de la même grosseur, vous apprécierez immédiatement la différence. Nous les allumons. Remarquez que, d'abord, la chandelle éclaire davantage. Cela vient de ce que le suif contient son huile naturelle qui donne plus de lumière que la matière solide Mais à mesure que la mèche s'allonge et se couvre de champignons, l'avantage tourne du côté de la bougie, dont l'éclat reste toujours égal.

Examinez les deux mèches. Celle de la chandelle est ronde. Celle de la bougie est une tresse plate à trois brins Faute d'une mèche convenable, l'industrie de la bougie faillit succomber entre les mains des inventeurs. En tressant la mèche, on fait en sorte que l'un des brins soit plus tendu que les autres. Il en résulte que, dans la portion libre, ce brin se raccourcit et se recourbe un peu, c'est ce que l'on voulait obtenir. De cette manière, il n'y a jamais une longue mèche dans la flamme. L'extrémité de la partie recourbée se réduit en cendres qui d'ailleurs fondent comme du verre, sous l'influence du *borax* dans lequel on a trempé la mèche.

Notez bien qu'une mèche du même genre ne pourrait servir à une chandelle de suif, car celui-ci fond bien plus facilement que la bougie, et la chandelle coulerait constamment du côté où la mèche s'inclinerait.

Revenons maintenant à la lampe primitive, pour nous

rendre compte des perfectionnements qu'elle a reçus de nos jours.

En 1783, un Suisse nommé Argand, ayant terminé ses études scientifiques à Paris, présenta au lieutenant de police une lampe de son invention facile à appliquer à l'éclairage public dont on se préoccupait beaucoup à cette époque.

La lampe d'Argand brûlait sans odeur, sans fumée, et donnait une très belle lumière. Jamais on n'avait vu rien de semblable. Le lieutenant de police ne demandait pas mieux que d'adopter immédiatement cette remarquable invention, mais, avant de traiter des conditions, il exigeait que l'inventeur rendît public son système et permît de fabriquer des lampes semblables au modèle. Celui ci ne voulut pas y consentir et alla prendre en Angleterre un brevet d'invention qui lui assura, dans ce pays, l'exploitation de son appareil d'éclairage, qu'il nommait *lampe à double courant d'air et a cheminée de terre.*

Cette dénomination contient les deux points importants de son invention, qui ne fut d'ailleurs qu'une application perfectionnée d'essais dont il avait eu connaissance.

Dans la lampe ordinaire, ce qui produit la fumée, c'est le manque d'air dans la flamme Faute d'une quantité d'air suffisante, c'est à dire d'*oxygène* (l'une des substances constituantes de l'air), une partie de l'huile, réduite en vapeur par la chaleur, se refroidit et se condense sous forme de fumée, de charbon très divisé. Si l'on fournissait à la flamme l'oxygène qui lui manque, la combustion serait complète et la haute température de la flamme la rendrait très éclairante.

Vous savez ce que c'est que le *tirage* d'une cheminée. La colonne d'air chaud qui s'élève dans le tuyau produit à la partie inférieure un vide partiel que vient combler l'air extérieur. Celui ci passant rapidement sur le feu ou mieux à travers le feu, agit à la manière d'un soufflet ; il fournit, à chaque instant, de nouvelles quantités d'oxygène qui active la combustion (1). Si l'on pouvait établir un *tirage* autour de la mèche d'une lampe, la flamme deviendrait plus vive. Le moyen le

____

(1) Voir la leçon sur le feu, p. 28.

plus simple à essayer, c'est de la couvrir d'une sorte de tuyau de cheminée, d'un cylindre, dans lequel montera une colonne d'air chaud, qui formera *appel* ou tirage à la partie inférieure. Le premier essai, fait avec un tube de métal, réussit. Mais ce tube cachait la lumière. On lui substitua un tube de verre, et ainsi fut construite la première lampe à cheminée. La mèche était plate, de sorte que l'air léchait la flamme des deux côtés et produisait une combustion assez satisfaisante. Cependant un perfectionnement de détail vint compléter le succès. Au lieu d'une mèche plate, on employa une mèche ronde, un cylindre de coton tissé. L'air du tirage passant à l'intérieur et à l'extérieur de la flamme cylindrique, celle ci devint tout à fait blanche et brillante. Telle est la lampe combinée par Argand.

Cependant un nommé Quinquet et son associé trouvèrent moyen de faire croire qu'ils avaient inventé la nouvelle lampe. Le public s'y laissa tromper et bientôt, rejetant le nom pédantesque sous lequel on leur offrait l'appareil, désigna sous le nom de *quinquets* les lampes fabriquées par cet industriel.

La lampe d'Argand était pourvue d'un réservoir placé plus haut que la mèche. Cette disposition offrait des inconvénients, entre autres celui de cacher une partie de la lumière. On y remédia tant bien que mal en plaçant l'huile dans un gros anneau situé à la hauteur de la mèche, et supportant un abat-jour ou réflecteur.

Un horloger nommé Carcel, s'inspirant d'essais antérieurs, construisit une lampe dont la base sert de réservoir. L'huile est refoulée jusqu'à la mèche au moyen d'une petite pompe mue par un mouvement d'horlogerie. Cette lampe est parfaite, mais elle coûte cher et les réparations exigent des ouvriers habiles.

Enfin une combinaison très simple et très pratique a permis de créer la lampe *modérateur*, la plus usitée aujourd'hui, qui réunit au bon marché toutes les qualités désirables.

Dans cet appareil, l'huile du réservoir est refoulée jusqu'à la mèche par la pression d'un *ressort a boudin* ou ressort des tapissiers, qui presse sur un piston. Celui-ci est muni à la partie supérieure d'un petit tube par ou s'élève l'huile. Ce tube est presque entièrement bouché par une aiguille à tricoter qui s'oppose en partie au passage de l huile Mais à mesure que le ressort refoule le piston, il se détend, perd de sa force, et l'huile cesserait d'arriver à la mèche si l'aiguille ne descendait pas à mesure dans le tube, et ne laissait ainsi plus de jeu au mouvement de l huile. Cette aiguille sert donc à *modérer*, à régler le passage de l'huile dans le tube, d'où vient le nom de la lampe. Dans la lampe Carcel et la lampe modérateur, la mèche est toujours baignée par un excès d'huile qui s'écoule et qui retombe dans le réservoir, ce qui rend la lumière très régulière.

Vous comprenez, mes amis, que je ne puis pas entrer dans les détails nécessaires à l'intelligence complète du mécanisme des lampes; cela nous entraînerait trop loin. J'ai voulu seulement vous donner une idée générale de leur construction. Plus tard, si cela vous intéresse, vous trouverez dans les bibliothèques des livres ou vous compléterez les indications abrégées de nos leçons. J'aurai doublement atteint mon but si j'éveille chez vous cette curiosité.

On brûle dans les lampes de l'huile de navette ou de colza, c'est-à-dire extraite des graines de plantes qui portent ces noms.

Voici en quelques mots comment on extrait l'huile des graines *oléagineuses*. Quand elles sont grosses, on commence par les écraser en les faisant passer entre des cylindres de fer qui tournent en face l'un de l'autre. Les graines fines et celles qui ont été écrasées sont ensuite broyées sous des meules verticales qui tournent dans une auge.

La pulpe ainsi formée est renfermée dans des sacs que l'on empile sur le plateau d'une *presse* très puissante et la pression fait sortir l'huile. Le résidu de la pulpe ou *tourteau* est un bon aliment pour les bestiaux; on l'emploie aussi comme engrais.

Je sais que cette leçon est un peu difficile pour vous Aussi, en vous interrogeant, je vais m'efforcer de l'éclaircir et de la simplifier.

QUESTIONNAIRE.

Quels furent les premiers moyens d éclairage ? — Qu'est-ce qu'un lampion ? — En quoi consistait la lampe des anciens ? — Avec quoi fait on la chandelle ? — Décrivez la fabrication de la chandelle à la baguette et au moule. — Quels sont les défauts de la chandelle ? — Par quoi la remplace t-on aujourd hui ? — D'où vient le nom de bou gie stéarique ? — Fxpliquez la composition générale des matières grasses — Comment appelle t on la portion solide de ces matières ? — Quelle différence remarque t on dans la manière de brûler d une chandelle et d'une bougie ? — Comment est disposée la mèche de la bou. gie ? — Pourquoi la lampe des anciens produisait-elle une mauvaise odeur et de la fumée ? — Décrivez la lampe d Argand à double courant d air et à cheminée de verre — Quel est le rôle de la cheminée ? — Quel est l'avantage de la mèche cylindrique ? — Décrivez sommai- rement la lampe modérateur. — Quelles sortes d huiles brûle t on généralement dans les lampes? — Fxpliquez comment on extrait l huile des graines oléagineuses. — Que fait on des tourteaux?

LEÇON XXVIII

LE GAZ. — LE PÉTROLE.

Mes amis, je vais jeter sur des charbons ardents un peu de résine ou de suif : qu'est-ce qui va arriver, Ernest ?

— La rés'ne ou le suif va brûler.

Comment? avec flamme ou sans flamme ?

— Avec flamme.

Oui, avec une flamme vive, si le feu est ardent et si l'air ne manque pas pour activer la *combustion*. Autrement qu'arrivera t-il?

— On verra de la fumée.

Bien, et cette fumée consisterait en air chaud mélangé de charbon. Vous allez facilement le comprendre.

Voici une chandelle allumée Le suif qui imbibe la mèche s'est d'abord fondu au contact de la flamme d'une allumette, puis il a pris feu, la chandelle s'est allumée. La flamme maintient liquide une petite quantité de suif au bas de la mèche. Ce suif liquide monte peu à peu dans la mèche de coton, s'échauffe davantage et s'enflamme à son tour, c'est ainsi que la chandelle continue d'éclairer. Voyons de quoi se compose cette flamme.

Le suif fortement chauffé se *volatilise*, se vaporise, si vous voulez · il se change en une espèce d'air ou de vapeur. Cette vapeur contient donc tout ce qu'il y a dans le suif. Or le suif contient beaucoup de charbon (carbone). Cela vous étonne, mais vous allez vous en convaincre. La fumée de cette chandelle est du charbon à l'état de poudre extrêmement fine La flamme n'est brillante que grâce à ce charbon qui s'y consume et devient d'un blanc éblouissant.

Regardez avec soin la flamme. Vous remarquez au bas et sur les côtés, à la portion inférieure, une partie bleuâtre, pâle. C'est que, dans cette partie, le charbon n'est pas assez chauffé pour devenir rouge blanc. Si je refroidis la flamme en soufflant dessus, une portion du charbon qu'elle contient se refroidit, et au lieu de brûler se dégage en poudre fine, en fumée. J'arrive au même résultat si je refroidis la flamme au contact d'un objet froid, d'une assiette, par exemple. Vous voyez, à mesure que je promène l'assiette sur la flamme, elle se couvre d'une poussière noire, c'est le charbon refroidi : on l'appelle *noir de fumée*; nous aurons occasion d'y revenir une autre fois.

Ce que je tiens à vous faire comprendre, c'est que les flammes n'éclairent qu'à la condition de renfermer une certaine quantité de charbon. En fait, c'est le charbon seul, chauffé au rouge blanc, qui produit la clarté. Le reste de la flamme consiste en une sorte d'air, un gaz (l'hydrogène) qui chauffe beaucoup en brûlant, mais n'éclaire presque pas.

Toutes les fois que vous voyez une flamme, vous êtes sûrs qu'elle se compose d'un gaz qui chauffe sans éclairer et de charbon en parcelles infiniment petites qui se brûlent, se consument dans ce gaz.

Ainsi la résine, le suif, la cire, la bougie stéarique, l'huile, donnent des flammes éclairantes et sont employées pour l'éclairage parce qu'à une température un peu élevée ces substances se vaporisent, se volatilisent, et que leurs vapeurs consistent principalement en un gaz riche en charbon (hydrogène carboné).

En réalité, quand nous disons : brûler de la chandelle, de la bougie, de l'huile, nous brûlons les vapeurs, les gaz qui se dégagent de ces substances fortement chauffées ; nous brûlons du gaz.

En général, les substances qui brûlent en dégageant beaucoup de fumée sont riches en gaz éclairant. Il suffit de leur fournir beaucoup d'air pour que la fumée cesse de se produire.

Dites-nous, Alfred, sans parler de matières employées ordinairement pour l'éclairage, connaissez-vous une substance très commune, qui brûle avec beaucoup de fumée?

— Le charbon de terre.

Bien. Quelques espèces surtout sont très fumeuses, elles réclament un fort tirage, et alors elles donnent de longues flammes brillantes. Nous y reviendrons à propos du chauffage

Puisque certaines qualités de houille ou charbon de terre donnent une belle flamme, pourquoi n'en ferait-on pas des chandelles?

Je donnerai un bon point à celui qui me le dira.

— Parce que c'est trop dur.

— Parce que cela ne fond pas.

La dureté n'y ferait rien. On pourrait la réduire en poudre, puis la mouler autour d'une mèche.

Mais, comme vient de le dire François, la houille ne fond pas. Elle ne se volatilise qu'en partie. Il reste une matière solide, dure, poreuse, le coke, qui est formé de charbon pur et de cendres. Le coke ne flambe pas, il lui manque le gaz de la flamme, l'hydrogène. Les flammes sont formées d'hydrogène et de charbon.

Il y aurait cependant tout avantage à utiliser pour l'éclairage la portion qui se volatilise, celle qui brûle avec une si belle flamme. Mais pour cela il faudrait la séparer du coke.

C'est ce que se disait un soir un ouvrier mineur anglais en regardant de beaux jets de flamme s'élancer en sifflant d'un bloc de houille qui brûlait dans sa cheminée. Il avait auprès de lui un petit garçon vif et intelligent, très curieux, grand questionneur, qui venait justement de lui demander comment une belle flamme blanche pouvait sortir de cette vilaine pierre noire.

Notre mineur n'était guère instruit. Les écoles étaient rares alors. Mais il avait du bon sens, et l'habitude d'observer lui avait fait apprendre une foule de choses. Au lieu d'expliquer au long à son fils comment il comprenait la flamme de la houille, il pensa l'intéresser davantage en faisant avec lui une petite expérience dont il avait déjà eu l'idée.

Il prit une grande pipe en terre à long tuyau, la remplit à moitié de petits fragments de houille et la boucha soigneusement avec de l'argile, laissant seulement le tuyau ouvert.

Vous auriez bien voulu, n'est-ce pas, être à la place de son fils?

Eh bien, je l'ai pensé,et nous allons faire nous aussi l'expérience. Voici une pipe préparée pour cela et un réchaud allumé.

Je place le fourneau de la pipe sur le feu pour qu'elle s'échauffe graduellement, puis je l'enfonce entre les charbons ardents. Regardez bien l'extrémité ouverte du tuyau.

Jean, que voyez vous sortir?

— Un peu de fumée.

Si l'idée de l'ouvrier anglais était juste, cette fumée doit être accompagnée de gaz provenant de la partie volatile de la houille, et ce gaz doit pouvoir s'enflammer. Essayons. J'approche une allumette... vous voyez, une flamme longue et brillante s'échappe en sifflant du tuyau.

L'enfant était ravi de cette expérience. Le père devint pensif. Il venait de faire ainsi, simplement, pour son instruction et celle de son fils, une grande découverte. Il en comprenait l'importance, les applications, les resultats Mais je vous l'ai dit, il n'était pas instruit. Il ne savait même pas lire. De plus il était tres pauvre. Il n'avait donc aucun moyen de développer son idée. Quelques amis le virent plusieurs fois faire du gaz éclairant dans une pipe ou dans une sorte de *cornue* en terre munie d'un long tuyau, mais ce fut tout. Il mourut sans que personne s'occupât de sa découverte. Le nom même de cet inventeur de l'éclairage au gaz a été oublié.

Un peu plus tard, des savants prirent en main cette question. Ils firent chauffer, distiller de la houille dans des vases en terre ou en métal munis d'un long tuyau par ou s'échappaient les matieres volatiles, les gaz inflammables. En 1765, un ingénieur français nommé Lebon distilla du bois et de la houille pour en extraire les gaz éclairants. Il proposait de recueillir ces gaz dans de vastes réservoirs pour l'employer au chauffage et à l éclairage. Personne n'ayant confiance en son entreprise, il mourut avant d'avoir fait fonctionner en grand ses appareils. Peu de temps après,un Anglais fondait dans son pays l'industrie du gaz d'éclairage. Je vais essayer de vous en donner une idée.

La fabrication du gaz d'éclairage consiste en une *distillation* des matières propres à le fournir, comme le bois, la résine, les graisses, et principalement la houille.

Si l'on renferme ces matières dans un vase muni d'un tuyau pour le dégagement des gaz, si l'on chauffe ce vase sur un feu vif, les parties volatiles se séparent, distillent sous forme de vapeurs, de gaz. On recueille ces gaz dans de grands réservoirs pour les utiliser au fur et à mesure des besoins.

La houille *grasse* que vous voyez ici, c'est à dire bitumineuse, celle qui brûle avec une longue flamme, est la meilleure matière première pour la fabrication du gaz, parce que le résidu, le coke, dont voici des échantillons, représente la moitié de la valeur de la houille. Le coke, en effet, ne produit plus de flamme, mais cette sorte de braise développe, en brûlant, une chaleur intense.

Dans les fabriques de gaz, nommées *usines a gaz*, voici comment on procède.

Dans les fours chauffés avec du coke, on introduit une série de gros tubes en terre réfractaire, un peu aplatis, qu'on appelle des cornues Ces tubes sont munis, à une extremité, d'un tuyau pour la sortie du gaz. A l'autre extrémité, ils sont fermés par une porte mobile. La porte étant ouverte, on les remplit à moitié de houille concassée, on ferme la porte et le chauffeur pousse le feu.

·La houille renfermée dans les cornues s'échauffe, se boursoufle, se décompose en partie. Les portions bitumineuses, volatiles, se dégagent sous forme de gaz et s'echappent par le tuyau adapté au fond. Tous les tuyaux des cornues communiquent entre eux, de sorte que le gaz produit dans les fourneaux suit le même chemin vers un grand réservoir.

Mais ce gaz est impur. Il contient diverses substances qui nuiraient à son *pouvoir éclairant*, qui terniraient sa flamme et encrasseraient les *tuyaux de distribution* du gaz Il faut donc le purifier. Pour cela, on le fait passer d'abord dans l'eau ou il barbote à gros bouillons, puis dans des cylindres remplis de coke et de produits chimiques En sortant des épurateurs, le gaz arrive sous une immense cloche de tôle nommée *gazomètre*, enfoncée dans un réservoir plein d'eau.

Parmi les matières dont on débarrasse le gaz en le purifiant, signalons le goudron, qui a reçu dans l'industrie un grand nombre d'emplois. Il sert principalement a fabriquer, avec des débris de houille et d'autres combustibles, des *agglomérés*, comme les *briquettes* des chemins de fer, le *charbon de Paris*, etc. On en retire de la benzine, utilisée pour le nettoyage des étoffes ; l'*acide phénique*, puissant désinfectant ; des matières colorantes pour la teinturerie.

A mesure que le gaz arrive sous le gazomètre, il le fait monter au dessus de l'eau. Le poids du gazomètre presse le gaz qui tend à s'échapper par un orifice placé au bas de ce réservoir. De cet orifice part le *tuyau de distribution* qui s'enfonce dans la terre, se ramifie en tous sens dans les rues, à ce tuyau de distribution se rattachent d'autres tuyaux plus petits qui vont, dans les maisons, distribuer le gaz selon les besoins des habitants. Des *conduites* flexibles, en plomb, le font circuler dans les appartements. A ces tubes de plomb on adapte des *brûleurs*, c'est-à-dire des petits tubes ouverts ou fermés à volonté au moyen de robinets ; quand le robinet est ouvert, le gaz s'échappe ; il suffit de l'allumer pour se procurer à volonté de la chaleur et de la lumière.

Dans quelques mines de houille il se dégage naturellement une certaine quantité de gaz à peu près identique au gaz d'éclairage. Ce gaz se mêle à l'air des galeries, et il suffit d'une allumette enflammée pour y mettre le feu et produire une détonation effroyable. C'est ce que les mineurs appellent *feu grisou*. Pour éviter cet accident le physicien anglais Davy a inventé une lampe dans laquelle la flamme, entourée de toiles métalliques, ne peut enflammer les gaz qui se trouvent à l'extérieur.

Pour terminer notre leçon, disons quelques mots de ce liquide nommé huile minérale, kérosène ou pétrole.

Voici une lampe à pétrole. Ce liquide remplace l'huile de colza communément employée. Il donne une flamme plus blanche, plus brillante, qui coûte moins cher que celle de l'huile. Le pétrole n'a qu'un défaut, c'est d'être très inflammable. Si une lampe tombe, se brise, il en résulte presque toujours quelque accident, souvent de grands incendies : les enfants ne doivent jamais y toucher.

Le pétrole est plus léger que l'eau, il brûle à sa surface, de sorte que pour l'éteindre, ce n'est pas de l'eau qu'il faut employer, mais de la terre, des cendres, du sable.

Quoique le pétrole soit liquide, il a beaucoup d'analogie avec le bitume que vous voyez ici, et même avec les houilles grasses.

Si l'on creuse un puits profond, comme dans les mines, on s'aperçoit que la température augmente, au sein de la terre, à mesure qu'on descend. Des sources qui viennent de grandes profondeurs arrivent bouillantes à la surface.

On peut donc supposer que des bitumes, des houilles, ou d'autres matières se sont trouvés distillés sous terre, puis se sont *con lensés* sous forme de liquide. Ce qu'il y a de certain, c'est qu'en un grand nombre de localités on trouve du pétrole mêlé à l'eau des sources ; ailleurs, une matière plus volatile, que l'on peut retirer du pétrole, sort de terre comme des jets de gaz, et si on l'enflamme, elle brûle indéfiniment Dans ces régions, si l'on creuse des puits profonds, on rencontre souvent des nappes, des amas de pétrole brut, c'est un liquide brun verdâtre, visqueux comme de la mélasse claire.

Si l'on distille dans un alambic le pétrole brut, on obtient divers produits, entre autres l'essence de pétrole, très volatile, très inflammable, qu'on emploie à l'éclairage, mais dont l'usage est fort dangereux. Après l'évaporation de cette essence le pétrole distille à son tour. Ensuite on recueille des *huiles lourdes* employées à graisser les machines, et enfin la paraffine également utilisée dans l'industrie de l'éclairage.

Une lampe à pétrole est la meilleure, la plus économique des fabriques de gaz Pour une même quantité de lumière, le pétrole coûte moins que le gaz de houille et moins, par conséquent, que la bougie, l'huile ou la chandelle Mais, je vous le répète, son emploi exige les plus grandes précautions et surtout les enfants ne doivent jamais toucher ni à la lampe ni au bidon dans lequel on garde le pétrole.

QUESTIONNAIRE

Qu'arrive-t-il si l'on jette sur des charbons ardents un peu de résine ou de suif ? — En quoi consiste la fumée ? — Expliquez comment se produit la *combustion* du suif dans une chandelle allumée — De quoi se compose la flamme d'une chandelle ? — Qu'est-ce qui la rend bril-

lante ? — *Pourquoi la partie inférieure est-elle bleuâtre ?* — De quoi
e compose la fumée d'une chandelle allumée ? — Comment prouve
riez vous que la flamme d'une chandelle renferme du charbon ? —
Dites ce que vous entendez par flamme éclairante — *Pourquoi ne
peut on pas faire des chandelles avec de la houille ?* — Racontez la première expérience concernant la fabrication du gaz de houille — Qui
fit en France les premiers essais de fabrication en grand ? — A quelle
époque l'ingénieur Lebon fit-il ses expériences ? — Décrivez sommai
rement la production du gaz d'éclairage dans une usine — Dites ce
que vous savez sur le goudron de gaz. — Comment appelle t-on le
grand réservoir de l'usine ? — Comment le gaz arrive-t il de l'usine
aux maisons d'une ville ? — *Qu'est ce que la lampe de Davy ?* — Dites
les qualités du pétrole comme liquide éclairant — Quel danger offre
son emploi ? — Où trouve-t on le pétrole ? — Qu'est-ce que l'essence
du pétrole ? — Comment éteindre du pétrole enflammé ? — Quels sont
les modes d'éclairage les plus économiques ?

LEÇON XXIX

LE CHAUFFAGE.

Mes amis, nous allons nous occuper aujourd'hui de tout ce qui sert à faire du feu, pour se chauffer, préparer les aliments, faire marcher les machines à vapeur, etc , etc.

Vous savez que l'on appelle *combustibles* les matières susceptibles de brûler en produisant de la chaleur. Passons d'abord en revue les principaux combustibles.

Alfred, nommez les combustibles que vous connaissez

— le bois, le charbon de terre, le charbon de bois, la braise.....

Henri, continuez

— La tourbe.

Et vous, Jean ?

— Les mottes

A vous, François

— Le coke.

Voilà déjà une jolie collection. Nous pourrions y ajouter le gaz, mais vous en savez assez sur son compte.

Dans nos pays, nous sommes gâtés en fait de combustibles. Nous n'avons que l'embarras du choix. Mais il y a des contrées où manquent le bois, la houille, la tourbe, et par conséquent le charbon de bois, le coke, les mottes. Ce sont des régions arides, des déserts où les hommes ne font guère que passer. Cependant il leur faut du feu pour cuire les aliments. La nécessité rend ingénieux. On recueille des herbes sèches, la fiente desséchée des animaux herbivores et avec cela on fait tant bien que mal un peu de feu. Les habitants des régions polaires brûlent de l'huile de poisson dans des sortes de grandes lampes placées sur le sol de leur hutte de neige.

Vous savez qu'il y a des bois durs, a tissu compact, et d'autres légers, à tissu lâche. Pour les employer au chauffage, il faut les choisir selon l'usage spécial auquel on les destine. Les bois blancs fournissent une flamme claire très chaude, mais se consument vite. Les bois résineux donnent encore plus de flamme et durent un peu plus, mais à moins que le tirage ne soit parfait, leur combustion est accompagnée de fumée. Les bois durs et serrés, comme le hêtre, l'orméau, donnent un feu gai dans la cheminée et durent longtemps. Le chêne flambe peu, il noircit, mais ne se consume pas vite. L'ormeau, puis le hêtre sont les meilleurs bois de cheminée. Pour chauffer le four les bois blancs, le pin sans résine, le sapin, les fagots valent bien mieux que les bois durs, car il importe d'obtenir rapidement beaucoup de flamme sans fumée

Ernest, pouvez vous nous dire ce que c'est que le charbon de bois ?

— C'est du bois un peu brûle et puis éteint.

Je crois que vous avez occasion d'en voir faire. Expliquez-nous comment on s'y prend.

— On coupe les branches d'arbres en tronçons, on les arrange en meule, en prenant soin de laisser des passages pour l'air Sur la meule on met une couche de terre et on allume le bois à la partie inférieure. Il brûle doucement pendant plusieurs jours. Alors le charbonnier enlève la terre et avec une perche ouvre le tas de charbon pour l'éteindre.

C'est cela Vous savez regarder, vous savez voir, et vous dites assez bien ce que vous savez.

Le charbon de bois est en quelque sorte le coke du bois. Celui-ci, chauffe lentement dans la meule, s'est desséche d'abord, puis distillé en partie, comme la houille que l'on chauffe. On aurait pu recueillir du gaz d'éclairage qui sortait de la meule. Ce qui reste, le charbon, ne contient plus ni eau, ni gaz ; c'est, ainsi que le coke, du charbon (carbone) mêle a des matières terreuses qui forment les cendres quand on le brûle

Lucien va nous dire quelle différence il y a entre le charbon et la braise

— La braise est le charbon presque entièrement consumé des bois légers dont se servent les boulangers.

Bien Quand le four est chaud, on racle en dehors la braise rouge et on l'éteint. Elle est très facile à allumer, mais elle ne donne pas beaucoup de chaleur et se consume très vite Le charbon de bois dur s'allume difficilement, mais, une fois embrasé il chauffe beaucoup et dure assez longtemps.

Jean, vous nous avez dit que l'on brûlait des *mottes,* expliquez nous ce qu'on nomme ainsi.

— C'est du tan qui a servi aux tanneurs. On le presse mouillé dans des moules et on le fait sécher comme des briques.

En effet. Les mottes sont utiles surtout quand il s'agit de conserver longtemps un peu de feu. Elles brûlent lentement sans s'éteindre ; la partie consumée se couvre de cendres qui empêchent l'air d'activer la combustion, mais en laissent pénétrer juste assez pour l entretenir très lentement

Henri, qui nous a nommé la tourbe, va nous dire ce que c'est...

Je vais vous aider un peu

D'ou retire t on la tourbe ?

— De prairies qui ressemblent à des marécages.

Ces prairies produisent elles du foin ?

— Non, il n'y pousse que des mauvaises herbes.

En effet, il n y croît guère que de petites plantes que ne recherchent pas les animaux : les mousses y abondent. Chaque année, une nouvelle génération de plantes se fait jour au-dessus de celle de l'année précédente, dont les racines restent entremêlées à celles des plantes nouvelles Si le sol était sec, le niveau s'exhausserait peu à peu par l'accumulation de plantes et de racines. Mais, comme il est très humide, les couches profondes se décomposent à mesure qu'il s'en forme de nouvelles à la surface, de sorte que le niveau reste à peu près le même.

Si l'on ouvre une tranchée dans une tourbière, on voit près de la surface une sorte de feutre grossier formé de racines entremêlées. Un peu plus bas, ce feutre est plus compact, plus foncé ; une partie des racines semble fondue et changée en terreau. Plus bas encore on ne voit qu'un terreau noirâtre, compact : c'est la tourbe parfaite. On l'extrait au moyen de pelles (louchets) dont les côtés sont repliés à angle droit, de sorte qu'elles taillent dans la tourbe une sorte de brique que l'on sèche à l'air.

La tourbe de bonne qualité, complètement décomposée, exempte de sable et d'argile, bien sèche, est un assez bon combustible, cependant elle donne peu de flamme et répand une odeur désagréable. On l'emploie surtout dans les pays froids et humides ou les tourbières sont communes.

Examinez bien ces morceaux de tourbe que je vais faire circuler. Vous vous rendrez compte de sa formation, en remarquant les restes de plantes dans les échantillons extraits de la surface.

La tourbe nous conduit tout naturellement à parler de la houille, que vous connaissez déjà un peu. Je vous en fais passer aussi des morceaux, ainsi qu'un échantillon de tourbe très vieille, noire, dure, que l'on a fortement comprimée pour en faire un meilleur combustible.

En les comparant, peut être va t-il vous venir une idée.

Joseph dit que la houille ressemble un peu à la vieille tourbe pressée.

François croit que la houille est une sorte de tourbe.

Eh bien, mes amis, François, qui n'est pas encore un grand savant, a raison. La houille n'est pas autre chose que de la tourbe, mais de la tourbe très vieille.

Des tourbières occupaient d'immenses contrées dont le sol s'étant affaissé a été peu à peu recouvert par du limon, du gravier, des cailloux roulés par les eaux ; de la craie, de l'argile, etc , etc. Elles ont disparu sous des couches de terrain lentement accumulées. Il avait fallu des milliers d'années pour former les tourbières épaisses, profondes, il fallut bien plus de temps encore pour les recouvrir de couches terreuses dont quelques-unes sont devenues de la pierre. Pendant tout ce temps, la tourbe comprimée, pressée, achevait de se former en terrain noir, se séchait lentement, durcissait et prenait l'aspect que vous lui voyez

Les houilles tendres à longue flamme proviennent de tourbières moins anciennes que les houilles sèches, dures et à flamme courte. Il y en a même, comme l'anthracite, qui ne donnent presque pas de flamme. Il semble qu'elles aient été en partie distillées par la chaleur intérieure de la terre, et qu'il n'en reste qu'une sorte de coke compact et brillant.

Pour extraire ce combustible de la terre, il faut creuser des puits jusqu'à la profondeur ou il se trouve, puis ouvrir des galeries ou les ouvriers détachent la houille avec des pics et la chargent sur des petits wagons que l'on conduit à l'entrée d'un puits. Là d'autres ouvriers déchargent les wagons dans des tonnes (bennes) que l'on fait monter à la surface au moyen d'une corde qui s'enroule sur un *treuil*, comme la corde d'un puits ordinaire.

Dans les roches tendres qui entourent la houille, roches qui ne sont autre chose que de l'argile, du limon et du sable durcis, soudés ensemble par la pression et la chaleur, on trouve souvent des empreintes d'animaux et de plantes qui vivaient à l'époque où la tourbe a commencé à disparaître sous des couches terreuses charriées ou déposées lentement par les eaux.

Maintenant que nous avons fait connaissance avec les combustibles, voyons comment on les utilise.

François va nous dire ou l'on fait d'ordinaire le feu pour se chauffer.

— Dans la cheminée ou dans le poêle.

Dans quelques pays ou les hivers sont peu rigoureux, on se sert aussi, pour chauffer les chambres, de fourneaux portatifs nommés brasiers (*braseros*, en espagnol) remplis de braise allumée. Dites-nous, Lucien, ce que vous pensez de ce mode de chauffage.

— Cela ne doit pas chauffer beaucoup.

Et au point de vue de la santé ?

— Le mauvais air reste dans la chambre.

Bien. Ce mauvais air, comme vous l'appelez, c'est l'acide carbonique qui se produit pendant la combustion. Il n'est pas respirable. Une bougie placée dans ce gaz s'éteint sur-le-champ. Un oiseau y meurt aussi vite. Toutes les fois que l'on fait du feu, il se produit de ce gaz, par conséquent on ne doit en faire que dans des appareils comme une cheminée, un poêle, qui conduisent au dehors, grâce au *tirage*, l'air vicié par la combustion.

Notez bien que si l'on brûlait dans un *brasero* ou brasier non pas de la braise, mais du charbon de bois, il se produirait, en outre, un gaz extrêmement vénéneux (oxyde de carbone) dont une toute petite quantité répandue dans l'air d'une chambre suffit pour tuer un homme Ce gaz se dégage souvent des fourneaux de cuisine dont la *hotte* tire mal, et cause des maux de tête, des nausées, des troubles nerveux. Dans ce cas, il faut absolument établir un courant d'air qui l'entraîne au dehors.

Louis, pouvez-vous nous dire a quoi sert la plaque ou *tablier* que l'on abaisse à volonté devant l'ouverture de certaines cheminées.

— Le tablier sert à faire brûler le feu plus vite quand on le baisse.

En effet, l air qui s'engouffrait auparavant par toute l'ouverture est obligé de passer par un espace beaucoup plus petit, à la partie inférieure. Il passe donc très vite et agit comme l air du soufflet On peut ainsi activer la combustion ou rallumer un feu près de s'éteindre.

Vous savez combien est gai, en hiver, un beau feu qui flambe et pétille dans la cheminée Le feu, comme l'on dit, tient compagnie Tisonner est un plaisir. On aime à voir voltiger les étincelles, tourbillonner la fumée, et dans la braise rouge, on cherche à trouver des formes bizarres Mais, comme un flot d air froid se précipite sans cesse pour combler le vide produit par l'air chaud qui s'elève, que d'ailleurs le feu se trouve masqué de trois côtés, la plus grande partie de la chaleur est perdue. L'air chaud se repand dans l atmosphère sans profit pour personne.

Dites-nous, Lucien, en quoi un poêle est préférable a une cheminée.

— Il consomme moins de combustible.

Pourquoi?

— Parce que la porte est petite et ne laisse pas entrer beaucoup d'air.

Et vous Ernest, comment se fait il qu'une petite quantité de bois brûlée dans un poêle chauffe une chambre bien mieux que le double et triple brûlé dans une cheminée?

— Parce que l'air chaud s'echappe lentement par le tuyau.

En effet. De plus, le poêle et tout le tuyau dégagent tout autour d'eux de la chaleur.

Louis va nous indiquer un défaut des poêles.

— Ils entêtent

C'est le mot dont on se sert pour dire qu'ils produisent parfois de l'oppression et des maux de tête. Cela vient de deux causes. Ou l'air de la chambre se trouve trop sec, ou le tirage est insuffisant pour assurer une bonne ventilation l'air chauffé devient toujours sec Pour y remédier, il faut maintenir sur le poêle un vase assez large pour évaporer environ deux litres d'eau par vingt quatre heures, dans une chambre ordinaire. Si la ventilation est insuffisante, il faut entr'ouvrir une fenêtre Si le poêle tire mal et laisse des gaz rentrer dans la chambre, une mise en état immediate est indispensable. Pour la même raison, on ne doit jamais fermer complètement la clef du poêle sous prétexte de retenir la chaleur.

Dans les grands établissements, au lieu d'employer des poêles on, trouve avantageux de chauffer au moyen d'appareils plus compliqués nommés calorifères Les uns chauffent de l'air qui se répand dans les salles ; d'autres chauffent de l'eau qui, devenue plus légère, s'élève par des tuyaux jusqu'à l'étage supérieur et redescend par d'autres tuyaux dans la chaudiere d'ou elle est partie Enfin on emploie aussi la vapeur d'eau.

Ernest, que se passe t il quand on chauffe de l'eau dans un alambic ?

— Elle distille.

Qu'entendez vous par là?

— L'eau se vaporise, passe dans un tuyau plongé dans l'eau froide, là elle se condense et coule au bas du tuyau.

Bien Et quel changement subit l'eau froide dans laquelle plonge le tuyau, le serpentin?

— Elle s'échauffe

Par conséquent, lorsqu'on distille de l'eau, la vapeur qui se refroidit, qui se condense, rend la chaleur qu'elle avait empruntée pour se former. Au lieu d'un tuyau assez court plongé dans l'eau froide, supposez que l'alambic placé au rez de chaussée d'une maison soit muni d'un tuyau qui monte jusqu'au grenier, puis redescende, en se ramifiant dans toutes les chambres. La vapeur se refroidira dans ce long tuyau. Mais en se refroidissant, en se condensant, elle rendra sa chaleur, le tuyau s'échauffera et chauffera les chambres dans lesquelles il passe. Quant à l'eau de condensation elle retombera enfin dans la chaudière pour recommencer indéfiniment le même circuit. Tel est le principe du chauffage par la vapeur.

Dans les villes, on se chauffe aussi au moyen de la flamme du gaz d'éclairage que l'on dispose dans des cheminées ou dans des sortes de poêles en métal. On l'emploie également dans des fourneaux spéciaux pour faire la cuisine.

QUESTIONNAIRE.

Nommez les principaux combustibles. — Expliquez les propriétés des bois durs et des bois légers employés comme combustible — Décrivez sommairement la fabrication du charbon de bois. — Qu'est ce que la braise de boulanger? — En quoi diffère-t-elle du charbon? — Dites ce que vous savez sur les mottes — Expliquez la formation de la tourbe — Expliquez la formation de la houille — Comment extrait on la houille de la terre? — Quels sont les inconvénients des brasiers sans communication avec l'air extérieur? — Quel gaz répand dans la chambre un brasier où l'on brûle de la braise? — Quel gaz répandrait-il si l'on y brûlait du charbon de bois? — Appliquez cette remarque aux fourneaux de cuisine — A quoi sert le tablier mobile des cheminées? — Quels sont les défauts des cheminées? — Pourquoi les poêles chauffent-ils mieux avec moins de combustible? — Que signifie l'expression « le poêle entête »? — Comment remédier aux mauvais effets des poêles? — Pourquoi ne faut-il jamais fermer complètement la clef du poêle? — Quels genres de calorifères connaissez vous? — Expliquez le fonctionnement du calorifère à vapeur. — Comment emploie-t-on le gaz d'éclairage pour le chauffage?

LEÇON XXX

LES CÉRÉALES.

Mes amis, les hommes n'ont pas toujours eu, comme aujour-
d'hui, des champs de blé, d'orge, de seigle. Ils ont commencé
par vivre de fruits, de racines et du produit de leur chasse ou
de leur pêche. Vous pouvez vous imaginer combien leur vie
était rude. Leur existence se passait à se procurer les moyens
de ne pas mourir de faim. La nécessité leur faisait d'ailleurs
utiliser une foule de plantes que nous dédaignons aujourd'hui.
Pour abri, pour demeure, ils n'avaient que les cavernes naturelles ou des huttes grossières faites de branches entrelacées
Pour fabriquer des armes, des outils, des ustensiles, ils n'a-
vaient d'autres matériaux que le bois, les os d'animaux et la
pierre. Faute de connaître les métaux, ils se servaient de couteaux, de haches en pierre. Vous connaissez le silex ou pierre
à fusil : quand on casse cette pierre, les bords de la cassure
sont coupants. A force de patience, les premiers hommes tail-
laient des silex en frappant dessus à petits coups avec une autre pierre dure. Vous comprenez qu'avec des outils de pierre on
ne peut pas faire de bien bon travail et surtout qu'on ne peut
pas aller vite en besogne

Plus tard les hommes ayant rendu domestiques quelques animaux, le bœuf, le cheval, la chèvre, le porc, la vie devint un
peu plus facile. Quand le poisson ou le gibier faisaient defaut,
le troupeau leur offrait des ressources toujours prêtes. Mais
quant aux végétaux, ils n'avaient encore rien qui ressemblât à
nos légumes cultivés, ils ne connaissaient pas les plantes précieuses dont les graines nous servent à faire le pain

On les découvrit enfin, ces bonnes plantes. On goûta leurs graines, on en sema près de la demeure pour les surveiller, on récolta quelques poignées d'épis et ce fut grande joie. Au lieu d'aller péniblement en quête de petites racines coriaces, de graines d'herbes peu nourrissantes et difficiles à recueillir, pourquoi ne sèmerait-on pas des champs entiers de ces plantes aux lourds épis ?

On se mit à l'œuvre. On coupa un jeune tronc d'arbre muni d'une forte branche inclinée vers la terre, et ce lourd crochet de bois, tiré par plusieurs hommes, fut la première charrue.

Bientôt, autour de chaque demeure, la terre se couvrit de moissons. Les hommes reconnaissants vouèrent un culte à cette bonne terre nourricière. Ils lui supposèrent une sorte de vie, se plurent à la représenter comme un être bienveillant, généreux, une divinité bienfaisante.

Les peuples de la Grèce donnèrent le nom de Cérès à cette divinité sous les traits de laquelle ils rendaient hommage à la nature féconde, à la terre qui donne le blé, a la Providence qui fournit aux besoins de l'homme.

Les plantes à épis de graines farineuses furent consacrées à Cérès, et depuis, en souvenir de ces temps anciens, on leur a donné le nom de *céréales* ou plantes de Cérès, déesse qui personnifiait la terre et les moissons.

Les céréales les plus importantes sont le blé, le seigle, l'orge, l'avoine, le sarrasin, le maïs, le riz, le millet. Nous allons causer de ces bonnes plantes.

Si je vous demandais, mes amis « Connaissez-vous le blé ? » peut être seriez-vous un peu offensés de cette question. Qui est-ce qui ne connaît pas le blé ? répondriez-vous. Eh bien, nous allons voir.

Ernest, sous quel autre nom désigne-t-on le blé?

— On l'appelle aussi froment.

Bien. Y a-t-il plusieurs variétés de blé?

— Il y en a dont l'épi est lisse et d'autres dont l'épi est barbu.

Et vous, Henri?

— Il y en a que l'on sème à l'automne et d'autres que l'on sème au printemps.

Et vous, François?... Lucien?... Louis?...

Vous voyez, mes amis, que vous ne connaissez pas encore beaucoup le blé. Ce n'est pas étonnant d'ailleurs. Son histoire complète formerait un livre. Mais que l'on vive à la campagne ou à la ville, il est bon d'avoir au moins quelques notions sur une plante si précieuse.

Divisons d'abord les blés en deux grandes catégories : ceux dont les grains se détachent de leur *balle* ou enveloppe pendant le battage ; ceux qui ne s'en débarrassent que sous l'action des meules. Nous appellerons les premiers *blés nus*, et les seconds *blés vêtus* ou *épeautres*.

Occupons-nous d'abord des blés nus, qui sont les plus importants.

Voici des épis et des grains qui vont vous aider à fixer vos souvenirs.

Il y a des blés dont le grain est *tendre* et cède sous la dent. D'autres dont le grain, à demi transparent comme de la corne, est *dur* et casse sous la dent. Voilà donc deux classes très naturelles : blés tendres et blés durs.

Cette distinction est fort importante. Du pain fabriqué avec du blé dur de première qualité suffit, à la rigueur, pour nourrir un homme, même s'il se livre à des travaux manuels ordinaires. Mais du pain fabriqué avec du blé tendre ne suffirait pas.

Il y a dans le blé, dans la farine qu'on en retire, deux sortes principales de substances : l'*amidon* et le *gluten*. Quand nous digérons du pain, l'amidon nous sert à entretenir la chaleur du corps, où il se trouve brûlé, comme un morceau de bois brûle dans un poêle, mais bien plus lentement : le gluten sert à faire des muscles. Pendant le travail, les muscles s'usent, il faut qu'ils se renouvellent constamment. Le lait, les œufs, la viande surtout, contiennent les matériaux nécessaires pour renouveler les muscles. Le gluten est de la même nature que la viande. Plus il y a de gluten dans le blé, moins on a besoin de viande, d'œufs, de lait. Si bien qu'en mangeant certaines variétés de blé dur très riches en gluten on peut se passer de viande.

Vous comprenez maintenant pourquoi on classe tout d'abord les blés en tendres et durs. Chaque classe comprend un grand nombre d'espèces et de variétés ; citons en quelques-unes parmi les plus intéressantes.

Parmi les blés tendres, il est bon que vous connaissiez les *touselles* à épis sans barbes ou à barbes très courtes, comme le froment d'hiver commun, le plus cultivé dans le nord et le centre de la France; la *touselle* blanche, cultivée dans le Midi. Les *seisettes* ont le grain jaunâtre ou rougeâtre ; leur paille, ferme et rude, est moins aimée des bestiaux que celle des touselles ; notons seulement le froment barbu d'hiver et la seisette de Provence. Les *poulards* donnent un épi régulier, carré, barbu, dont la paille est pleine de moelle au sommet, dure et peu estimée ; leur grain est abondant, mais peu demandé sur les marchés.

Parmi les blés durs, le premier rang appartient aux *aubaines* cultivées sous les climats chauds, en Algérie, qui donnent des grains glacés transparents.

En France, on ne cultive guère l'*épeautre*, qui est précieuse sous des climats plus froids que le nôtre.

Je ne veux pas vous faire une leçon d'agriculture; cependant, maintenant que nous avons vu les épis de blé, appris à les reconnaître et à distinguer au moins les grains durs et tendres, nous ne pouvons manquer de nous demander comment on obtient ces épis.

Dites-nous, Henri, quel est le premier travail du cultivateur qui veut faire pousser du blé?

— Il laboure la terre

Ensuite?

— Il sème le blé et passe par-dessus la herse ou le rouleau pour enterrer les graines.

Lucien, à quelle époque se font les semailles d'automne?

— En octobre.

Et que devient pendant l'hiver le blé qui a commencé à croître?

— Il résiste à la gelée.

Oui, surtout s'il est couvert d'un manteau de neige.

François va nous dire quand se font les semailles du printemps.

— Au mois de mars.

Bien. Vous comprenez d'ailleurs que, dans le nord de la France, il soit bon de faire un peu plus tôt les semailles d'autonne pour que le blé soit un peu grand avant l'arrivée des premiers froids. Dans le midi, on peut semer de bonne heure au printemps.

Dites nous, Ernest, quand se fait la moisson du blé.

— Au commencement d'août.

Oui, dans le centre de la France; mais en Provence et dans tout le Midi on coupe les blés vers la fin de juillet, tandis que dans nos départements du Nord ils ne sont bien mûrs qu'à la fin d'août.

Autrefois, mes amis, on célébrait par des cérémonies religieuses le temps de la moisson. Aujourd'hui encore c'est l'occasion de fêtes dans nos campagnes. On coupe le blé en chantant. On chante en accompagnant jusqu'à la grange les grands chars remplis de gerbes. Chacun est heureux de voir récompensés tant de soins, tant de peines. L'avenir est assuré pour une année. La moisson faite, c'est l'aisance, la sécurité, l'assurance du pain quotidien. Nous tous, en fin de compte, c'est pour cela que nous travaillons, et quand nous sommes certains qu'il ne nous manquera pas, nous trouvons bonne la vie et notre cœur s'ouvre à la joie.

Emile, pouvez-vous nous dire combien de blé produit un hectare de terre?

— A peu près quinze hectolitres.

Et vous Jean?

— Plus de vingt hectolitres.

Cela dépend, mes amis, d'une foule de circonstances. Dans les terres ingrates, peu fumées, on ne récolte guère que huit à dix hectolitres. Une terre de bonne qualité et bien engraissée peut produire trois fois autant. Mais il faut tenir compte des saisons, du temps. Il suffit d'une forte gelée pour compromettre une récolte. De grandes pluies au temps de la floraison du blé le font *couler,* comme disent les cultivateurs; une saison trop sèche empêche le grain de grossir, une saison trop humide le pourrit.

En moyenne, dans notre pays, un hectare de terre produit 16 hectolitres de blé. A mesure que la culture se perfectionne, cette moyenne augmente et l'on peut espérer la voir monter à 22 ou 23 hectolitres.

Louis, comment distinguez-vous cet épi de seigle de cet épi de blé?

— Le seigle est toujours barbu; l'épi est long, régulier, et les grains sont plus longs que ceux du blé.

Tout cela est exact. Faites passer ces épis à vos camarades.

Dites-nous, Joseph, le seigle a-t-il besoin d'une terre aussi bonne que le blé?

— Je ne pense pas.

Non, il se contente de terres pauvres, ingrates. C'est la céréale des pays où l'agriculture est peu développée.

Maintenant, Lucien, examinez cet épi d'orge et dites-nous ce que vous en pensez.

— Cette orge a de longues barbes et les grains sont disposés en six rangs.

Bien. C'est la variété nommée orge d'hiver ou *escourgeon*. On la cultive quelquefois pour la faucher en vert, mais elle donne des grains abondants très estimés des brasseurs pour faire la bière.

Une autre variété importante est l'*orge commune* ou *orge carrée de printemps*, dont l'épi porte quatre rangs de grains. Elle se contente d'un terrain médiocre, mais elle produit peu et les grains sont petits.

La récolte moyenne du seigle est de 22 hectolitres par hectare; l'orge rend de 20 à 25 hectolitres.

Remarquez la disposition de cette sommité d'avoine. Les grains ne sont pas serrés les uns contre les autres, attachés à un axe commun comme dans les épis que nous venons d'examiner. Ils sont placés à l'extrémité de ramifications très minces, longues et bien isolées; ils forment plutôt une grappe lâche qu'un épi.

Louis, à quoi sert l'avoine?

— On la donne aux chevaux, aux volailles, aux lapins.

Est-ce que les hommes n'en mangent pas aussi?

— Je ne crois pas.

Chez nous, en effet, ce n'est guère l'usage. Mais dans d'autres pays on en consomme beaucoup sous forme de bouillie. C'est un aliment très sain, suffisamment nourrissant et peu coûteux.

Lucien, dites-nous le nom de ce gros épi.

— C'est du maïs.

A quoi sert-il ?

— On le donne aux volailles

Et vous, Joseph ?

— Les hommes le mangent aussi.

Et vous, Jean ?

— On peut en donner aux chevaux.

Oui vraiment, il est bon à tout. Il y a des pays ou le maïs forme la base de la nourriture, pour les bêtes et pour les gens. Dans toute l'Amérique du Sud et dans une partie de l'Amérique du Nord, on en fait une consommation énorme. On ne cultive pas d'autre céréale dans les parties chaudes de l'Amérique du Sud.

Émile, est-ce qu'on ne donne pas un autre nom au maïs ?

— On l'appelle blé de Turquie.

En effet, mais il ne nous vient point de la Turquie, il est originaire de l'Amérique.

Chez nous, il ne mûrit bien que dans le Midi. On le coupe souvent en vert pour fourrage. Les grains sont moulus en semoule ou en farine dont on fait de la bouillie épaisse, très saine et très nourrissante.

Le riz, dont vous voyez ici des grains blancs, transparents, luisants, est produit aussi par une céréale des pays chauds. On en fait quelquefois de la farine, mais le plus souvent on le cuit en grains. Il gonfle, et absorbe beaucoup d'eau pendant la cuisson. C'est un aliment fade et peu réconfortant parce qu'il contient bien moins de *gluten* ou de matière analogue que les autres céréales. Une fois cuit, il ne nourrit guère plus que la pomme de terre, qui est presque entièrement formée d'amidon et d'eau. Aussi, quand on mange beaucoup de riz ou de pommes de terre, il faut rendre son régime réconfortant en y ajoutant du lait, du fromage, des œufs ou de la viande.

Alfred va nous dire le nom de ces graines brunes, luisantes, à trois faces courbes.

— C'est du blé noir.

N'a-t-il pas un autre nom ?

— On l'appelle aussi sarrasin.

Bien. On ne le cultive guère, chez nous, qu'en Bretagne et en Normandie. Il craint le froid. En Bretagne, on le sème vers la mi-juin pour le récolter en octobre. C'est le blé du pauvre. Il coûte moitié moins que le blé ordinaire et fournit une nourriture assez réconfortante.

Malheureusement on ne peut en faire du pain, parce que le gluten y est remplacé, comme dans le maïs, par une substance de même nature, mais qui n'est pas élastique et ferme comme le gluten. On prépare avec le sarrasin des *galettes*, sortes de crêpes épaisses, et de la bouillie.

Citons encore, pour terminer, ces petites graines, que Lucien va nommer.

— C'est du millet

A quoi sert-il?

— On le donne aux oiseaux.

C'est vrai, mais dans certains pays, et même chez nous, en quelques provinces, on fait avec la farine du *mil* ou *millet* une bonne bouillie que l'on mange comme celle de sarrasin et de mais. En Afrique, des peuples entiers font du millet la base de leur nourriture.

Nous n'avons pas épuisé la liste des céréales, et sur chacune d'elles nous n'avons pu dire que quelques mots. Mais j'espère que vous comprenez l'importance de ces bonnes plantes, et que vous profiterez de toutes les occasions pour faire avec elles plus complète connaissance.

QUESTIONNAIRE.

Comment les païens nommaient-ils la déesse qui personnifiait, pour eux, la terre et les moissons? — D'où vient le nom de céréales donné au blé, au seigle, à l'orge, etc? — Nommez les céréales les plus importantes — Quelle différence y a-t-il entre les blés nus et les blés vêtus? — Expliquez en quoi diffèrent surtout les blés tendres et les blés durs — Citez quelques espèces de blé tendre. — Quel climat convient aux blés durs? — Resumez le travail du cultivateur pour obtenir du blé — A quelle époque se font les semailles? — Quand fait on la moisson? — Combien, en moyenne, un hectare de terre produit il de blé? — Dites ce que vous savez sur le seigle — Parlez-nous de l'orge. — Quel est le rendement moyen, par hectare, pour l'orge et pour le seigle? — A quoi sert l'avoine? — De quel pays nous est venu le maïs? — Dites ses divers usages — Sous quel climat croît le riz? — Est il aussi nourrissant que le blé, le maïs? — Qu'est-ce qui domine dans la composition du riz? — Où cultive t on, en France, le sarrasin? — Quelles sont ses qualités? — A quoi sert le millet?

LEÇON XXXI

LE PAIN.

Mes amis, vous n'avez sans doute jamais examiné avec soin un grain de blé Pour le bien voir, d'ailleurs, il faut se servir d'un verre grossissant, d'une loupe. Je vais vous dessiner a la craie un grain de blé coupé en deux, et par ce dessin agrandi, vous comprendrez mieux sa structure.

Mais d'abord regardez attentivement ces grains que je vous fais passer. Vous voyez que dans sa forme génerale le grain de blé re-semble à un petit pain fendu. C'est peut-être la forme du grain de blé qui a fait adopter celle de ces pains.

L'un des bouts est garni de petits poils qui retiennent facilement les poussières et les germes de certains champignons microscopiques qui occasionnent diverses maladies des tiges, des feuilles, des fruits des céréales ; vous les avez sans doute entendu nommer, ce sont la *rouille*, le *charbon*, la *carie* Ces poussières dangereuses donnent au bout du grain de blé une teinte brune ; aussi les marchands appellent-ils blés *boutés* ceux qui présentent ce grave défaut.

Pour éviter que les poussières de toutes sortes qui sont attachées aux grains de blé ne passent dans la farine, on a soin de les nettoyer énergiquement avant de les moudre.

Regardez maintenant un grain de blé coupé en deux. A l'extérieur, entourant tout le grain, se trouve une enveloppe sèche, dure, non comestible, dont il faudra le débarrasser. Si vous essayez d'enlever cette pellicule, vous reconnaîtrez qu'elle pénètre par le repli du grain, jusque dans l'intérieur, dans la masse farineuse, et quelque adroit que vous soyez, vous ne pourrez pas l'enlever entièrement, à moins de briser le grain en plusieurs morceaux.

Immédiatement au dessous de l'enveloppe coriace se trouve une autre enveloppe mince, poreuse, qui renferme diverses substances nuisibles à la bonne qualité et surtout à la blancheur du pain. Il est donc utile de débarrasser le grain de cette pellicule en même temps qu'on le dépouille de sa première enveloppe : toutes deux formeront le *son*.

Dans la partie inférieure du grain, c'est-à-dire dans l'extrémité opposée à celle qui est garnie de poils, on voit le germe, *l'embryon*. Si vous semez un grain de blé, c'est ce germe qui se développe sous forme d'une petite racine et d'une petite tige ; c'est lui qui reproduit la plante. Sa présence dans la farine nuirait aussi à la qualité du pain.

Si nous étudions maintenant la masse intérieure, blanche, farineuse, nous ne pourrons pas, même avec une loupe ordinaire, y noter de grandes différences. mais au moyen d'un instrument plus puissant qu'on appelle microscope, instrument formé d'une série de loupes, nous verrions que la partie centrale du grain contient beaucoup d'une substance nommée *gluten*, tandis que la partie extérieure est formée principalement d'*amidon*.

Une petite expérience va nous permettre de séparer l'amidon du gluten. Voici de la farine et de l'eau Je pétris un peu de farine à grande eau, en la remuant à la surface du liquide. L'eau blanchit Au bout de quelques instants il ne me reste entre les doigts qu'une substance jaunâtre très tenace, élastique, c'est le gluten. Quant à l'amidon, laissons le tomber lentement au fond du vase, nous pourrons alors faire couler l'eau redevenue claire et recueillir l'amidon sous forme de poudre blanche C'est cette poudre qui sert à préparer la pâte, la colle nommée *empois*, employée par les repasseuses. Quand cette colle est cuite, on y trempe le linge auquel on veut donner un apprêt qui le rend ferme et moins sujet à retenir la poussière. Quand l'empois a bien pénétré le tissu, on passe dessus un fer chaud, on le *repasse* et la chaleur du fer sèche rapidement l'empois.

Voici maintenant une râpe, un tamis, une pomme de terre

et de l'eau. Je râpe dans l'eau la pomme de terre. L'eau blanchit et se trouble. Je passe cette eau blanchie au travers du tamis, celui-ci retient des fibres que je jette. Laissons reposer l'eau, et nous trouverons au fond une poudre blanche en petits grains très fins, qui craquent un peu quand on les froisse entre les doigts : c'est la *fécule*. La pomme de terre n'est guère formée que de fécule et d'eau : dans un kilogramme, il y a 740 grammes d'eau et 200 grammes de fécule.

Cette fécule, qui ressemble à l'amidon, sert à fabriquer une sorte de sucre, un sirop épais comme du miel, qu'on appelle *glucose*, employé surtout par les confiseurs. Dans les ménages on emploie la fécule à préparer des bouillies, des potages, des plats sucrés.

Le gluten possède deux qualités importantes. Comme aliment, c'est une sorte de viande végétale. En outre, c'est une substance élastique, tenace, qui se gonfle, se boursoufle pendant la fabrication du pain et lui donne sa texture spongieuse.

Nous avons dit en parlant des céréales, que les blés durs sont beaucoup plus riches en gluten que les blés tendres, et fournissent un pain plus réconfortant parce que le gluten équivaut, comme aliment, à la viande, et sert à maintenir en bon état les muscles des travailleurs.

Si vous écrasez avec précaution sous un marteau des grains de blé tendre, vous verrez tout l'intérieur s'affaisser en poudre. Des grains de blé très durs se casseront en fragments comme de la gomme. Le blé demi dur s'ouvrira, la partie extérieure tombera en farine, mais le centre, plus dur, restera intact. Cette partie centrale, très blanche et très riche en gluten s'appelle *gruau*. On a trouvé le moyen de moudre les blés demi-tendres de manière à séparer les gruaux qui sont ensuite moulus à part pour confectionner des pains de luxe, nommés pains de gruaux, pains viennois, etc.

Le *couscous* des Arabes consiste en gruaux de blés durs qui se conservent mieux que la farine. On le prépare comme le riz, seul ou avec de la viande, mais il est beaucoup plus réparateur.

Dites-nous, Ernest, pourquoi on moud le blé.

— Pour en faire de la farine.

Mais dans la farine, laisse t on tout ce qui forme le grain de blé ?

— Non, on sépare l'enveloppe, la pellicule qui se trouve au dessous et le germe.

Louis va nous dire où l'on moud le blé

— Au moulin.

Et de quoi se compose essentiellement un moulin

— De deux meules qui tournent l'une sur l'autre.

Expliquez ce que vous appelez meules.

— Ce sont deux espèces de tables épaisses en pierre dure.

Bien. Les meules sont des tables épaisses de pierre poreuse, mais très dure, nommée *pierre meulière* à cause de son emploi. Chaque meule est composée d'un assez grand nombre de morceaux très soigneusement ajustés. Pour les maintenir, on l'entoure de forts cercles en fer On creuse sur une face des meules une série de petits sillons destinés à arrêter, à couper et broyer les grains de blé Les faces à sillons sont placées en face l'une de l'autre, se touchant presque. La meule inférieure, dite *dormante*, ne bouge pas, mais l'autre est disposée de manière a pouvoir tourner rapidement, grâce à un mécanisme que je ne puis vous expliquer, mais que vous irez étudier, sur place, à la première occasion.

François, qu'est-ce qui fait tourner la meule d'un moulin ?

— Le vent.

Et vous, Henri ?

— L'eau qui tombe sur une grande roue.

Dites nous votre avis, Léon.

— Il y a des moulins à vent, des moulins à eau et d'autres ou le mouvement est donné par une machine à vapeur.

Tâchez, mes amis, d'aller visiter un moulin. En attendant, retenez ce qu'il vous importe le plus de savoir sur ce qui s'y passe.

Le blé, nettoyé avec soin, est versé dans une sorte d'entonnoir placé au dessus de la meule tournante Celle-ci est percée d'un trou qui laisse passer les grains jusqu'à la meule inférieure. Les deux meules sont entourées d'une enveloppe en bois. Les grains écrasés se convertissent en farine légère qui s'échappe entre les meules et l'enveloppe et sort par un orifice disposé à cet effet.

Mais cette farine contient les germes et l'enveloppe du blé broyée, qu'on appelle *son*. Pour séparer la farine pure, il faut la *tamiser*, c'est-à-dire la faire passer par les mailles d'un tissu serré qui livre passage à la fine poussière blanche et retient les parties plus grossières.

Le tamis des moulins est un long et gros tube à six faces formé par une gaze de soie tendue sur des châssis et renfermé dans un coffre. On y verse le produit de la mouture, et le tube de gaze, nommé *blutoir*, tournant doucement, laisse tomber dans le coffre la farine pure, tandis qu'il déverse le son dans un coffre:

Voici la farine prête pour faire du pain. Le meunier la porte au boulanger, nous allons la suivre et apprendre comment il en fait du pain

Il vous semble tout naturel, mes amis, de manger chaque jour du pain : vous pensez sans doute que les hommes en ont toujours mangé, au moins depuis qu'ils savent cultiver le blé Mais réfléchissez que, pour faire du pain, il a fallu inventer le moulin Cela demanda du temps. On commença par manger le blé bouilli ou grillé sur des pierres plates. Puis on le broya entre deux pierres et avec cette farine grossière, qui contenait tout le son, on fit des espèces de galettes que l'on cuisait dans la braise et les cendres chaudes Il s'est écoulé bien des milliers d'années avant que l'on inventât une sorte de moulin grossier dont la meule était manœuvrée à bras d'homme. Puis il fallut fabriquer un tissu propre à tamiser la farine. Enfin ce fut par hasard que l'on découvrit les propriétés du *levain* ou pâte aigrie, fermentée, que l'on mêle à la farine pour faire le vrai pain tel que nous le connaissons.

Alfred, vous avez vu faire du pain, expliquez-nous comment on procède.

— On met la farine dans un grand coffre nommé *pétrin*, on y verse peu à peu de l'eau que l'on mélange bien pour former la pâte. Ensuite on ajoute le levain.

Bien. Arrêtons nous un peu

Le coffre où l'on prépare la pâte s'appelle, comme vous l'avez dit, pétrin, mais on lui donne aussi, selon les localités, les noms de *maie* et de *huche*. En supposant la farine de bonne qualité, suffisamment sèche, on emploie pour faire la pâte un peu plus d'un litre d'eau par kilogramme de farine.

Dites-nous, maintenant, ce que c'est que le levain, et à quoi il sert dans la pâte

— Le levain est de la pâte déjà vieille et aigrie, il fait gonfler la pâte fraîche, on appelle cela faire lever la pâte.

C'est exact. A moi de vous expliquer comment le levain fait gonfler, *lever* la pâte fraîche

Le levain contient une énorme quantité de petites plantes microscopiques, c'est-à dire qu'on ne peut voir ni à l'œil nu ni avec une loupe, mais seulement au moyen d'un microscope, formé de plusieurs loupes combinées. Cette plante, de la famille des Champignons, est aussi simple que possible. On dirait un petit sac plein d'un liquide trouble. De ce sac sortent continuellement d'autres plantes semblables, qui à leur tour en produisent, et ainsi de suite. Il suffit d'une plante dans un kilogramme de pâte pour qu'elle en soit toute criblée au bout de quelques heures, surtout si la temperature est un peu élevée. Dans une poignée de levain ou vieille pâte aigre, il y a des milliers de millions de ce champignon qui constitue la levure.

Pour vivre et se reproduire, ce champignon invisible a besoin de nourriture. Il la prend sans façon autour de lui. Il possède la propriété de transformer l'amidon de la farine en sucre, puis en alcool et en un gaz, l'*acide carbonique*. A mesure qu'il se produit, ce gaz cherche à s'échapper à travers la pâte, ou il forme des bulles tres petites, mais si nombreuses qu'elles finissent par la gonfler ou la faire *lever*, comme disent les boulangers.

Il y a bien des manières d'employer le levain Quelquefois on le délaye d avance dans l'eau qui doit servir a faire la pâte, ou bien on le mélange avec une portion de pâte qu'on fait lever avant de la mélanger a toute celle qui est pétrie. Souvent on remplace le levain de pâte par de la *levure de bière*, qui renferme un champignon de même espèce et agit de la même façon

Rappelez-vous surtout ceci : le levain est une pâte un peu rance qui contient un tout petit champignon, qui se multiplie avec une rapidité extraordinaire (e champignon microscopique décompose un peu la farine et produit un gaz, l'acide carbonique, dont les bulles gonflent la pâte.

Alfred va continuer sa description.

— Quand la pâte est un peu levée, on la divise en pâtons, que l'on pèse, pour que les pains aient bien le poids, et l'on place les pâtons près du four, dans des toiles ou dans des corbeilles saupoudrées de farine. La pâte continue de lever et quand elle est à point on enfourne.

Fort bien. Je vais terminer en quelques mots.

Le four est une sorte de chambre basse en maçonnerie disposée à peu près comme un grand poêle. On y fait un feu clair de bois sec. Quand toute la maçonnerie est échauffée, on retire le feu et la braise, on balaye la surface inférieure nommée *sole*, et, au moyen de pelles de bois à long manche, on glisse côte à côte les pâtons dans le four dont on ferme ensuite la porte.

Le travail du boulanger est très pénible. Nu jusqu'à la ceinture, il pétrit la pâte de toutes ses forces, sue à grosses gouttes et pousse des sortes de gémissements presque involontaires qui le soulagent dans ses efforts. Plus tard, il est exposé à la chaleur intense du four, qui n'est pas propre à le remettre en bon état. Depuis quelque temps on cherche à faire exécuter par des machines les travaux trop fatigants pour l'homme. On a essayé de remplacer le pétrissage à bras par un *pétrin mécanique* et l'on a fort bien réussi.

Le pétrin mécanique consiste en une auge profonde dans laquelle tournent des lames de fer enroulées en hélice autour d'un axe. Celui-ci reçoit son mouvement d'une manivelle manœuvrée par un homme ou d'une poulie mue par une machine à vapeur. Les lames de fer remuent et pétrissent la pâte aussi bien et mieux que le meilleur ouvrier.

On a construit aussi des fours perfectionnés qui consistent essentiellement en une grande caisse ronde et plate en fonte. Un foyer placé au-dessous chauffe le fond, et les gaz chauds passent ensuite tout autour avant de s'échapper par une cheminée. La plaque de fonte qui forme la partie inférieure de cette caisse est mobile autour d'un axe de sorte qu'on peut la faire tourner à volonté, ce qui rend l'enfoncement très facile.

I a porte du four étant ouverte, on couvre de pain la portion de la sole qui se trouve en face, puis on tourne un peu la sole et l'on garnit une autre section ; ainsi de suite jusqu'à ce qu'elle soit toute couverte Pour défourner il suffit de faire tourner peu a peu la plaque en sens inverse.

Telle est, en résumé, la manière dont on fabrique le pain ordinaire. Si on ajoute à de la farine choisie du beurre, du sucre, des œufs, ce n'est plus du pain que l'on fait, mais des gâteaux, de la pâtisserie, et le travail est beaucoup plus compliqué.

Le biscuit des marins et des soldats est une sorte de pain préparé avec peu d'eau, peu de levain, et façonné en galettes minces. On le fabrique avec des machines

Quant aux *pâtes alimentaires*, vermicelle, macaroni, etc , on les prépare sans levain avec de l'eau bouillante en très petite quantité afin d'obtenir une pâte dure que l'on pétrit au moyen d'une machine. Quand la pâte est à point, on la place dans un cylindre en fer dont le fond est percé de trous. Un piston poussé dans le cylindre par une presse puissante force la pâte à sortir sous forme de fils ou de tubes suivant la disposition de l'appareil. Dans d'autres machines, la pâte est découpée à l'emporte pièce sous forme d'étoiles, de disques, de losanges, c'est la *pâte d'Italie*. Pour la confection de toutes ces pâtes on emploie de préférence les blés durs riches en gluten.

Pensez quelquefois, mes amis, à ce qu il faut de travail, de soins, de prévoyance, de peines, pour que le grain de blé confié à la terre produise un épi et pour que cet épi se transforme en un petit morceau de pain. Il est peu de choses plus intéressantes, plus belles, plus nobles, qu'un peu de pain dû à l'intelligence et au travail de l homme. Je vous ai vus quelquefois en faire peu de cas, le jeter quand votre appétit était satisfait. C'est mal. Il y a des gens qui n'en ont pas assez. Et si par hasard vous ne saviez à qui offrir votre surplus, donnez le à un ami inférieur, à un animal familier.

QUESTIONNAIRE.

Décrivez l apparence extérieure d un grain de blé — Décrivez l in
térieur d'un grain de blé. — Qu'est ce que la farine et le son ? —
Expliquez ce que c'est que le *gluten* du blé — Dites comment on sépare l amidon du gluten — Quelle différence y a t-il entre l amidon et
la fécule ? — A quoi sert l amidon ? — Quelles sont les qualités du glu
ten ? — Quels sont les blés les plus riches en gluten ? — Dites ce
qu'on entend par gruaux — Faites la description sommaire d'un mou
lin — Racontez en abrégé le travail du meunier. — Comment prépare
t on la pâte du pain ? — Qu est ce que le levain ? — Qu'est ce que le champignon du levain produit dans la pâte ? — Racontez le travail du boulanger après que la pâte est levée — Qu entendez vous par pétrin
mécanique ? — Décrivez le four ordinaire — Décrivez le four perfectionné. — Qu'appelle t-on pâtes alimentaires ? — Indiquez la manière
de les fabriquer

LEÇON XXXII

LE CHOCOLAT. — LE THÉ. — LE CAFÉ

Voici, mes amis, quelque chose dont plusieurs d'entre vous sont assez friands : c'est du chocolat Jusqu'à présent vous avez fait sa connaissance d'une façon assez égoïste — seulement pour le manger. Mais quand on mange quelque chose, il est bon de savoir ce que c'est. Causons donc un peu du chocolat.

Le chocolat est préparé avec la graine d'un arbre et du sucre. L'arbre, nommé cacaoyer, croît seulement dans les régions les plus chaudes de l'Amérique du Sud. On le trouve à l'état sauvage dans les forêts. Mais depuis bien des siècles on le cultive et, comme il arrive toujours, la culture a beaucoup amélioré ses produits. L'arbre se nommant cacaoyer, sa graine s'appelle naturellement graine de cacaoyer, mais par abréviation on dit simplement *cacao*

Ces graines, très nombreuses, sont disposées dans le fruit à peu près comme les grains d'un épi de maïs et enveloppées dans une sorte de gelée aigrelette assez agréable à manger. Les fruits ressemblent un peu à une très grosse poire marquée de côtes comme le melon, et à surface inégale. Ils sont attachés au tronc et aux grosses branches. En mûrissant, ils prennent une couleur jaune un peu rougeâtre.

Le cacaoyer, de même que l'oranger et beaucoup d'autres arbres des pays chauds, porte en même temps des fleurs et des fruits à tous les degrés de développement. Il faut donc cueillir les fruits au fur et à mesure de leur maturité pour en extraire les graines : chacun en contient de 40 à 80.

Je me suis procuré pour vous quelques-unes de ces graines.

Vous voyez, elles ressemblent un peu à de grosses fèves d'un brun violet. L'enveloppe est peu épaisse, mais coriace L'amande est rougeâtre. Quand on les chauffe dans la main, elles dégagent une odeur aromatique fort agréable.

Je regrette de n'avoir pas assez de ces graines pour vous permettre d'y goûter, vous leur trouveriez un goût un peu âcre assez différent de celui du chocolat. Il faut donc leur faire subir plusieurs préparations pour obtenir ces tablettes appétissantes

Vous avez vu griller du café dans des cylindres en tôle qui tournent au-dessus d'un fourneau. On grille à peu près de la même manière le cacao pour le débarrasser de son enveloppe coriace et aussi pour développer l'odeur, l'arome. Quand il est grillé ou *torréfié* à point, on le vanne. Il s'agit alors de le broyer, de le réduire en pâte.

Pour faire une pâte avec le cacao, on n'a pas besoin d'employer l'eau, on n'y ajoute aucun liquide. L'amande contient naturellement une forte proportion de matière grasse, une sorte de beurre, de sorte qu'on a donné a cette substance le nom de *beurre de cacao*. On l'emploie en médecine. Si l'on broie le cacao dans un mortier chauffé, le beurre qu'il contient se ramollit et, au lieu d'une poudre sèche, on obtient une pâte grasse, onctueuse. C'est cette propriété du cacao qui a fait adopter le genre de préparation que je vais vous expliquer.

Supposez une plaque de pierre posée sur quatre pieds comme une table : sous la plaque, un réchaud ou brûle de la braise. Un homme étend sur la pierre quelques graines, les concasse au moyen d'un marteau, puis fait passer dessus un rouleau en bois dur. Le rouleau achève d'écraser le cacao, qui s'échauffe peu à peu, et bientôt on obtient une pâte brune très odorante. On ajoute alors du sucre que l'on mélange en broyant de nouveau. La pâte devient plus ferme et un peu gluante. Cette pâte sucrée, c'est du chocolat.

Le chocolat, encore chaud, est versé dans des moules légèrement frottés d'huile. En refroidissant, il durcit et prend la consistance que vous lui connaissez. Il est juste assez dur pour qu'on puisse le râper au couteau Pour empêcher le parfum de s'évaporer et pour le conserver bien propre, on l'enveloppe dans une mince feuille d'étain.

Comme les fabricants n'emploient pas toujours des chocolats de première qualité, ils ont coutume d'y ajouter un peu de cannelle, de benjoin ou de vanille pour augmenter son parfum et rehausser le goût. D'autres, cherchant à fabriquer un produit à bon marché ou à augmenter simplement leurs bénéfices, mélangent à la pâte de la fécule, de la farine et d'autres substances, c'est une fraude.

On mange le chocolat en tablettes, ou bien on en prépare un liquide qu'on appelle aussi chocolat.

Pour préparer le chocolat liquide, on le râpe, puis on le fait bouillir dans de l'eau ou dans du lait, en agitant constamment. Le sucre fond, la pâte se délaye, épaissit *un peu* et au bout de deux ou trois minutes d'ébullition, c'est à point. Notez que le chocolat pur épaissit très peu pendant la cuisson. Par conséquent tout chocolat qui épaissit beaucoup contient de la farine ou de la fécule.

Le chocolat est un aliment agréable et sain, mais c'est un aliment de luxe. Une tartine de pain beurré nourrit mieux qu'une tasse de chocolat. Il ne possède aucune propriété nutritive spéciale. Cependant, comme toutes les substances aromatiques, il stimule l'appétit.

Autrefois le chocolat était en Europe un aliment de fantaisie : on en consommait peu. Aujourd'hui la consommation est considérable, elle s'élève, chez nous à, 8,000,000 de kilogrammes par an.

Pour fabriquer de pareilles quantités de chocolat, le système primitif du broyage à la main est évidemment insuffisant. On a inventé des machines fort ingénieuses qui font toute la besogne.

Le cacao passe d'une *tanneuse* dans une *grilloue*, puis dans une *broyeuse* ou il reçoit le sucre. Il sort de la broyeuse par de petites ouvertures qui se ferment à temps pour le diviser en masses de poids égal, ou bien il tombe dans une *bouldineuse* qui le moule et le coupe en tronçons. Ceux-ci sont déposés dans les moules qu'une machine secoue pour les bien remplir. Il ne reste plus qu'à vider les moules et à envelopper les tablettes. Il y a des machines qui font même ce travail, mais on préfère l'exécuter à la main.

Je vais maintenant vous faire passer du thé.

Qui peut me dire ce que c'est?

Lucien a dit : c'est une feuille. Il a raison.

Mais quelle plante produit cette feuille? Où croît-elle? — Comment lui donne-t-on cette apparence racornie? A quoi sert-elle?

Vous n'avez guère eu occasion d'apprendre tout cela Je vais vous le dire.

L'arbre à thé, qui produit cette feuille, croît dans les régions tempérées de la Chine et du Japon. A l'état sauvage, il peut atteindre une hauteur de sept à huit mètres; mais, pour faciliter la récolte des feuilles sur les arbres cultivés, on arrête leur croissance à deux metres. L'élagage des branches les plus hautes favorise d'ailleurs la pousse des rameaux inférieurs et augmente la production de feuilles tendres qui sont les plus appréciées.

L'arbre à thé est de la même famille que le camélia. Les feuilles, d'un vert foncé, sont ovales et finement dentees Il porte à l'aisselle des feuilles de petites fleurs blanches

Au printemps et à l'automne, on cueille les feuilles tendres Elles ont un goût astringent et âcre. Pour modifier ce goût, developper un parfum agréable et conserver ces feuilles, on leur fait subir diverses manipulations.

On sépare d'abord les feuilles en catégories selon leur taille et leur âge. Les plus jeunes, petites, couvertes d'un léger duvet, forment la qualité supérieure.

Chaque catégorie de feuilles est traitee séparément : les prix varient de un à dix selon les catégories.

On jette les feuilles classées dans de grandes poêles en fer placées sur des fourneaux et on les remue constamment pour les empêcher de brûler. Au bout de quelques minutes elles se crispent et petillent; on les retire et on les étend sur des tables et des ouvriers les pressent, les roulent entre leurs mains On répete plusieurs fois le grillage et l'enroulement, mais en chauffant de moins en moins à chaque opération. Quand les feuilles sont bien repliées sur elles-mêmes et bien séchées, le thé est prêt pour le commerce. Cependant, pour augmenter son parfum, on y mêle d'ordinaire des plantes odorantes ou d'autres substances dont les fabricants gardent soigneusement le secret.

La manipulation des feuilles est minutieuse, elle exige beaucoup de temps et de soin. Pour les qualités supérieures, — fort rares dans le commerce, — chaque feuille est roulée séparément

En Europe, la préparation du thé coûterait fort cher, mais comme un ouvrier chinois ne gagne que quelques sous par jour, les fabricants livrent, en gros, le thé ordinaire à raison de 1 fr. 50 la livre.

Vous savez sans doute comment on fait usage du thé. On en prépare une infusion que l'on boit ordinairement chaude.

Pour faire une infusion, on place les feuilles, les herbes, etc., dans un vase de métal, de faïence ou de porcelaine, on verse dessus de l'eau bouillante et l'on couvre le vase. Au bout de huit à dix minutes, l'eau s'est emparée des parties solubles, c'est ainsi que l'on prépare un grand nombre de tisanes. La décoction consiste à faire bouillir pendant quelque temps les plantes, les fruits, etc., dans de l'eau ou tout autre liquide.

L'infusion de thé constitue la boisson ordinaire du Chinois. C'est un breuvage agréable, stimulant, mais dangereux par cela même qu'il stimule, excite le système nerveux. Une seule tasse de thé suffit pour empêcher de dormir quand on n'est pas habitué à son usage. Il faut user très prudemment de tout ce qui excite le système nerveux. L'habitude empêche d'en ressentir chaque jour les mauvais effets, mais à la longue les substances excitantes finissent par nuire, surtout aux personnes délicates. Quand on boit habituellement du thé, — on donne ce nom à l'infusion des feuilles, — on doit préparer une infusion très faible.

Comme excitant, le thé offre donc quelques inconvénients. Mais en Chine et dans tous les pays bas, marécageux, son usage rend indirectement de grands services. L'eau des pays marécageux est malsaine, elle contient une foule de petites plantes et de petits animaux que l'on peut voir au microscope. En la faisant bouillir, on tue ces êtres microscopiques et l'eau devient potable. Voilà comment l'infusion de thé rend de grands services. De plus, elle contient du tannin, qui est utile contre les fièvres de marais. La sauge, les feuilles de saule pourraient remplacer économiquement le thé.

En France, nous avons le vin, le cidre, la bière, de sorte que l'on consomme peu de thé ; mais dans l'Inde, la Russie, l'Angleterre, l'Amérique du Nord, des millions d'individus n'usent pas d'autre boisson.

Dans le commerce, on distingue deux grandes classes de thé : le vert et le noir. Le noir est moins excitant. Le thé vert est généralement préparé avec de très jeunes feuilles peu chauffées, quelquefois on y mêle des poudres vertes, inoffensives, pour rehausser sa couleur qui se rapproche de celle du vert-de gris. On fabrique trois fois plus de thés noirs que de thés verts.

Depuis quelque temps on essaie de cultiver le thé en divers pays, notamment au Brésil, mais jusqu'à présent on n'a obtenu, hors de la Chine et du Japon, que des qualités inférieures.

Louis, dites nous comment on appelle ces graines rondes d'un côté, plates de l'autre, et traversées, du côté plat, par un sillon, semblable à celui d'un grain de blé ?

— C'est du café.

Et vous, Henri, comment appelez-vous ceci ?

— Du café grillé.

Et vous, Ernest, dites-nous le nom de cette poudre.

— C'est du café moulu.

Fort bien. Je vois que nous avons affaire à une connaissance. François va nous dire à quoi sert le café.

— On en fait une boisson.

Dites nous comment on la prépare.

— On met le café en poudre dans un filtre et l'on verse dessus de l'eau bouillante.

Bien. Au fond, on prépare une infusion, mais la cafetière est disposée de telle sorte que la partie supérieure, percée de petits trous, laisse passer l'eau imprégnée des parties solubles du café et retient le marc, c'est-à-dire la poudre devenue inutile. On pourrait aussi préparer d'excellent café en faisant une infusion comme d'ordinaire et en filtrant le liquide à travers une sorte d'entonnoir en molleton de laine.

Voici donc du café, et nous savons comment en préparer une boisson qu'on appelle aussi café ; mais qu'est-ce que le café ? Qui peut me le dire ?

— C'est un fruit.

— C'est une graine.

Ernest a raison, c'est une graine, la graine du caféier.

Le caféier est originaire de la Haute Egypte : c'est un grand arbuste qui atteint trois à quatre mètres de hauteur. Autrefois les habitants mangeaient en voyage et à la guerre des boulettes composées de graisse et de graines de caféier grillées et pulvérisées. Ils avaient constaté que cet aliment soutenait pendant quelque temps leurs forces quand ils ne pouvaient se procurer une nourriture vraiment réconfortante. Ce ne sont pas des chèvres, comme on le croit généralement, qui ont fait découvrir les propriétés du caféier.

De la Haute Égypte le caféier fut acclimaté dans l'Arabie, et prospéra surtout aux environs de Moka, de sorte que, pour désigner une qualité excellente de café, on dit du moka.

Il produit, à l'aisselle des feuilles, de nombreuses petites fleurs blanches auxquelles succède un fruit assez semblable à la cerise. Ce fruit contient deux graines collées l'une contre l'autre. Chaque graine est plan d'un côté et bombée de l'autre. Le côté plane est creusé d'un sillon analogue à celui du grain de blé. L'arbre fleurit pendant plusieurs mois ; on récolte les fruits à mesure qu'ils mûrissent, on les sèche, on les pile pour dégager les graines que l'on sépare aisément par un vannage.

Vous savez comment se préparent les graines avant de les employer. On les met dans un brûloir ou grilloir en fer, de forme ronde ou cylindrique, placé sur un fourneau dans lequel on fait un feu clair avec du menu bois. On tourne constamment le brûloir afin que tous les grains s'échauffent, se colorent également. Pendant la torréfaction, les graines, qui avaient un goût astringent, âpre, acquièrent un goût et un parfum fort agréables. Si l'on chauffe trop peu, le goût de vert persiste ; si l'on chauffe trop, la graine se charbonne et prend un mauvais goût.

On refroidit le plus rapidement possible le café torréfié, pour empêcher l'arome de s'évaporer. Au moment de s'en servir, on le pulvérise dans un petit moulin portatif.

On mêle souvent au café moulu une autre poudre brune, d'un goût amer un peu caramélisé, c'est la *chicorée*. On cultive en grand la chicorée pour obtenir ce produit. La racine lavée est desséchée au four, puis torréfiée et moulue. L'usage de la chicorée est excellent sous tous les rapports. Il permet de diminuer considérablement les propriétés excitantes du café, tout en fournissant une infusion de belle couleur et d'un goût agréable. Mais les détaillants ne doivent pas mêler d'avance la chicorée au café moulu; ce soin regarde les consommateurs, qui veulent acheter le café pur et le mélanger à leur goût.

Aujourd'hui on cultive le caféier en Afrique, en Asie, en Amérique, et c'est à grand'peine que l'on suffit aux besoins de la consommation toujours croissante. En France, elle s'élève à plus de 50,000,000 de kilogrammes.

L'Amérique expédie une énorme quantité de café. Les principaux centres de production sont la Martinique, la Guadeloupe, la Jamaïque, Saint-Domingue, Cayenne et surtout le Brésil.

C'est un Français, le capitaine Descheux, qui a doté l'Amérique de cette plante précieuse. Descheux avait embarqué pour la Martinique trois jeunes pieds de caféier, qui provenaient du Jardin des Plantes de Paris. Il avait ordre de les soigner pendant la traversée et de les planter en un lieu convenable pour en essayer l'acclimatement dans nos colonies. Le voyage dura plus que de coutume. L'eau manqua. Chacun ne reçut plus chaque matin qu'une ration insuffisante. Descheux partagea son eau avec les plants de caféier. Deux moururent, malgré ses soins, mais il eut le bonheur d'en sauver un qui, planté à la Martinique, prospéra, et devint la souche de tous les caféiers américains.

Au point de vue de l'alimentation et de l'hygiène, ce que je vous ai dit du thé s'applique au café. Celui-ci, à la dose employée d'ordinaire, est plus excitant que le thé. Notez que le thé et le café doivent leurs propriétés excitantes à une même substance qui se dissout dans l'eau chaude, et qu'ils ne diffèrent, au fond, que par l'arome et le goût.

Cette substance, commune au café et au thé, est nutritive, mais une tasse d'infusion en contient si peu que ces boissons ne doivent pas être considérées comme alimentaires. Le café soutient, il est vrai, les forces, il permet de faire un effort, de donner, comme l'on dit, un coup de collier, mais il ne nourrit pas, et par conséquent ne fournit pas au corps les matériaux de réparation dont il a besoin en proportion de l'exercice et du travail.

Une tasse de café fort ne nourrit pas plus que quelques bouchées de pain Mais, bien entendu, si on y ajoute du lait, il devient plus nutritif.

Prendre de temps en temps un peu de café, par pure gourmandise, ou pour chasser un malaise léger, une certaine disposition à l'apathie, semble fort innocent. Mais le café est excitant, c'est pour cela qu'il plaît, qu'on le recherche ; peu à peu on s'y habitue, il devient indispensable. Pour se le procurer à toute heure, on entre dans les établissements auxquels il a donné son nom, dans les cafés. Là on fume, on joue, on boit du café, et après le café de l'eau-de-vie. L'un mène fatalement à l'autre. Voilà, mes amis, comment une chose assez innocente en elle-même entraîne à de mauvaises habitudes. Il n'y a qu'un moyen de l'éviter : ne jamais aller au café. C'est toujours un mauvais lieu pour la jeunesse. Il ne vous faut ni cartes, ni tabac, ni café, ni eau-de-vie ; mais de bonnes promenades dans la campagne, de libres ébats, et, pour vous reposer, un livre qui vous plaira, des causeries avec ceux qui peuvent vous apprendre quelque chose.

QUESTIONNAIRE.

Avec quoi fait-on le chocolat ? — Où croît le cacaoyer ? — Comment appelle-t-on ses graines ? — Pourquoi fait-on griller le cacao ? — Expliquez comment le cacao broyé à chaud forme une pâte — Qu'a-t-on joute-t-on à la pâte du cacao pour faire le chocolat ? — A quoi reconnaît-on que le chocolat a été falsifié par de la farine ou de la fécule ? — Une tasse de chocolat est-elle un aliment très nourrissant ? — Comment fabrique-t-on, en grand, le chocolat ? — Où croît l'arbre à thé ? — Dites ce que vous savez sur la récolte du thé — Décrivez les manipulations des feuilles de thé — Comment emploie-t-on le thé ? —

Quelle différence y a t il entre une infusion et une décoction ? — Quel est l'effet principal du thé ? — *En quoi son emploi est-il avantageux?* — En quoi diffèrent le thé noir et le thé vert ? — De quel pays le caféier est-il originaire ? — Dites ce que vous savez sur son fruit et sa graine — Expliquez pourquoi l'on grille le café. — Qu'est-ce que la chicorée que l'on mélange au café moulu ? — Comment le café a t il eté introduit en Amérique ? — Quels sont les effets du café ? — Quelle est sa valeur comme aliment ? — Pourquoi l habitude d'aller au café est elle dangereuse ?

LEÇON XXXIII

LE VIN.

Dites-nous, Louis, comment on nomme le fruit de la vigne.

— Du raisin

En connaissez-vous de plusieurs sortes?

— Il y en a du blanc et du noir.

Avec quoi fait-on le vin ?

— Avec du raisin

Je m'adresse à vous parce que votre père est vigneron et que vous avez vu chez vous comment on s'y prend. Dites-nous comment on fait le vin.

— On foule le raisin, on verse le jus dans les cuves, on le laisse fermenter, puis on presse le marc pour ne pas perdre ce qui reste dedans. Quand le jus a fermenté, on le verse dans des tonneaux.

Très bien. Voilà, en effet, les principales opérations. Maintenant nous allons les expliquer en détail.

Vous savez tous ce que c'est que la vendange. Quand les raisins sont bien mûrs, c'est-à-dire depuis le commencement de septembre jusque vers le 15 octobre, tout le personnel disponible, hommes, femmes, enfants, se réunit dans les vignes pour cueillir le raisin. Il s'agit d'aller vite et de faire bonne besogne, et, comme toute la jeunesse s'en mêle, on rit et l'on travaille à qui mieux mieux.

Les sécateurs, les serpettes, même de simples couteaux détachent prestement les grappes et jusqu'aux moindres grapillons qui tombent dans des paniers, des corbeilles. Les hommes vident corbeilles et paniers dans de grandes *hottes* de bois ou d'osier et les transportent à la ferme.

Là on procède à l'*égrappage* pour les vins fins. L'égrappage consiste à séparer les grains de la tige qui les porte ou *rafle*. Il y a cependant des vins de très bonne qualité pour lesquels il vaut mieux ne pas séparer les rafles, voici pourquoi. La rafle contient en abondance une substance âpre au goût, *astringente*, nommée tannin, dont la présence dans le vin est utile et même nécessaire Les pépins du raisin en contiennent aussi. Certains raisins sont très riches en tannin ; d'autres, assez pauvres. S'ils sont pauvres en tannin, il est bon de leur laisser les rafles ; s'ils sont trop riches, l'égrappage empêche qu'ils soient âpres au palais.

Il y a plusieurs manières de procéder à l'égrappage. La plus simple consiste à se servir d'une courte fourche à trois dents au moyen de laquelle on froisse, on agite le raisin déposé dans un cuvier. Les grains se détachent et l'on sépare les rafles à la main. Ce procédé est bien primitif et trop lent pour les grandes exploitations. Pour aller vite, on froisse les grappes sur un châssis à claire-voie disposé au-dessus d'une table inclinée. Les grains passent à travers les barreaux, et les rafles restent sur le châssis. On a aussi inventé de bonnes machines pour exécuter ce travail.

Chez nous, on fait généralement le vin sans separer les grains de la rafle, et la fabrication commence par le *foulage*. Voici comment on procède le plus souvent.

Le raisin est entassé sur une *aire* dallée ou en planches dont le sol est un peu incliné. L'aire est entourée d'un rebord de 12 à 15 centimètres. Des hommes foulent avec les pieds nus le raisin, écrasent les grains ; le jus et les débris de grappes se réunissent lentement dans une rigole qui les conduit à un grand baquet disposé dans un trou au-dessous de l'aire.

Dans ce baquet on puise le jus pour le porter aux *cuves*, grands reservoirs en bois de chêne qui contiennent de 40 a 50 hectolitres.

On emploie depuis quelques années des machines pour écraser le raisin. Les grappes passent entre des cylindres de fonte, et en un clin d'œil le travail est fait. Ce système offre l'inconvénient d'écraser une assez grande quantité de pépins, d'un goût acerbe, comme vous savez, ce qui augmente la proportion de tannin et nuit à la délicatesse du vin. Mais pour les qualités ordinaires on n'y regarde pas de si près. L'important est d'aller vite.

Si vous goûtez le liquide trouble qui vient d'être versé dans les cuves, vous ne lui trouverez aucun goût particulier, ce n'est encore que du jus de raisin que l'on appelle *moût* et qui ne ressemble en rien au vin.

Pour transformer le moût en vin, il faut une opération spéciale, très compliquée, mais dont la nature fait tous les frais, c'est la *fermentation.*

Le moût contient beaucoup de sucre : son goût l'indique suffisamment. Dans le vin il n'y a plus de sucre. Celui ci s'est transformé en *alcool.* C'est cette transformation du sucre en alcool que l'on appelle *fermentation.*

Vous savez comment on fait le pain. Quand la farine est bien pétrie en pâte, on y ajoute un peu de *levure,* et on laisse le tout reposer dans un endroit chaud. La levûre fait dégager une petite quantité d'un gaz que vous connaissez, l'acide carbonique, dont les bulles soulèvent la pâte et y produisent les vides qui la rendent légère, comme spongieuse.

Eh bien, dans la levure, ce qui produit ce changement si remarquable de la pâte, c'est un *ferment,* une matière vivante, un végétal microscopique de la famille des champignons, dont la présence en très petite quantité suffit pour opérer sur de grandes masses, parce qu'il se multiplie très rapidement

Le moût du raisin contient de cette matière vivante, un *ferment* spécial, c'est-à-dire un végétal microscopique capable d'agir sur le sucre de manière à le transformer en deux substances bien différentes, de l'alcool et du gaz *acide carbonique*

L'alcool reste dans le moût, mais le gaz s'échappe sous forme de petites bulles. Il s'attache aux rafles et aux pellicules des grains, les entraîne à la surface puis monte encore un peu au-dessus de la vendange, mais sans sortir immédiatement de la cuve, car il est plus lourd que l'air.

Ce gaz acide carbonique n'est pas respirable. Un homme ou un animal placés dans une cuve pleine de ce gaz y mourrait en peu d'instants. Aussi est-il bon de renouveler fréquemment l'air dans les celliers où fermente le vin.

C'est l'alcool qui donne au vin la propriété de se conserver. L'eau-de vie est l'alcool du vin séparé par la distillation dans de grands alambics.

La fermentation commence le deuxième jour après l'*encuvage*, le moût s'échauffe, et les bulles de gaz amènent à la surface le *chapeau*, c'est-à-dire les rafles et les pellicules. Au bout de quelques jours, la fermentation se ralentit. On enfonce alors le chapeau et l'on brasse bien le tout Cela donne une nouvelle impulsion à la fermentation, qui continue encore tout doucement pendant quelques jours. Dès qu'elle s'arrête on procède au *décuvage*.

Mais, avant d'en parler, faisons quelques remarques sur la fermentation. Pour qu'elle commence, il faut que le moût soit à la température d'environ 20 degrés centigrades. On doit donc s'arranger de manière à pouvoir chauffer le cellier ou se fait le foulage et l'encuvage si le temps est trop froid. Une fois en train, la fermentation produit toujours assez de chaleur pour continuer toute seule.

Si l'on agitait continuellement l'air au-dessus du moût qui fermente, de manière à chasser au fur et à mesure l'acide carbonique, une partie de l'alcool produit se changerait en vinaigre, et le vin serait gâté ou perdu. Ce qui le sauve de ce danger, c'est la couche de gaz plus lourd que l'air qui reste au-dessus de ce liquide.

Cependant il est mieux de ne pas se fier entièrement à cette protection. Pour cela, les vignerons soigneux et bien outillés ferment parfaitement la cuve au moyen d'un couvercle muni d'un tuyau par ou s'échappe le gaz à mesure qu'il se forme.

Il y a plusieurs manières de faire le décuvage. Bien souvent on enfonce dans la cuve une grande corbeille d'osier, le liquide la remplit en se filtrant et l'on y puise le vin avec des brocs pour remplir les tonneaux. Mais ce procédé expose trop le vin au contact de l'air, ce qu'il faut toujours éviter, car il deviendrait acide et peu à peu se changerait en vinaigre.

Le mieux est d'adapter à la cuve une grosse cannelle munie d'un tuyau flexible au moyen duquel on remplit les tonneaux.

Lorsque l'on a enlevé tout le vin de la cuve, on retire le *marc*, c'est à-dire les matières solides qui restent au fond, et on le porte au *pressoir* pour en extraire par la pression le vin qu'il renferme. Ce vin est mis à part, car il est de qualité inférieure.

Enfin on mouille le marc avec de l'eau et l'on presse de nouveau pour faire ce que l on appelle de la *piquette*.

Les tonneaux pleins de vin nouveau sont transportés dans des celliers ou a lieu une seconde fermentation très lente qui achève de décomposer les dernières traces de sucre. En même temps le liquide s'éclaircit, toutes les impuretés tombent et forment au fond une couche de *lie*. Au bout de quelque temps on *soutire* le vin dans des tonneaux propres, et s'il se forme encore de la lie on procède à un nouveau soutirage.

Si le vin ne devient pas naturellement tout à fait limpide, ou si l'on ne veut pas le laisser vieillir suffisamment pour obtenir ce résultat, on le *colle*.

Le *collage* consiste à verser dans le vin une solution de blanc d'œuf ou de gélatine. Une partie du tannin s'unit à la gélatine ou au blanc d'œuf pour former des flocons de matière insoluble, et ces flocons, très déliés, tombant tres lentement au fond, entraînent avec eux les matières qui rendaient le vin trouble.

Je vous ai expliqué, mes enfants, comment on fait d'ordinaire le vin rouge.

Vous savez qu'il y a aussi du vin blanc.

Une partie du vin blanc se fait avec des raisins blancs, et alors on procède comme nous venons de voir.

Mais le plus souvent on fabrique le vin blanc avec des raisins noirs. Il s'agit donc d'empêcher la couleur de se mêler au vin.

La partie colorante du raisin se trouve dans les pellicules qui enveloppent les grains. La couleur est insoluble dans l'eau pure, ou sucrée, ou acide, mais soluble dans l'eau mélangée d'alcool. Dans la fabrication du vin rouge, le moût ne commence à prendre couleur qu'après la mise en train de la fermentation, c'est-à dire lorsqu'il commence à contenir de l alcool.

Par conséquent si, après le foulage, on séparait immédiatement le jus du raisin des parties solides, le moût ne prendrait pas couleur pendant la fermentation

C'est ainsi que l'on procède pour obtenir du vin blanc avec des raisins rouges. On presse immédiatement après le foulage, et la première fermentation se fait dans des tonneaux de deux à trois hectolitres.

Ainsi la plupart des vins de Champagne se préparent avec des raisins rouges, qui sont d'ordinaire plus sucrés que les blancs.

Il faut, en effet, un moût sucré pour faire du bon vin de Champagne. Ce vin est pétillant, *mousseux*, et pour maintenir les bouteilles bouchées, on est obligé de ficeler solidement le bouchon. Dès que l'on coupe la ficelle, il saute chassé par le gaz que vous connaissez, l'acide carbonique, dont nous avons parlé à propos de la craie, du levain et de la fermentation.

Les vins mousseux contiennent donc de l'acide carbonique, c'est là leur qualité spéciale.

Voici comment on arrive à leur donner cette propriété.

Vous savez que la fermentation transforme le sucre du moût en alcool et en gaz carbonique. Prenez du moût en fermentation, mettez-le dans une bouteille, bouchez-la : au bout de peu de temps, le bouchon sautera chassé par le gaz.

Pour obtenir les vins mousseux, aussitôt que la première fermentation est calmée, on les transporte dans une cave fraîche ou la seconde fermentation s'établit très lentement et dure si longtemps que le vin se clarifie, se vieillit, avant que tout le sucre soit transformé, avant que la fermentation soit achevée

Dans cet état on le met en bouteilles. La fermentation continue encore, le gaz s'accumule dans le liquide faute de pouvoir s'échapper, et, quoique les bouteilles soient très épaisses, un grand nombre éclatent dans les celliers.

Dès que l'on fait sauter le bouchon d'une bouteille de champagne, le gaz comprimé s'échappe avec violence et produit la jolie mousse qui couronne les verres. Puis il continue à se dégager plus lentement sous forme de petites bulles.

Lorsque le vin de Champagne ne contient plus assez de sucre au moment ou on le met en bouteille, on en ajoute un peu, et tout se passe comme je viens de vous dire.

Il y a des raisins tellement sucrés que leur moût, après avoir fourni une grande quantité d'alcool, cesse de fermenter parce que l'alcool en excès tue le ferment. Ces vins-là contiennent donc une certaine quantité de sucre, mais ils ne deviennent pas mousseux parce que la fermentation ne peut continuer. Ce sont les *vins de liqueur*. Ils proviennent du midi de la France, de l'Espagne, de l'Italie, etc.

Laissez-moi vous donner, en finissant, une idée de l'importance du produit dont nous venons de nous occuper.

Il n'y a, en France, que 12 départements qui ne produisent pas de vin. La superficie des vignobles est d'environ 2,000,000 d'hectares, qui produisent, dans les bonnes années, à peu près 60,000,000 d'hectolitres de vin.

Depuis quelques années la récolte a beaucoup diminué à cause des ravages produits dans les vignobles par le *phylloxera*.

C'est un tout petit insecte, de la famille des pucerons, qui passe la plus grande partie de son existence à l'état de *larve*, c'est-à-dire d'insecte imparfait, fixé sur les racines les plus délicates de la vigne. Il suce la sève, fait gonfler les racines, et bientôt elles ne peuvent plus nourrir la plante. On n'a pas encore trouvé de moyen économique de détruire ce redoutable insecte.

QUESTIONNAIRE.

Avec quoi fait-on le vin ? — Qu'est-ce que la vendange ? — Qu'est-ce que l'égrappage du raisin ? — Pourquoi est-il bon d'égrapper certains raisins ? — Décrivez le foulage du raisin et l'encuvage. — Quelle différence y a-t-il entre le moût et le vin ? — Qu'est-ce qui change le moût en vin ? — Expliquez ce que vous entendez par ferment et fermentation — En quoi se transforme le sucre du moût, pendant la fermentation ? — Le gaz acide carbonique est-il respirable ? — Qu'est-ce qu'on appelle le chapeau ? — Qu'est-ce qui arriverait si le moût fermentait au contact de l'air renouvelé ? — Qu'est-ce que le marc du raisin ? — Qu'en fait-on après le décuvage ? — Que se passe-t-il dans les tonneaux où l'on a mis le vin sortant de la cuve ? — Qu'est-ce que la lie ? — En quoi consiste le collage du vin ? — Pourquoi peut-on faire du vin blanc avec du raisin noir ? — Quel gaz contiennent les vins mousseux ? — Comment ce gaz s'y forme-t-il ? — Qu'est-ce qu'un vin de liqueur ? — Combien y a-t-il en France de départements qui ne produisent pas de vin ? — Quelle est l'étendue des vignobles ? — Combien peuvent-ils produire de vin dans les bonnes années ?

LEÇON XXXIV

LA BIÈRE. — LE CIDRE

Mes amis, nous allons causer aujourd'hui de la bière, qui remplace le vin dans la plupart des pays ou la vigne ne mûrit pas ses fruits.

Ecoutez bien, je vais d'abord vous lire une histoire qui va, je pense, vous intéresser tout de suite à notre sujet. Si elle vous plaît, j'en chercherai d'autres pour vous dans le même livre [1].

« Il y a bien longtemps de cela !... Dans une ville de l'Egypte, de la Perse, ou de tout autre pays, un homme, dont on n'a jamais su le nom, fut atteint d'un gros rhume.

« Le médecin lui ordonna de faire usage chaque matin, a jeun, de deux pintes d'une forte tisane de grains d orge C etait alors la tisane à la mode

« Notre homme prit une grande bouilloire, y jeta son orge, et il se disposait à mettre le tout sur le feu quand une affaire de la plus haute importance l'appela soudainement dehors.

« Dehors il resta cinq jours

« Quand il rentra chez lui, l'orge avait germé dans la bouilloire ; il l'en retira, et machinalement la déposa sur le bord de sa fenêtre, ou un soleil ardent vint bientôt la sécher. Puis il goûta à la tisane, la trouva fade à soulever le cœur, puis il pensa à autre chose, car il était fort distrait.

---

[1] *La nature et ses trois règnes*, par X. B. Saintine Paris, Hachette et Cie

« Le lendemain, il se rappela qu'il avait oublié de faire chauffer le breuvage, comme le lui avait ordonné le docteur. Ne possédant chez lui d'autre orge que celle qu'il avait sur sa fenêtre, et ne s'inquiétant pas pour si peu, il la fit rentrer dans le vase, aux trois quarts rissolée qu'elle était par le soleil, et se décida enfin à mettre le vase sur le feu.

« Sur ces entrefaites, le médecin arriva. L'homme s'était endormi et le feu s'était éteint.

« Le médecin, à son tour, goûta le liquide ; il le trouva excessivement sucré, ce qui surprit très fort le malade. Le docteur le surprit bien plus encore lorsque, après avoir réfléchi, il lui prédit que sa tisane, quoique tiède à peine, presque froide, allait bientôt s'échauffer d'elle-même et bouillir sans que le feu y fût pour rien.

« Notre homme crut à une plaisanterie ; mais, à sa propre stupéfaction, sous ses yeux, la tisane commença à frissonner et à jeter de petits bouillons. C'était la fermentation qui, comme celle du vin, devait transformer la partie sucrée du liquide en une espèce d'eau-de-vie.

« Notre enrhumé criait au miracle, et le miracle, c'est lui qui l'avait fait ; car toutes ces allées et venues, tout ce fricotage de graines germées, retirées du vase, tour à tour rissolées et à demi cuites étaient indispensables pour forcer la tisane à devenir de la *bière*.

« Ainsi la découverte de cette liqueur précieuse, le *vin d'orge*, comme on disait alors, fut due à un rhume ou à un enrhumé ! »

Voyons, Jules, vous avez écouté avec beaucoup d'attention l'histoire de l'homme enrhumé qui inventa la bière par hasard. Vous avez bonne mémoire, essayez de nous résumer comment la bière se trouva faite.

— L'homme mit de l'orge avec de l'eau dans sa bouilloire, pour faire de la tisane, mais il partit pour plusieurs jours, et l'orge germa. Quand il revint, il la fit sécher au soleil, puis la mit à bouillir dans de l'eau. L'eau devint sucrée, puis, quand elle fut froide, elle fermenta comme du moût de vin, et cela fit de la bière.

C'est on ne peut mieux.

Vous savez déjà quelles sont les manipulations que l'on fait subir à l'orge pour en faire ce que l'on appela d'abord du *vin d'orge* et plus tard *bière*.

Il s'agit maintenant de comprendre le pourquoi et le comment de tout cela. L'histoire n'a fait que vous donner la curiosité d'en savoir davantage.

J'aime, vous le savez, à faire devant vous de petites expériences pour mieux fixer ce que je vous dis dans votre mémoire. J'en ai préparé quelques-unes pour aujourd'hui. Elles sont bien simples, comme toujours, si simples que vous pourrez vous amuser à les répéter.

Voici des grains d'orge que j'ai arrosés légèrement depuis plus de quinze jours et maintenus près de la fenêtre, à la lumière. Je les avais semés dans de la ouate, et vous voyez qu'ils y ont poussé comme dans la terre; l'assiette semble couverte de gazon tendre.

Je sépare quelques-uns de ces jeunes plants d'orge pour les faire circuler.

Remarquez comme le grain est ridé, flétri, vide. Comprenez-vous ce qu'est devenue la farine qu'il contenait ? Cette farine, vous la voyez transformée en une petite plante avec racines, tiges et feuilles. Tant qu'il est resté un peu de farine dans le grain, la petite plante a poussé dans l'eau pure, c'est-à-dire sans autre aliment. Maintenant que le grain est vide, l'eau ne pourrait la faire croître ; elle mourra si nous ne la plantons pas dans la terre où elle trouvera pour vivre et croître autre chose que de l'eau pure.

Vous comprenez déjà que la farine des grains d'orge a été en quelque sorte digérée par la petite plante qui en a fait sa première nourriture. Mais ce que vous ne savez pas, c'est que la plante a été obligée de transformer d'abord cette farine en sucre pour la dissoudre, l'absorber et la digérer.

Voici ce qui se passe quand une graine d'orge, par exemple, commence à germer, c'est-à-dire à rompre son enveloppe pour laisser sortir un commencement de racine et un commencement de tige.

Vous savez ce que c'est qu'un *ferment*, c'est une matière vivante capable de se reproduire très rapidement, dont une toute petite quantité suffit pour agir sur de grandes masses d autres matières, comme la levure agit sur la pâte de pain. Eh bien, au moment ou la graine commence à germer, sous l'influence de l'humidité et de la chaleur, il se forme une sorte de ferment qui a la propriété de changer la farine en sucre et une sorte de gomme. La petite plante trouve ainsi la table servie ; avec l'eau qu'elle pompe peu à peu, elle absorbe ces aliments solubles qui fournissent à ses premiers besoins. Voilà pourquoi elle peut vivre quelques jours dans du coton ou du sable mouillé : c'est la farine du grain qui s'est changée en plante

En somme, dans le grain germé, la plus grande partie de la farine se transforme en sucre, destiné à nourrir la jeune plante, si on la laisse pousser Mais si on ne laisse pas pousser la plante, on pourra extraire ce sucre des grains germés en les écrasant dans de l'eau. Voilà ce qu'il importe de retenir pour comprendre comment se fabrique la bière

La première opération consiste dans le *mouillage.* On verse l orge dans de grandes cuves, et on l'arrose légèrement pendant quelques jours Les grains se gonflent, se ramollissent, de sorte qu'on peut les plier sur l ongle sans les briser.

On procède alors à la *germination* On étend les grains dans une salle maintenue à une température douce, ou dans une cave un peu chauffée Bientôt l'enveloppe des grains se fend pour laisser sortir deux petits points blancs dirigés l'un en bas, l'autre en haut, c'est le *germe* qui sort, qui se développe

J en ai fait germer pour vous les faire observer Vous voyez bien, n'est ce pas, ces deux excroissances blanchâtres: l'une est la racine, l'autre la tige ; mais les ouvriers *brasseurs*, c'est-à dire employés dans les fabriques de bière, appellent l'ensemble *germe.*

Lorsque le germe est une fois et demie ou deux fois aussi long que le grain, comme ceux que vous avez entre les mains, on arrête subitement sa croissance, pour l empêcher d'absorber le sucre qui s'est formé dans le grain. On avait besoin de lui pour produire le *ferment* capable de changer la farine en sucre, maintenant que le ferment existe dans le grain, on ne lui permet pas de profiter de son travail, on le tue en le faisant sécher.

La *dessiccation* ou *séchage* des grains germés se fait dans des espèces de tours dans lesquelles sont établis des planchers en fer percés de trous. On étend les grains sur ces planchers et l'on fait passer de bas en haut de l'air chaud qui emporte rapidement l'humidité : une fois secs, la germination ne peut continuer, on les entasse dans des magasins.

Voici des grains germés, puis séchés. Si vous goûtez au germe, vous lui trouverez un goût un peu amer, tandis que le grain est sucré. Si on employait le grain tel que vous le voyez, pour faire la bière, elle aurait un goût âcre. Il faut donc enlever les germes, ce qui est facile, car ils se détachent très aisément. On se sert pour cela de machines nommées *dégermeurs*.

Après le *dégermage*, on broie l'orge entre les meules ou entre des cylindres cannelés, et, après avoir subi cette opération, l'orge change de nom, on l'appelle *malt*.

Le malt est la matière première de la bière, comme le raisin est la matière première du vin. Mais le malt offre l'avantage de pouvoir se conserver aussi facilement que le grain et la farine, de sorte qu'on l'emploie au fur et à mesure des besoins.

Avec du malt, il s'agit maintenant de faire la bière.

Le malt contient quatre éléments principaux : le ferment, qui s'est produit en même temps que poussait le germe ; — un peu de sucre déjà formé par ce ferment aux dépens de l'amidon de la farine ; — le reste de l'amidon ; — les matières alimentaires de la farine autres que l'amidon.

L'important, c'est de faire en sorte que le ferment puisse reprendre son travail interrompu par la dessiccation des grains. Sa vie a été suspendue lorsque le germe desséché est mort, mais heureusement il n'a pas été tué par la sécheresse comme le petit commencement de plante. Il est resté renfermé dans le grain, prêt à se réveiller si on lui fournit l'humidité et la chaleur dont il a besoin ; prêt à travailler si on le met en contact avec de l'amidon.

Or, dans le malt, le ferment endormi est tout entouré d'amidon ; il ne lui manque pour le transformer en sucre que de la chaleur et de l'humidité. On les lui fournit en le mélangeant, en le *brassant* dans des cuves avec de l'eau chaude. Vous comprenez que c'est de ce mot *brasser*, qui veut dire mélanger, que l'on a fait les mots *brasserie* et *brasseur* pour indiquer l'endroit ou l'on fabrique la bière et l'ouvrier qui se livre à ce travail

L'eau chaude dans laquelle on a brassé le malt se trouve chargée de toutes les matières solubles qu'il contenait, et principalement du sucre; c'est de l'eau sucrée analogue au jus du raisin, et on lui a donné le nom de *moût* comme au jus de raisin qui n'a pas encore fermenté.

Le moût de bière est trouble et contient plusieurs substances dont il faut le débarasser Pour cela on le fait bouillir, et la chaleur agit sur lui comme sur le liquide du pot-au feu, elle *coagule*, c'est à dire rend solides quelques parties, qui, formant une sorte d'écume, montent d abord, puis tombent au bout de quelque temps. Cette écume agit à peu près comme la géla-tine ou le blanc d œuf dont on se sert pour clarifier le vin, en tombant, elle entraîne les impuretés

Vous connaissez, n'est ce pas, le *houblon* C'est une plante grimpante assez semblable à la vigne sauvage, qui court dans les haies et dont on garnit les tonnelles. Ce que l'on appelle vulgairement la fleur du houblon n'est qu'une enveloppe formée de minces écailles arrangées à peu près comme celles d une petite pomme de pin Les vraies fleurs se trouvent entre ces écailles, ainsi qu'une poussière résineuse rougeâtre Ren dez-vous bien compte de tout cela en examinant ces fleurs ou plutôt ces *cônes* de houblon.

Dans les pays ou l'on fabrique de la bière, on cultive le houblon pour utiliser ses cônes. On les fait bouillir avec le moût, auquel ils donnent un goût légèrement amer et par fumé.

Quand le moût a bouilli quatre ou cinq heures, on le fait couler dans des cuves peu profondes nommées *refroidissoirs*

Tout est prêt maintenant pour la dernière opération, celle qui doit changer le moût de malt en bière, comme vous savez que le moût de raisin se change en vin.

Qui me dira comment on appelle cette opération?

— La fermentation.

Maintenant, Alfred, dites-nous avec quoi le boulanger fait lever sa pâte.

— Avec de la *levure*.

Oui, et vous avez entendu dire probablement qu'il donne la préférence à la *levure de bière*.

Eh bien, la levure de bière est un ferment, que l'on achete dans les brasseries pour faire lever la pâte et aussi pour faire fermenter le moût de malt et le changer en vraie bière

On jette un peu de ce ferment ou levure dans le moût, et tout se passe comme dans la fermentation du vin . on voit le moût bouillonner, il en sort une foule de petites bulles de gaz, le sucre se trouve transformé en une sorte d'eau de-vie, en alcool, et, au lieu de moût, on a de la bière.

Pendant la fermentation il se forme beaucoup d'écume, partie lourde, partie légère, que l'on recueille pour s'en servir plus tard, c'est la levure de biere. La biere contient, d'ordinaire, a peu près moitie moins d'alcool que le vin, mais elle retient en dissolution plus de matières solides, ce qui la rend plus nourrissante.

Ce que vous savez au sujet du vin et de la biere me dispense de vous expliquer en détail comment on fait le *cidre* avec le jus des pommes, le *poiré* avec celui des poires.

Quand les fruits sont bien mûrs, c'est à-dire un mois environ apres la cueillette, on les broie sous des meules verticales en pierre qui tournent dans une auge, ou bien au moyen de *grugeoirs* mécaniques.

La pulpe ainsi formée est laissée à l'air pendant un ou deux jours pour que le *ferment* se developpe. Alors on la presse pour extraire le jus. Celui-ci est verse dans des tonneaux où a lieu la fermentation. Quand la fermentation est terminee, on *soutire* dans d'autres tonneaux plus petits.

Le cidre est la boisson usuelle en Bretagne et en Normandie.

QUESTIONNAIRE.

l orge que l on sème dans de la ouate mouil'ée ? — De q iol se nourrit la petite plante qui pousse dans de la ouate ? — Qu'est ce qu un ferment ? — Qu'est ce que la levure du pain ? — Qu'appelle-t-on germination et germe ? — Se produit il u i ferment pendant la germination ? — Comment agit ce ferment sur la farine du grain ? — I n quoi change t il l amidon ? — Dans la fabrication de la bière, qu'ap pelle t on mouillage des grains? — Comment se font la germination et le séchage ? — Pourquoi faut il séparer les germes des grains séchés et comment s y prend on ? — Quelle est l opération qui suit le dé grenage ? — Comment appelle t on l orge germée, séchée, dégrenée et broyée ? — *le malt peut il se conserver ?* — De quoi se compose le malt ? — Comment peut on réveiller le ferment du malt ? — Qu est ce que le brassage ? — D'ou viennent les mots brasserie et brasseur ? — Que contient l eau dans laquelle on a brassé le malt ? — Comment l appelle t on ? — Pourquoi fait on bouillir le moût ? — Comment s'é-claircit il ? — Qu est ce que le houblon ? — Decrivez les cônes du houblon — Pourquoi en fait on bouillir dans le malt ? — Que met-on dans le moût pour le faire fermenter ? — En quoi le ferment ou levure change t il le sucre du moût? — Qu est ce que la levure de bière ? — Quelles sont les ressemblances et les différences du vin et de la bière ? — Dites comment on fait le cidre.

LEÇON XXXV

LE SEL.

Mes amis, je viens de demander à Lucien de me dire ce qu'il savait sur le sel

Il m'a répondu : « C'est ce qui sert à saler la soupe et à donner du goût à ce que l'on mange On l'achète chez l'épicier. Il y en a du gris à gros grains et du blanc à petits grains On en donne aussi aux animaux. »

Voilà, en effet, ce que vous savez tous sur cette substance Mais cela ne suffit pas

D'où vient le sel ? Où le trouve t on ? Comment le prépare-t-on ? Est-il indispensable à l'homme et aux animaux ? Quelle est la ration utile ?

Je voudrais que vous pussiez repondre à ces questions On aime à connaître les personnes avec qui l'on vit, ses parents, ses amis, il est bon de savoir apprécier leurs qualités et leurs défauts s'ils en ont

De même il est bon de savoir un peu l'histoire des objets les plus familiers, des substances dont nous faisons journellement usage, et d'en connaître les propriétés, afin de nous en servir le plus utilement possible

C'est donc l'histoire du sel que je vais vous raconter aujourd'hui. Écoutez bien, pour repondre ensuite aux questions que je vous ferai

Et d'abord, mes amis, d'où vient le sel ? Où le trouve-t on ?

J'ai eu l'occasion de causer, il y a quelque temps, avec un homme qui a beaucoup voyagé Il revenait d'une province de l'Autriche nommée la Galicie.

Nous avons parlé de ses voyages, des choses curieuses et utiles qu'il avait vues, puis, pour résumer, je lui ai demandé ce qui lui avait paru le plus extraordinaire ou le plus intéressant

Voici à peu près ce qu'il m'a répondu.

« J'ai visité, non loin de Cracovie, sur la rive droite de la Vistule, une petite ville nommée Wiéliczka. Grâce à quelques recommandations, je fus bien accueilli par quelques uns des habitan's. Dès le premier jour on m'invita à visiter « la ville souterraine »

Oui, mes amis, une véritable ville qui se trouve dans la terre, au-dessous de Wiéliczka.

« On descend par un escalier tournant formé d'environ 500 marches Une vaste place se trouve au bas de l'escalier. A cette place aboutissent des rues ou plutôt des galeries éclairées par des lampes et des torches. En suivant ces galeries, on rencontre de grandes salles, voûtées comme des églises, des maisons, des écuries, des obélisques, des statues.

« Une foule de gens très affairés parcourent les rues, portant des fardeaux, roulant des barils, conduisant des chevaux.

« On me fit traverser en bateau un lac qui mesure cinq cents mètres de tour. Nous nous arrêtâmes dans la « Salle des fêtes », où l'on donne quelquefois des concerts et des bals. Puis on me conduisit à une chapelle ou l'on célèbre la messe chaque dimanche.

« J'étais émerveillé de trouver sous terre une ville si bien ordonnée, si propre, et surtout si vaste. On me dit que la longueur totale des rues ou galeries était de 170 lieues ; qu'un homme, marchant huit heures par jour, dépenserait un mois à la visiter en détail.

« Mais ce qui causait la plus grande surprise, c'est que toute la ville paraissait creusée, taillée, ciselée, dans une substance qui semblait du verre à reflets bleus et roses. Le pavé, les parois des galeries, les voûtes, réfléchissaient, comme des miroirs, la lumière des lampes et des torches Dans quelques endroits on voyait des chambres tapissées de cristaux semblables à d'énormes diamants .. »

J'entends l'un de vous qui dit : « C'est comme un conte de fées ».

Oui, mes amis, mais ce n'est point un conte, c'est vrai, tous ceux qui ont visité Wiéliczka ont éprouvé la même impression On dirait que tout est en verre, en cristal et en pierreries Cette ville souterraine a été creusée et taillée dans un immense amas naturel de sel

Il y a en Espagne une montagne entière de sel de la même nature, très pur, ayant l'apparence du verre en gros blocs On l'exploite comme une carrière de pierres de taille, à ciel ouvert.

Mais à Wiéliczka il faut aller chercher le sel sous terre, au moyen de puits et de galeries. Il y a six cents ans que l'on exploite ces mines, de sorte que, les travaux progressant chaque année, on a peu à peu créé une sorte de ville souterraine dans la masse même du sel.

Le sel se trouve donc quelquefois dans la terre, sous forme de roches On l'appelle alors *sel gemme* ou sel en pierre.

Le plus souvent, le sel gemme ne forme pas de grandes masses, il se trouve mêlé à de l'argile, et, pour en tirer parti, on a recours à divers expédients. Dans quelques mines, on ouvre sous terre des galeries, puis on y pratique des chambres que l'on remplit d'eau. Au bout de quelque temps cette eau a dissous le sel de la terre qui l'emprisonne, on la pompe et on la fait couler lentement sur d'énormes piles de fagots ou elle commence à s'évaporer. On recueille l'eau salée qui tombe au pied des piles de fagots et on la vaporise sur le feu, dans des chaudières. Quand presque toute l'eau est évaporée, le sel commence a se rassembler en grains de forme régulière, ce sont des *cristaux* de sel.

Pour avoir un sel bien pur on ne laisse pas vaporiser toute l'eau.

Dans quelques localités le travail ou l'exploitation est encore plus simple.

On perce des trous dans la terre, au moyen d'outils en fer nommés *sondes*, outils qui agissent à peu près comme la tarière dont les charpentiers se servent pour percer le bois.

Quand on est arrivé à la profondeur ou se trouve le sel, on agrandit les trous, on y introduit un tube de cuivre pour qu'il ne s'y produise pas d'éboulement.

Dans le puits ainsi obtenu on fait arriver de l eau qui détrempe le terrain Quelques jours après on pompe l'eau qui se trouve salée, et on la vaporise

Nous avons en France des mines de sel dans les départements de la Haute Saône, du Tarn, des Basses Pyrénées Les plus importantes se trouvent dan le département de la Meurthe, près de la ville de Château Salins, qui doit son nom au voisinage des mines

Sur un espace d'un kilomètre (entre Dieuze et Vic) les couches profondes de terrain sont très riches en sel que l'on exploite comme je viens de vous l'expliquer : par galeries et par puits.

Vous savez que les sources proviennent de cours d'eau, qui se forment sous terre par l infiltration des pluies Supposez qu'un de ces ruisseaux souterrains traverse une mine de sel, l'eau y deviendra salée. Si elle paraît plus loin à la surface du sol, sous forme de source, on aura une source d'eau salée, dont on pourra extraire le sel

Il existe, en effet, un grand nombre de sources salées, qui ont cette origine, et dont l'industrie tire bon parti. Dans quelques pays, tout le sel consommé par les habitants provient de sources salées

Imaginez-vous, maintenant, mes enfants, un lac entouré de montagnes Supposez que la terre de ces montagnes contient du sel. Qu'est-ce qui arrivera aux eaux de pluie qui s'infiltreront dans la terre ? — Elles dissoudront du sel et deviendront salées

Ces eaux, suivant la pente du terrain, tomberont dans le lac et bientôt l eau du lac sera aussi de l'eau salée.

Eh bien, mes enfants, c'est ce qui est arrivé pour la mer

Lorsqu'il pleut, une partie de l'eau de la pluie glisse sur la terre, une autre s'y infiltre Peu à peu il se forme ainsi, a la surface et à l intérieur, des ruisseaux, des rivières, des fleuves

Ou va toute cette eau ? — A la mer.

Cette action des eaux, continuée pendant des milliers d'années, a dissous presque tout le sel de la terre et l'a entraîné dans la mer. Il n'en reste aujourd'hui que des parcelles imperceptibles, comparées à ce qu'il y avait autrefois. La mine de Wiéliczka, comparée à la masse de sel dissoute dans la mer, est bien moins considérable qu'un grain de sel comparé à une haute montagne.

En effet, chaque litre d'eau de mer contient environ 25 grammes de sel.

Pour le retirer, il suffit de vaporiser cette eau dans des chaudières.

Mais, comme ce procédé serait très lent et très coûteux, on a recours à un autre moyen. On charge le soleil et le vent de faire presque toute la besogne.

Pendant l'été, on fait arriver l'eau de la mer dans des bassins peu profonds formés d'argile battue. La chaleur et le vent font évaporer lentement l'eau salée ; lorsque l'eau est presque entièrement évaporée, le sel se rassemble en cristaux qui tombent au fond du bassin. On les recueille au moyen d'une grande raclette et on les dépose en tas sur la terre. Lorsque ces *mulons* de sel sont égouttés, on envoie le sel à la ville : c'est le sel gris, qui doit sa couleur à une petite quantité d'argile.

Si l'on veut obtenir avec le sel gris du sel blanc, on le raffine. Pour cela on le fait dissoudre dans de l'eau que l'on vaporise lentement dans des chaudières. Si l'on prend soin de ne pas vaporiser toute l'eau, les impuretés restent dans le fond de la chaudière et l'on recueille un sel pur.

Vous comprenez pourquoi on ne peut travailler à la production du sel que pendant la saison la plus sèche de l'année. S'il pleut, l'eau de mer introduite dans les bassins ne diminue pas et même devient de plus en plus douce, de sorte qu'il faut tout recommencer.

Lorsque les bords de la mer offrent des plages en pente douce propices à l'établissement des bassins d'évaporation, on voit de vastes espaces couverts de ces réservoirs artificiels, séparés seulement par d'étroits sentiers : c'est ce que l'on appelle des *marais salants*. La plage se trouve en effet transformée en une sorte de marais destiné à fournir du sel.

Il y a, en France, des marais salants sur presque toutes les côtes. Les plus importants sont ceux de la Loire Inférieure, de la Charente Inférieure et de la Gironde.

J'espère que vous savez bien tous ce que c'est que le sel, d'où il vient, comment on l'exploite et le recueille.

Voyons maintenant, en peu de mots, à quoi il sert.

Le sel est un assaisonnement ou autrement dit un *condiment*, c'est à-dire une substance destinée à donner aux aliments une saveur excitante. Mettez dans votre bouche quelques grains de sel, vous y sentez aussitôt affluer la salive. Or la salive est indispensable à une bonne digestion

La sensation agréable que produit la saveur légèrement salée des aliments excite l'appétit. Généralement on digère bien ce que l'on mange avec plaisir. D'ailleurs le sel — outre qu'il appelle la salive — facilite la digestion

Le sel n'est pas moins utile pour conserver les matières alimentaires, et surtout les viandes et le poisson. Le bœuf et le porc salé, la morue, le hareng, la sardine, fournissent à l'alimentation des ressources précieuses

En France, la consommation du sel est d'environ 5 kilogrammes par tête, soit environ 15 grammes par jour. La plupart des autres pays de l'Europe en consomment davantage.

Les animaux aiment le sel et il est bon de leur en donner un peu de temps en temps, surtout lorsqu'ils n'ont pas une nourriture suffisamment variée et fortifiante. Le sel les excite alors à manger, et ils suppléent un peu à la qualité des aliments par la quantité

Voilà, mes amis, ce que je dois me borner à vous dire sur le sel. Voyons maintenant si vous m'avez bien compris

QUESTIONNAIRE.

Qu'est ce que la mine de Wiéliczka ? — Comment appelle t on le sel qui se trouve dans la terre ? — A quoi ressemble le sel gemme ? — Comment extrait-on le sel gemme de la terre ? — Com-

ment vaporise t-on l eau qui l'a dissous ? — Quelles sont les princi
pales salines de France ? — Qu'est ce qu'une source salée ? — Com
ment se forment les sources salées ? — Comment l eau de la mer
est elle devenue salée ? — Combien l eau de mer contient elle de sel par
litre ? — Qu'est ce qu'un marais salant ? — Quels sont les principaux
marais salants de France ? — Comment exploite t on un marais salant ? — Quelle différence y a t il entre le sel gris et le sel raffiné ? —
Pourquoi appelle t on le sel un condiment ? — A quoi sert le sel dans
l alimentation ? — Quelle est la consommation moyenne du sel par
jour et par an ? — Est-il bon de donner du sel aux animaux ?

LEÇON XXXVI

LE SUCRE.

Mes amis, vous avez tous mangé du raisin, des fraises, des cerises. Chacun de ces fruits a un goût particulier, ce goût est assez compliqué. Il diffère suivant la variété de fruit que l'on goûte, et surtout suivant son degré de maturité.

Vous savez, par expérience, que les fruits verts, c'est-à-dire qui ne sont pas encore mûrs, sont âpres et acides, vous ne pouvez les manger sans faire la grimace.

Mais une fois à maturité, les cerises, les fraises, le raisin, etc., ont un goût sucré, légèrement aiguisé par un peu d'acide qui contribue à les rendre agréables au goût.

Il y a donc du sucre dans les fruits? — Certainement, et beaucoup, surtout dans ceux que je viens de vous citer. La pêche, la prune, l'orange sont aussi très sucrées. Puis viennent les poires, les pommes, et encore les châtaignes.

Le melon bien mûr, la citrouille, contiennent aussi du sucre en assez grande quantité.

Si nous passions en revue les autres produits du jardin, nous trouverions du sucre dans les légumes et surtout dans les racines de navets, de carottes, d'oignons, de betteraves.

Il vous est arrivé sans doute bien souvent de mordiller des tiges vertes et tendres de blé ou d'herbe des prés. Vous avez dû remarquer que la partie la plus délicate, celle qui est enveloppée, à la base d'un nœud, par la gaîne d'une feuille, offre un goût sucré.

Quelques plantes d'une structure analogue mais bien plus grandes, renferment aussi dans leurs tiges une sève sucrée :

tels sont le maïs ou blé de Turquie, le sorgho ou grand millet, dont on fait des balais.

Dans les pays chauds on cultive une sorte de roseau assez semblable au maïs et au sorgho, mais bien plus riche en sucre : on l'appelle *canne a sucre*, c'est-à-dire *roseau a sucre*

Puisque le liquide nourricier ou sève de quelques plantes contient du sucre, il n'y aurait rien d'étonnant à ce qu'il y en eût aussi dans la sève de certains arbres.

Vous savez ce que l'on appelle les pleurs de la vigne. Au printemps, à l'époque ou les bourgeons vont s'ouvrir, si l'on coupe un sarment, il laisse couler pendant quelques jours une eau limpide. Cette eau, c'est la sève. Dans la vigne elle n'est pas sucrée, mais il y a des arbres dont la sève est riche en sucre. Si l'on perce un trou à travers l'écorce et les premières couches de bois (l'aubier), on en voit bientôt couler une sève sucrée.

Les sèves les plus sucrées parmi les arbres que vous connaissez sont celles de certaines variétés d'érable et de bouleau Ces variétés ne sont d'ailleurs pas répandues en France Dans les pays chauds un grand nombre de palmiers fournissent une sève sucrée. Au Canada, on fabrique beaucoup de sucre d'érable, mais d'une façon toute primitive. Les ouvriers campent dans la forêt, percent les arbres autour du camp, recueillent la sève et la vaporisent dans des chaudières Après avoir épuisé un canton, ils vont continuer un peu plus loin.

Vous voyez, mes amis, que le sucre est abondant dans la nature. Nous venons de voir qu'on le trouve dans des fruits, des legumes, des herbes, des roseaux, des arbres Laissez-moi vous dire, en passant, qu'il y en a aussi dans le lait. Mais le sucre des végétaux y existe mêlé a diverses substances, et souvent sa saveur se trouve masquee par d'autres plus fortes ou plus persistantes.

Est ce que la nature ne nous offre pas, quelque part, une sorte de sucre à peu près pur, qui puisse servir, par exemple, à sucrer de la tisane ?

Oui, le miel. Voilà en effet une espèce de sucre que nous trouvons toute préparée dans les ruches.

Ce sont les abeilles qui accumulent le miel dans la ruche

pour se nourrir pendant l'hiver. Où vont elles chercher les matériaux qui leur servent à le fabriquer? — Sur les fleurs.

Eh bien, puisque les fleurs fournissent aux abeilles de quoi fabriquer le miel, qui est une sorte de sucre, il est probable que les fleurs contiennent du sucre

Vous le savez sans doute déjà. Vous vous êtes amusés à éplucher les fleurs du trèfle, du sainfoin, et à en sucer les petits tubes blanchâtres. Vous avez trouvé que chaque tube contenait une toute petite gouttelette d'eau sucrée. Les fleurs du chèvrefeuille sont plus riches encore.

Vous comprenez maintenant où les abeilles trouvent les matériaux nécessaires pour faire le miel, ce sucre naturel qui ne sera jamais détrôné par celui de nos fabriques

Peut être est ce l'abeille qui a enseigné à l'homme a faire du sucre avec la sève de certains végétaux comme elle le fait avec la liqueur sucrée des fleurs.

Mais l'abeille transforme dans son estomac le suc des fleurs et le rend par la bouche sous forme de miel

Supposez que nous ayons fait dissoudre un morceau de sucre dans un peu d'eau. Voilà de l'eau sucrée. Nous voulons maintenant retirer ce sucre de l'eau. Comment faire?

J'entends dire : il n'y a pas moyen.

Réfléchissez un peu

Je vous ai dit comment on retirait le sel de l'eau de mer. Il n'est pas plus difficile de retrouver le sucre de l'eau sucrée que le sel de l'eau salée. Nous emploierons le même procédé

Nous laisserons évaporer lentement l'eau en l'exposant au soleil et au vent, ou bien, pour aller plus vite, nous la vaporiserons en la chauffant dans un vase aussi plat que possible

Au lieu d'eau sucrée, si nous chauffons de la sorte le suc de certains fruits ou la sève de certains végétaux riches en sucre, nous ferons disparaître l'eau en vapeur et le sucre restera au fond du vase.

Si le suc des fruits ou la sève des végétaux traités de la sorte consistaient seulement en eau sucrée, le résidu sec serait du sucre pur.

Mais il n'en est pas ainsi. Le sucre des végétaux se trouve mêlé, dans le suc des fruits, ou dans la sève, à d'autres sub-

stances qu'il faut séparer pour n'avoir plus à évaporer que de
l eau sucrée bien pure.

Je ne dois pas vous décrire en détail les procédés de fabrication de sucre. C'est une opération assez compliquée. Mais je
puis vous donner une idée de l'ensemble des operations.

Ne nous occupons que des deux espèces de sucre le plus
généralement employées

Dans les pays chauds, on extrait principalement le sucre du
roseau dont je viens de vous parler, et que l'on appelle canne
à sucre Chez nous, on l'extrait de la racine d une certaine es
pece de betterave

La canne à sucre est broyée et pressée entre des cylindres,
et l'on recueille la sève qui en sort.

La racine de betterave est râpee de manière à former une
pulpe dont on fait couler le jus en la pressant dans des sacs de
toile

Que le jus sucré provienne de la canne a sucre ou de la betterave, les opérations essentielles pour en extraire le sucre pur
sont les mêmes

On chauffe le jus pour faire coaguler, c'est a dire rendre in-
solubles quelques matières qui surnagent peu a peu On enleve
ces impuretés comme on écume le pot-au-feu

On filtre le liquide a travers des toiles ou du molleton et on
recueille une eau sucree, assez limpide, mais jaunâtre

Nous savons que pour séparer le sucre de l eau sucrée il
suffit de chauffer l eau, qui se vaporise et disparait dans l air

C'est ce que l'on fait.

Quand presque toute l'eau a disparu il reste un liquide lourd,
coulant a peine, c'est du sirop.

Vous vous rappelez comment on obtient du sel bien pur
Vous savez que si on laisse évaporer l'eau très lentement, a la
fin de l'operation le sel se dépose en grains ou *cristaux* de
forme régulière et que les impuretés restent dans l'eau.

Dans la fabrication du sucre il se passe quelque chose d'analogue.

Si on laisse refroidir très lentement sans l'agiter du sirop
jaunâtre, le sucre se rassemble en *cristaux* bien plus gros que
ceux du sel et ces cristaux sont beaucoup plus blancs que le si-

rop, parce que les impuretés sont restées dans l'eau. On retire ces cristaux, on les sèche, c'est le sucre candi.

Si le sirop ne contient presque plus d'eau, le sucre se sépare, pendant le refroidissement, en cristaux ou grains très petits, à peu près comme ceux du sel fin, mais ils forment une sorte de pâte brunâtre avec la portion liquide qui retient presque toutes les matières colorantes.

Laissons égoutter cette pâte sur un tamis. Il en coulera un sirop épais, brun, c'est la *mélasse*, qui contient encore beaucoup de sucre. Sur le tamis resteront les grains ou menus cristaux de sucre, c'est la *cassonade* ou sucre brut.

Pour faire du sucre blanc ou raffiné, on la dissout dans l'eau et on y mêle une poudre noire nommée noir animal. Cette poudre est fabriquée avec des os d'animaux calcinés dans des vases fermés. Elle a la propriété d'absorber les matières colorantes.

Le sirop de sucre mêlé au noir animal forme une bouillie peu appétissante. On dirait de l'eau et de la suie. Mais on verse le tout dans un filtre en molleton. Le filtre retient tout le noir animal chargé des matières colorantes, de sorte que le sirop passe parfaitement limpide et presque incolore.

Il s'agit maintenant de retirer du sirop le sucre, non pas sous forme de sucre candi ou de petits grains, mais sous la forme d'un beau pain de sucre blanc comme de la neige.

On fait chauffer avec précaution le sirop pour réduire l'eau en vapeur. Quand il est à point, on le verse dans des moules de métal qui ont la forme d'un pain de sucre. A mesure qu'il refroidit, le sirop se prend en une masse de petits cristaux brillants entre lesquels se trouve encore un peu de sirop jaunâtre. Il faut faire disparaître ce reste de sirop impur.

Pour cela on place le moule la pointe en bas et l'on retire un bouchon qui ferme la partie inférieure. Le sirop jaune coule par cette ouverture. Il en reste cependant toujours un peu, et il faut absolument le déloger. Voici comment on y parvient.

On verse dans le moule, sur la base du pain de sucre, un peu de sirop bien pur et bien blanc. Ce sirop circule dans tous les vides entre les petits cristaux et chasse devant lui le sirop jaunâtre, de sorte que, quand le sirop blanc s'écoule à son tour par l'ouverture inférieure, il reste dans le moule un sucre très blanc, très pur, tel que vous le voyez chez l'épicier.

Remarquez bien que c'est surtout pour flatter l'œil que l'on tient à cette pureté éclatante du sucre. La cassonade est tout aussi saine et son petit goût étranger n'a rien de désagréable.

Que ceux qui n'ont pas bien compris ce que je vous ai dit ne craignent pas de me faire des questions. Les explications que je leur donnerai serviront à tous pour mieux retenir cette petite leçon.

Vous savez, n'est-ce pas, à quoi sert le sucre. Vous ne laissez échapper aucune occasion de l'apprécier sous toutes ses formes et dans toutes ses combinaisons.

Le pâtissier le mêle à une pâte faite de farine, d'œufs, de beurre, etc., pour en faire des gâteaux. Votre maman le dissout dans du suc de fruits et fait cuire le tout pour confectionner des confitures. Vous trouveriez bien amer le chocolat s'il n'était broyé avec du sucre. On met aussi du sucre dans le café pour dissimuler son goût un peu âcre. Il sert à préparer toutes sortes de crèmes et d'entremets.

N'oublions pas vos favoris, le sucre d'orge, le sucre de pomme et les dragées. Le sucre de pomme se prépare en faisant un sirop épais auquel on ajoute un peu de jus de pomme. On verse ce sirop sur une table de marbre huilée. En refroidissant, il prend de la consistance. On le coupe par morceaux que l'on roule en bâtons.

Ordinairement, on remplace le jus de pomme par un peu de vinaigre. On l'aromatise avec de la fleur d'oranger, du citron, etc.

Le sucre d'orge, malgré son nom, ne contient pas d'orge du tout. Ce sont des bâtons de sirop vinaigré, refroidi et roulé sur un marbre.

Quant aux dragées, sans lesquelles il n'y a ni baptême ni jour de l'an complet, on les prépare d'ordinaire en recouvrant de sirop chaud des amandes, dans des bassines toujours agitées ou dans des chaudières en cuivre qu'une machine fait tourner lentement dans une position inclinée. On verse le sirop par très petites portions, de sorte qu'il refroidit et durcit rapidement le mouvement continuel des amandes les empêche de se coller les unes aux autres.

On vous a dit sans doute, mes amis, que le sucre fait mal à l'estomac, qu'il gâte les dents. Et vous avez été tentés de répondre par le dicton « Le sucre ne fait de mal qu'à la bourse ».

Sur ce sujet, tout le monde peut avoir raison, il suffit de s'entendre.

Le sucre pris à jeun ou entre les repas est ordinairement nuisible : il enlève l'appétit ou trouble la digestion. Pris en mangeant, sous forme de confitures, d'entremets, de gâteaux, etc, il ne fait aucun mal. Mais .. il y a un *mais* très important : il faut être raisonnable et ne pas se laisser entraîner par la sensualité.

En France, la consommation annuelle du sucre ne dépasse guère 5 kilogr. par tête Elle est de 10 kilos en Angleterre, de 17 aux États Unis En Italie, elle varie de 1 à 2 kilos selon les régions. En Russie et en Espagne, chaque habitant ne consomme que 800 grammes de sucre. Mais dans quelques pays de l'Amérique du Sud le chiffre monte à plus de 30 kilogr.

Vous avez été attentifs, mes amis, et comme vous ne m'avez pas fait beaucoup de questions, je suppose que vous allez bien répondre aux miennes.

QUESTIONNAIRE.

Quels sont les fruits les plus sucrés ? — Trouve t on du sucre ailleurs que dans les fruits ? — Nommez des racines sucrées — Ou trouve t on encore du sucre ? — Y a t il une sorte de sucre tout fait dans la nature ? — Ou les abeilles recueillent elles les matériaux du miel ? — *Comment peut on retirer le sucre de l'eau sucrée* ? — Quels sont les deux végétaux dont on retire d'ordinaire du sucre ? — Comment exprime t on la sève ou le suc de ces plantes ? — Que fait on pour purifier le liquide sucré ? — Qu'est ce que le sucre candi ? — Qu'est ce que la cassonade et la mélasse ? — Dites comment on raffine le sucre. — Quels sont les principaux emplois du sucre ? — Qu'est ce que le sucre de pomme et le sucre d'orge ? — Comment fabrique t on les dragées ? — Quelles sont les précautions à prendre dans l'usage du sucre et des mets sucrés ? — Combien, en France, chaque personne consomme t elle de sucre ?

LEÇON XXXVII

LES ASSAISONNEMENTS.

Mes amis, si l'on vous servait de la viande ou des légumes cuits à l'eau sans beurre, sans sel, sans poivre, vous les trouveriez fades et peu appétissants A moins d'avoir grand'faim, vous en mangeriez peu, vous en seriez vite dégoûtes Même avec un bon appetit, vous ne pourriez résister longtemps à ce régime, vous ne mangeriez pas assez pour soutenir vos forces.

Nous avons besoin d une nourriture non seulement variée, mais d'une odeur et d'un goût agréables, faute de quoi nous ne mangeons pas assez.

L habitude contribue certainement à nous faire rechercher les aliments odorants et sapides, mais l instinct nous y porte également. Les animaux ne prosperent pas si on ne leur donne que des aliments fades et peu variés. Ils aiment les plantes aromatiques, le foin parfumé, les graines savoureuses, et vous savez combien ils sont friands de sucre et de sel.

Ce n'est donc pas par pure fantaisie que l'on ajoute aux substances alimentaires divers ingrédients qui rendent les mets plus sapides, plus odorants, et flattent en même temps l odorat et le goût Vous savez quelle agréable impression produisent la vue et surtout l odeur d un fruit mûr, d une viande rôtie, d un pot au-feu bien preparé. On dit quelquefois « cela fait venir l'eau à la bouche », et en effet les aromes d une cuisine bien faite causent une certaine excitation de la bouche et de l'estomac, en sorte que la salive, necessaire à la digestion, se produit en abondance.

On appelle *condiments* ou *assaisonnements* les substances que l'on ajoute aux aliments pour les rendre plus agréables à l'odorat et au goût.

Vous en connaissez déjà deux : le sel et le sucre.

Le sucre est en même temps un assaisonnement et un aliment. Quand nous mangeons de la fécule ou de l'amidon, ces matières se changent en sucre pendant la digestion, c'est à l'état de sucre qu'elles nourrissent.

Le sel, dont vous savez l'histoire, est le plus important des condiments. On peut même dire que lui seul est indispensable. Presque tous les hommes font usage de sel. Dans les rares contrées où il n'est pas connu, on mange de grandes quantités de viande et, comme la viande des animaux contient naturellement un peu de sel qui provient de leur nourriture, les habitants ne sont guère moins robustes que ceux des autres pays Mais partout où l'homme peut se le procurer, il se trouve fort bien de mêler le sel à ses aliments.

Causons donc un peu des assaisonnements, et commençons, si vous voulez, par les plus communs, ceux dont on se sert pour assaisonner une salade.

Lucien va nous les nommer : que faut il pour assaisonner une salade ?

— De l huile et du vinaigre, du sel et du poivre.

Quoi encore, Louis ?

— De la moutarde.

C'est question de goût.

Et vous, François, dites nous ce qu'on y met encore pour la relever, comme disent les ménagères

— Du cerfeuil, de l'estragon, de l a ciboule, de l ail.

Bon. Tout y est Etudions maintenant une à une ces substances, ces condiments.

Jean, quelle sorte d huile met-on dans la salade ?

— De l huile d'olive.

Qu'en pensez vous, Ernest ?

— On emploie aussi l'huile d'œillette.

Oui, et bien d'autres encore, suivant les ressources de chaque pays.

Léon va nous dire ce que c'est que l'olive dont on retire de l'huile.

— C'est le fruit de l'olivier, qui croît dans les pays un peu chauds.

Bien. On le cultive en Provence, en Algérie et dans presque tous les pays voisins de la Méditerranée. Le fruit ressemble assez à une petite prune allongée.

Pour extraire l'huile des olives, on les écrase sous une meule verticale dans un moulin semblable à celui ou l'on écrase les pommes pour faire le cidre Quand elles sont bien broyées, on met la *pulpe* dans des sacs que l'on presse pour en faire sortir l huile. Autrefois on employait des presses à vis en bois ou en fer comme celles des *pressous* à cidre et à vin Mais aujourd'hui on se sert de machines bien plus fortes nommees presses hydrauliques: dans ces presses la force est donnée par de l'eau comprimée au moyen d'une pompe.

On appelle huile vierge celle que l'on obtient ainsi. Elle est verdâtre et conserve un fort goût de fruit Pour extraire l huile ordinaire, qui est jaune et presque dépourvue de goût, on vei e de l'eau bouillante sur la pulpe qui a fourni l huile vierge, on broie de nouveau et l'on presse.

L huile fraîche est trouble. On la laisse reposer dans de grandes jarres en terre cuite ou dans des fosses enduites o ciment.

L'huile d'œillette se retire des graines très menues, mais très nombreuses du pavot-œillette. Le travail est à peu près le même que pour l huile d'olives.

Notez, mes amis, que l huile, comme le sucre, est à la fois un condiment et un aliment. Elle nourrit de la même manière que le beurre, les graisses : elle sert principalement, comme l'amidon, la fécule, le sucre, à entretenir la chaleur du corps ou elle se brûle très lentement.

Quand on doit extraire l huile de graines dures ou de fruits coriaces, on commence par les concasser en les faisant passer entre des cylindres cannelés.

On retire de l huile comestible des noix, des faines, des amandes, etc., etc. les graines du lin, du chanvre, du colza, (sorte de choux), servent à la peinture, à la préparation des vernis, à l'éclairage D'autres, comme l huile de palmier, sont employées à la fabrication du savon.

Dites-nous, Edmond, quel goût a le vinaigre.

— Un goût acide.

Avec quoi le fait-on ?

— Avec du vin.

Qu'en dites vous, Ernest?

— On en fait aussi avec du cidre ou de la bière.

Oui, mes amis 'Toute boisson qui contient de l'alcool peut *tourner a l'aigre* et produire ce que l'on appelle du *vin aigre* ou *vinaigre* en un seul mot.

Ce qui constitue le vinaigre, c'est un acide Cet acide provient de la decomposition de l'alcool. Partout ou il y a de l'alcool cette décomposition peut se produire : ainsi vous savez que la fermentation produit dans le pain un peu d'alcool, eh bien, si on laissait les *panetons* trop longtemps avant d'enfourner, la *fermentation* continuerait et l'alcool se changerait en vinaigre, le pain serait sûr, acide.

Vous savez que pour produire de l alcool il faut du sucre et un *ferment*. Dans le pain, le ferment est le champignon du *levain* de pâte ou de la levure de bière. Au contact de ce champignon microscopique, un peu d'amidon de la farine se change en sucre, et le sucre se change en alcool et en acide carbonique qui fait lever la pâte.

Pour changer l'alcool en acide (acide acétique), il faut un ferment, mais d une espèce autre que pour changer le sucre en alcool les germes de ces ferments se trouvent dans les poussières de l'air.

Il suffit d un peu de levain ou de levure pour remplir de ferment toute la pâte d une fournée. De même il suffit d'une cuillerée de vinaigre riche en ferment pour peupler de ce ferment spécial un tonneau de vin, de bière, de cidre et changer leur alcool en vinaigre. Vous comprenez, l'acide du vinaigre représentant l'alcool de ces boissons, les plus riches en alcool fourniront le vinaigre le plus fort.

Voici un procédé rapide de faire du vinaigre de vin.

Supposez un tonneau muni, à l intérieur, de deux doubles fonds percés de petits trous et le divisant en trois chambres. Les deux chambres supérieures communiquent avec l'extérieur par des tuyaux qui renouvellent l'air. Dans la chambre du milieu on place des copeaux de hêtre, qui fournissent un aliment pour le ferment. Dans la chambre supérieure on verse du vin. Naturellement on choisit pour cela un vin de qualité inférieure, un peu *piqué* ou aigri. Le vin tombe goutte a goutte, par les petits trous du double fond, sur les copeaux de hêtre, s'étale à leur surface, s'infiltre entre eux, devient acide et tombe, changé en vinaigre, dans le compartiment inférieur d'ou on le fait couler par un robinet.

Dans les campagnes on procede encore plus simplement. On place dans un endroit chaud un petit tonneau de vinaigre. Chaque fois qu'on en tire une bouteille, on verse au tonneau une bouteille de vin qui, en peu de jours, est lui-même devenu vinaigre. De cette façon la fabrication est continue.

Les cuisinieres emploient quelquefois, au lieu de vinaigre, le jus de citron, le verjus ou jus de raisin vert, ce sont aussi des condiments acides.

François, qui est fort en agriculture, va nous dire ce que c'est que la moutarde.

— C'est une graine de mauvaise herbe.

Votre réponse pourrait faire croire que vous n'aimez pas la moutarde. Vous entendez, n'est-ce pas, que la moutarde est une plante qui croît librement dans les champs, ou elle nuit aux recoltes.

C'est en effet une plante très commune et il y en a plusieurs especes. Deux d'entre elles nous intéressent au point de vue des condiments : la blanche et la noire, ainsi nommées de la couleur de leurs graines mûres.

La moutarde noire atteint un mètre de hauteur, la blanche est petite, elle ne dépasse guère 6 à 7 centimètres. Toutes deux portent des grappes de fleurs jaunes auxquelles succèdent des *gousses* (siliques) longues et minces qui renferment les graines. Celles de moutarde noire sont les plus petites, mais aussi les plus énergiques.

Pour préparer la moutarde commune de table, on fait macérer les graines noires dans du vinaigre, on les broie et l'on délaye la pâte avec du vinaigre, de la bière ou du moût de raisin. La moutarde fine se prépare avec les graines blanches. On ajoute à la pâte du persil, du cerfeuil, de l'estragon, du thym, de la cannelle, de la ciboule et un peu d'huile d'olives.

Vous connaissez l'effet piquant, irritant, de la moutarde sur la langue et le palais. Appliquée sur la peau sous forme de *sinapismes*, la farine mouillée de moutarde noire y produit rapidement une vive rougeur accompagnée de picotements : les médecins utilisent cette propriété.

Nous pouvons ranger dans la même catégorie que la moutarde bon nombre de condiments : le raifort, le cresson, la ciboule, l'échalotte, l'ail.

Nous avons peu de chose à dire du poivre et des autres condiments que l'on réunit sous le nom d'*épices*, d'ou est venu le mot épicier, celui qui vend du poivre, de la cannelle, des clous de girofle, etc , etc.

Le poivre est le fruit desséché d'un arbrisseau des Indes. Pour l'usage, on le moud en poudre plus ou moins fine. C'est l'épice la plus usitée. La saveur du poivre est âcre, chaude, brûlante et un peu aromatique. Ce que l'on appelle poivre blanc n'est que le poivre ordinaire dépouillé de son enveloppe noirâtre.

Le piment, les feuilles de laurier-sauce, la muscade, sont, comme le poivre, des condiments à la fois âcres et aromatiques.

D'autres sont franchement aromatiques sans âcreté, ce sont : le persil, le cerfeuil, la pimprenelle, le romarin, le serpolet, le thym, l'estragon, l'écorce de citron, la cannelle, le girofle, la vanille.

Dans ces deux dernières catégories, je choisis, pour vous en dire quelques mots, ceux qui nous viennent de pays lointains : la muscade, la cannelle, le girofle et la vanille.

Le muscadier est un arbre originaire des régions les plus chaudes de l'Inde, mais que l'on cultive depuis longtemps aux Antilles et dans quelques parties de l'Amérique du Sud. Il porte des fruits gros comme un abricot. Le noyau contient une amande à peu près ronde, brune, creusée à la surface de sillons irréguliers, on l'appelle noix muscade ou mieux muscade.

Je vous fais passer une de ces amandes. Vous pouvez en râper un peu avec la pointe d'un couteau et vous rendre compte de son goût.

Vous pouvez goûter aussi à ces clous de girofle. Ce sont les boutons peu avancés des fleurs du giroflier, arbuste originaire des îles Moluques, dans l'Océanie, et cultivé aujourd'hui dans les mêmes contrées que le muscadier. Ce fut un intendant de l'île de France (île Maurice, alors possession française), M Poivre, qui dota nos colonies de l'arbrisseau dont le fruit a gardé son nom et qui plus tard y introduisit la culture du giroflier. Vous voyez pourquoi ces boutons ont reçu le nom de clous de girofle : leur forme rappelle celle d'un clou à grosse tête ronde et à pointe mousse : on peut abréger leur nom et dire du girofle.

Goûtez encore un peu de cette cannelle. C'est l'écorce très aromatique d'une espece de laurier qui croît dans l'île de Ceylan et que l'on cultive dans quelques contrées du Nouveau Monde.

La vanille est un condiment fort cher dont on se sert principalement pour parfumer les plats sucrés, les liqueurs, et surtout le chocolat de première qualité. C'est le fruit d'une plante grimpante des parties les plus chaudes de l'Amérique. Il ressemble à un haricot long et mince, à peau fine, ridée, d'un brun jaunâtre L'intérieur de cette gousse est rempli d'une pulpe brune dans laquelle sont logées une grande quantité de toutes petites graines noires. Le parfum de la vanille, délicat et pénétrant, est des plus agréables.

Je tiens, mes amis, à bien préciser vos idées au sujet de l'usage des condiments, assaisonnements, épices, quel que soit le nom que vous donniez aux substances destinées a augmenter le goût et l'arome des aliments, en vue de flatter l'odorat, d'exciter l'appétit et de faciliter la digestion C'est une importante question d'hygiène qui donne lieu à beaucoup de préjugés, d'erreurs que l'on va répétant par routine

L'homme bien portant qui prend un exercice régulier et suffisant, qui fait usage d'aliments variés, peut se passer de tous les condiments, sauf le sel. Il ne devra donc user des autres que de temps en temps, à petite dose.

L'homme sain et dispos a toujours assez d'appétit, pourvu qu'il se livre à des travaux manuels ou les remplace par l'exercice. S'il cherche à surexciter son appétit pour satisfaire non pas un besoin, mais le plaisir de manger, il commet une grave imprudence, car il condamne l'estomac à digérer en pure perte une partie de ce qu'il consomme. Or l'estomac est un excellent serviteur, qui se laisse bien surmener une fois par hasard, mais n'aime pas qu'on en prenne l'habitude. Quand on abuse de lui, il se venge à sa manière, par une indigestion Si on réprime ou prévient l'indigestion par des épices et autres drogues, il cause quelque maladie du foie ou de l'intestin.

Il faut donc réserver pour les cas exceptionnels les assaisonnements énergiques, au nombre desquels nous placerons en première ligne. la moutarde, la ciboule, l'échalotte, l'ail, le poivre, le piment, la muscade, la cannelle, le girofle. Ils pourront être fort utiles quand l'appétit fera défaut par suite de maladie, de faiblesse ou de dégoût des aliments, surtout si ce dé goût provient du manque de variété.

Mais on s'accoutume vite aux sensations de l'odorat et du goût, de sorte que, pour produire chaque fois une excitation équivalente a celle de la veille, il faut augmenter progressivement les doses de stimulants. On se trouve ainsi entraîné à l'abus des assaisonnements. Sans eux, la digestion devient impossible, et employés a haute dose, ils finissent par agir comme des poisons irritants.

Pour éviter ce danger, lorsque des circonstances spéciales rendent utile l'usage d'une petite quantité de condiments énergiques, il faut les varier souvent, afin de laisser l'odorat et le goût oublier, pour ainsi dire, l'impression causée par chacun, et de pouvoir le reprendre, au bout de quelques jours, à très faible dose.

Quand il s'agit d'excitants, de stimulants, de quelque nature que ce soit : épices, cafe, tabac, alcool, l'abstention doit être la règle. Car l'usage conduit à l'habitude et l'habitude dégénère en abus.

QUESTIONNAIRE.

Qu'est ce qu'un condiment ou assaisonnement? — Quelle est leur utilité ? — Nommez l'assaisonnement le plus utile — Quels sont les

assaisonnements que l'on met ordinairement dans la salade ? — Dites
comment on extrait l huile des olives — Qu'appelle t-on huile d'œillette ? — Expliquez que le sucre et l huile sont des aliments en même
temps que des condiments. — Quel goût a le vinaigre? — Que faut-il
dans un liquide pour que le vinaigre puisse s'y former?—Qu'est-ce qui
transforme l'alcool en acide ou vinaigre? — Décrivez un procédé simple de fabriquer le vinaigre. — Comment peut on tirer toujours du vinaigre du même tonneau? — Qu'est ce que la moutarde?—Comment
prépare-t on la moutarde pour la table? — Dites ce que vous savez
sur le poivre — Quel goût a le poivre? — Quels sont les autres
condiments âcres et aromatiques? — Nommez des condiments aromatiques sans âcreté — Parlez nous de la muscade — Parlez nous du
girofle. — Qu'est-ce que la vanille? — Expliquez l utilité des assaison
nements — Quand sont ils inutiles ou dangereux?—Quand sont ils
utiles? — S ils sont utiles, comment faut il en user? — Pourquoi faut
il, en règle générale, s abstenir entièrement d excitants, de stimulants
énergiques ?

LEÇON XXXVIII

LE PAPIER.

Dites-nous, Henri, à quoi sert le papier?

— A écrire, à dessiner, à faire des livres.

Et vous, Louis?

— A imprimer les journaux, les images, les cartes de géographie

Continuez, François

— A tapisser les murs.

Lucien, dites-nous encore d'autres usages du papier.

— Il sert à envelopper toutes sortes de marchandises

Vous voyez, mes amis, c'est une chose très utile. Si nous ne l'avions pas, nous serions fort embarrassés.

Et cependant il n'y a pas longtemps que le papier est commun et d'un usage vulgaire, comme vous le voyez aujourd'hui. Il y a sept ou huit siècles on ne connaissait pas le papier en Europe. Seuls, les Chinois et les Japonais savaient le fabriquer, et, comme les étrangers n'avaient pas le droit de circuler librement dans ces pays, les secrets de leurs industries étaient bien gardes.

Dans ce temps là, on n'avait pas inventé l'imprimerie. Les enfants n'avaient pas, comme vous, de beaux livres, bien faits, bien reliés, ornés de belles images qui expliquent d'elles-mêmes la leçon et vous empêchent de l'oublier. D'ailleurs les écoles étaient rares. Peu de gens savaient lire et écrire. On les appelait des savants !

Les livres s'écrivaient à la main. C'était un long et fastidieux travail. Mais,sans le papier, comment s'y prenait-on? Sur quoi pouvait-on bien écrire?

La nécessité rend ingénieux. Pour écrire il faut une surface plane, lisse, uniforme. Les Egyptiens, qui inventèrent l'écriture, essayèrent d'employer des feuilles de quelques plantes, des écorces minces et souples.

A force de chercher et d'essayer, on trouva ce qu'il fallait. Sur les bords marécageux du Nil croît en abondance une plante qui ressemble à un roseau. Sa tige droite et lisse est terminée par un bouquet de feuilles minces qui lui donnent l'aspect d'un plumeau. Si l'on coupe un tronçon de la tige, et qu'on enlève l'écorce verte et dure qui la protège, on trouve au dessous une autre sorte d'écorce presque blanche, tendre, formée de fibres délicates. Cette écorce intérieure est disposée en couches superposées que l'on peut aisément séparer. Séchée et pressée, elle prend l'apparence d'un tissu, ou plutôt d'un feutre très fin.

Un homme adroit et ingénieux imagina de faire avec ces minces bandes de feutre végétal une sorte de toile sur laquelle on pourrait écrire. Il posa à plat sur une table un certain nombre de bandelettes bien serrées les unes près des autres, passa dessus une couche de colle, puis, pour les maintenir, il plaça d'autres bandelett s en travers. A mesure que les bandelettes séchaient, il les dressait, les lissait si bien, qu'à la fin il obtint une feuille mince, légère, blanche, et assez forte pour que l'on pût y tracer des caractères au moyen d'un pinceau ou d'un roseau taillé en plume.

L'invention fut accueillie avec enthousiasme. On se mit à fabriquer en grand ces belles feuilles, on les nomma *papyrus* comme la plante d'ou elles provenaient, et vous voyez, le nom s'est conservé jusqu'à nous,qui avons seulement changé le mot papyrus en *papier*.

Le papier de papyrus est très délicat, facile à déchirer, à casser. En plusieurs pays, notamment dans le nôtre, on le remplaça par des peaux de jeunes animaux, principalement de mouton et de chèvre, réduites en feuilles minces,en retranchant un peu de leur épaisseur du côté de la chair, puis poncées et polies : c'est ce qu'on appelle *parchemin*. Nos plus unciens livres furent écrits sur parchemin. Longtemps après l'invention du papier dont nous nous servons aujourd'hui, on continua d'employer le parchemin pour la rédaction des *actes* et autres pièces importantes. Le parchemin, en effet, bien plus fort que le papier, a plus de chances de résister à toutes les causes de detérioration. Aujourd'hui encore, on l'emploie quelquefois pour écrire des documents importants auxquels on désire assurer une durée indéfinie.

Mais arrivons au papier ordinaire, au vrai papier.

Les Chinois et les Japonais ne purent pas toujours cacher leur secret de fabrication. Il se glissa chez eux quelques individus curieux et entreprenants qui racontèrent comment on faisait du papier, avec des fibres de bambous, d'écorce de mûrier et d'autres plantes réduites d'abord en une sorte d'étoupe très fine, puis pilées, broyées avec de l'eau jusqu'à former une pâte que l'on étendait en couches minces ; la pâte séchée, lissée, devenait une sorte d'étoffe, de feutre végétal.

Vous savez ce que c'est que l'étoffe appelée feutre. Pour la fabriquer, on carde de la laine, des poils, de façon à former une nappe, qui ressemble aux nappes de ouate. Puis on presse, on pile, on foule cette nappe de fibres animales qui se mêlent, s'enroulent, s'enchevêtrent, se rapprochent, si bien qu'au bout de quelque temps elles constituent une étoffe, un feutre, dont on fait des tapis, des chapeaux, etc. Le papier est une sorte de feutre composé de fibres végétales. Dechirez lentement un morceau de papier épais, de papier d'emballage par exemple, et vous verrez très bien les fibres se séparer.

Lorsqu'on sut que les Chinois fabriquaient leur papier avec une étoupe fine, broyée et reduite en pâte, on pensa tout naturellement à employer cette sorte d'étoupe naturelle, le coton, tel que l'offre la plante. Avec de la ouate on fit en effet du papier meilleur que le papyrus; ce fut le premier vrai papier dont on se servit dans notre pays.

Mais le coton importé de l'Orient était rare, le papier coûtait cher. Alors on imagina d'employer pour le fabriquer, non plus des fibres *neuves*, mais des fibres déjà utilisées sous forme de tissus. Les fibres neuves coûtaient cher, les tissus vieux, usés, les *chiffons*, n'avaient aucune valeur, la matière première du papier ne coûterait que la peine de la ramasser au coin des rues, le chiffonnier serait le pourvoyeur des fabriques de papier.

Ainsi fut fait. Dès lors l'industrie du papier fut réellement fondée. Elle donna tout d'abord des produits assez satisfaisants. Plus tard, elle atteignit toute la perfection desirable ; mais le travail s'exécutant a la main, on ne pouvait encore produire ni très vite ni à bon marché. Aujourd hui rien de plus facile.

On fabrique le papier à la main ou à la machine Le travail à la main, long et coûteux, est réservé à des papiers speciaux, comme le papier *a lavis* sur lequel on peint avec des couleurs à l'eau.

Que le papier doive être fait à la main o i à la machine, la préparation de la pâte est la même. Voyons donc d abord en quoi elle consiste.

Vous savez ce que deviennent les vieux chiffons, débris de linge, de vêtements ; des marchands ambulants vont les acheter aux bonnes ménagères qui les mettent soigneusement de côté. Mais beaucoup sont jetes aux ordures, avec les débris de toutes sortes qui constituent les balayures d'une maison. Le chiffonnier, un pauvre diable, secoue les vieilles loques avec son crochet et les met dans sa hotte Quand elle est pleine, il rentre au logis, fait sécher sa récolte, la trie, la nettoie un peu et va la vendre au marchand de chiffons. Lui, est un personnage, un negociant ; sa marchandise n'est pas belle, elle sent mauvais, mais il devient riche a la vendre aux fabricants de papier et d'étoffes Les chiffons de laine et de soie sont effilo ches, cardes, mêles a d autres fibres neuves pour faire des étoffes a bon marche , les autres sont transformes en papier

Le premier travail consiste a trier les chiffons blancs et co lores, a rogner les ourlets, les coutures, detacher les boutons, les agrafes, diviser les morceaux trop grands

Apres ce *découpage* on met les chiffons avec de l eau, de la chaux et de la soude dans un *lessiveur* qui consiste en une sorte de tonneau en fer qu'une machine fait tourner autour de son axe. On chauffe le lessiveur en y faisant arriver de la vapeur d'eau. L'eau chaude, la chaux et la soude nettoient a fond, ramollissent et désagrègent les chiffons ; on ouvre le lessiveur et il en sort une masse pâteuse de couleur noirâtre. On la verse dans un appareil muni de lames tournant rapidement. Ces lames déchirent, effilent, émiettent les chiffons et les réduisent en *pulpe*, c'est-à-dire en pâte formée de fibres détachées et assez courtes. Pendant ce travail, on fait arriver dans la pâte un courant d'eau qui entraîne les impuretés. Ces fibres sont retenues par un grillage ; l'eau sans cesse renouvelée finit par sortir claire, ce qui prouve que la pâte est propre. Mais elle conserve une couleur grise. Il faut la blanchir.

Il y a une substance qui possède la propriété de détruire la couleur des teintures, de blanchir la laine, les tissus, les fibres végétales ; c'est une espèce de *sel* nommé par les chimistes *hypochlorite de soude*, mais que les ouvriers appellent par abréviation *chlorure*.

Dissous dans l'eau, le chlorure forme une sorte de lessive qui décolore les fibres de la pâte. Celle-ci est violemment battue dans cette lessive, d'où elle sort blanche et fine, mais pas assez fine cependant pour en faire du papier mince.

On lave à grande eau la pâte blanchie afin d'enlever tout le chlorure, puis on la broie dans une seconde machine à lames. Bientôt les fibres sont si bien séparées qu'elles forment de legers flocons dans l'eau. Tout est prêt pour la fabrication proprement dite du papier.

Supposons qu'on veuille faire du papier à la main, comme autrefois.

L'ouvrier prend un cadre peu épais au-dessous duquel est fixée une toile métallique ou treillis en fils de cuivre très fins, en un mot une sorte de tamis de forme rectangulaire. Auprès de lui est une cuve pleine de pâte à papier très liquide. Il puise une certaine quantité de pâte dans son tamis, l'agite par petites secousses pour l'étendre sur le fond en couche mince et le retire en le tenant bien horizontal, l'eau de la pâte s'écoule à travers la toile métallique, mais la pâte fibreuse reste dessus. Un second ouvrier prend le tamis, qu'on appelle *forme*, et par un mouvement adroit le retourne vivement sur un morceau de feutre blanc. La couche de pâte se détache d'un coup et tombe sur le feutre, on la recouvre d'un feutre de même taille. Sur celui-ci on dépose la couche de pâte d'une autre forme, on la couvre d'un feutre, et ainsi de suite jusqu'à ce qu'on ait une pile assez haute

On presse alors la pile de feutres et de couches de pâte. L'eau s'écoule, la pâte s'amincit, prend de la consistance, et avec un peu d'habitude, on peut enlever à la main chaque couche sous forme de feuille humide et très fragile On empile ces feuilles et on les presse de nouveau, ce qui les rend fermes et lisses, on les sèche : c'est du papier. Mais si vous essayez d'écrire sur ce papier, l'encre s'étale sous la plume, c'est du papier *buvard*.

Pour que le papier puisse recevoir l'écriture, il faut l'imbiber, l'imprégner d'un peu de *colle de pâte*, ou mieux d'une sorte de *colle forte* faite avec de la *gélatine*, comme la colle forte des menuisiers. Cette colle unit les fibres, bouche les intervalles du feutre qu'elles forment, de sorte que l'encre ne peut plus s'infiltrer dans les *pores* du papier et s'étaler sous forme de taches irrégulières.

Pour *coller* le papier, l'ouvrier plonge les feuilles dans une solution très claire de gélatine ou dans une colle de pâte très fluide, les laisse égoutter, et les presse une dernière fois, et enfin les fait sécher en les étendant sur des cordes tendues à l'air libre.

Le papier fabriqué d'après ce procédé ancien s'appelle *papier à la forme* ou *à la feuille*. Aujourd'hui tous les papiers ordinaires, ceux dont on fait les livres, les cahiers, se fabriquent à l'aide d'une machine qui produit, non pas des feuilles séparées, mais une longue bande, semblable a une pièce d'étoffe, que l'on decoupe ensuite en feuilles de différentes dimensions.

Pour bien comprendre la manière dont fonctionne une *machine a papier*, il faut visiter une fabrique. Cependant, si vous avez bien compris comment on fait le papier à la forme, vous pouvez vous imaginer à peu près comment on peut, au lieu d'une feuille, en faire une longue bande, un gros rouleau.

Figurez vous une toile métallique tendue bien raide, bien horizontale sur deux rouleaux. L'un de ces rouleaux tourne et entraîne la toile qui fait tourner le second rouleau, mais les deux bouts de la toile sont cousus, ils se rejoignent au dessous des rouleaux, de sorte que l'on a ce qu'on appelle une *toile sans fin*; elle se déroule continuellement, passant et repassant en dessus et en dessous des rouleaux. Cette toile qui marche toujours représente le tamis en toile métallique de l'ouvrier qui travaille à la forme. La pâte à papier liquide, versée par un robinet dans une auge, s'écoule régulièrement de cette auge, en nappe, comme l'eau qui déborde d'un bassin. Cette nappe liquide tombe sur la toile en mouvement et la recouvre au fur et à mesure qu'elle avance. L'eau s'écoule, la pâte forme une couche unie de fibres entrelacées, comme celle qui reste sur la forme de l'ouvrier.

Nous avons donc une longue plaque de pâte qui chemine du premier rouleau vers le second. Là elle est forcée de passer, avec la toile sans fin sous un cylindre de feutre qui la presse, la sèche, en fait du papier semblable à celui qui sort de dessous les piles de feutres pressés. L'extrémité de cette bande de papier humide et lâche est engagée entre des cylindres qui la pressent de nouveau pour l'amincir et lui donner de la force, puis elle passe sur une file de cylindres en fer chauffés ou elle se dessèche complètement; enfin elle est comprimée, écrasée entre deux cylindres polis qui lui donnent une surface lisse. En sortant de ces derniers cylindres, elle s'enroule sur une sorte de dévidoir ou elle forme un rouleau.

Si l'on veut fabriquer du papier collé, on mélange simplement à la pâte la *colle* nécessaire. On emploie d'ordinaire, au lieu de colle, une sorte de savon préparé avec de la soude, de la lessive et de l'alun.

Le papier en rouleaux est coupé en feuilles, vingt cinq feuilles superposées et pliées en deux forment ce qu'on appelle une *main*; vingt cahiers d'une main font une *rame*.

Toutes les substances végétales que l'on peut réduire en fibres très fines peuvent servir à fabriquer du papier dont la qualité dépend de la finesse et de la souplesse des fibres. Ainsi on emploie le bois blanc, la paille, le foin, les roseaux, les écorces, l'*alfa*, herbe très commune en Algérie, ou elle forme des prairies immenses. On a construit des chemins de fer spécialement destinés au transport de cette plante précieuse.

Le vieux papier nettoyé, broyé et mêlé à des fibres neuves,

sert à fabriquer du papier de seconde qualité ou du carton
Certains cartons communs sont faits avec des pâtes très grossières On fabrique le carton au moyen de machines semblables
à celles qui servent pour le papier.

QUESTIONNAIRE.

A quoi sert le papier ? — Comment les anciens Égyptiens faisaient-
ils le *Papyrus* ? — D'où vient le mot papier ? — Qu'est ce que le par
chemin ? — Quelles sont les qualités du parchemin ? — Quelle res sem
blance y a t il entre le feutre et papier ? — Avec quoi fait on géné
ralement le papier ? — Que deviennent les vieux chiffons ? — Comment
prépare t on les chiffons dans les fabriques de papier ? — Comment se
fait le nettoyage des chiffons ? — Dites comment on change les chif
fons en pulpe, en pâte à papier. — Comment se blanchit la pâte ? —
Décrivez, comme vous le comprenez, le travail d'un ouvrier qui fait du
papier à la main — Qu'est ce que le papier buvard ? — Qu faut il
our que le papier reçoive bien l'écriture ? — Comment se colle le
papier ? — Expliquez comment on peut fabriquer du papier en longues
bandes, en rouleaux — Comment se fait le collage du papier mé ani
que ? — Combien y a t il de feuilles de papier dans une main et dans
une rame ? — Nommez des substances végétales dont on peut faire du
papier. — A quoi sert le vieux papier ? — Qu'est ce que le carton ?

LEÇON XXXIX

HISTOIRE D'UN LIVRE.

Mes amis, nous vivons dans un temps ou tous les enfants apprennent à lire. Il n'en était pas ainsi autrefois. L'instruction même élémentaire était réservée aux gens riches ou au moins aisés. Celui qui savait lire et écrire passait presque pour savant. Et cependant, vous comprenez bien que savoir lire et écrire ce n'est pas autre chose que de savoir se servir de deux outils : la plume, le livre. En se servant de ces deux outils, on peut devenir savant, cela n'est pas donné à tout le monde, mais, sans aller si loin, on peut apprendre les éléments des connaissances les plus utiles, on peut s'instruire comme on le fait à l'école.

Aujourd'hui, celui qui n'a pas fréquenté l'école est considéré, à bon droit, comme un ignorant, et comme chacun peut aller à l'école, comme il suffit d'un peu de bonne volonté pour apprendre ce qu'on y enseigne, le mot ignorant devient à peu près synonyme de paresseux.

En outre, vous savez bien que pour exercer une profession, pour devenir par exemple un bon cultivateur, il faut apprendre une foule de choses, sous peine de travailler de routine, et de se trouver inférieur aux autres. Être inférieur, c'est être moins utile, l'ignorant ne peut pas rendre les mêmes services à lui-même et aux autres que celui qui a reçu un peu d'instruction. Aussi le mot ignorant, qui bien souvent signifie paresseux, veut dire aussi inutile.

Vous, mes enfants, **vous** ne voulez être, ni des paresseux ni des inutiles, vous voulez profiter de l'école, vous instruire. Pour cela vous avez deux choses principales : la parole de votre maître et les livres : les livres, ou la parole se trouve emmagasinée d'une si ingénieuse façon qu'au bout de cent ans, de mille ans, on la retrouve complète, vivante. Les leçons orales s'oublient. Les livres sont là pour les rappeler. Chaque jour, à toute heure, on peut les consulter, ils vous parlent, vous instruisent, vous font des récits, vous content des histoires. Un livre, quelle belle chose ! quel précieux outil ! l'outil du savoir !

Grâce au livre chacun peut apprendre seul une foule de choses, à son heure, dans les champs C'est un compagnon toujours prêt, point capricieux, un causeur qui ne parle qu'à propos.

Autrefois, mes amis, les livres étaient rares, ils coûtaient fort cher. On les écrivait sur des feuilles de parchemin Des *copistes* passaient leur vie à ce métier monotone S'il y avait un livre dans une école riche, c'était pour le maître Les élèves n'y pouvaient toucher. Il fallait retenir toutes les leçons L'outil manquant pour s'instruire, l'instruction demeurait un privilège réservé aux riches, à ceux qui pouvaient acheter quelques livres.

Cependant on comprenait combien l'ignorance retarde le progrès. Le peuple se sentait malheureux de ne rien savoir, de ne rien pouvoir. On aurait voulu multiplier les livres, les reproduire à bon marché pour que chacun pût acheter au moins les plus indispensables

Il y avait alors à Mayence un homme assez pauvre, mais qui, à force de courage et de patience, avait acquis un peu d'instruction : il s'appelait Gutenberg. Il se mêla de politique, se trouva compromis, inquiété, si bien qu'il alla s'établir à Strasbourg. Comme bien d'autres, il pensait souvent aux moyens que l'on pourrait employer pour produire des livres à bon marché. Il faudrait, disait-il, faire plusieurs copies à la fois, ou bien avec une copie en reproduire plusieurs, ou mieux encore copier sans plume, écrire avec une machine qui donnerait autant de copies que l'on voudrait.

On vendait alors de grossières images que l'on obtenait en pressant sur une feuille de papier ou de parchemin une sorte de *cachet* en bois représentant le dessin en relief. Pour faire le cachet, on sculptait le bois, creusant toute la surface, autour des lignes du dessin. Ces lignes se trouvaient donc plus hautes que le reste du bois, c'est à-dire *en relief*. On passait dessus un tampon imprégné d'une encre grasse qui s'attachait aux lignes saillantes, et quand on pressait la plaque de bois sur une feuille de papier, l'encre s'attachait à sa surface et y reproduisait le dessin. De cette façon, quand on avait *gravé sur bois* le dessin en relief d'une image, on pouvait le répéter autant de fois que l'on voulait. C'est par ce procédé d'*impression* sur papier que l'on fabriquait alors les images, les *gravures*.

Gutenberg s'informa soigneusement des procédés employés par les *imagiers*. Il remarqua que le titre des images était, comme le dessin, gravé dans le bois. Les lettres se trouvaient en relief, comme les lignes du dessin, et s'imprimaient en même temps que lui.

Pour imprimer une page de livre, il suffisait donc de sculpter, de graver de la même façon, non pas une ligne de titre, mais toutes les lignes de la page, sur une plaque de bois dur. Gutenberg essaya et réussit Comme les imagiers, il se servit d'une petite presse à vis (disposée comme les pressoirs à vin et à cidre) pour bien serrer la plaque de bois gravé sur le papier destiné à en reproduire les reliefs sous forme de lettres semblables à celles des manuscrits

Ce fut ainsi que Gutenberg imprima son premier livre un abrégé de grammaire pour les écoles

Mais pour un livre de cent pages, il fallait cent plaques de bois. Chaque plaque, en buis, formée de morceaux ajustés avec soin, coutait cher. Il fallait, en outre, écrire dessus, *à l'envers*, les lettres de chaque mot, de chaque ligne Enfin, avec des outils très tranchants, on creusait autour de chaque lettre, qui restait seule en relief. Quel long et difficile travail!

Tout en imprimant son abrégé de grammaire, Gutenberg cherchait un moyen plus simple d'arriver au même résultat

Il fit alors ce raisonnement. Au lieu de tailler dans le bois chaque lettre le chaque mot, si je rangeais en lignes des lettres taillées à part dans de petits morceaux de bois, je pourrais après l'impression d'une page, répétée cent fois, mille fois, employer de nouveau ces lettres détachées, *mobiles*, pour *composer* d'autres mots, d'autres lignes, d'autres pages. Avec un petit nombre de lettres gravées, je travaillerais indéfiniment, je reproduirais les livres avec une rapidité merveilleuse, tout le monde pourrait en acheter à bon marché, s'instruire, se distraire, s'améliorer. Quel progrès! quel beau rêve!

Il se mit aussitôt à l'œuvre. Le bois n'était pas assez fort pour qu'on en fît de petites lettres mobiles. Le fer était trop dur, le plomb trop mou, mais des *alliages* de divers métaux pourraient convenir.

Pendant qu'il poursuivait ses expériences de gravure, il lui vint une autre idée. Au lieu de graver en relief chaque lettre sur un morceau de métal, pourquoi ne pas en graver *une seule* de chaque espèce, en creux, dans un petit bloc d'acier, puis y couler du métal fondu qui la reproduisait en relief? un seul moule suffirait pour fabriquer mille lettres pareilles. Dès lors les lettres mobiles ne coûteraient presque rien. Il essaya et réussit complètement.

Gutenberg était pauvre, exilé, ces expériences avaient épuisé ses ressources. Il s'associa à deux hommes riches et intelligents qui lui aidèrent à perfectionner son invention, et bientôt ils imprimèrent en caractères mobiles fondus des livres qui ressemblaient absolument à ceux copiés à la main.

Ainsi fut réalisée la plus grande, la plus utile découverte depuis l'invention de l'écriture, celle qui, en détruisant l'ignorance, est devenue la source de tous les progrès.

Louis, voici une pièce de monnaie toute neuve et un peu de cire molle. Placez la cire sur la table, et pressez dessus la pièce de monnaie de manière à l'y enfoncer un peu.

Bien. Retirez maintenant la pièce, au moyen de la pointe d'un couteau. Regardez l'empreinte qu'elle a laissée dans la cire.

De quel côté regarde la tête?

— Elle regarde à gauche.

Et sur la monnaie, de quel côté est-elle tournée?

— Elle est tournée à droite.

Voyez maintenant les lettres. Pouvez vous les lire?

— Elles sont tournées à rebours.

Oui, comme la tête.

Cela vous montre qu'une empreinte, une impression de dessin, de lettres, represente ce dessin, ces lettres à l'envers.

Supposez que vous veuilliez faire l'empreinte ou l'impression d'une tête de profil, de telle sorte qu'elle regarde à gauche. Puisque l'impression doit la représenter à l'envers du cachet ou de la gravure, vous dessinerez la tête sur ce cachet, cette gravure, dans le sens opposé, c'est-à-dire regardant à droite, et l'impression vous la donnera retournée.

Au lieu d'une tête, s'il s'agit d'une lettre, on fera la même chose.

Supposez que je veuille faire un cachet qui imprime la lettre R, il faudra que je grave dessus, en relief, un R à l'envers (Я). Je presserai le cachet sur un tampon imprégné d'encre grisse, je l'appuierai sur le papier et j'imprimerai ainsi la lettre R du bon côté, tandis que si je l'avais gravée du bon côté, je l'imprimerais à rebours : Я.

Vous comprenez donc, mes amis, que pour imprimer des *caractères* ou lettres mobiles, qui aient la direction voulue, il faut que ces lettres représentent le dessin à l'envers.

On appelle quelquefois les lettres d'imprimerie des *types*, et comme l'imprimeur remplace l'écriture en reproduisant ces types sur le papier, on donne scientifiquement a l'imprimerie le nom de *typographie*, c'est-à-dire écriture au moyen de types, de lettres mobiles, et l'on appelle typographe celui qui écrit ainsi au moyen de types.

Les lettres ou types sont fondues dans des moules en acier gravé. Le métal dont on se sert est un alliage d'antimoine et de plomb. L'antimoine est un métal grisâtre assez semblable au plomb, mais qui fond plus facilement. Il n'est pas bien dur, toutefois l'alliage des deux métaux l'est assez pour l'usage auquel on les destine. Quand les lettres sont usées par un long service, on les refond, de sorte que les caractères ne coûtent pas bien cher.

Voyons comment, avec ces lettres mobiles, on peut imprimer une page de livre.

Les lettres sont réparties dans une boîte plate à casiers nommé *casse* (d'un mot latin qui veut dire caisse). Un ouvrier va s'en servir pour composer une page, *composer*, c'est à dire poser ensemble, réunir, assembler : aussi l'ouvrier s'appelle *compositeur.*

Prenant dans la main gauche un *composteur* en fer, sorte de règle plate munie d'un rebord, il range dessus les lettres d'un mot, place un petit morceau de métal sans lettre pour faire un espace libre, puis range les lettres du mot suivant, et ainsi de suite. Sa règle est limitée à chaque bout par des plaques dont l'une est mobile, de sorte qu'il peut aligner le nombre de lettres qu'il veut pour faire une ligne, mais ensuite chaque ligne a la même longueur.

Quand il y a sept ou huit lignes sur la règle, il enlève adroitement le petit paquet de caractères et le porte sur une planche munie d'un rebord, il continue jusqu'à ce que la planche contienne le nombre de lignes nécessaire pour faire une page de livre, une *page* d'impression.

Le compositeur prépare ainsi un nombre de pages proportionné à la grandeur du papier sur lequel on veut imprimer. Il les range dans un cadre en fer, puis les serre au moyen de règles et de coins de bois pour que les lettres ne puissent pas se déranger. Bien entendu, on place entre chaque page des morceaux de bois ou de métal plus bas que les lettres pour former les marges.

La forme étant prête, on la place sous la presse, l'imprimeur passe dessus un rouleau enduit d'encre d'imprimerie, faite d'huile de lin cuite avec de la litharge, et rendue noire par du noir de fumée. La presse porte un cadre en fer dans lequel il ajuste une feuille de papier collé ou non collé, un peu humide. Il rabat le cadre qui porte le papier sur la forme *encrée,* et la pousse sous la plate forme de la presse. Tournant alors la vis, il comprime un instant contre la forme le papier qu'il retire aussitôt de dessous la presse, il enlève le cadre, en détache la feuille imprimée et recommence à tirer des exemplaires de la même forme, mille fois, dix mille fois de suite, suivant le nombre d'exemplaires que l'on veut obtenir.

Vous voyez, mes amis, que le seul travail long et minutieux est la composition, c'est à dire le rangement des lettres. L'impression ou le tirage, comme l'on dit, marche vite. Mais à mesure qu'on apprécie la valeur des livres, des journaux, chacun veut en lire, en acheter, et comme les petites bourses sont en majorité, il faut vendre les livres bon marché pour les rendre accessibles à tous, populaires comme l'on dit, pour vulgariser le trésor du savoir, dont chacun veut sa part.

Pour cela, on a imaginé des presses mécaniques Quand la forme est en place, tout le travail se fait seul. Il suffit qu'un ouvrier présente les feuilles blanches et les retire imprimées.

Quand on a tiré le nombre d'exemplaires voulu, on lave la forme et l'on *distribue de nouveau* les lettres dans la casse où elles seront reprises pour composer d'autres pages.

Quelquefois, avant de distribuer ainsi les lettres, on prend l'empreinte de chaque page, avec du plâtre ou autrement; on coule dans cette empreinte du métal à caractères et l'on a ainsi une copie parfaite de la page prête à être imprimée. On conserve ces plaques nommées *clichés*, et quand tous les exemplaires d'un livre sont vendus, si on veut en imprimer d'autres, au lieu de composer de nouveau chaque page on imprime sur les clichés.

Quand toutes les feuilles d'un livre sont imprimées, on les plie en cahiers et on les coud ensemble. La couverture est imprimée à part On enduit de colle de pâte le dos des cahiers, on applique dessus la couverture, et le volume est terminé.

Cette façon d'attacher et de maintenir les feuilles d'un livre s'appelle *brochage*. Quand un livre broché a été lu plusieurs fois, surtout si on le traite un peu sans façon, les fils se relâchent, les cahiers se séparent. Pour éviter cela, on a imaginé de *relier* les livres, pour les rendre plus solides, plus durables. En outre, comme la couverture de papier est remplacée, dans la reliure, par des feuilles de carton recouvertes de papier, de toile, de cuir, on peut donner à ces couvertures un aspect plus agréable ou plus élégant au moyen de *gaufrures* en relief.

Voici, en deux mots, en quoi consiste le travail du relieur.

Il met en presse les cahiers pour les serrer et former une masse compacte. Ensuite il les comprime entre les mâchoires d'un étau de bois, et, le dos des cahiers dépassant un peu, il y creuse à la scie quatre ou cinq rainures peu profondes Ces rainures servent de guide, de point de repère à la *couseuse*. Celle ci se sert d'une sorte de métier à tapisserie sur lequel elle tend autant de ficelles qu'il y a de rainures au dos des cahiers, et les fait entrer dans ces rainures. Elle coud alors chaque cahier de manière que les fils fassent un tour sur chaque ficelle. Les bouts libres des ficelles sont ensuite engagés dans la couverture.

Le livre étant cousu, on le resserre, puis on forme la *tranche* en rognant les feuillets au moyen d'une machine ou d'une sorte de rabot. On colle alors dessus les cartons des *côtés* ou *plats*. On couvre ces cartons et le dos avec un papier, une toile gaufrée, du maroquin, et puis on le termine avec plus ou moins de soin et de luxe selon sa destination et son prix.

Voilà, mes amis, comment se fait un livre. On vous a dit quelquefois, travaillez, apprenez, savoir c'est pouvoir, c'est se rendre utile, c'est le moyen de bien remplir son rôle sur la terre : savoir est un trésor inestimable. Eh bien, mes enfants, le livre, c'est la clef de ce trésor.

QUESTIONNAIRE.

A quoi servent les livres ? — Comment faisait-on les livres avant l'invention de l'imprimerie ? — Qui inventa l'imprimerie ? — Dites ce que vous savez sur Gutenberg. — Comment Gutenberg fit-il ses premiers livres ? — Quels étaient les inconvénients des plaques de bois gravées ? — En quoi les plaques de bois gravées pouvaient-elles faire concurrence aux copistes de livres ? — Qu'appelle-t-on caractères mobiles ? — Quel est le mérite de l'invention des caractères mobiles ? — Comment obtint-on des caractères fondus ? — Pourquoi les caractères doivent-ils représenter le dessin des lettres à l'envers ? — D'où vient le mot *typographie* ? — De quoi se compose le métal à caractères d'imprimerie ? — Dites comment vous comprenez la composition d'une page de livre. — *Expliquez comment on dispose les pages pour le tirage.* — Décrivez le tirage d'une feuille d'impression. — Que fait-on du caractère après le tirage ? — *Dites comment on fait un cliché.* — En quoi consiste le brochage d'un livre ? — Expliquez brièvement le travail du relieur.

LEÇON XL

LES OUTILS DE L'ÉCOLIER.

Vous savez, mes amis, que chaque métier a ses outils Les écoliers ont les leurs. Or, tout bon ouvrier doit savoir non seulement à quoi servent les outils de son métier, mais aussi comment on les fabrique Il leur porte plus d'intérêt à mesure qu'il les connaît mieux, il les emploie avec plus de plaisir.

Jean, dites-nous quels sont les outils de l'écolier.

— Les livres, le papier, la plume, 'encre.

Bien. Louis va continuer.

— Le crayon, la règle.

Et vous, Ernest?

— La gomme à effacer.

Lucien, en connaissez-vous d'autres?

— La craie, la boîte de couleurs et les pinceaux.

Voilà votre outillage au grand complet Vous connaissez déjà le papier et le livre. Occupons-nous du reste.

François va nous dire avec quoi écrivait son père dans sa jeunesse

— Avec des plumes d'oie.

Oui, mon ami, la plume dont vous vous servez est d'invention toute récente, ou du moins son usage ordinaire ne date guère que d'une cinquantaine d'années. Nos pères se servaient de plumes arrachées au bout de l'aile des oies et séchées convenablement. Au moyen d'un canif, on les taillait de façon à leur façonner un *bec* à peu près de même forme que celui des plumes actuelles.

Aujourd'hui on n'emploie presque plus les plumes d'oie, si

ce n'est pour dessiner, et encore on leur préfère, pour cet usage, celles de (corbeau),qui sont plus fines et plus dures.

Tout en mettant de côté les plumes d'oie, on a conservé le nom de plume à l'instrument qui les remplace, ou plutôt à cette imitation d'un bec de plume d'oie que l'on fixe à un porte-plume.

Lucien, en quoi sont nos plumes ordinaires?

— En fer.

Qu'en pensez-vous, Louis?

— Elles sont en acier.

François, dites nous quelle différence il y a entre le fer et l'acier.

— L'acier est du fer qui contient un peu de charbon.

Et quelles sont ses propriétés spéciales?

— Il est plus dur que le fer et on peut le rendre élastique par la trempe.

En quoi consiste la trempe?

— La trempe consiste à refroidir rapidement de l'acier chauffé au rouge.

Je vois avec plaisir que vous avez retenu notre causerie sur le fer.

Les plumes que nous employons sont en acier. Si on les faisait en fer, elles plieraient au moindre effort et ne reprendraient pas d'elles-mêmes leur forme. Celles d'acier, au contraire, sont souples, élastiques, elle fléchissent un peu quand on appuie sur la pointe, et se redressent aussitôt après.

Pour faire une plume, il faut douze ouvriers. Chacun accomplit toujours, comme une machine, le même genre de travail, et acquiert ainsi une habileté extraordinaire. Un ouvrier ne pourrait pas achever une plume en douze minutes. Mais douze ouvriers travaillant une minute peuvent en produire 100.

Je vais vous résumer ce travail pour vous en donner une idée. Dans une lame mince d'acier on decoupe un morceau qui représente la plume aplatie Cela se fait au moyen d'un *emporte-pièce* mis en mouvement par une machine. Un ouvrier en découpe 400 *grosses* par jour. Une grosse est composée de 12 douzaines Par conséquent un ouvrier découpe, en douze heures. 57,600 plumes.

Le morceau d'acier découpé passe sous un *mouton* ou sous une presse analogue à celles dont on se sert pour frapper les monnaies et les médailles Là il reçoit la marque du fabricant avec ou sans enjolivements en creux et en relief.

Au moyen d'une presse du même genre on perce la plume encore plate, puis on lui donne sa forme courbe Alors on la chauffe au rouge cerise dans une boîte de fer, et on la plonge dans de l huile pour la *tremper*. Mais ainsi trempée elle est dure, cassante On l'*adoucit* par le *recuit*, qui consiste à la chauffer un peu dans une sorte de grilloir a cafe.

Ces operations ont sali et oxydé l'acier.

Pour nettoyer les plumes, on les met avec du sable dans un baril hérissé de pointes a l intérieur. Le baril tourne rapidement et en quelques instants le metal est net et brillant.

On procede alors à l *ajustage* de la pointe sur une meule en cuir couverte d emeri, qui tourne tres rapidement

Quand la plume est aiguisée on la met en couleur pour la preserver de la rouille. Le meilleur procede consiste a les *étamer* en les plongeant dans une solution d'etain

La plume semble terminée, mais elle n'est pas fendue on l a seulement percée d'un trou vers le milieu. La fente s'obtient au moyen d'une presse armee d une lame tranchante La moitié de la plume etant appuyee sur une petite enclume, la lame s'abaisse vivement et divise d'un coup la pointe jusqu'au trou destiné à limiter la fente

Enfin la plume reçoit une légere couche de vernis pour lui donner meilleur aspect. Mais il vaudrait mieux supprimer cet enjolivement, qui empêche l'encre d'adhérer aux plumes neuves si l'on n'a pas soin de les frotter un peu avant de s'en servir.

Disons maintenant quelques mots du porte-plume Il comprend d ordinaire deux parties, le porte-plume proprement dit et le manche. Celui ci consiste en une baguette de bois, d'os, d ivoire, etc Les bois ordinairement employés sont le tilleul, le bouleau, l'aune, le mensier, le cèdre, le palissandre.

Les planches sont d'abord decoupées a la scie mecanique en baguettes que l'on arrondit en les faisant passer dans un tube muni à l intérieur de lames qui tournent rapidement et donnent aux baguettes une forme parfaitement cylindrique. La partie métallique, le vrai porte plume, est découpé dans une plaque de fer, d'acier ou de laiton, par des procédés analogues a ceux qui servent a faire les plumes

Quant au porte plume de poche dans lequel la plume se trouve protégée par un tube métallique, on l'obtient par le procédé appelé *emboutissage*.

On prend un disque de metal bien recuit, bien mou, et au moyen d un piston mû par une machine, on le force à s'enfoncer dans une serie de cavités de plus en plus petites. Le métal se moule sur chaque cavité jusqu'a former un tube parfait.

Vous avez peut être remarqué sur de jeunes rameaux de chêne de petites excroissances vertes Ce sont des *galles* produites par la piqûre d une mouche Ces excroissances ou galles contiennent beaucoup de tannin comme l écorce du chêne Il y a, en Asie, des chênes dont les excroissances sont rondes, dures, très riches en tannin et que l on appelle *noix de galle*. On en fait une grande consommation pour fabriquer l encre noire, la meilleure de toutes

Quand le tannin dissous dans de l'eau se trouve en présence d'une substance soluble qui contient du fer, il forme avec le fer un composé d'un bleu foncé qui devient noir au contact de l'air Cette observation a fait decouvrir la recette pour faire de l'encre.

On fait bouillir dans de l eau des noix de galle broyees, on ajoute a l'eau de la *couperose vert* (sulfate de fer) et un peu de gomme Le liquide filtré ou tiré au clair est l'encre noire.

André, dites-nous quels genres de crayons vous connaissez.

— Les crayons noirs à dessiner et les crayons ordinaires à la mine de plomb.

Qu'est ce que vous appelez mine de plomb ?

— Je pense que c'est du plomb tel qu il sort de la mine.

C'est, en effet, l idée ordinaire que l'on s'en fait, d'autant plus que le plomb pur, frotté sur le papier, y laisse une marque grise.

Mais cette marque du plomb est presque imperceptible, surtout sur du papier lisse, glacé La marque du crayon est beaucoup plus foncée.

Eh bien, mes amis, il n'y a pas de plomb du tout dans vos crayons, mais du charbon uni à un peu de fer. Et comme ce charbon est doux au toucher, brillant, un peu mou, on lui a donné les noms de *plombagine* et de *mine de plomb*, mais son véritable nom est *graphite*.

On trouve le graphite en petits blocs, en filons, dans les roches profondes. Son extraction se fait comme celle des minerais et du charbon de terre, au moyen de puits creusés à pic et de galeries qui communiquent avec ces puits.

Pour faire les crayons de première qualité, on scie les blocs de graphite en petites baguettes que l'on colle dans la rainure pratiquée dans le bois du crayon. Les débris du sciage et les petits morceaux sont réduits en poudre, on en fait une pâte avec un peu d'argile et de gomme, et cette pâte moulée s'emploie comme les baguettes sciées.

Le bois des crayons se façonne à peu près comme les manches de porte plumes. Les uns sont formés de deux moitiés juxtaposées, les autres sont tournés pleins et on y pratique ensuite une rainure profonde pour loger la baguette de graphite. On recouvre alors celle-ci d'une petite baguette rognée au niveau du bois.

Le graphite ou plombagine est doux, onctueux au toucher, il se réduit aisément en poudre très fine. Cette poudre sert à divers usages. Délayée dans du lait ou de la bière, ou même de l'eau, on l'emploie pour noircir les poêles et autres ustensiles en fer ou en fonte. On étend avec une brosse un peu de cette pâte très claire, et quand la couche est sèche, on la frotte avec une autre brosse qui lui donne du brillant. C'est un moyen simple et pratique de préserver le fer de la rouille et de l'entretenir toujours propre.

On emploie la plombagine en poudre, délayée dans de l'huile ou mélangée à de la graisse, pour *graisser* les machines, afin de diminuer le frottement des pièces et par conséquent la perte de force.

Les crayons noirs à dessiner sont faits avec du noir de fumée et de l'argile agglutinés par de la gomme ou de la colle forte.

Léon, connaissez vous d'autres crayons que les crayons noirs à dessiner et ceux en graphite?

— On fait aussi des crayons de couleur.

Bien. Il y en a qui ressemblent au crayon ordinaire, mais qui laissent sur le papier des traces rouges, bleues, vertes, etc. Pour les fabriquer, on prépare, avec des couleurs en poudre et un peu de gomme, une pâte que l'on moule comme la pâte de graphite.

D'autres crayons de couleur, les *pastels*, ne sont pas protégés par une solide enveloppe de bois. Ce sont des cylindres, des baguettes de couleurs mises en pâte et moulées avec ou sans addition de gomme. On s'en sert pour faire sur papier des dessins en couleurs. Ces dessins *au pastel* présentent le grave défaut de s'effacer au moindre frottement : il faut les mettre sous verre.

La craie dont vous vous servez au tableau est une sorte de pastel grossier fait avec du *carbonate de chaux* réduit en poudre fine. Quand on examine au microscope un fragment de craie, on voit qu'elle est formée de coquilles et de débris de petits animaux qui vivaient jadis dans l'eau.

Henri, qu'est-ce que la gomme à effacer ?

— C'est du caoutchouc.

D'où provient-il ?

— C'est la sève d'un arbre des pays chauds.

Bien. Il y a dans l'Inde et l'Amérique méridionale plusieurs arbres dont la sève fournit le caoutchouc. Pour la recueillir, on pratique simplement une entaille dans le tronc et l'on recueille le liquide laiteux qui s'écoule de la blessure.

Pour préparer le caoutchouc, on couvre de cette sève laiteuse une sorte de pelle que l'on expose à un feu clair en la tournant doucement. Le liquide s'évapore et laisse une couche gommeuse. On recommence ainsi jusqu'à ce que cette couche soit épaisse. Cette matière gommeuse, élastique, tenace, c'est le caoutchouc.

On a trouvé le moyen de le travailler d'une façon fort ingénieuse. Dissous dans de l'essence de térébenthine ou dans de l'essence de pétrole, il forme un vernis dont on recouvre des étoffes pour les rendre imperméables. Si l'on a besoin de feuilles minces, on le *lamine* en le faisant passer entre des cylindres chauffés. Une machine le découpe en fils uniformes qui servent à fabriquer des tissus élastiques. Dans ces *tissus*, le fil de caoutchouc est toujours recouvert par des fils ordinaires. Les bretelles sont ordinairement faites avec un tissu de ce genre.

La gomme à effacer de première qualité est du caoutchouc pur. Elle est brune, un peu transparente. La chaleur de la main suffit pour la ramollir ; le froid la durcit beaucoup.

On a trouvé le moyen de durcir le caoutchouc au point de le faire ressembler à la corne ou au bois Pour cela, après l'avoir mélangé de soufre et de matières colorantes, on le chauffe fortement dans des moules· c'est le caoutchouc *vulca-nisé*. On peut d'ailleurs le vulcaniser sans le durcir, cela dépend de la température a laquelle on le soumet, et des propor tions de soufre. Ainsi la gomme grise à effacer, les tubes de caoutchouc employés dans l industrie sont vulcanisés En cet état,le caoutchouc n'est presque plus influencé par le froid et la chaleur.

Quant aux chaussures de caoutchouc employées pour préserver de l'humidité les chaussures de cuir, on les obtient en chauffant dans des moules un tissu enduit de caoutchouc préparé comme pour le vulcaniser.

La *gutta-percha* est une sorte de caoutchouc qui se ramollit assez dans l eau chaude pour qu'on puisse la façonner comme une pâte Son usage est assez restreint dans l industrie, mais on l'emploie pour recouvrir les fils des télégraphes, surtout ceux qui sont disposés sous terre ou qui traversent des rivières, des mers, comme les *câbles* transatlantiques au moyen desquels les dépêches sont transmises d'Europe en Amérique.

Votre règle, mes amis, s'explique d elle même. Qu'elle soit plate ou carrée, le fabricant doit choisir des bois secs, a grain fin, exempts de nœuds et de défauts Le poirier, est un des meilleurs L'ébène est excellente, mais coûte cher

Le bois des règles est *débité* comme d'ordinaire, puis scié, raboté et coupé de longueur par une machine. Si on les faisait à la main, elles ne seraient pas aussi régulières et coûteraient beaucoup plus cher.

Nous avons admis dans votre outillage d'écolier la boîte à couleurs. Elle vous sert quelquefois, en effet, à colorier des cartes. En tout cas, il est bon que vous sachiez en quoi consis tent ces tablettes qui représentent les couleurs de l'arc en-ciel, plus du blanc et du noir. Nous aurons occasion de causer des couleurs en elles-mêmes, à propos de la vue et de la manière de l'exercer. Ne parlons donc aujourd'hui que des matières avec lesquelles on prépare les tablettes de couleurs destinées a la peinture à l'eau, appelée *lavis* et *aquarelle*.

Le blanc vous est déjà familier, c'est de la *céruse* ou *blanc de plomb*, substance vénéneuse. La tablette porte souvent le nom de *blanc d'argent*, mais l'argent n'y est pour rien.

Je lis sur celle-ci *jaune de Naples* : c'est encore du plomb qu'on le retire. Cette autre, le *jaune de chrome*, de couleur orange vif, a également pour base le plomb, mais uni à un acide très énergique (acide chromique) qui le rend doublement vénéneux. Quant aux *ocres* jaunes ou brunes, ce sont des argiles colorées par le fer, elles sont tout à fait inoffensives. La gomme-gutte, suc d'une plante des pays chauds, est un purgatif très énergique

Voici deux rouges : l'un est a base de plomb, l'autre, le vermillon, très lourd, très éclatant, est préparé, avec du mercure, le métal des baromètres et des thermomètres. Tous deux sont des poisons énergiques. Le carmin et les *laques carminées* proviennent d'un insecte du Mexique, la *cochenille*, dont on se sert aussi pour préparer l'encre rouge. La cochenille et ses produits ne sont pas dangereux

Presque tous les bleus doivent vous être suspects Le bleu de Prusse est un violent poison, il contient de la potasse et du fer unis a un acide terrible, l'*acide prussique* Le bleu de cobalt, vif et pur, est préparé avec le métal de ce nom, qui ressemble assez au zinc L'*indigo* est une sorte d'amidon produit par une plante d'Amérique, on le remplace souvent par le suc de notre fusain qui coûte moins cher. Ces deux couleurs sont à peu près inoffensives.

Il en est de même du *vert de vessie* préparé avec le suc du nerprun. Quant aux *encres vertes*, elles consistent, comme les *cendres bleues*, en composés de cuivre et sont pour cela vénéneuses. Mais bien plus dangereux encore est ce beau vert brillant (vert de Scheele) dans lequel le cuivre se trouve uni à l'arsenic.

Le noir est tout simplement du *noir de fumée*. On l'appelle *nou d'ivoire* parce qu'on en fabriquait autrefois avec la fumée produite par la combustion de rognures d'ivoire.

L'encre de Chine n'est qu'un noir de fumee préparé avec un soin tout particulier par les Chinois. Ils la délayent dans de l'eau et s'en servent pour écrire avec un pinceau

Pour fabriquer les tablett , on broie les substances minérales, puis on les délaye dans une grande quantité d'eau. Les parties les plus grossières tombent promptement au fond, mais les poussières fines restent suspendues dans l'eau. On verse dans des vases profonds cette eau colorée, on la laisse reposer et il se forme un dépôt de couleur en poudre fine. L'eau est devenue plus pâle, on la verse dans un autre vase, et au bout d'un temps assez long il se forme un nouveau dépôt compose de particules encore plus fines que celles du premier.

Ces dépôts sont mélangés avec un peu d'eau de gomme, puis séchés en consistance de pâte et moulés. Les sucs de égétaux sont évapores, ou bien on enlève leur couleur au moyen d'une substance que l'on traite ensuite à peu près comme les poudres minérales.

Dites nous, Louis, avec quoi sont faits les pinceaux

— Avec des cheveux.

Je m'attendais à cette réponse. Regardez bien celui-ci et vous allez reconnaître votre erreur. Ce ne sont pas des cheveux, mais des poils d'animaux On préfère ceux de putois, de blaireau, de martre, de petit-gris, parce qu'ils sont à la fois fins et fermes, souples et élastiques.

Après les avoir disposés convenablement, on les lie par la base avec un fil gommé et on les introduit dans un tuyau de plume de corbeau, d'oie ou de cygne

Mes amis, quand vous vous servez de couleurs, ayez soin de ne jamais porter le pinceau à vos lèvres avant de l'avoir bien lavé dans un verre d'eau La plupart des couleurs sont dangereuses Si on vous les confie, c'est que l'on vous croit assez raisonnables pour ne pas commettre d'imprudences.

Maintenant que vous connaissez mieux vos outils, j'espère que vous les traiterez toujours avec le soin désirable Pour être bon ouvrier, il faut aimer son métier et les outils de son métier. Le travail fait aimer l'outil, et le bon outil bien entretenu fait aimer le travail.

QUESTIONNAIRE.

Nommez les outils de l'écolier — Avec quoi écrivait-on avant l'invention des plumes métalliques? — Avec quoi sont faites les plumes métalliques? — Décrivez en abrégé la fabrication d'une plume d'acier. — Qu'appelez vous porte-plume? — Dites ce que vous savez sur la fabrication des porte plume. — Quel est le nom véritable de la mine de plomb ou plombagine? — Dites ce que vous savez sur le graphite — Décrivez la fabrication d'un crayon — Parlez nous des crayons de couleur et des pastels — Qu'est-ce que la gomme à effacer? — Comment prépare t on le caoutchouc pour le livrer au commerce? — Donnez une idée de la manière do it on travaille et utilise l caoutchouc. — Qu'est ce que la gutta percha ? — Parlez nous de la règle — Dites ce que vous savez sur les tablettes de couleurs — Quelle précaution faut il prendre quand on s'en sert ? — Avec quoi sont faits les pinceaux des boîtes de couleurs?

LEÇON XLI

LES IMAGES.

Vous savez, mes amis, que les habitants des divers pays parlent des langues différentes. Lorsqu'ils se rencontrent pour la première fois, les mots sont pour eux inintelligibles, ils ne savent pas ce qu'ils représentent. Ils cherchent alors à se faire comprendre autrement que par des mots.

Alfred, comment feriez-vous pour vous faire comprendre sans parler?

— Je ferais des signes.

Bien. Vous pourriez par signes exprimer clairement des idées comme celles-ci : manger, dormir, se battre, marcher, et beaucoup d'autres.

Mais supposez que vous vouliez exprimer l'idée de bateau, par exemple, ou celle de cheval, comment feriez-vous?..... Qui peut le dire?

Lucien a dit : Je les dessinerai.

En effet. Même sans être bien fort en dessin, vous représenterez de votre mieux un cheval, un bateau.

A l'instant même vous serez compris. Montrez votre dessin à cent personnes parlant cent langues différentes, toutes sauront, au premier coup d'œil, que vous appelez leur attention sur ces deux objets : un cheval, un bateau. Voilà certainement un moyen fort commode de se tirer d'affaire. Au lieu de parler, on dessine. Au lieu d'apprendre toutes les langues, on se sert d'une langue que tout le monde comprend.

Voilà pourquoi, mes amis, on appelle quelquefois le dessin *la langue universelle*. C'est une langue, puisque c'est une façon d'exprimer ses idées, de les communiquer, de les faire comprendre. Seule, elle peut, en bien des cas, remplacer le langage parlé ou écrit. Mais en mille circonstances elle leur vient en aide, les complète, les explique pour ainsi dire.

Supposez, en effet, Arthur, que vous voulez décrire à Joseph un objet bien simple : un banc par exemple. Que lui direz-vous?

— Je dirais : un banc est une planche posée sur quatre pieds. Pour que les pieds ne bougent pas, on les fait entrer dans des trous percés dans la planche. Un banc sert de siège.

Fort bien. Mais si vous vouliez lui expliquer une machine compliquée, par exemple une machine à vapeur, croyez-vous qu'il puisse vous comprendre à moins de suivre vos paroles sur un dessin, sur une *figure* comme l'on dit?

Pourquoi vos livres sont ils illustrés de belles gravures? c'est pour compléter par le dessin les descriptions, les explications un peu difficiles à comprendre. Un dessin, une figure en disent plus en un instant qu'une page de livre, surtout lorsque l'on a un peu l'habitude de regarder, d'étudier les figures.

La représentation d'un objet par le dessin nous le montre à peu près comme nous le verrions dans un miroir : elle nous en offre l'*image*. Voilà pourquoi on appelle images les *gravures*, les *lithographies*, les *chromolithographies*.

Remarquez cependant qu'il y a une idée spéciale attachée au mot *image*, c'est celle de reproduction à plusieurs *exemplaires*, ou *copies*. Ainsi on dit un dessin, une peinture, un tableau, pour désigner une représentation *unique* faite à la main, tandis qu'on appelle images toutes celles que l'on reproduit par des moyens mécaniques, à la façon d'une page d'impression.

François, comment appelez-vous le genre d'images qui se trouvent dans vos livres de classe?

— Ce sont des gravures.

Commençons donc par ce genre d'images : étudions le travail du *graveur*.

Le graveur doit posséder deux talents : savoir dessiner, et savoir entailler le bois ou le métal de manière à y reproduire un dessin. Il s'agit ici de gravures sur bois.

Le bois que l'on grave doit être d'un grain uniforme, serré, dur. Le buis est à peu près le seul que l'on emploie.

La planchette étant bien dressée, on la blanchit un peu, puis
on y trace le dessin Supposez le profil d'une tête simplement
esquissé au trait. Le graveur se propose de découper, d'entailler, de creuser la planchette de telle sorte que toutes les parties
du dessin, tous les traits laissés par le crayon se trouvent con-
servés, *réservés* et que tout le reste du bois disparaisse alentour.
S'il réussit, il aura une gravure *en relief* ou, comme on dit, en
taille d'épargne, qui représentera exactement le dessin. Pour
cela le graveur se sert de petits outils à lames étroites, plates
ou triangulaires Le manche très court s'appuie dans la paume
de la main, ce qui donne beaucoup de sûreté pour les diriger.
Un moment de distraction, un coup d'outil un peu trop fort,
appuyant trop à droite ou à gauche, suffit pour causer un mal
irréparable

Nous avons supposé que le graveur reproduisait une simple
esquisse, un dessin au trait. Mais le plus souvent il lui faut reproduire un dessin *ombré* avec tous ses détails, faire sentir,
comme dans le dessin, les effets de lumière et d'ombre Vous
comprenez que cela demande non seulement une grande habitude manuelle, mais aussi un véritable talent d'artiste.

Un bois gravé représente donc en relief un dessin Ce relief
est destiné à fournir une empreinte, c'est à dire à être *imprimé*
sur du papier. Or vous savez que les empreintes sont toujours
renversées, elles offrent les dessins au rebours Si l'on veut faire
l'empreinte d'un K on ne le gravera pas avec les deux lignes
obliques dirigées vers la droite, on le gravera à rebours : Я, et
l'empreinte le retournant, on le verra imprimé comme il faut.

Tout ce qui doit fournir une empreinte doit donc être gravé à
l'envers. Les têtes du dessin qui regardent à droite regarderont
à gauche dans la gravure. Cela complique beaucoup le travail.

Mais heureusement, à moins qu'il ne s'agisse de copies, il y
a une foule de cas dans lesquels il importe peu que l'objet, la
scène soient vus du côté droit ou du côté gauche. Alors on dessine et l'on grave sans se préoccuper du renversement produit
par l'épreuve

Le graveur a terminé son travail. La planchette de bois présente un dessin taillé en relief. Dites nous, Lucien, ce qu'il faut
faire pour en obtenir dix, cent, mille épreuves.

— Il faut passer sur la gravure de l'encre d'impi imerie, puis la presser sur une feuille de papier humide, comme pour imprimer une page de livre.

Bien. On procédera comme pour imprimer

Mais vous savez que les caractères d imprimerie sont en métal dur C'est ce qui permet de les soumettre à la *presse* un grand nombre de fois sans les écraser. Le buis ne résiste pas autant, quoiqu'on l'ait taillé sur le bois *debout*, c'est-à dire présentant ses fibres dans la position verticale, celle qui offre le plus de résistance à l'écrasement. Si l'on essayait de tirer un grand nombre d exemplaires sur un bois gravé, il serait bientôt écrasé dans les parties délicates et pour cela hors de service Pour parer à ce grave inconvénient, on a imaginé de copier la gravure en relief, de la reproduire en métal.

Dites nous, Edmond, comment fait l imprimeur quand il veut copier en métal d imprimerie une page de caractères.

— Il prend l'empreinte de la page avec du plâtre, cela lui donne un moule en creux: dans ce moule il coule du metal qui reproduit la page et avec lequel on peut imprimer à la presse

Eh bien, comment pourra-t on copier en métal la gravure en bois?

— Il faut en prendre le moule et dans le moule couler du métal d imprimerie

Vous avez compris. C'est la copie en métal que l'on met sous presse. Si elle s'use, on fait une nouvelle copie avec le bois, qui est resté intact.

Ernest va nous dire comment s'appellent ces copies.

— Pour les pages d'imprimerie, on les appelle des *clichés*.

Bien. Le nom est le même pour les copies de bois gravés

La gravure sur bois est devenue populaire depuis une vingtaine d'années. C'est elle surtout que l'on emploie pour orner les livres *illustrés*, et toutes les fois qu'on a besoin de faire un grand tirage, c'est à dire d'obtenir un grand nombre d'exemplaires.

Il y a un autre genre de gravure non plus en relief, mais *en creux* nommée aussi gravure en *taille douce*, c'est à-dire en tailles délicates. On l'exécute sur des plaques de cuivre ou d'acier. L'acier est préférable parce qu'il résiste à un fort tirage,

mais il est si dur, si difficile à tailler, à graver, qu'on se sert
bien plus souvent du cuivre.

On trace d'abord le dessin sur la plaque de métal, puis, avec
un *burin* triangulaire, très aigu, très tranchant, on suit les traits
du dessin en creusant à la place de chacun une rainure plus
ou moins large, selon que le trait est plus ou moins gros.

On obtient ainsi le dessin en creux. Avec un tampon de cuir
on fait entrer dans tous les creux de l'encre d'imprimerie, puis
on nettoie la surface de la plaque. Sur le fond brillant du métal
on voit alors le dessin représenté par l'encre qui remplit les
creux.

Si l'on presse fortement sur cette plaque une feuille de papier
humide, un peu épaisse, le papier s'appliquant exactement partout, l'encre des creux s'y attachera. La feuille enlevée donnera
une *épreuve* de la gravure, une reproduction exacte de chaque
coup de burin, une copie du dessin dont le burin avait suivi
les traits.

Il y a une autre manière de graver sur cuivre : on l'appelle
gravure à l'eau-forte. L'eau forte est un acide très énergique
(acide nitrique ou azotique) qui a la propriété de dissoudre le
cuivre. Un fragment de cuivre mis dans un flacon d'acide se
dissout, disparaît ; mais du cuivre *recouvert d'un vernis* n'est
pas attaqué par l'acide.

Pour graver sur cuivre, on recouvre d'un vernis brun une
plaque bien polie. On trace sur ce vernis le dessin, puis, au
moyen d'une *pointe* d'acier, on enlève le vernis au-dessous de
chaque trait. On voit alors le dessin figuré par des traits brillants de métal sur le fond sombre de vernis.

On arrange autour de la plaque un rebord de cire, de manière
à en faire une cuvette. Dans cette cuvette improvisée on verse
de l'acide étendu d'eau pour qu'il ne *morde* pas trop fort.
L'acide *attaque*, dissout le cuivre mis à nu par la pointe, et res-
pecte tout le reste. Il creuse donc tous les traits du dessin
comme on aurait pu les creuser au moyen du burin. Quand on
juge que les creux sont assez marqués, assez profonds, on enlève l'acide, on nettoie la plaque, et pour le tirage, on procède
comme d'ordinaire.

Vous avez vu, mes amis, de grandes images représentant

des saints, des personnages, des paysages, et que l'on croirait dessinées au crayon. Elles sont d'ordinaire moins noires que les gravures, leur aspect est un peu gris, les traits ne sont pas nets et vifs. Ce sont des lithographies.

Lithographie veut dire écriture sur pierre, dessin sur pierre C'est en effet sur une pierre que le dessinateur travaille. Cette pierre, nommée pierre lithographique, est rare ; la meilleure vient d'Allemagne, pays ou Senefelder a inventé la manière de les employer. C'est une sorte de marbre. On le dresse, on le polit avec soin, mais sans obtenir une surface lisse. Il faut que la pierre soit un peu *grenue* et que ce *grain* soit uniforme

Sur cette pierre, on dessine comme on le ferait sur du papier un peu rude, mais avec des crayons *gras* composés de cire, de suif, de savon et de noir de fumée.

Quand le dessin est terminé, on mouille toute la pierre avec de l'eau de gomme rendue acide par l'acide qui sert à graver sur cuivre. Cette eau n'enlève pas le crayon parce qu'il est gras, mais elle attaque un peu, très peu, la pierre partout ou les traits au crayon ne la protègent pas.

On lave alors le dessin avec de l'essence de térébenthine qui enlève toute trace de crayon. On n'aperçoit plus rien sur la pierre. Mais si l'on passe dessus un rouleau enduit d'encre d'imprimerie, on voit l'encre s'attacher seulement aux parties que l'eau acide n'a pas touchées, celles ou se trouvaient les traits au crayon. Le dessin se trouve donc reproduit très exactement, il est formé non plus par des marques au crayon gras, mais par de l'encre d'imprimerie Vous comprenez que si l'on presse sur la pierre une feuille de papier, l'encre s'y attachera et y reproduira le dessin. Le tirage se fait à peu près comme s'il s'agissait d'une gravure sur métal, mais on ne peut obtenir un grand nombre d'épreuves.

Je vais vous passer des spécimens des différentes sortes d'images dont je viens de vous entretenir. Remarquez surtout les points suivants : la gravure en *taille douce* est plus fine, plus délicate que celle-ci sur bois ou *en relief*; ses traits sont vifs, plus nets que ceux de la gravure à l'eau forte. La lithographie se reconnaît aisément à sa couleur un peu grise, à son apparence de dessin au crayon peu vigoureux.

Voici une belle image en couleur, c'est un bon point qui représente des fleurs champêtres. Il faut y regarder de près pour distinguer ce travail d'une belle peinture faite à la main.

Nous venons de voir que le mot lithographie (qui vient du grec) signifie écriture, dessin sur pierre. On a encore allongé le mot pour faire chromolithographie, qui veut dire *dessin sur pierre en couleur*. Et comme ce mot est trop long pour l'usage familier, on dit souvent, par abréviation: *chromo*.

La chromolithographie est un art nouveau qui rend de grands services. Il permet de copier parfaitement des peintures à l'eau ou aquarelles, et même des tableaux à l'huile. Grâce à cet art, on commence à *illustrer* de planches en couleurs quelques beaux livres d'histoire naturelle.

Je vais vous faire comprendre, en peu de mots, comment on obtient ces belles images.

Regardez bien celle ci Comptez les couleurs dont elle se compose rouge, bleu, jaune, vert, brun. Cela fait cinq.

Un artiste peintre a fait le modèle, il s'agit de le copier et d'en tirer autant d'exemplaires que l'on voudra.

On commence par calquer le dessin, les contours du modèle au moyen d'un papier mince et transparent. Ce calque se fait à la plume, avec une encre un peu grasse. On applique le calque sur une pierre lithographique. L'encre grasse s'attache à la pierre On tire de ce dessin, de cette esquisse, autant d'épreuves qu'il y a de couleurs dans la peinture, pour celle ci, cinq suffisent. Souvent il en faut plus de vingt.

On presse chaque épreuve fraîche sur une pierre lithographique. Chaque pierre porte donc l'esquisse exacte du dessin.

Sur la première pierre, l'artiste couvre d'encre grasse rouge toutes les parties rouges de la peinture. Sur la seconde, il couvre les parties qui sont bleues, et ainsi de suite. Il mouille les cinq pierres d'eau acide, puis les nettoie avec de l'essence de térébenthine. Alors, sur la première pierre, il passe un rouleau enduit de couleur rouge. La couleur ne prend que là où il avait mis de l'encre grasse. Il prend une épreuve de tout ce qui est rouge sur la feuille de papier destinée à l'image. Sur la seconde pierre, il passe un rouleau imprégné de couleur bleue, puis appliquant la feuille juste au point voulu, il prend l'épreuve de ce qui est teinté en bleu. Il continue ainsi pour les cinq pierres.

La grande difficulté de ce travail consiste à combiner les couleurs de telle sorte qu'en faisant dépasser par exemple le rouge sur le bleu, on obtienne du violet là ou il faut, qu'en faisant dépasser du bleu sur du jaune, on obtienne du vert, etc. C'est en superposant ainsi les couleurs qu'on arrive à reproduire les *tons* et les *nuances* du modèle.

Mes amis, vous voilà un peu au courant de ce qui concerne les images. Désormais, quand vous en verrez, prenez l'habitude de les examiner avec soin pour reconnaître à quelle catégorie elles appartiennent. Peu à peu, vous vous habituerez aussi à distinguer celles qui sont plus ou moins bien exécutées Cela vous procurera toujours un certain plaisir. Vous apprécierez mieux celles qui embellissent vos livres, ornent vos maisons. Vous acquerrez ainsi le *goût* qui fait juger et estimer les travaux d'art bien faits.

En outre, quand vous dessinerez, vous comprendrez mieux votre modèle, vous devinerez plus vite comment l'imiter, si vous êtes habitués à regarder avec soin, avec réflexion, à voir non seulement avec les yeux, mais avec l'intelligence.

QUESTIONNAIRE

Expliquez cette expression : le dessin est la langue universelle — Pourquoi met on des dessins, des gravures, dans les livres d'etude? — Qu'appelle t on communément images? — Quel nom donne t on aux images de vos livres de classe? — Quel genre de bois faut il pour la gravure? — Expliquez le travail du graveur sur bois. — Comment se trouve représenté le dessin dans une gravure sur bois? — Pourquoi faut il que le graveur fasse le dessin renversé? — Quand la gravure est faite, comment tire t on les épreuves? — Pourquoi n imprime t on pas directement avec le bois gravé? — Qu appelez vous un cliché? — Comment se fait un cliché? — Quelle différence y a t il entre le travail du graveur en relief et celui du graveur en taille-douce? — Sur quoi grave t on ordinairement en taille douce? — Decrivez le travail du graveur en taille douce sur cuivre. — Decrivez la gravure à l eau forte — Quel est l aspect d une lithographie? — Que veut dire le mot *lithographie*? — Expliquez le travail du lithographe. — *Comment distingue-t on les diverses sortes d images?* — Par quel procédé peut on copier des peintures? — Donnez une idée de la chromolithographie.

LEÇON XLII

LE CORPS HUMAIN (*).

Mes amis, il y avait jadis en Grèce un temple sur le fronton duquel on avait écrit ces mots : « Connais-toi toi-même. »

Les sages, les maîtres de ce temps, se plaisaient à répéter à leurs élèves cette maxime. Ils leur enseignaient la religion de leur pays, l'art d'écrire, de parler correctement leur langue, leur donnaient des notions générales sur les diverses branches de l'histoire naturelle, et à la fin de longues et intéressantes causeries, ils concluaient en disant : « Connaissez-vous vous-mêmes. »

Il ne suffit pas en effet, mes amis, de connaître la nature, d'apprendre en quoi consistent et à quoi servent les êtres, les objets qui nous entourent. Tout cela, sans doute, est indispensable et constitue le fonds d'une éducation pratique. Mais nous qui étudions toutes ces choses, qui employons nos *sens* à les connaître, notre *intelligence* à les juger, à les comparer, notre *corps* a les mettre en œuvre, nous dont l'âme est si vivement impressionnée par le spectacle de la nature, est-ce que nous ne valons pas la peine d'être étudiés avec cent fois plus d'attention que la terre et les astres, les pierres et les métaux, les animaux et les plantes ?

Lorsque nous prenons soin d'examiner en détail une fleur, un insecte, nous trouvons merveilleuse leur structure, leur

---

(*) Nous reproduisons à peu près intégralement cette leçon et les suivantes dans le livre de l'élève parce qu'il est difficile de les abréger. Les maîtres feront bien de les diviser en deux pour ne pas fatiguer l'attention ou surcharger la mémoire.

organisation. Mais quoi de plus merveilleux que l'homme lui-même ? Quoi de plus intéressant à connaître ?

Je vais vous entretenir aujourd'hui du corps humain. De grands savants passent leur vie à l'étudier et meurent avec le regret de ne pas bien le connaître. Pour ne parler que du corps, la machine humaine est infiniment plus compliquée, plus délicate, que les mécanismes les plus ingénieux combinés par l'homme. N'espérez donc pas en apprendre bien long à son sujet dans une seule causerie. Mais si vous m'écoutez avec attention, vous aurez une idée générale de l'organisation humaine. Cela vous donnera le désir d'en apprendre plus long en lisant quelque livre d'hygiène.

Notre corps reçoit sa forme générale d'une sorte de charpente osseuse, le squelette. Cette charpente solide maintient en place les parties, les soutient, les protège. Ainsi les poumons sont protégés par les *côtes* ; le cerveau par le *crâne*.

Vous avez certainement vu découper un poulet. Vous avez pu remarquer que pour séparer les os du squelette, il faut une certaine adresse. Ces os sont liés ensemble par des *ligaments* blancs, durs, résistants, que le couteau doit couper tout autour. Les os ainsi rapprochés, unis par des ligaments, forment des *articulations*, des joints, comme l'on dit. Les extrémités des os qui composent une articulation sont destinées à glisser les unes sur les autres pour permettre les *mouvements* des membres. Eh bien, vous avez pu voir que, dans les machines, les outils, dans un couteau fermant, les parties destinées à glisser les unes sur les autres sont polies avec soin, pour diminuer le *frottement*. Dans la machine humaine, les parties frottantes des os sont recouvertes d'un *cartilage* élastique et poli. Dans les machines, on a l'habitude de verser quelques gouttes d'huile sur les parties sujettes aux frottements : de même les cartilages des articulations sont *lubrifiés*, par un liquide qui ressemble à du blanc d'œuf.

Vous vous représentez bien le squelette, n'est-ce pas, avec ses membres formés de plusieurs pièces articulées.

Autour des os du squelette sont groupées des masses de chair : les *muscles*. Dans la cavité de l'abdomen sont logés les intestins, le foie, la rate, l'estomac. Au dessus, dans la cavité de la poitrine, sont renfermés les poumons et le cœur. La peau recouvre tout le corps ; elle maintient en place les parties molles, donne à l'ensemble un aspect agréable.

Toutes les parties du corps sont mobiles. Or rien ne se meut tout seul. Pour qu'un mouvement se produise, il faut une *force*. Si un polichinelle lève le bras, c'est que l'on tire la ficelle qui correspond à ce membre. Pour qu'un homme lève ou plie le bras, il faut que quelque chose agisse comme cette ficelle.

Vous allez vous en rendre compte.

Louis, étendez horizontalement le bras gauche. Placez votre main droite sur ce que vous appelez sans doute le « gras du bras », c'est à-dire sur la partie la plus grosse, la plus charnue, un peu en haut. Bien. Saisissez entre vos doigts la chair du bras en cet endroit. Maintenant pliez complètement l'avant-bras en ramenant la main gauche vers l'épaule. C'est cela. Répétez deux ou trois fois ce mouvement, en serrant toujours un peu la chair.

Que sentez-vous chaque fois que vous pliez l'avant-bras sur le bras ?

— Je sens la chair qui remue sous ma main, qui grossit.

C'est juste.

Nous nommerons les muscles ce qu'on appelle ordinairement la viande, la chair. Si vous avez examiné de près du bœuf bouilli, vous avez vu que la chair est formée de filaments très minces réunis en faisceaux qui forment des *fibres* faciles à séparer surtout quand la viande a bouilli longtemps. Chaque fibre vivante se comporte à peu près comme un fil élastique, un fil de caoutchouc. Représentez-vous donc un muscle vivant comme un écheveau gros et court de fils de caoutchouc arrangé en forme de fuseau et terminé à chaque bout par une ficelle très forte, mince et nullement élastique.

Supposons maintenant qu'il s'agisse du gros muscle qui se trouve sur l'os de votre bras, un peu plus près de l'épaule que du pli du bras (le biceps). Une des ficelles est solidement attachée à l'épaule, l'autre est fixée au delà de l'articulation du pli du bras, sur un os de l'avant-bras.

Montrez-moi sur votre bras gauche la place du muscle et

l'endroit ou sont attachées les ficelles que nous appellerons *ten-dons*, quelque chose qui sert à tendre, à tirer.

Bien. Maintenant vous voulez plier l'avant-bras sur le bras. Au moment même, le muscle élastique se contracte, devient plus gros, comme vous le sentez sous votre main, et en devenant plus gros il se raccourcit Mais en se raccourcissant, il tire sur les ficelles, sur les tendons. L'un, attaché à l'épaule, ne peut bouger. L'autre, attaché à l'avant bras, cède au muscle qui le tire, et entraîne avec lui l'avant-bras qui se plie en tournant autour de l'articulation du coude comme autour d'une charnière Ainsi c'est le gros muscle du bras qui, en se contractant, fait mouvoir l'avant bras. De même les muscles de l avant-bras font mouvoir les doigts par l intermédiaire de tendons.

Placez le bout des doigts de la main droite sur la main gauche pendant que vous en pliez et redressez les doigts ; vous sentez ces tendons glisser sous la peau. Ce sont les tendons que l'on appelle vulgairement les nerfs Ceux-ci sont bien différents.

Je vous disais tout à l'heure . aussitôt que vous voulez faire un mouvement, le muscle destiné à ce mouvement se contracte et le mouvement s'accomplit.

Mais comment le muscle apprend-il ce que vous avez voulu ?

Qu'est ce qui lui communique la pensée qui est née dans votre cerveau ?

Ce sont les nerfs.

Le cerveau est une grosse masse de substance nerveuse. Il y en a encore une masse considérable logée dans le canal osseux du dos, dans la *colonne vertébrale* ou *épine dorsale*, c'est ce que l'on appelle la *moelle épinière*. Du cerveau et de la moelle épinière partent une foule de filaments blancs, mous, fragiles, qui se ramifient en tous sens, s'insinuent entre les fibres des muscles, pénètrent dans toutes les parties du corps.

Ces filaments, ces nerfs, mettent donc tout le corps en communication avec les deux centres nerveux et spécialement avec le cerveau Aussitôt que le cerveau veut qu'un muscle se contracte, le muscle obéit, le mouvement s'accomplit, lentement ou rapidement, juste comme la *pensée* l'a commandé.

Comment cela se fait-il ?

Personne ne le sait au juste Cependant on peut supposer qu'il se passe quelque chose de comparable à un effet électrique, car l'électricité fait contracter les muscles.

Pour que la pensée se produise dans le cerveau, pour que les nerfs, agissant comme des fils de télégraphe, transmettent ses ordres aux muscles, pour que les muscles obéissent et se contractent de manière à produire des mouvements, il faut que l homme soit vivant. Sans la vie qui anime la machine, elle ne peut plus rien, puis elle se décompose et tombe en poussière.

Voyons donc comment s'entretient la vie.

Tout notre corps est sillonné par une multitude de canaux, de petits tuyaux formés par une mince membrane. Ces tuyaux se ramifient, se divisent et se subdivisent, pénétrant tous les organes, même les plus délicats Il faut un microscope pour apercevoir les plus fines ramifications Tous ces canaux communiquent entre eux, par leurs extrémités les plus déliées Tous contiennent du sang qui coule, qui *circule* dans leur intérieur Mais les uns, nommés *veines*, renferment un sang noirâtre, impur; les autres, nommés *artères*, renferment un sang rouge et pur. Le sang des veines est impur parce qu'il a reçu tous les détritus du corps, les immondices provenant de l'usure de chaque partie, il s'en débarrasse principalement par les urines De plus ce sang est noirâtre parce qu il a livré partout sur son passage un gaz, l'*oxygène*, qui lui donnait sa belle couleur rouge.

Les veines et les artères ont pour point de départ le cœur, un gros muscle qui forme quatre chambres ou cavités qui communiquent entre elles au moyen de soupapes.

Le cœur se comporte comme une pompe aspirante et foulante Il se gonfle et se contracte alternativement, augmentant ou diminuant chaque fois la capacité de ses chambres intérieures. C'est ce mouvement continuel qui produit les *battements* du cœur et le battement des artères nommé le *pouls*. A chaque battement il aspire le sang des veines et le chasse dans les poumons où il redevient rouge. En même temps il chasse dans les artères le sang qui revient rouge des poumons : c'est lui qui force le sang à circuler dans les veines, le poumon et les artères.

Je viens de vous dire que le sang des veines, de couleur noirâtre, avait perdu en route l'oxygène qui donne sa belle couleur rouge au sang des artères. Pourquoi l'a-t-il perdu et qui en a profité?

Avant de répondre, il faut nous rappeler ce que c'est que l'oxygène.

C'est un des gaz qui composent l'air. L'air est un mélange de gaz *azote* et de gaz *oxygène*. Quand un clou se rouille c'est parce que l'oxygène de l'air s'unit au fer pour former de l'oxyde de fer, de la rouille. Quand un morceau de charbon se consume, c'est que l'oxygène de l'air s'unit vivement, violemment à lui avec dégagement de lumière, pour former un autre gaz, l'acide carbonique. Le clou qui se rouille s'échauffe en s'unissant à l'oxygène, mais si lentement que notre main placée dessus ne pourrait s'en apercevoir. Cependant ce clou qui s'oxyde est véritablement brûlé comme le morceau de charbon qui se consume. Si nous faisons rouiller, oxyder très rapidement de la limaille de fer, nous la sentirons s'échauffer. Toute oxydation est une combustion, et toute combustion produit plus ou moins de chaleur. Vous comprenez bien cela, n'est-ce pas? Pour mieux comprendre la suite, écoutez une petite histoire.

L'empereur de Russie Pierre-le Grand voulant introduire dans ses États encore barbares les arts et la civilisation des peuples plus avancés, parcourut l'Europe pour étudier pratiquement les arts et les métiers. En Hollande, il se fit inscrire, sous un nom d'emprunt, sur la liste des charpentiers et travailla, comme simple ouvrier, à la construction d'un navire. Plus tard, l'empereur raconta comment il avait appris l'art des constructions navales, et le navire auquel il avait travaillé devint, pour la Russie, une relique nationale. A mesure qu'une partie de la coque ou du gréement devenait hors de service, on la remplaçait par une pièce neuve, de sorte qu'au bout d'un certain temps le navire de Pierre le Grand existait toujours, mais il n'y restait pas un morceau de celui auquel il avait travaillé; toutes les parties avaient été remplacées.

Notre corps est comme le navire de Pierre-le-Grand. Il s'use chaque instant, il s'unit à l'oxygène, se consume, se brûle.

C'est cela qui entretient notre chaleur Mais puisqu'il s'use miette à miette, puisqu'il se consume lentement sur tous les points à la fois, et que cependant il semble rester toujours le même, il faut que par un moyen quelconque il regagne d'un côté ce qu'il perd de l'autre ; il faut que chaque parcelle usée, brûlée, soit aussitôt remplacée par une parcelle neuve. Nous verrons tout à l'heure qu'il en est ainsi

Mais d où vient l'oxygène qui consume petit à petit notre corps, qui le brûle par parcelles infiniment petites, si lentement que nous ne nous en apercevons pas autrement que par sa chaleur constante ? Cet oxygène lui vient du sang. En traversant le poumon, celui ci se charge d'oxygène qui lui donne une vive couleur rouge. A mesure qu'il s'éloigne du cœur qui le refoule, il distribue sur son passage un peu d oxygène qui fait partout son office, brûle le corps par parcelles pour l'empêcher de se refroidir. Voilà pourquoi, en arrivant aux veines, privé d'oxygène, il redevient noirâtre, impropre à entretenir le feu de la vie. Voilà pourquoi le cœur aspire ce sang vicié, appauvri et le lance dans les poumons, où il se renouvelle en s'imprégnant d'oxygène.

Voyons donc en quoi consistent les poumons et ce que devient le sang noir des veines que le cœur y fait refouler à chaque battement.

Les poumons occupent, avec le cœur, toute la cavité de la poitrine, séparée de l'abdomen par une cloison membraneuse (le diaphragme). Vous savez que la poitrine se gonfle à chaque *respiration*. En se gonflant elle agit comme un soufflet. Elle augmente sa capacité, fait un *vide*, et l'air entre par la bouche ou par les narines pour le combler. Un instant après, l'air ressort et la poitrine s'affaisse, se contracte.

L'air qui sort de la poitrine n'est pas semblable à celui qui est entré pendant la respiration : il a perdu une partie de son oxygène. Voici comment.

Quand la poitrine se gonfle, l'air entre dans la bouche et, franchissant un passage étroit nommé *larynx*, passe dans un canal (trachée-artère) qui se divise en deux grosses branches. Celles-ci se subdivisent et se ramifient à leur tour en une infinité de petits tubes terminés par des sortes d'ampoules. Dans les parois de ces tubes appelés *bronches*, circulent des veines et des artères. L'oxygène de l'air traverse les parois des bronches et des veines, pour s'unir au sang noir et lui rendre sa couleur. Le sang noir ou veineux revivifié retourne au cœur, qui le refoule immédiatement dans les artères.

Ainsi le sang *circule* constamment du cœur dans les organes ou il perd son oxygène, et des organes au poumon, ou il le recouvre; puis des poumons il retourne au cœur, pour recommencer toujours le même circuit. C'est pendant son passage dans les poumons que la *respiration* lui restitue l'oxygène qu'il a perdu, et qui a servi à brûler des parcelles du corps afin d'entretenir la chaleur.

Puisque la chaleur du corps, puisque la vie n'est entretenue qu'à la condition de le brûler ainsi par parcelles, il faut remplacer au fur et à mesure les parcelles brûlées, par d'autres toutes neuves. Ce sont les aliments qui se chargent de ce soin. Ils reconstruisent le corps à mesure qu'il s'use et se détruit.

Pour cela, les aliments sont digérés par l'estomac et les intestins, c'est-à dire modifiés, transformés et rendus liquides. Ensuite les veines qui circulent dans les parois de l'intestin absorbent ce liquide formé d'aliments digérés, et le sang se trouve chargé des matériaux de reconstitution, de reconstruction, qu'il distribue sur son passage.

Il faudra penser un peu à tout cela, mes amis, et me demander de vous expliquer de nouveau ce que vous ne comprendrez pas bien. C'est un sujet difficile pour vous. Cependant, avec un peu de bonne volonté, vous arriverez à vous faire une idée assez nette de l'organisation humaine. C'est tout ce que je souhaite pour le présent. Mes interrogations vont d'ailleurs se résumer à éclaircir un peu cette leçon.

QUESTIONNAIRE

A quoi sert le squelette du corps? — Comment sont terminés les os des articulations? — Expliquez comment un muscle fait mouvoir un membre. — Qu'arrive-t-il au muscle qui fait mouvoir un membre? — Parquoi les muscles sont-ils attachés aux os? — Montrez sur votre bras la place du muscle qui fait plier l'avant-bras et les points d'attache des tendons. — Nommez les deux grands centres de substance nerveuse. — Dites ce que vous savez sur les nerfs — Quelle idée vous faites vous de la manière dont la volonté de faire un mouvement se communique aux muscles? — Donnez une idée des artères et des veines. — Quelle est la principale différence entre le sang des artères et celui des veines? — Expliquez la manière d'agir du cœur. — Qu'est ce qui produit les battements du cœur et le pouls? — Parlez nous des propriétés de l'oxygène — Comment s'entretient la chaleur du corps? — Racontez l'histoire du vaisseau de Pierre le Grand. — Qu'arrive-t il au sang des artères pendant qu'il traverse les organes? — Où le sang veineux reprend il de l'oxygène? — Expliquez la respiration — Où va le sang qui a repris de l'oxygène dans les poumons? — Qu'entendez vous par circulation du sang? — Comment se trouvent remplacées les parcelles du corps brûlées par l'oxygène? — Quel changement la digestion opère-t-elle dans les aliments? — Que devient le liquide produit par la digestion?

LEÇON XLIII

L'ÉDUCATION DES SENS. — LA VUE.

Léon, voici deux petits bâtons. Je les tiens droits sur la même ligne à quelque distance l'un de l'autre. L'un est blanc et l'autre noir. Regardez les bien, et dites moi s'ils sont egaux

— Ils paraissent égaux.

Eh bien, je vais vous les faire passer. Mesurez les en les appliquant l un contre l'autre... vous voyez, le bâton noir est plus long et plus gros que le blanc.

Faites attention, Ernest, voici un rond ou mieux un *disque* de papier noir placé sur une feuille de papier blanc, et un rond de papier blanc placé sur une feuille de papier noir. Lequel des deux disques est le plus grand ?

— C'est le blanc.

Il vous paraît ainsi; mais voyez, je pose l'un sur l'autre les deux disques : ils sont égaux.

A votre tour, Lucien. Voici deux objets peints en rouge. Je vous les montre bien en face. Que voyez-vous?

— Je vois deux boules.

Examinez les de près maintenant.... sont-ce deux boules?

— Il y a une boule et un.....

Un *cône*, une moitié de boule qui s'allonge en pointe, si vous voulez.

Quelqu'un de vos camarades a peut-être de meilleurs yeux que vous. Regardez bien, François. Voici un disque de carton percé d'un trou au milieu. Je vous le montre ici à l'envers. Je passe une épingle dans le trou; je vais faire tourner rapidement le disque et vous nous direz de quelle couleur il est.

— Il est blanc avec une bande noire.

Je l'arrête. Regardez encore et dites comment vous le voyez.

— Je le vois blanc avec un gros point noir près du bord.

Encore une petite expérience non moins curieuse. Approchez-vous, Edmond. Placez-vous près de la fenêtre, en pleine lumière. Voici une feuille de papier blanc épais, sur laquelle j'ai collé un petit carré de papier rouge vif Prenez la feuille à deux mains, faites en sorte que la lumière tombe en plein dessus. Bien. Maintenant fixez vos yeux pendant quelques secondes sur le carré rouge... Assez. Retournez la feuille de papier et regardez la.

Que voyez vous dessus?

— Un carré vert.

Passez la feuille à André. Que voyez vous, André, à l'envers de la feuille?

— Je ne vois rien.

Et vous, Lucien?

— Rien non plus

Puisque vous ne voyez rien, sans doute Edmond s'est trompé. Approchez vous, Edmond, et regardez de nouveau. Que voyez-vous?

— Je ne vois rien à l'envers de la feuille.

Mes amis, nous pourrions faire bien d'autres expériences du même genre Celles ci suffisent pour vous prouver une chose, c'est qu'il ne suffit pas d'avoir de *bons* yeux pour *bien* voir. Chacun de vous a commis une erreur, excepté ceux qui n'ont rien vu à l'envers de la feuille de papier ou il n'y avait rien.

Le *sens* de la vue est pour nous un don précieux ; l'*organe* de la vue, l'œil, est un instrument merveilleux, mais vous comprenez qu'il peut nous tromper, nous induire en erreur. Il se comporte d'une certaine façon, c'est à nous d'étudier comment il se comporte, comment il nous fait voir, afin d'éviter les erreurs. Il en est de même pour tous nos *sens* et pour tous les *organes des sens.*

Voici des mots que je dois vous expliquer.

Lorsque vous regardez un objet, vous avez immédiatement l'idée de cet objet. Vous le voyez, vous appréciez en un clin d'œil sa taille, sa forme, sa couleur, ou du moins vous vous le figurez d'une certaine taille, d'une certaine forme, d'une certaine couleur. Il se passe dans votre cerveau quelque chose qui produit tout cela. Vous éprouvez une *sensation* simple ou compliquée. Il y a en vous une faculté, une possibilité d'éprouver cette sensation de voir Eh bien, cette faculté, cette possibilité de vous mettre en rapport avec les objets par les yeux, c'est un *sens*, le sens de la vue. Pour qu'il s'exerce, il faut quelque chose qui serve d'intermédiaire entre les objets et votre cerveau ; cet intermédiaire, c'est l'œil, un *organe*, une partie active, vivante de votre corps. Cet organe servant à vous procurer des sensations, à exercer un sens, celui de la vue, on l appelle *organe de la vue*.

Nous avons plusieurs sens qui nous mettent en rapport avec les objets, avec le monde : l'*ouïe*, qui nous permet de percevoir les bruits, les sons ; le *tact* ou *toucher*, par lequel nous apprécions la forme, la taille des objets, l'état de leur surface, leur température, leur dureté, etc. , l'*odorat*, qui nous donne connaissance des odeurs, et enfin le *goût*, qui nous fait distinguer les *saveurs*.

Voilà donc en tout cinq sens Cinq intermédiaires entre notre cerveau, notre intelligence et ce qui nous entoure. Chacun d eux ne sert qu'à nous procurer un certain nombre de sensations, d'impressions que le cerveau, la pensée apprécient, jugent, comparent. Chaque intermédiaire, chaque organe des sens constitue une portion de notre corps, c'est un organe vivant. Il y a donc cinq organes des sens : l'œil, l'oreille, la peau, le nez, la langue.

Les organes des sens agissent un peu à la manière d'un piano. Dès que l'on presse sur une touche de piano, elle fait mouvoir un petit marteau qui frappe sur une corde tendue et produit une *note*. Cette note est toujours la même pour chaque touche. Ainsi les organes des sens sont excités par les objets extérieurs, leurs touches sont mises en mouvement, et nous éprouvons, pour chaque touche, une impression spéciale.

Mais, pour distinguer, pour reconnaître, pour nommer sans hésitation chaque note qui sort d'un piano, il faut de l habitude On apprend à les reconnaître a force d'attention et après un grand nombre d'essais. Ensuite on ne s'y trompe guère.

La même chose arrive pour nos sens. Les objets extérieurs excitent leurs organes d'une certaine façon et produisent une impression : notre intelligence en a connaissance aussitôt. Mais quelle note est ce? Quelle impression est-ce? Pour ne pas s'y tromper, il faut de l'habitude, il faut faire attention, il faut essayer.

Cela vous surprend, n'est-ce pas?

Vous pensiez que pour bien voir, bien entendre, il suffit d'avoir des yeux et des oreilles en bon état.

Vous ne vous souvenez pas d'avoir jusqu'ici étudié ce que vous voyiez et ce que vous entendiez pour être sûrs que vous ne vous trompiez pas.

Eh bien, mes amis, vous avez fait cette étude, mais quand vous étiez tout petits, quand vous commenciez a voir, à entendre. Vous l'avez faite machinalement, sans vous en apercevoir. Vous l'avez continuée tous les jours, redressant vous-mêmes vos erreurs et vous habituant à bien vous servir de vos yeux et de vos oreilles ; vous avez fait leur *éducation*, l'éducation de vos sens.

Cependant cette éducation n'est pas achevée. Vous ne comprenez pas toujours bien ce qu'ils vous disent : vous vous trompez de note. Ainsi tout à l heure, vous vous êtes laissés tromper par le sens de la vue. Votre œil ne s'est pas trompé, lui, il ne se trompe que s'il est malade. C est vous qui ne l'avez pas compris, faute d'expérience.

La preuve que l'expérience seule vous manquait, c'est que vous n'y serez plus pris si facilement. Vous avez fait attention. Vous savez qu'un bâton noir paraît plus petit qu'un bâton blanc de même taille. Vous vous souviendrez de cela. A la prochaine occasion, vous vous méfierez, vous ferez en vous-même ce petit raisonnement : le bâton noir me paraît plus petit que le bâton blanc, mais je sais que la couleur noire produit cet effet, c'est une erreur, une *illusion*. Quand je regarde un objet noir sur fond blanc ou auprès d'un objet blanc, je dois tenir compte de cette illusion, et s'il me paraît par exemple long de 15 centimètres, je saurai qu'il en a bien 16.

Il faut beaucoup de temps pour exprimer en paroles ce raisonnement. Mais la pensée va plus vite. Vous le ferez en moins d'une seconde.

Supposez que tous les jours pendant un mois, vous ayez l'occasion de le faire. A la fin du mois, vous ne penserez plus à tous ces mots, vous ne raisonnerez plus, vous jugerez la chose en bloc, d'instinct : l'habitude sera prise, vous verrez juste. Pour obtenir ce résultat il aura fallu observer, étudier, comparer, raisonner et répéter souvent l'expérience, en un mot, faire l'éducation du sens de la vue, en ce qui concerne l'appréciation des grandeurs pour les objets noirs.

Voilà donc pour nous des vérités bien établies : nos sens nous mettent en rapport avec le monde par l'intermédiaire d'organes, nommés organes des sens. Pour bien comprendre le impressions produites par les sens, il faut de la réflexion et de l'habitude. L'exercice nous fait comprendre et apprécier plus exactement les impressions des sens.

Ainsi, grâce à l'observation et à l'exercice de la vue, vous comprenez assez bien déjà l'effet de la lumière et des ombres. Vous savez que la partie d'un objet frappée par la lumière est brillante, que les parties opposées sont plus ou moins sombres, que chaque objet projette derrière lui une ombre dans la direction opposée à la lumière. Tout cela vous fait apprécier la forme, le *relief* des objets.

Vous avez remarqué que les objets semblent plus petits à mesure que vous les voyez de plus loin. En sorte que si vous regardez une rangée d'arbres ou de maisons de la même hauteur, ces arbres, ces maisons paraissent diminuer à mesure qu'ils sont plus éloignés.

Quand vous voyez un objet *réfléchi* par un miroir qui reproduit son image ou par la surface d'une eau tranquille, vous savez très bien que cette image *renversée* n'est pas un objet matériel. En plongeant dans l'eau l'extrémité d'un bâton, vous le voyez comme s'il était brisé, et cependant vous comprenez que c'est encore une apparence.

Voilà comment, peu à peu, vous avez appris à corriger, à compléter, à interpréter les indications données par vos sens. Plus tard vous en apprendrez les raisons scientifiques.

C'est un grand avantage que de savoir bien se servir de ses

sens, vous le comprenez sans peine. Aussi je compte vous y exercer souvent De même que la gymnastique assouplit et fortifie les membres, donne de l'agilité, de la sûreté aux mouvements, l'exercice donne aux sens une promptitude, une délicatesse, une habileté extraordinaires. Nous appellerons ces exercices *gymnastique des sens.* Commençons.

Ernest, dites moi la longueur de cette règle .. à peu près, de votre mieux.

— Vingt-cinq centimètres.

Vous la voyez de loin, par conséquent elle vous paraît plus petite que si vous la voyiez de près. Il faut tenir compte de cela. Prenez la en mains et vous allez vous en convaincre. Elle vous paraît plus grande. Quelle longueur lui supposez-vous?

— Trente centimètres

Voici un mètre, mesurez-la. Combien trouvez-vous?

— Trente-six centimètres.

Eh bien, prenez l'habitude de mesurer autant d'objets que vous pourrez. Peu à peu, vous vous tromperez moins. Plus tard, vous aurez, comme l'on dit,« le compas dans l'œil », vous aurez « l'œil juste » et cela vous servira beaucoup. L'ouvrier qui a « du coup d'œil » travaille plus vite et mieux que celui qui est obligé d'avoir toujours en main le mètre ou le compas.

Je fais passer cette planchette. Jean, vous savez ce que c'est qu'un centimètre carré, un décimètre carré. Dites-nous combien la surface de cette planchette contient de centimètres carrés.

— A peu près cinquante.

Mesurez sa longueur et sa largeur. Que trouvez vous?

— Douze centimètres et huit centimètres.

Cela fait donc une surface de 96 centimètres. Mettez 100 en nombre rond, et retenez bien la grandeur de cette planchette. Maintenant, prenez celle ci et dites-nous si sa surface est la moitié, le tiers, le quart de l'autre.

— Elle me paraît la moitié.

Mesurez la tout haut et calculez.

— Six centimètres de long, quatre de large .. cela fait vingt-quatre centimètres ; ce n'est que le quart.

Voilà comment il faut faire pour habituer votre œil à reconnaître les surfaces.

Pour les carrés et les parallélogrammes, c'est assez facile Mais, quand il s'agit de disques, de triangles, et surtout de formes irrégulières, la difficulté augmente.

Lucien, prenez ce disque et ce triangle. Lequel a la plus grande surface?

— C'est le triangle.

A première vue on pourrait s'y tromper. Mais placez le disque sur le triangle. Le disque le dépasse un peu, très peu, de trois côtés; le triangle dépasse aussi le disque par ses trois pointes aiguës; ces pointes sont longues mais étroites, leur surface est peu de chose, elle égale juste la surface des trois petits croissants que vous voyez en retournant le triangle recouvert par le disque. En un mot, les surfaces du disque et du triangle sont égales (1).

Ernest, voici quatre fils de fer presque semblables. Prenez les et rangez-les sur une feuille de papier, par ordre de grosseurs ....

— C'est correct.

Maintenant prenez ce fil de fer moyen, regardez le bien et rendez le moi. Puis prenez celui-ci. Lequel des deux est le plus long et lequel le plus gros? .

Vous hésitez, c'est tout naturel. Il est plus difficile de se rappeler des dimensions que de les juger, mais c'est aussi un excellent exercice Nous le ferons pour les surfaces, pour les longueurs, pour les volumes.

Edmond, prenez ce livre et lisez la première ligne de la page 125...

Bien. Eloignez peu à peu le livre en lisant toujours ....

Vous vous arrêtez. Vous ne voyez plus bien les lettres. Maintenant faites le contraire, lisez en approchant lentement le livre de vos yeux.....

C'est cela. Vous cessez encore de distinguer nettement les lettres. Cela vous prouve que pour bien voir un objet il faut

(1) Ces exemples suffisent pour indiquer la marche à suivre dans ce genre d'exercices ; le maître saura les varier souvent pour éviter que l'élève réponde par routine, et pour tenir l'attention en éveil.

qu'il soit à une certaine distance de l'œil, ni trop près ni trop loin. Plus l'objet est gros, plus on peut le voir de loin. Quand vous lisez un livre imprimé en très petits caractères, vous approchez instinctivement le livre de vos yeux, comme si vous étiez *myope*.

Savez vous ce que c'est qu'être myope?

— C'est voir de près.

Oui, c'est un défaut de l'œil qui ne peut voir que les objets très rapprochés. Quand, au contraire, l'œil ne voit que de loin, il est *presbyte*.

La vue s'affaiblit avec les années, l'œil se déforme, en sorte que beaucoup de personnes âgées sont presbytes.

L'habitude de regarder de près, comme on le fait, par exemple pour lire des livres imprimés en trop petits caractères, déforme aussi l'œil et rend myope. Dans les collèges, un grand nombre d'enfants deviennent myopes parce qu'ils s'habituent à se pencher sur leurs tables pour écrire, et parce qu'ils approchent trop les livres de leurs yeux.

Je vous ai montré, au commencement de la leçon, un disque blanc portant une tache noire. Quand ce disque tourne rapidement, la tache paraît former toute une bande noire. Vous avez sans doute fait vous mêmes cette expérience sous une autre forme, en agitant dans l'obscurité un tison allumé. Vous voyiez non plus un point brillant, mais des cercles et des rubans de feu. Voici ce qui produit cette illusion.

L'impression que les objets — les objets brillants surtout — produisent dans notre œil, dure un certain temps. Si l'objet se déplace, nous continuons de le voir là où il n'est plus en même temps que là où il se trouve. Si l'objet apparaît et disparaît alternativement et très vite, nous le voyons comme s'il ne disparaissait pas. Posez une pièce de cinquante centimes sur une table de couleur foncée, ou mieux sur une étoffe noire, prenez dans la main droite une baguette, faites la passer et repasser très rapidement entre vos yeux et la pièce de monnaie, vous verrez la pièce sans interruption.

C'est cette durée de l'impression, surtout quand la lumière est vive, qui nous empêche de voir quand nous passons d'un lieu fortement éclairé dans un lieu sombre.

Jean, voici trois cartons. Dites-nous leur couleur.

— Il y en a un rouge, un blanc et un jaune.

Voici un carton sur lequel on a peint un arc en-ciel. Nommez les couleurs que vous voyez

— Violet, indigo, bleu, vert, jaune, orangé, rouge.

Bien, vous les savez par cœur, mais il faut les voir Quelles sont les trois couleurs les plus visibles, les plus distinctes ?

— Le bleu, le jaune et le rouge.

C'est juste. Remarquez que les couleurs ne sont pas disposées côte à côte comme des bandes de papier coloré, comme sur ce carton, par exemple Elles se mêlent, se *fondent* les unes dans les autres. Le jaune empiète sur le bleu et forme le vert, il empiète sur le rouge et forme l'orangé ; par conséquent nous pouvons retrancher de notre liste de couleurs principales l'orangé et le vert. Le violet et l'indigo ne sont aussi que des mélanges Les peintres préparent la couleur indigo avec du bleu et du noir, le violet avec du rouge et du bleu

Il nous reste donc trois couleurs fondamentales, le bleu, le jaune, le rouge Le blanc n'existe pas dans l'arc en ciel, ce n'est pas une vraie couleur. Le noir n'est pas non plus une vraie couleur, mais l'absence de toute couleur.

Je vous fais passer ce carton sur lequel il y a cinq bandes colorées. Ernest, les cinq bandes sont-elles de la même couleur ?

— Pas tout à fait.

De quelle couleur est la plus vive.

— Rouge.

Et la plus pâle ?

— Rouge aussi, mais pas du même rouge.

C'est exact. Vous avez là cinq bandes rouges, mais la première est du rouge pur, vif, la seconde est moins vive parce qu'au rouge on a ajouté un peu de blanc, et ainsi de suite. C'est toujours du rouge, du rouge de même nature, mais de *tons* différents de plus en plus *clairs*. Voyez maintenant ce carton. Il porte aussi cinq bandes rouges, cinq *tons* de rouge ; mais, au lieu d'ajouter à chaque bande, à partir de la seconde, un peu de blanc, on a ajouté un peu de noir. Cela éteint la couleur ; nous avons là des tons *éteints*, des tons foncés

Léon, examinez ce carton. Vous y voyez encore cinq bandes. Sont-elles de la même couleur?

— Pas toutes

Y a-t-il donc autre chose que du rouge?

— Non, mais les rouges ne se ressemblent pas.

Très bien. Vous avez d'abord un rouge pur, vif, le rouge *carmin*, puis un rouge un peu violet, puis un rouge un peu orangé. Vous voyez, ils sont tous très vifs, on n'y a mis ni du blanc ni du noir, mais au rouge pur on a ajouté un peu de bleu pur, un peu de jaune pur; cela change la *nuance* du rouge.

Ainsi dans chaque couleur il faut apprendre a distinguer les *tons* et les nuances. Ce sera pour vous une amusante gymnastique de la vue.

Je m'arrête, faute de temps. Nous reviendrons à l'occasion sur ces exercices. Je compte par exemple, vous exercer à as sortir par tons et par nuances, ces échantillons de laines teintes

QUESTIONNAIRE.

Faites comprendre comment il ne suffit pas d'avoir de bons yeux pour bien voir. — En quoi consiste un sens, la vue par exemple? — Quel est l'organe de la vue? — Nommez les cinq sens. — Nommez les cinq organes des sens — Expliquez que les organes des sens sont des intermédiaires entre notre corps et les objets qui nous entourent — Que faut il pour distinguer facilement les notes d'un piano? — A quel âge commence l'éducation des sens? — Faites comprendre comment on s'habitue à bien apprécier les impressions qui viennent des sens. — A quoi peut servir la *gymnastique des sens*? — Comment arrive-t on à avoir l'œil juste? — Comment voit une personne myope? — Comment voit une personne presbyte? — Quelles sont les mauvaises habitudes qui peuvent rendre myope? — Faites comprendre, par un exemple, que l'œil conserve quelque temps l'impression produite par les objets brillants — Citez les couleurs de l'arc en ciel. — Citez les trois couleurs fondamentales — Qu'entendez vous par les différents tons d'une couleur? — Qu'entendez vous par les différentes nuances d'une couleur?

LEÇON XLIV

L'OUIE. — L'ODORAT. — LE GOUT. — LE TACT.

Mes amis, vous avez regardé quelquefois une pierre tomber dans l'eau. Vous avez vu qu'à partir de l'endroit où la pierre est tombée, l'eau se ride, forme des ondulations. Ces ondulations, ces petites *ondes* de la surface s'étendent fort loin. La première ride ou onde a repoussé devant elle l'eau voisine qui a formé à son tour une ride ; la seconde en a produit une troisième et ainsi de suite

Nous pouvons faire cette expérience avec une grande cuvette, un baquet, rempli d'eau Si nous ajoutons à l'eau un peu d'encre pour la noircir, vous n'en verrez que mieux.

Regardez bien. Je laisse tomber sur la surface, unie comme un miroir, une goutte d'eau ou un gros grain de sable.

Vous voyez les rides, les ondes se former tout autour et se continuer jusqu'aux bords du vase.

Je vais recommencer. Faites attention à ceci : après que les ondes auront touché les bords de la cuvette, vous les verrez rebrousser chemin, revenir vers le centre.

Vous voyez que les ondes se sont conduites comme une balle élastique qui rencontre un obstacle, elles ont rebondi contre le bord de la cuvette

Voici un petit morceau de liège. Je le place sur l'eau. A côté de lui je fais tomber un grain de sable. Vous voyez le fragment de liège danser sur l'eau qui forme des petites ondes. Mais remarquez bien ceci : les rides continuent de se former, l'une poussant l'autre, à la surface de l'eau. Elles semblent avancer du centre au bord. Si elles avancent, elles devraient emporter le liège avec elles. Or nous constatons que le liège danse sur place, mais n'avance ni d'un côté ni de l'autre. Cela nous montre que les rides, les ondes ne marchent pas vers les bords du vase, comme elles en ont l'air. La première pousse la seconde et revient en place, la seconde pousse la troisième et revient en place ; et ainsi de suite jusqu'à celle qui atteint le bord. Cette onde rebondit en arrière, forme une première ride en sens inverse, celle-ci pousse la seconde qui pousse la troisième, etc.

L'air peut se conduire comme l'eau, et former des ondes qui s'entre-poussent et rebondissent sur un obstacle. Pour cela, il faut qu'il soit agité d'une certaine façon, qu'il reçoive un choc rapide. Tout autour du point où l'air a été choqué, frappé, il se forme des ondes d'air semblables aux ondes d'eau que vous venez de voir. Tout à l'heure, les ondes d'eau ne s'étendaient pas loin, faute d'espace. Si vous jetez une pierre dans un étang, vous voyez les ondes se propager à une grande distance, mais en s'affaiblissant à mesure qu'elles sont plus éloignées du point de départ. Cela est naturel, chacune perd un peu de force en poussant l'autre.

Dans l'air libre, dans une plaine, par exemple, rien n'arrête les ondes de l'air, elles s'étendent d'autant plus loin que le choc a été plus violent.

Lorsqu'une onde d'air rencontre notre oreille, nous la sentons, elle fait remuer une membrane mince qui se trouve tendue dans l'oreille. Il suffit d'une onde très faible pour la faire trembler un peu. Elle tremble plus fort en proportion de la force des ondes qui la frappent.

Le tremblement de cette sorte de tambour de notre oreille, nous le sentons non pas comme un simple mouvement, mais comme un bruit, un son. C'est ce tremblement qui nous donne l'impression du son.

Le sens de l'ouïe consiste donc à sentir les mouvements de la membrane de l'oreille. Quand elle remue, notre intelligence est aussitôt avertie d'une certaine façon, nous *entendons* un son. Pour nous, le son résulte donc du mouvement du tambour de l'oreille qui s'appelle *tympan*, d'un mot grec qui signifie tambour.

Résumons ceci en quelques mots. L'ouïe est un sens par lequel nous entendons des sons. L'organe de ce sens est l'oreille. Les sons sont produits par des ondes de l'air.

Tout à l'heure, quand vous avez vu les ondes à la surface de l'eau, vous avez saisi au premier coup d'œil la manière dont se comportaient les petites ondes. Je pense que vous vous figurez assez exactement des ondes du même genre se produisant dans l'air. Mais peut être ne comprenez vous pas bien que ce soit l'air qui produise le bruit.

Je frappe la table avec cette règle. Vous entendez un son, un bruit. Vous êtes portés à croire que c'est le bois qui produit ce bruit. Et cependant ce bois ne cause le bruit qu'en agitant l'air. Dans les cabinets de physique on prouve cela par une expérience fort intéressante que vous allez facilement comprendre.

Dans un ballon en verre muni d'un robinet on suspend une clochette, on agite le ballon et la clochette sonne. Au moyen d'une pompe, on aspire tout l'air du ballon, alors, on a beau agiter la clochette, on n'entend plus de bruit. Ce n'est donc pas le choc du battant contre la clochette qui cause le bruit, mais le choc de l'air ; sans air pas de son, tout son provient de mouvements de l'air.

Il faut un certain temps pour que les ondes se propagent dans l'air à partir de l'endroit qui a reçu le choc. Regardez de loin un forgeron qui frappe sur l'enclume. Vous verrez le marteau tomber et il s'écoulera un peu de temps avant que vous entendiez le bruit.

On a mesuré la vitesse du son en tirant le canon la nuit, entre deux stations éloignées. Il suffisait de noter le temps qui s'écoulait entre l'apparition de la lumière et le moment où le bruit de la détonation arrivait aux observateurs. Il résulte de ces expériences que le son parcourt environ 340 mètres par seconde.

Si vous parlez très haut en face d'un mur, les ondes d'air arrivent à lui, le touchent, rebondissent et reviennent vers vous. Cela produit un bruit qui s'ajoute à celui de vos paroles, une résonnance. C'est ce qui arrive dans cette salle. Elle résonne quand on parle haut ou que l'on fait du bruit, parce que les ondes de l'air rebondissent sur les murs, le plafond et le parquet. En plein air il n'y a pas de résonnance parce que les ondes s'étendent indéfiniment.

Supposez que vous êtes en plein air, devant une grande maison située assez loin de vous, à quarante mètres à peu près, vous dites bien fort une syllabe sonore, *ah !* L'air forme les ondes que vous savez, elles rencontrent le mur, rebondissent, reviennent à vous, et vous entendez une seconde fois *ah !* comme si le mur de la maison l'avait répété. Il y a eu *écho*, c'est-à-dire répétition du bruit de votre parole. Tout autre bruit se serait reproduit, répété de la même manière. Si vous vous étiez placé beaucoup plus loin de la maison, par exemple à cent soixante-dix mètres, vous auriez pu compter une *seconde* entre l'instant ou vous auriez dit *ah !* et celui où vous l'auriez entendu de nouveau, renvoyé par l'écho.

Pour que le son vous revienne, pour que vous entendiez l'*écho*, il faut que vous soyez bien en face du mur. Si vous vous placez de côté, les ondes d'air frapperont obliquement l'obstacle et rebondiront obliquement, comme le ferait une balle élastique. Si une personne se trouve sur le passage de ces ondes rebondissantes, elle entendra votre voix, renvoyée par l'écho.

Tout ceci est un peu sérieux, n'est ce pas ? Je crois cependant que vous l'avez compris. Et si vous l'avez compris, vous allez saisir très rapidement les choses plus amusantes que j'ai a vous dire.

Voici une lame mince d'acier, longue d'environ quinze centimètres. J'appuie une extrémité sur le bord de la table, je l'y maintiens avec la main gauche. Je saisis entre deux doigts de la main droite l'extrémité libre, je la plie, puis je l'abandonne tout à coup a elle même. Regardez.

Jean, expliquez ce que vous venez de voir.

— J'ai vu la lame aller et venir très vite.

Bien. Quand une lame va et vient ainsi, on dit qu'elle *vibre.* Une *vibration* est un mouvement de va-et-vient, une sorte de tremblement régulier.

Je fais encore vibrer la lame, mais au lieu de la fixer sur la table par l'extrémité, je la fixe par le milieu.

Lucien, avez-vous vu une différence dans la manière de vibrer ?

— Elle vibrait plus vite

C'est juste. Maintenant, regardez et écoutez.

Je diminue encore la portion libre, la portion vibrante de notre lame.

Louis, dites nous ce que vous avez remarqué

— Je n'ai pas vu la lame vibrer, mais j'ai entendu un son.

Vous n'avez pas vu vibrer la lame parce qu'à mesure que je raccourcis la partie vibrante, les mouvements sont plus rapides ; votre vue n'est pas assez perçante pour les distinguer, même de près. Mais à mesure que vous cessez de voir les mouvements, vous commencez à entendre un bruit, un son.

Pour que le bruit, le son, se produisent, il faut donc que les vibrations soient rapides. Or, comme chaque vibration frappe l'air, produit des ondes, vous comprenez que pour produire des *ondes sonores*, il faut que l'air vibre très rapidement. S'il vibre lentement, les ondes ne sont pas sonores Vous pouvez vous en assurer en faisant vibrer une ficelle, ou un gros fil tendus bien raides.

Un petit musicien des champs, le criquet, produit le bruit strident que vous connaissez en faisant vibrer rapidement ses ailes qu'il frotte avec ses pattes de derrière.

Il y a des substances qui vibrent difficilement, ce sont les substances molles ou bien les substances dures, mais en grande masse. Les substances qui vibrent le mieux sont celles que l'on appelle *élastiques*, celles qui peuvent facilement changer de forme, de position et revenir à leur forme, à leur position première. Une corde tendue, une lame d'acier. vibrent facilement. Le cristal mince vibre très bien, vous allez vous en convaincre.

Voici un grand verre: je le frappe vivement avec ce couteau, il produit un son, donc il vibre. Mais voulez-vous la preuve qu'il vibre? La voici. Pendant qu'il produit le son, je le touche : j'arrête son mouvement, ses vibrations, il se tait. Voulez-vous entendre séparément quelques unes de ses vibrations ? Pendant qu'il donne le son clair que vous connaissez, j'approche doucement du bord qui vibre la pointe d'un couteau ou une petite balle suspendue par un fil. Écoutez. Vous entendez une série de petits bruits mêlés au son. Chaque petit bruit est produit par le choc du verre contre le couteau immobile.

J'ai ici des plaques semblables de diverses substances, cha-

•une est percée d'un trou dans lequel passe un fil Avec ce petit marteau je vais frapper et faire vibrer chaque plaque.....

Henri, avez-vous entendu toujours le même son?

— Il me semble que non.

Vous comprenez que les diverses substances produisent des sons très différents. Si je fais résonner ce verre, vous n'aurez pas besoin de le voir pour reconnaître, par le son, que c'est du verre qui vibre. Ainsi, avec l'habitude, on distingue facilement ce que l'on appelle le *timbre* des sons, c'est-à dire une qualité particulière qui leur vient de la substance en vibration. Le timbre du cristal diffère de celui du bronze, quoique tous deux soient sonores. Le bois et le fer-blanc sont peu sonores tous deux, mais leur timbre n'est pas le même.

Ce qui fait la différence de son des instruments de musique quand ils donnent la même note, c'est que le timbre de chacun est différent.

Les instruments de musique vibrent de diverses manières dans le piano, le son est donné par des cordes métalliques, de fils de fer et de cuivre, frappés par un marteau; dans le violon, les cordes, faites avec des intestins de mouton, sont raclées par un archet; dans la trompette, dans la flûte, c'est la langue qui frappe l'air à chaque note.

Plus un corps vibre rapidement, plus il donne une note aiguë. Vous pouvez vous en convaincre au moyen de cette lame d'acier. A mesure que je raccourcis la partie vibrante, vous cessez de voir le mouvement parce qu'il s'accélère, et le son *monte*, comme l'on dit en musique, la note devient plus *haute*, plus aiguë. Quand deux instruments donnent la même note, c'est qu'ils vibrent juste avec la même vitesse. Mais le *son* de cette note peut être *fort* ou *faible*, selon l'étendue des vibrations.

Vous reconnaissez donc dans un son le *timbre*, la force ou *intensité* et la *hauteur*.

Il faut beaucoup d'habitude pour distinguer les sons avec toutes leurs nuances, pour « avoir de l'oreille ». Le sens de l'ouïe a besoin d'éducation. C'est par l'éducation qu'il devient apte à apprécier la musique. Si l'oreille n'est pas suffisamment exercée, on ne peut chanter juste, c'est-à-dire produire à vo-

tonté des sons ayant une certaine intensité et une certaine hau
teur. C'est par une série d'expériences, d'exercices que l'on fait
l éducation de l'ouie.

Je vous dirai peu de chose, mes amis, au sujet de l'odorat et
du goût, qui ne nous servent qu'à percevoir les odeurs et les
saveurs. Je veux cependant vous faire remarquer certaines
odeurs et certains goûts très caractéristiques.

Pour cela je vous fais passer diverses substances dans ces
flacons : du vinaigre fort (acide acetique dilué), de l'ammoniaque
(dilué) ou alcali volatil, du camphre, du musc.

Sentez doucement, puis plus fort, ces substances, et retenez
l impression produite par chacune, de telle sorte que vous la
reconnaissiez facilement à l odeur sans la voir.

De même que je vais vous faire passer des substances en
poudre, pour que vous y goûtiez avec précaution, avec *attention*,
pour vous rappeler l impression qu'elles causent, et les reconnaître immédiatement quand vous sentirez de nouveau cette
impression : voici de la potasse (carbonate de potasse), dont le
goût est *alcalin*, comme celui du savon, — de l'alun, au goût à
la fois *salin* ou salé et *astringent*, c'est a dire resserrant ; — du
tannin, astringent ; — du poivre, piquant, chaud et âcre, — de
l aloès, amer; — du sel, type du goût salin ; — du sucre, type
du goût sucré.

Occupons-nous maintenant du *toucher* ou *tact*.

Henri, placez votre règle sur votre main. La sentez-vous?

— Je la sens.

Placez la dans votre main. La sentez-vous mieux ?

— Il me semble que je la sens mieux.

Si vous en touchez votre joue, votre front, vous la sentirez
encore. Toute la surface de la peau est sensible au *contact* des
objets. Par conséquent le sens du toucher, du tact, existe dans
toute la peau, c'est l'organe du sens nommé tact.

Mais certaines parties de la peau sont particulièrement sensibles. C'est la peau du bout des doigts qui apprécie le mieux
par le tact les objets, qui sert principalement d'organe du
tact.

Tout les sens que nous avons étudiés, excepté le goût,
s'exercent à distance, ils nous permettent de juger de loin ce

qui les impressionne. Le toucher ne s'exerce qu'au contact même de l'objet.

Ce contact des objets nous aide beaucoup à les connaître. Nous les voyons pour ainsi dire en les touchant. L'aveugle juge très bien la forme d'une boule, d'un cube, etc. ; son esprit les apprécie, les juge, par l'impression du tact, au lieu de les apprécier et de les juger par l'impression de la vue

Nous pouvons définir le tact : un sens qui nous permet d'apprécier, de juger les objets en contact avec la peau et surtout avec la peau du bout des doigts.

Pour que le tact s'exerce bien, pour qu'il s'habitue aux impressions afin de les reconnaître, de les distinguer, il faut que la peau soit propre et un peu humide, comme elle l'est d'ordinaire quand on se porte bien. Si la peau est sèche, si elle est couverte de saleté, si les travaux manuels l'ont rendue épaisse et calleuse, elle perd sa sensibilité, elle n'apprécie plus les impressions délicates. Aussi les aveugles prennent-ils instinctivement le plus grand soin de leurs mains, qui sont leurs yeux.

Les aveugles font l'éducation du sens du toucher bien plus que les personnes douées de la vue. Aussi ce sens acquiert chez eux une sensibilité, une délicatesse extraordinaires. Ils lisent des livres imprimés un peu en relief, reconnaissent les étoffes, se rendent un compte exact de la forme des corps, de l'état de leur surface ; ils apprennent des métiers qui demandent une grande habileté manuelle.

Ceux qui ont le bonheur de voir n'ont pas besoin de pousser aussi loin l'éducation du tact, mais il est utile de l'exercer. Pour cela il suffit de toucher avec attention, de façon à se rappeler l'impression et à la reconnaître quand elle se présentera de nouveau.

Pour que les exercices du tact soient profitables, il faut toucher d'abord en regardant l'objet, puis en fermant les yeux, et arriver à bien juger les yeux fermés.

Voici des objets très simples qui nous serviront pour ces exercices, pour cette gymnastique du tact : des boules, des bâtonnets de diverses grosseurs, — des fils métalliques et autres assortis, — des plaques de bois rugueuses, striées (couverte de raies), unies, polies, — des planchettes couvertes de drap, de flanelle, de toile de lin, de toile de coton, de foulard (soie), de satin; — enfin des échantillons détachés d'étoffes.

La gymnastique des sens a pour objet, vous le savez de nous habituer a étudier nos impressions, à les apprécier, les comparer, afin de les reconnaître quand nous les éprouvons de nouveau.

Il y a un genre d impression différent de ceux que nous avons étudiés, mais qui se rapproche un peu des impressions du tact, c'est l impression de résistance, de poids, de force.

Quand vous soulevez un poids, vous faites un effort Cet effort est en proportion du poids L'effort vous produit une impression, et si vous y faites attention, vous la reconnaîtrez à l'occasion Voici un exemple.

Vous soulevez d'une certaine façon un poids d'un kilogramme. Vous remarquez bien l effort que vous faites, et l impression que vous produit cet effort Vous soulevez immédiatement après un sac dont vous ignorez le poids. L impression d'effort vous paraît la même, vous dites: le sac pese un kilogramme Si vous répétiez un grand nombre de fois l expérience, au bout de quelque temps vous ne vous tromperiez guère que de quelques grammes, vous auriez fait par l'*habitude* et par l *attention* l éducation du sens de l'effort, c'est à-dire de la force à dépenser pour vaincre une résistance, pour soulever un poids

Voilà donc un nouveau sujet de gymnastique qui réclame l'attention, la mémoire des impressions, pour nous mettre d'une certaine façon en rapport avec les objets, nommons le, si vous voulez, le *sens de l'effort*.

Vous exercerez ce sens de l effort d'une façon élémentaire en soupesant ces étuis semblables en apparence, mais de poids différents, en les comparant, puis en comparant l impression que produit leur poids à celle produite par des poids marqués en grammes.

J'espère, mes amis, que vous n'oublierez pas ces causeries, et que vous profiterez de toutes les occasions pour répéter nos petites expériences, afin de perfectionner l éducation de vos sens. Tout ce que nous savons, nous le devons à des impressions fournies par nos sens, et surtout par le toucher, l'ouïe et la vue Ce sont trois instruments précieux; appliquons-nous à en faire un bon usage, pour apprécier la nature et pour bien remplir notre place dans le monde.

QUESTIONNAIRE

Quel effet produit une pierre qui tombe dans de l eau tranquille ? — Comment comprenez vous la formation des ondes autour du point frappé par la pierre? — Qu arrive t-il aux ondes qui rencontrent un obstacle?·— Donnez une idée de la ressemblance des ondes de l eau et de l'air. — Que faut il pour produire des ondes dans l'air? — Quand ces ondes rencontrent notre oreille,qu arrive t il ? — Qu est ce que le tympan de l'oreille?— Définissez le sens de l'ouïe — Quel est l'organe de ce sens? — Qu est ce qui produit les sons? — Expliquez comment se produit la résonnance d une salle — Dites comment vous comprenez la formation de l écho — Qu'appelle t on vibration? — Donnez un exemple simple de vibration — Quels sont les corps qui vibrent le mieux? — Les diverses substances produisent elles des sons semblables? — Qu'appelle t-on le timbre d un son? — Comment doit vibrer une lame une corde, pour produire une note basse et une note haute? — Qu'est ce que l odorat ? — Qu est ce que le goût ? — Comment comprenez vous le sens du tact? — Ou s exerce le mieux le sens du tact ? — Comment les aveugles apprennent ils à juger les objets ? — Quelle précaution faut-il prendre pour que le tact soit délicat ? — Qu'entendez vous par le sens de l'effort ? — Expliquez par un exemple ces différentes impressions d effort. — Pourquoi faut il faire l éducation des sens ?

TABLE DES MATIÈRES

FIN DE LA TABLE DES MATIÈRES.

Conseil Typ et stér Crete